PHILIPPE BAILLOT
Docteur en Droit

LA FISCALITÉ DES ASSURANCES DE PERSONNES

L'ASSURANCE VIE, LES CONTRATS DE CAPITALISATION, L'ASSURANCE DE GROUPE, LA RETRAITE PAR CAPITALISATION

Préface
de Pierre LAVERSANNE

L'ARGUS

ISBN : 2-85384-175-8

SOMMAIRE

Préface

Un ouvrage complet sur la fiscalité des Assurances de Personnes sans recopie des textes de lois, décrets et circulaires administratives, relève de la gageure : c'est pourtant le fruit des travaux de Philippe Baillot.

L'analyse proposée se décompose en deux parties :

La fiscalité liée à la souscription d'un contrat d'assurance de personnes et celle liée au dénouement du contrat.

La taxe spéciale sur les contrats d'assurance est longuement étudiée dans son historique et sa réalité économique mais également dans une comparaison internationale montrant la difficulté du développement de l'Assurance Française dans une économie mondiale.

Le champ d'application et le réglement de la taxe sont également analysés.

La liste des déductibilités de l'Impôt sur le revenu et de l'Impôt sur les Sociétés tant en contrat individuel qu'en contrat collectif est longuement développée.

Le dénouement du contrat comprend également deux parties l'attribution du bénéfice des prestations avec les délicates questions de la stipulation pour autrui et des bénéficiaires à titre gratuit, et le paiement des prestations sous forme de capital ou de rente.

Les aspects administratifs sont pour la première fois clairement décrits en développant les formalités et obligations des organismes payeurs.

Dans tous ses développements, Philippe Baillot a recherché, au-delà des textes, leur philosophie, la doctrine sous-jacente, pour en démontrer tout à la fois la logique et parfois l'inefficacité économique.

Comme le souligne l'auteur :

"L'Épargne neuve procurée par les Assureurs n'est jamais spéculative, elle mérite d'être encouragée dans son élan, confortée dans son orientation au sein d'un climat fiscal serein".

Une rapide comparaison de la fiscalité existante chez nos voisins européens est fournie à chaque étape de son étude.

Puisse Philippe Baillot maintenir à jour ses importantes recherches afin que chaque Assureur-Vie ait, non seulement dans sa bibliothèque mais encore sur son bureau : LE BAILLOT.

Pierre LAVERSANNE
Directeur de la Direction
Générale Vie de l'UAP
Agrégé d'Actuariat

Introduction

Les chiffres d'affaires cumulés des opérations d'assurances de personnes et des contrats de Capitalisation qui connaissent, depuis plusieurs années, des rythmes de progression annuelle supérieurs à 20 %, devraient, pour la première fois en 1988, dépasser le montant des primes émises en assurances de dommages.

Malgré ces performances exceptionnelles et la part croissante prise par les assurances de personnes et les contrats de Capitalisation dans les modes d'épargne et de prévoyance des français, les agents, inspecteurs, courtiers ou cadres de sociétés d'assurances ne disposaient, jusqu'à présent, d'aucun ouvrage présentant la fiscalité de ces opérations, à l'exception du guide très synthétique de M. Patrick Sailly sur l'assurance Vie.

Cette lacune était d'autant plus dommageable que la fiscalité de ces opérations apparaît de plus en plus au centre des préoccupations de leurs souscripteur qu'il s'agissent de personnes physiques ou de personnes morales (sociétés, associations...).

Dès lors, une parfaite connaissance de la fiscalité des assurances de personnes et des contrats de Capitalistion apparaît aujourd'hui tout à fait indispensable aux praticiens de l'assurance pour leur permettre d'apporter à leurs clients une véritable qualité de conseils, seule garante de leur survie dans les secteurs des services financiers ou de la prévoyance où la concurrence s'exacerbe. C'est à cette nécessité qu'entend répondre le présent ouvrage.

A l'évidence, la fiscalité des assurances de personnes et des contrats de Capitalisation connaîtra d'importantes modifications au cours des prochaines années pour des motifs tant intrinsèques (évolution des produits, changements de leur mode traditionnel de distribution, amélioration de leur rentabilité,...) qu'extrinsèques (constructions européenne, harmonisation de la fiscalité des divers modes d'épargne, réforme de notre système de protection sociale,...). Cette certitude ne saurait cependant permettre de faire l'économie de l'étude de ses dispositions actuelles.

En effet, le conseil au client ne saurait attendre une improbable stablilisation de notre fiscalité. En outre, le praticien qui aura saisi la logique de la fiscalité actuelle des assurances de personnes et des contrats de Capitalisation pourra aisément, en particulier grâce à la lecture de l'Argus, s'informer de ses évolutions futures et assurer ainsi pleinement son obligation de conseil à la clientèle.

* *

Toute opération d'épargne ou de prévoyance comportant deux phases clairement distinctes - la première de financement, la seconde de consommation - l'étude de leurs régimes fiscaux a été divisée en deux parties : la première relative à la fiscalité des primes, la seconde à celle des prestations.

Dans une première partie sont donc exposées les modalités d'assujettissement à la taxe spéciale sur les conventions d'assurance des contrats d'assurances de personnes (Titre I) et les modalités de prises en compte des primes correspondantes versées tant par des personnes physiques que par des entreprises (Titre II).

La seconde partie explicite la fiscalité relative au dénouement d'une opération d'assurances de personnes ou d'un contrat de Capitalisation en distinguant les problèmes de droit d'enregistrement consécutifs à l'attribution des prestations à un tiers (Titre I) des modalités d'imposition des sommes perçues par le souscripteur lui-même qu'il s'agisse d'une personne physique (en impôt sur le revenu) ou d'une personne morale (en impôt sur les sociétés) (Titre II).

* *

La présentation ainsi ordonnée de la fiscalité des assurances de personnes et des contrats de capitalisation sera la plus pratique et exhaustive que possible.

Pour ce faire, la présente étude sera limitée au seul droit fiscal. Cependant, dans certaines hypothèses, une parfaite compréhension de cette fiscalité nécessitera de rappeler ou de préciser diverses dispositions de droit civil, de droit comptable, de droit social ou encore de droit européen que des exemples de droit comparé permettront de mieux appréhender.

Quant à l'exposé de cette fiscalité, il distinguera clairement les solutiolns certaines en doctrine administrative ou en jurisprudence des points qui soulèvent encore de interrogations sur lesquelles les praticiens doivent, en toute hypothèse, éclairer leurs clients. Pour les aider dans cette démarche, des principes de solutions seront tirés des travaux parlementaires ou doctrinaux. Les développements théoriques qui s'en suivront, auront toujours, pour unique objectif, de dégager des réponses pratiques ou de circonscrire les ultimes interrogations qui subsisteraient.

ABRÉVIATIONS

AN	Assemblée Nationale
BA	Bénéfices agricoles
BCI	Bulletin des contributions indirectes (Recueil administratif de jurisprudence de 1899 à 1941)
BD	Bulletin des contributions directes et des taxes sur le chiffre d'affaires Dupont (de 1832 à 1974)
BF	Bulletin fiscal Francis Lefebvre
BIC	Bénéfices industriels et commerciaux
BNC	Bénéfices non commerciaux
BOCD	Bulletin officiel des contributions directes et du cadastre (de 1957 à 1969)
BOCI	Bulletin officiel des contributions indirectes (de 1945 à 1969)
BODGI	Bulletin officiel de la Direction Générale des impôts (de 1970 à 1986)
BOED	Bulletin officiel de l'Enregistrement et du domaine (de 1948 à 1969)
BOI	Bulletin officiel des impôts (depuis 1987)
BS	Bulletin social Francis Lefebvre
Cass. Civ.	Cour de Cassation, chambre civile
Cass. Com.	Cour de Cassation, chambre commerciale
CE	Conseil d'État
CEA	Comité Européen des assurances
CGI	Code Général des Impôts

CJCE	Cour de Justice des communautés européennes
D. adm.	Documentation administration de la DGI
DF	Droit fiscal (Editions Techniques)
FCP	Fonds commun(s) de placement
FFSA	Fédération Française des Sociétés d'Assurances
FR	Feuillet rapide, fiscal, social, Francis Lefebvre
INST	Instruction fiscale
IR	Impôt sur le revenu
IS	Impôt sur les sociétés
JCP	Jurisclasseur périodique
JO	Journal officiel
JOCE	Journal officiel des communautés européennes
LPF	Livre des procédures fiscales
LPS	Liberté de prestation de services
MAGUERO	Traité alphabétique des droits d'enregistrement, de timbre et d'hypothèques par Edouard Maguero
PER	Plan d'épargne en vue de la retraite
RE	Revue de l'enregistrement du timbre et du domaine (de 1891 à 1945)
RGAT	Revue Générale des Assurances Terrestres
RJF	Revue de jurisprudence fiscale, Edition Francis Lefebvre (succédant au Bulletin Dupont depuis 1975)
RM	Réponse ministérielle
RO et RJ	Recueil des arrêts du Conseil d'État notifiés à ses agents par la DGI
SICAV	Société(s) d'investissement à capital variable
SLF	Service de la législation fiscale
SOL	Solution adoptée par l'Administration dans un cas d'espèce
TA	Tribunal administratif
TGI	Tribunal de Grande Instance
TVA	Taxe à la valeur ajoutée

PREMIÈRE PARTIE

LA SOUSCRIPTION DU CONTRAT

L'étude de la fiscalité relative à la souscription des contrats d'assurances de personnes et de capitalisation nécessite de distinguer, d'une part, l'assujettissement des primes des contrats d'assurances de personnes à la taxe spéciale sur les conventions d'assurances (Titre I) qui ne concerne pas les contrats de capitalisation et, d'autre part, pour les uns comme pour les autres leur régime en regard des impôts directs (Titre II).

TITRE I

La taxe spéciale sur les conventions d'assurances

L'étude des dispositions de la taxe spéciale sur les conventions d'assurances conduit à préciser après quelques observations générales (Chapitre I) les opérations assujetties (Chapitre II) et ses modalités de règlement (Chapitre III).

CHAPITRE I

Généralités

La réglementation actuelle de la taxe spéciale sur les conventions d'assurances ne peut se comprendre qu'au regard de ses origines historiques (Section I) dont découle une nature juridique spécifique (Section II). L'importance et la répartition de la charge fiscale subséquente conduit à s'interroger sur ses incidences économiques (Section III). Une rapide comparaison internationale (Section IV) portera à critiquer le mode actuel d'imposition des primes d'assurances en France (Section V).

SECTION I
Évolution de la législation

Les lois du 9 Vendémiaire An VI et du 23 Frimaire An VII ont, les premières, soumis les polices d'assurances à un droit de timbre et à un droit d'enregistrement.

Depuis cette époque (1) le régime fiscal des contrats d'assurances a traversé plusieurs phases distinctes, marquées par les lois du 5 juin 1850, 23 août 1871, 29 décembre 1884 et 29 juin 1918 (codifiées par les deux grands décrets du 28 décembre 1926) jusqu'à l'instauration d'une taxe unique d'assurance par le législateur de 1944 qui n'a cependant pas effacé toute trace des législations antérieures de notre droit contemporain.

---

(1) Cf. : *"Histoire des institutions d'assurance en France"* par P.J. Richard (aux éditions de l'Argus) 1956. *"Les taxes sur les polices d'assurances"* par René Delmas (édition administrative Allain) 1939.

L'évolution observée, durant cette période, est marquée par la nécessité de satisfaire aux besoins croissants du Trésor public et par suite d'une augmentation continue de droits, à l'origine, assez faibles.

Cet accroissement de la charge fiscale devait conduire d'une part, un législateur conscient de la très grande variété des produits d'assurance à prévoir des tarifs distincts selon la nature des risques couverts et d'autre part, à une nouvelle conception de l'imposition des contrats d'assurances "laquelle tend à voir le véritable bénéficiaire du contrat, non plus dans l'assuré, mais dans l'assureur ou l'entreprise d'assurances ; aussi les assurances ont elles été appelées à contribuer aux charges publiques de plus en plus lourdement" (1).

LA RÉFORME DE 1944

NÉCESSITÉ D'UNE RÉFORME

Pour le professeur Picard

> *"la matière des assurances se prête mal, en raison de sa mobilité et de la diversité des formes qu'elle revêt à une taxation rigide et uniforme. Aussi, les différents impôts qui ont été successivement créés pour frapper chacune de ses formes au fur et à mesure de leur apparition ont-ils été établis sur des bases dissemblables et répondent-ils à des conditions d'exigibilité propres à chacun des contrats d'assurances. On conçoit dès lors, la difficulté que peuvent éprouver les personnes que la loi a constituées débitrices de ces taxes pour discerner non seulement dans chaque cas particulier, mais aussi pour l'ensemble de leurs opérations, quelles sont les taxes applicables, comment ces taxes doivent être perçues et en définitive dans quelle mesure les assureurs quoique servant, à cet égard, d'intermédiaires entre le Trésor et les assurés, peuvent se considérer comme étant en règle avec le fiscs"* (2).

Cette conscience de l'extraordinaire complexité des mécanismes d'imposition des primes d'assurances – complexité qui *"a cru continuellement pour devenir de nos jours une matière assez obscure et dont l'étude était, pour ainsi dire, réservée à quelques spécialistes"* (3) devait conduire l'administration de l'enregistrement, en accord avec les compagnies d'assurances, à rechercher, au lendemain de la seconde guerre mondiale, une simplification et une unification du régime fiscal de ces primes.

---

(1) *"Traité fiscal des Assurances"* par Roger Lefebvre et Jacques Lefebvre (Paris, 1929), tome 1er, p. 11.

(2) Préface de l'ouvrage de MM. Lefebvre (opus cite).

(3) *"Le nouveau régime fiscal des contrats d'assurances"* (in RGAT 1944, p. 23), par A. Le Conte.

La solution retenue devait être la création d'une *"taxe unique d'assurance"* (1). Le législateur de 1944 posait alors les règles essentielles qui régissent encore aujourd'hui *"la taxe spéciale sur les conventions d'assurance"*.

Cette taxe sera – aux termes du premier alinéa de l'article 805 du Code de l'enregistrement – perçue pour le compte du Trésor par l'assureur.

L'idéal aurait été d'arrêter pour cette nouvelle taxe unique un montant et une assiette identiques pour tous les contrats.

Afin d'éviter toute perte de recettes budgétaires, le taux de cette taxe aurait alors dû être fixé à 10 % du montant des primes encaissées.

En pratique cet alignement des taux devait s'avérer impraticable au regard de l'importance de l'écart des droits exigibles – dont le pourcentage par rapport à la prime s' échelonnait de 3 % à 195 % – selon la nature du risque couvert par la police.

Cet idéal apparaît du reste, aujourd'hui encore fort lointain comme en témoigne le rejet en 1985 des suggestions contenues dans le rapport sur *"la maîtrise du coût de l'assurance"* présenté au Ministre de l'Economie, des Finances et du Budget par M. Christian Sermain tendant à (page 73)

> *"prévoir une taxation uniforme si l'on ne retient pas la suppression proposée plus haut en ce qui concerne les seules assurances vie individuelles et assurances de groupe".*

La solution retenue par le législateur de 1944 fut donc une taxe unique quant à sa nature, son assiette et son mode de recouvrement, mais dont le taux varierait suivant la nature des contrats.

Dans la forme, l'article 21 de la loi du 31 janvier 1944 pose le nouveau statut fiscal des contrats d'assurances tandis que l'article 43 abroge, à compter du 1er avril 1944, le titre XIV du Livre 1 du Code de l'Enregistrement et le titre XV du Code du timbre, ainsi que de nombreux textes épars, décrets et règlements d'administration publique. Une significative simplification des dispositions fiscales relatives aux assurances était ainsi réalisée.

Au fond, la réforme de 1944 laisse intact le principe général d'après lequel les contrats d'assurances et de rentes viagères sont soumis au timbre de dimension et au droit proportionnel d'enregistrement, mais réalise la fusion des deux taxes annuelles et obligatoires de timbre et d'enregistrement en une taxe unique, également annuelle et obligatoire, dite "taxe unique" ou **"taxe spéciale sur les conventions d'assurance"**.

---

(1) Loi du 31 janvier 1944 (JO 12 février 1944).

Cette nouvelle taxe constitue donc une taxe de remplacement des taxes de timbre et d'enregistrement et n'atteint selon l'Administration (instruction 4659 n° 9) que les contrats antérieurement passibles de l'une ou l'autre de ces deux taxes.

Par conséquent, les contrats d'assurances qui bénéficiaient en vertu des dispositions exceptionnelles d'une exonération des droits de timbre et d'enregistrement restent exonérés de la taxe unique (à l'exemple des contrats passés auprès de la Caisse Nationale des Retraites, visés aux articles 802, 803 et 804 du Code de l'Enregistrement).

Il reste possible de regretter qu'il se soit avéré impossible à l'occasion d'une réforme de cette ampleur de ne pas supprimer tant la distorsion grave des conditions de concurrence sur le marché de l'assurance que la dépense fiscale significative qui résultent de l'exonération totale ou partielle dont bénéficient encore aujourd'hui un certain nombre d'organismes présentant des contrats d'assurances.

ÉCONOMIE DE LA RÉFORME DE 1944

La nouvelle taxe, conformément aux termes de l'article 799, 2ème alinéa du Code de l'enregistrement, est exigible sur *"le montant des sommes stipulées au profit de l'assureur et de tous accessoires dont celui-ci bénéficie directement ou indirectement du fait de l'assuré".*

Cette taxe frappe donc les primes proprement dites, majoration de primes et accessoires précédemment passibles de la taxe d'enregistrement ou de la taxe de timbre mais encore certains éléments antérieurement exonérés, notamment outre les indemnités de résiliation, les intérêts des primes moratoriées et les avances sur police (solution 8 mars 1944) le coût des polices et avenants ou de leurs copies, les intérêts ou pénalités de retard. L'assiette de cette nouvelle taxe est donc plus large que celle des anciens droits de timbre et d'enregistrement – qui frappaient, avant guerre, les primes d'assurance – mais surtout elle ne varie plus suivant la nature des risques couverts par les contrats – vie, incendie – la prime encaissée constituant sa seule base de calcul.

Quant aux taux de la taxe, fixé par l'article 800 du Code de l'enregistrement il variera selon la nature du risque couvert de 0,20 % à 30 % pour un taux de droit commun de 6 % :

– 3,20 % pour les assurances sur la vie et assimilées, y compris les contrats de rente différée de trois ans et plus ;

– 5,40 % pour les contrats de rente viagère, y compris les contrats de rente différée de moins de trois ans.

Cette plus grande simplicité des taux applicables s'accompagne d'une modification des modalités de paiement de la nouvelle taxe.

Le système précédent

> *"malgré sa souplesse, était d'une application fort délicate dans les périodes troublées où l'encaissement des quittances subissait des retards souvent considérables ; les sociétés qui avaient l'habitude de verser les droits sur la base des primes émises étaient amenées souvent à faire des versements des droits dépassant d'une façon considérable le montant des droits qui se révélaient effectivement dus au titre d'un trimestre déterminé ; les sociétés avaient été ainsi amenées à demander au Trésor un abattement sur ce calcul et, cet abattement effectué d'une manière forfaitaire, il était ensuite fort difficile de procéder à des régularisations avant plusieurs années"* (1).

Le législateur entendit supprimer ces difficultés et rapprocher la date des versements effectués au Trésor par les sociétés d'assurances du jour de la perception effective par ces dernières du montant de leurs primes servant d'assiette à la taxe.

Aussi, si la règle générale reste le paiement d'après les émissions (article 805 du Code de l'enregistrement), le directeur départemental de l'Enregistrement peut, s'il le juge opportun, autoriser le redevable à acquitter la taxe sur les encaissements (article 806 du même code), cette autorisation ne pouvant être refusée aux sociétés vie.

Dans les deux cas susvisés, un acompte calculé sur le cinquième des sommes dues sur lesquelles la taxe afférente au dernier exercice a été réglée, est versée dans les vingt premiers jours de chaque trimestre.

La liquidation générale de la taxe due pour une année déterminée est arrêtée le 15 juin de l'année suivante. Si de cette liquidation et compte tenu des acomptes versés, il résulte un complément de taxe au profit du Trésor il est immédiatement acquitté. Dans l'hypothèse inverse l'excédent versé est imputé sur l'année en cours (article 805 et 806 du Code de l'Enregistrement).

Ce nouveau mode de liquidation de la taxe pour la première fois ne prévoit pas de distinction entre les sociétés à primes, les sociétés mutuelles et les diverses catégories fiscales d'assurances. Il en découlait une réelle simplification des obligations des compagnies illustrée par la suppression de l'obligation de tenir un répertoire.

Dans le même temps, le législateur permettait à l'Administration de mieux vérifier le respect de la réglementation en vigueur grâce au droit de commu-

(1) A. Le Conte, opus cite, p. 31.

nication, réglementé par l'article 815 du Code de l'enregistrement, qui met à sa disposition l'ensemble de la comptabilité des entreprises et les documents dont la tenue est prescrite *"par la législation relative au contrôle et la surveillance des assurances"*.

Malgré certaines réserves, il reste donc à souligner la qualité du travail du législateur de 1944 qui en plus de quarante années d'inflation législative n'a subi aucune modification fondamentale.

SECTION II
Nature juridique de la taxe d'assurance

Les dispositions législatives régissant la taxe sur les conventions d'assurances ont été codifiées sous les articles 991 à 1004 du CGI au sein du Titre IV intitulé **"Enregistrement, Publicité foncière, Impôt sur les grandes Fortunes, Timbres"**.

> *"Malgré cette classification, la taxe ne constitue à vrai dire ni un droit de timbre, ni un droit d'enregistrement. Elle revêt le caractère d'une taxe sui generis"* (1).

Ce caractère sui generis découle des nombreuses spécificités de cette Taxe.

Historiquement, la loi du 31 janvier 1944 qui édictait une taxe unique portant sur les primes afférentes aux contrats d'assurances, supprimait, dans le même temps, à la fois les droits de timbre et les droits d'enregistrement dont l'assiette reposait soit sur les capitaux, soit sur les primes.

> *"Les Pouvoirs publics abandonnaient ainsi l'ancienne distinction entre l'assiette du droit de timbre et l'assiette du droit d'enregistrement pour créer une taxe d'un caractère tout à fait particulier qui n'a pas d'analogue dans le régime fiscal français et qui se substitue en réalité aux droits de timbre et d'enregistrement"* (2).

Cette substitution est soulignée par la rédaction même de l'actuel article 991 du CGI aux termes duquel, moyennant le paiement de la taxe unique, tout écrit qui constate la formation d'une convention d'assurances, sa modification ou sa résiliation amiable, ainsi que les expéditions, extraits ou copies qui en sont délivrés, quel que soit le lieu où ils sont ou ont été rédigés, sont exonérés du droit de timbre et enregistrés gratis lorsque la formalité est requise.

---

(1) Juris-Classeur de l'Enregistrement : *"Taxe spéciale sur les conventions d'assurances", fascicule II, n° 15.*

(2) A. Le Conte, opus cite, p. 25.

De cette double origine, la taxe d'assurance conserve un caractère hybride.

Ainsi, au regard des règles de prescription et de restitution, elle n'est assimilée ni au droit de timbre ni au droit d'enregistrement. En matière de prescription, par exemple, elle s'apparente aux taxes sur le chiffre d'affaires.

Mais, de manière générale, il sera souligné à plusieurs reprises à l'occasion de l'étude de diverses instructions administratives que les principes fiscaux appliqués à la Taxe sur les conventions d'assurances correspondent à la théorie des droits d'enregistrement.

Un tel phénomène s'explique aisément dès lors qu'il sera observé que les fonctionnaires en charge au sein du Bureau B2 du Service de la Législation Fiscale (SLF) de la rédaction des instructions susvisées, travaillent également en matière de droits d'enregistrement, mais ne s'occupent pas des droits de timbre.

SECTION III

Incidence économique de la taxe unique

Il ne s'agit naturellement pas ici d'entreprendre une étude exhaustive des conséquences économiques d'une fiscalité spécifique à l'assurance vie (1) mais seulement d'en appréhender les incidences directes sur son développement. Une telle étude apparaît d'autant plus justifiée que

> *"l'assurance fournit à l'économie une épargne importante favorable à son développement, les réserves techniques constituées par les compagnies d'assurances sont en effet placées sur le marché financier, financent des prêts aux industries et aux collectivités locales permettant la construction de logements et de bureaux"* (2).

Du rôle croissant de l'assurance dans la constitution de l'épargne et le financement de l'économie, il n'est cependant pas possible de déduire une relation directe entre la croissance de ce secteur et la croissance économique globale (3). Ainsi, l'Angleterre qui a eu un rythme de croissance relativement bas depuis 1945, dispose d'un secteur des assurances florissant. A l'inverse, l'économie française a connu, au cours de la même période, une croissance

---

(1) A ce sujet : Percevois : *"Fiscalité et Croissance"* chez Economica l977; Bobe et Llau: *"Fiscalité et choix économique"* chez Calmann Lévy l978.

(2) M. Gaudet : *"Le rôle de l'assurance dans l'Economie"*, in Problèmes économiques n° 1493 du 20 octobre 1976, p.24.

(3) A ce sujet : *"L'assurance en France. Essais d'analyses macroéconomiques"* par Jean-François Outreville 1987, p. 82 in Etudes et Dossiers, Association internationale pour l'étude de l'économie de l'assurance ; *"Economie et finance de l'assurance et de la réassurance"* par Henri Loubergé chez Dalloz.

plus rapide que la moyenne des pays membres de l'OCDE alors que l'assurance, et notamment l'assurance vie qui génère le plus d'épargne, y est moins développée que dans les pays comparables.

Il reste cependant acquis à défaut de pouvoir définir une relation de causalité directe, que l'assujettissement de l'assurance vie à la taxe spéciale sur les conventions d'assurance apparaît comme un frein à son développement (1) que traduit la faible diffusion de ce mode d'épargne en France au regard des pays comparables.

L'Administration fait du reste sienne cette analyse en indiquant que

> *"la suppression de la taxe sur les contrats d'assurance vie pourrait en effet présenter un intérêt pour la promotion de l'épargne longue et l'harmonisation de la concurrence entre les diverses catégories d'organismes concernés. Toutefois, une telle réforme supposerait en particulier que soit apportée une solution à la perte de recettes qui s'ensuivrait pour l'Etat"* (2).

L'assujettissement à la taxe unique de l'assurance vie apparaît dommageable tant par le taux d'imposition que par suite de la surcharge fiscale qu'elle induit.

UNE TAXE AUX TAUX EXCESSIFS

Le taux de la taxe a été régulièrement relevé depuis la seconde guerre mondiale. On observe même la multiplication des propositions de loi ou des amendements parlementaires à des textes en cours de discussions (3). En effet

> *"malheureusement, dans notre pays, l'habitude a été trop facilement prise, par les Gouvernements, de considérer ces taxes sur les conventions d'assurances comme des "recettes de poche" auxquelles recourir lors des ultimes discussions des lois de finances. Les parlementaires eux-mêmes ne craignent pas de trouver dans la majoration dont l'incidence est aisément calculable, des taux de ces impôts la contrepartie des déséquilibres que créent les amendements dépensiers qu'ils veulent faire voter"* (4).

---

(1) *"L'influence de la fiscalité de l'assurance sur la constitution de l'Epargne"* par M. Llau, in Colloque de Grenoble, opus cite, 291.

(2) Réponse ministérielle Gissinger (AN 3 décembre 1984, n° 59878).

(3) A titre d'exemple pour la seule loi de finances pour 1981 la Fédération Française des Sociétés d'Assurances relevait 10 amendements tendant à un alourdissement de la taxe d'assurance (soit les amendements n° 222, 51, 54, 55, 59 devant l'Assemblée Nationale et n° 51, 61, 130, 141, 149 devant le Sénat).

(4) In *"Introduction à la réforme fiscale"* par Maurice Laure (aux Editions de l'Institut du Commerce et de la Consommation), 1987 p. 35.

ÉVOLUTION DE CERTAINS TAUX DE LA TAXE D'ASSURANCE DEPUIS 1945

	VIE INDIVIDUELLE	VIE GROUPE
Loi du 31 janvier 1944	3,20 %	3,20 %
Décret du 31 décembre 1942	3,70 %	3,70 %
Décret du 06 octobre 1950	4,00 %	-
Décret du 27 juin 1957	4,80 %	4,40 %
Loi du 30 décembre 1980	5,15 %	5,15 %

De plus les taux actuels sont les plus élevés des pays comparables. Ainsi la taxe a coûté aux assurés 1,5 milliard de F en 1984 pour la seule part imputable à l'assurance vie hors assurance dommage.

Mais ce chiffre ne reflète pas à lui seul la totalité de la charge fiscale qui pèse sur les assurés.

UNE TAXE INDUISANT DES CHARGES INDIRECTES

Du fait qu'elles sont assujetties à la taxe d'assurance, les primes d'assurances sont exonérées de la TVA (article 261.C.2° du CGI). Les compagnies d'assurances continuent, par voie de conséquence, à supporter la taxe sur les salaires alors que celle-ci a depuis longtemps été supprimée pour les entreprises industrielles et commerciales (article 231.1 du CGI).

Or, le poids de la taxe sur les salaires, dont l'existence est directement liée au non assujettissement du secteur de l'assurance à la taxe sur la valeur ajoutée, va grandissant du fait que les seuils d'application des taux majorés de 8,50 % et 13,60 % n'ont pratiquement pas été actualisés depuis l'origine, soit 1956.

Cet impôt constitue un handicap particulièrement lourd, pour une industrie de main d'œuvre comme l'assurance ou les salariés représentent 60 % des frais généraux. Une telle charge aura naturellement une répercussion directe sur le niveau des primes.

Pour l'exercice 1983 le rendement de la taxe sur les salaires a été estimé à 600 millions de F pour les entreprises d'assurances (Vie et non Vie) et aux environs de 400 millions de F pour les intermédiaires (agents et courtiers) (1).

---

(1) Rapport Sermain, sur la maîtrise du coût de l'assurance (juillet 1985).

Par ailleurs, la taxe d'assurance, contrairement à la TVA est une taxe cumulative. La surcharge fiscale apparaît ainsi à deux niveaux distincts :

- d'une part, les compagnies d'assurances ne peuvent pas récupérer la TVA d'amont qui grève leurs achats et investissements et constitue donc pour elles une charge définitive (estimée à 690 millions de F pour 1983) (1) ;

- d'autre part, les assurés assujettis à la TVA, c'est-à-dire les entrepreneurs, ne peuvent déduire la taxe d'assurance de la TVA dont ils sont eux-mêmes redevables.

UN FREIN AU DÉVELOPPEMENT DE L'ASSURANCE EN FRANCE

Ces différents facteurs conduisent donc à une charge fiscale globale trop importante qui pèse sur la dépense d'assurance en France alors que dans les autres pays industrialisés l'assurance vie, considérée comme une activité de répartition et de prévoyance, est très généralement favorisée par une taxation faible ou nulle sur les primes.

Aussi l'assurance vie occupe-t-elle en France une faible importance au sein du patrimoine des ménages malgré un développement accéléré ces dernières années, lié entre autres aux inquiétudes sur l'avenir des régimes de retraite par répartition et à l'arrivée sur le marché de nouveaux produits plus performants.

Malgré ce dynamisme, l'assurance vie n'est pas aussi répandue en France qu'à l'étranger. Alors que le montant annuel de la prime encaissée par tête d'habitant en France était de 1298 F en 1985, il s'élevait à 2253 F en République Fédérale d'Allemagne, 2945 F au Royaume Uni, 3603 F aux Etats-Unis et 4886 F au Japon. Or **"aucune industrie ne peut être compétitive si elle ne s'appuie d'abord sur un marché intérieur suffisamment large et porteur"** (2).

Cette faiblesse relative de la propension à s'assurer sur la vie en France contraste avec l'aspiration générale à plus de garanties, contre les risques de la vie moderne. En effet,

> *"la croissance moderne de la richesse se marque plutôt par un plus grand besoin de sécurité.*

---

(1) Rapport Sermain, opus cite, p.72.

(2) *"La révolution de 1989. Pour l'industrie des placements collectifs, 1992 est en 1989"* par Michel Cicurel in Bulletin mensuel n° 99 (octobre 1987) du Centre d'information sur l'épargne et le crédit.

Mieux même, par une sorte de mouvement en spirale lié à ce que le coût de l'insécurité est désormais socialisé par le biais des institutions d'assurance (Sécurité sociale et sociétés mutuelles ou compagnies à primes), la production de sécurité appelle sans cesse son propre renforcement, son extension, son affinement. Le besoin de sécurité semble s'alimenter de sa propre satisfaction" (1).

Elle apparaît comme un élément négatif tant pour l'économie, dont l'assurance est une composante importante, que sur le plan social dans la mesure où la prévoyance privée est créatrice de solidarités complémentaires à celles mises en œuvre par l'Etat. Certes, les écarts susvisés reflètent pour l'essentiel la structure différente des régimes de retraite et de prévoyance qui privilégient en France, contrairement aux autres pays visés, la répartition.

Mais le fait que le coût de l'assurance de personnes soit grevé d'une fiscalité élevée est à l'évidence un frein sérieux à son développement sur notre marché domestique (2).

SECTION IV

Comparaison internationale

La comparaison des modes éventuels de taxation des primes d'assurance intéressera les seuls pays membres de la Communauté Économique Européenne (CEE).

L'exposé succinct des régimes d'imposition des primes d'assurance vie dans différents pays de la CEE sera, en effet, essentiellement l'occasion d'observer la grande diversité des règles appliquées (1). Or, une telle variété apparaît antinomique avec la construction d'une Europe de l'assurance et son corollaire la liberté de prestations de services. Une telle perspective devrait donc conduire inéluctablement à un rapprochement des régimes fiscaux existants (2).

1. LA VARIÉTÉ DES RÉGIMES D'IMPOSITION

Cette variété s'observe tant au regard des droits de timbre que de la taxe d'assurance.

---

(1) François Ewald : *"L'État providence"* chez Grasset 1986, p. 15.

(2) Cf. rapport présenté par M. Jean-Paul Escande au Conseil Economique et Social sur *"l'harmonisation monétaire et financière au sein de la CEE"* au JO 1987.

LE DROIT DE TIMBRE

Plusieurs pays connaissent le droit du timbre mais la Belgique et l'Italie ne l'appliquent pas aux contrats d'assurance, à l'inverse du Royaume Uni (mais uniquement pour les polices vie), de l'Irlande ou de la Grèce (1).

Aucune logique, autre que budgétaire, ne semble justifier la perception d'un droit de timbre sur les polices d'assurances, en particulier sur les contrats vie. Ainsi, le Royaume Uni abolissait en 1970 le droit de timbre sur les polices non vie mais le maintenait pour les polices vie (en 1975, la Suisse devait arrêter le choix inverse !) tandis que les Pays-Bas et la Norvège supprimaient tout droit de timbre respectivement en 1972 et 1976.

Quant aux taux, ils varient d'une catégorie de police à l'autre, particulièrement pour les polices non vie. Au Royaume Uni, le droit de timbre sur les polices vie est de 50 Pences pour 1000 Livres (un taux différent existant pour les rentes) et atteint 1 Livre par 1000 Livres en Irlande.

LA TAXE D'ASSURANCE

Plutôt que de soumettre les polices d'assurances à un droit de timbre, certains pays préfèrent recourir, à l'image de la France, à une taxe spécifique sur les primes d'assurances. Il en est ainsi en Belgique, au Luxembourg, en Italie, aux Pays-Bas et en République Fédérale d'Allemagne. Le taux de cette taxe variera en fonction des branches considérées, les polices vie étant soumises à un taux privilégié ou encore exonérées.

LA LÉGISLATION BELGE

Ainsi, en Belgique (2), les assurances vie sont assujetties à une telle taxe au taux réduit de 4,40 % (par rapport au taux normal de 9,25 % pour les assurances non vie) (3).

L'assiette de la taxe est constituée par le montant total des primes, cotisations ou contributions payé par l'assuré au cours de l'année d'imposition augmenté des charges (frais d'encaissement par exemple). Il s'agit donc de la prime commerciale. Quant au fait générateur de la taxe, s'il est habituellement

(1) Source *"Étude sur le droit de timbre et sur les taxes équivalentes dans les différents États membres"*, Paris, juin 1985, Comité Européen des Assurances.

(2) Source : réponse de la Belgique au *"Questionnaire sur les dispositions fiscales régissant les Assurances Vie"* de la sous-commission "Assurance Vie" du CEA.

(3) La réglementation luxembourgeoise, extrêmement proche de la législation Belge ne sera pas l'objet d'un paragraphe particulier. Précisons toutefois que le taux de la taxe n'est que de 2 % et que les contrats dont le capital assuré est inférieur à 5 000 F sont exonérés.

l'échéance de la prime, dans le cas des primes facultatives, comme en assurance vie, il s'agira du paiement effectif de la prime.

Si cette taxe doit rester, en toute hypothèse une charge fiscale supportée par l'assuré, ses modalités de perception peuvent varier. Elle est perçue normalement par la compagnie d'assurances et acquittée au bureau du timbre où l'assureur a son principal établissement.

Cependant, lorsque l'assureur n'a en Belgique aucun siège d'opérations, c'est le bureau du timbre où est établie la résidence de l'intermédiaire résident grâce à l'intervention duquel le contrat a été conclu, qui est compétent et à défaut d'un tel intermédiaire, le bureau compétent sera celui du domicile ou de la résidence habituelle de l'assuré à qui incombera l'obligation de payer la taxe dans cette dernière hypothèse.

Ces dispositions paraissent extrêmement proches de la réglementation fiscale italienne (1).

LA LÉGISLATION ITALIENNE

La taxe sur les primes doit être versée selon cette législation au moment du paiement de la prime (elle remplace les droits du timbre et d'enregistrement auxquels sont soumis d'après le droit commun, les transactions juridiques). Elle est assise sur le montant global de la prime payée, y compris tous les accessoires et son taux s'élève à 2,5 % réduit à 0,50 % pour les contrats d'assurances sur la vie conclus en garantie des prêts contractés pour l'achat d'immeubles économiques et populaires.

La taxe est normalement perçue par tout assureur établi en Italie qui disposera d'un droit de recours à l'égard de l'assuré la quittance devant faire apparaître clairement, comme en Belgique le montant de la taxe imputée. Inversement, lorsque l'assureur ne dispose d'aucun établissement en Italie, l'assuré doit déclarer lui-même à l'administration fiscale, le montant de la prime et des accessoires qu'il a réglés et procéder, en même temps, au paiement de la taxe.

Comme en France, en cas d'assurance conclue par des preneurs domiciliés à l'étranger auprès d'assureurs nationaux ou étrangers, la taxe n'est pas due, à moins qu'il ne soit fait usage du contrat considéré en Italie en particulier devant les aurorités judiciaires.

Enfin, à l'image de notre législation antérieure à 1944, les assureurs italiens sont obligés de tenir un répertoire où seront enregistrés toutes les

---

(1) Source : réponse de l'Association nationale italienne des sociétés d'assurances au questionnaire de la Direction générale XV de la Commission des Communautés Européennes sur les dispositions fiscales régissant les assurances vie.

primes encaissées ainsi que les taux appliqués. Les législations belges ou luxembourgeoises prévoient simplement, à ce sujet, comme notre législation contemporaine, que les administrations fiscales disposent pour leurs contrôles de l'ensemble des documents et livres comptables des compagnies d'assurances.

LES LÉGISLATIONS ALLEMANDE ET HOLLANDAISE

Contrairement aux législations belges et italiennes (fort proche au demeurant de la règlementation française) les droits hollandais et allemand n'assujettissent pas les primes d'assurances vie à un quelconque impôt indirect.

LES RÉGLEMENTATIONS ESPAGNOLE ET PORTUGAISE

En Espagne, les primes d'assurances vie ne sont plus soumises à aucun impôt indirect depuis le 1er janvier 1986, la suppression de la taxe qui frappait antérieurement les assurances vie au taux de 1,35 % étant une première conséquence de l'entrée de l'Espagne dans le marché commun.

A l'inverse de son grand voisin ibérique, le Portugal assujettit encore les assurances en cas de décès et à un droit parafiscal au bénéfice de "l'Institut National d'Emergence Médicale" (INEM) au taux de 1 %.

La diversité observable, tant des législations que de leurs évolutions récentes, conduit à s'interroger sur la possibilité de parvenir, de manière satisfaisante, à la liberté de prestations de services de l'assurance au sein de la CEE.

2. LA TAXE D'ASSURANCE, FREIN A LA LIBERTÉ DE PRESTATION DE SERVICES

Un quart de siècle s'est déjà écoulé depuis que le programme général de la Communauté Européenne envisageait pour la fin des années soixante, la création d'un marché commun de l'assurance sur la base de la liberté d'établissement et de services (1).

A ce jour, diverses directives régissent trois domaines fondamentaux de l'activité de l'assurance, la réassurance (2), l'établissement tant pour les affaires non Vie (3) que Vie (4) et les intermédiaires (5).

---

(1) JOCE, 1962/32
(2) JOCE, 1964, 818
(3) JOCE, 1973, L 228/3 ; 5127 ; 228/20 et 1976 L 189/13
(4) JOCE, 1979, L 63/1
(5) JOCE, 1977, L 26/4

Quant à la liberté des prestations de services prévues aux articles 59 et 60 du Traité de Rome, il semble, qu'au terme de la période de transition prévue à l'article 8 du Traité de Rome, soit fin 1969 "elle soit applicable de droit et en théorie aux activités d'assurance" (1).

Ainsi pour la Cour de Justice

> *"selon une jurisprudence constante de la Cour, les articles 59 et 60 du Traité sont devenus d'application directe à l'expiration de la période de transition, sans que leur applicabilité soit subordonnée à l'harmonisation ou à la coordination des législations des Etats membres. Ces articles exigent l'élimination non seulement de toutes discriminations à l'encontre du prestataire en raison de sa nationalité, mais également de toutes restrictions à la libre prestation des services imposées en raison de la circonstance qu'il est établi dans un état membre autre que celui où la prestation doit être fournie"* (2).

Depuis cette date, les services compétents de la Commission n'ont cessé d'œuvrer en vue d'une mise en œuvre effective de cette liberté. Une proposition de directive concernant l'assurance directe autre que l'assurance vie en ce sens a ainsi été transmise par la Commission au Conseil des Communautés dès 1975 (3).

PROBLÈMES FISCAUX SOULEVÉS PAR LA CONSTRUCTION EUROPÉENNE

Le projet de directive comprenait encore récemment *"trois fois plus de réserves que d'articles"* (4). Dans ces conditions, il était déjà loisible de s'inquiéter des conséquences de l'application d'une telle liberté immédiatement et sans délimitation qui

> *"introduirait de graves inconvénients au préjudice des assurés, des créanciers d'indemnités et des entreprises d'assurances".*
>
> *S'y ajouteraient des distorsions de concurrences intolérables vis à vis des entreprises établies, une considérable insécurité juridique à l'égard tant des législations et réglementations nationales, que des activités des autorités de contrôle.*

---

(1) *"Réflexions sur l'application de la liberté de prestations de services aux activités d'assurance dans le marché commun et sur l'attitude des assureurs communautaires"* par Pierre Rousselle in RGAT 1984, p. 603.

(2) Arrêt de la Cour du 4 décembre 1986 dans l'affaire 220/83.

(3) JOCE, n° C.32 du 12 février 1976. Le Comité économique et social a rendu son avis le 30 juin 1976 (JOCE n° C.204 du 30 août 1976), et le Parlement Européen le 17 janvier 1978 (JOCE n° C.36 du 13 février 1978).

(4) *"Le Marché Commun dans l'assurance idéaux et réalités"* (conférence du 1er novembre 1984 à l'Université de Hambourg) par H. Edouard Gumbel in RGAT 1985 p. 469.

Enfin une telle situation entraînerait des conséquences économiques, financières et fiscales difficilement admissibles..." (1).

En effet, l'absence d'une harmonisation des impôts indirects sur les primes d'assurance n'est pas le seul ni le principal obstacle à l'instauration de la liberté de prestations de service d'assurance au sein de la CEE (2). Car plus encore que le droit d'établissement "*la libre prestation de services nécessite l'élimination des disparités nationales à défaut de laquelle la prestation des usagers de l'assurance ou l'égalité des conditions de concurrence des assureurs seraient méconnues*".

C'est à quoi doit tendre l'harmonisation limitée aux différences dont le maintien serait la source de troubles significatifs dans le Marché Commun,

> "*elle doit porter sur les règles gouvernant les entreprises et les contrats, sur les régimes fiscaux, sur les interprétations et les pratiques des autorités de contrôle, de manière à susciter dans la Communauté une concurrence loyale et réglée au service du consommateur et non un avantage indû au profit d'une entreprise ou d'un marché*" (3).

De plus, dans un véritable Marché Commun, les assureurs devraient disposer de la liberté de localiser dans la Communauté les fonds gérés. Mais si les directives spécifiques à l'assurance le prévoient, ces dispositions ne pourront pleinement jouer tant que les mouvements de capitaux ne seront pas entièrement libérés. Or, cette dernière condition ne peut manquer d'inquiéter certains Etats par suite du danger qui existerait pour eux – malgré le principe de congruence entre les réserves et les engagements des compagnies d'assurances – de pertes de capitaux importantes pour leurs marchés financiers domestiques.

Cependant, même si la diversité des modes de taxation éventuelle des primes n'est pas exclusif d'autres problèmes fiscaux – appréciation des éléments constituant le solde imposable des comptes d'exploitation des entreprises, modalités et taux d'imposition du bénéfice, déductibilités des primes par les assurés et sort fiscal des prestations payées... – il apparaît cependant que leur harmonisation reste un préalable à la création d'un véritable marché commun de l'assurance.

Pour comprendre la nécessité de rapprocher les fiscalités actuelles, il suffira d'imaginer la situation d'assureurs européens opérant dans le cadre de la **"liberté de prestations de services"**. Un français qui désirerait dans de telles

---

(1) Pierre Rousselle, opus cite p. 604

(2) Travaux du colloque sur la "*Fiscalité et l'assurance dans la CEE*" organisé les 18 et 19 mai 1978 par le Centre universitaire de recherche européenne et internationale de Grenoble.

(3) "*L'Assurance devant les défis européens*" par Michel Gaudet in RGAT 1980, p. 132.

circonstances s'assurer sur la vie pourra souscrire une police auprès d'un assureur français ou d'une compagnie allemande par exemple. Dans le premier cas, l'assureur français assujettira le contrat à la taxe spéciale au taux de 5,15 %, dans le second, il est à craindre que l'assureur allemand ne fera supporter aucune taxe à son nouvel assuré français. En particulier, dans l'hypothèse ou le résident français règlerait ses primes à partir d'un compte bancaire ouvert hors de France comme l'y autorisera, à partir de 1990, la Directive européenne sur la liberté des mouvements de capitaux. Or cette différence de 5,15 % extrêmement importante au regard des conditions de la concurrence, conduira naturellement un client averti à choisir l'assureur qui le fera bénéficier d'une exonération de taxe.

La seule solution pour remédier à ce transfert massif d'assurances au bénéfice de sociétés étrangères pour des raisons de distorsions fiscales résiderait dans une stricte application des règles de territorialité de l'impôt de sorte qu'un contrat d'assurance serait assujetti aux dispositions fiscales du pays où se situe le risque couvert.

Or, cette question apparaît de la plus grande actualité. En effet, après une longue période de stagnation (1), la construction juridique de l'Europe de l'assurance devrait connaître, dans les prochaines années, une vive accélération. Du reste, la prise de conscience du caractère inéluctable de cette évolution a, en pratique, déjà conduit de nombreuses entreprises d'assurance à tenter d'atteindre une "taille critique" – au regard du marché européen et non plus de leur seul marché national – et donc à multiplier les prises de contrôle, amicales ou inamicales, de compagnies d'assurance exerçant leur activité dans d'autres pays de la Communauté.

Pour l'heure, la construction de l'Europe de l'assurance paraît surtout avancer en assurance de dommages. En effet, après l'accord intervenu lors de la session du Conseil le 18 décembre 1987, le projet de deuxième Directive relative au régime de la libre prestation de services en assurance de dommages a pu être adopté le 22 juin 1988 (2).

D'ores et déjà, il est donc possible de décrire d'une manière relativement précise le régime de libre prestation qui permettra aux assureurs dommages d'opérer à partir de 1990 dans l'ensemble de la Communauté, sans être établis sur les différents marchés.

---

(1) Ainsi "*la proposition de deuxième Directive du Conseil portant coordination des dispositions, réglementaires et administratives, concernant l'assurance directe non vie et fixant les dispositions destinées à faciliter l'exercice effectif de la libre prestation de services*", présentée par la Commission le 3O décembre 1975 (JOCE, n° 75 du 12 février 1976), vient seulement, le 18 décembre 1987, de donner lieu à un accord.

(2) JOCE du 4 juillet 1988 (n° 88-357)

Si une analyse exhaustive de cette Directive ne relève pas de la présente étude – l'assurance sur la vie devant, selon le Livre blanc de la Commission, faire l'objet d'une Directive spécifique avant 1991 (1) – il apparaît nécessaire d'en préciser les dispositions fiscales dont la logique pourrait demain être appliquée aux assurances de personnes.

SCHÉMA FISCAL DE LPS NON VIE

A cet égard, l'article 25 de la deuxième Directive prévoit trois dispositions essentielles :

- il pose la règle de la territorialité de l'impôt fondée sur le lieu de situation du risque ;
- il précise, pour en assurer le respect, que chaque Etat membre pourra appliquer aux entreprises prestataires de services sur son territoire son propre dispositif de recouvrement de l'impôt. A cet effet, une déclaration du Conseil et de la Commission devrait préciser que ce dispositif autorise les Etats membres à exiger des entreprises qui entendraient profiter de la liberté de prestation de services en assurance de dommages la désignation d'un représentant fiscal ;
- enfin, il arrête le principe d'une harmonisation ultérieure de la fiscalité applicable aux opérations d'assurance.

PROBLÈMES LIÉS À L'APPLICATION DE CE SCHÉMA EN ASSURANCE VIE

De l'application de tels principes aux assurances de personnes – prévue par la rédaction actuelle de l'article 24 du projet de Directive de LPS en assurance vie – découlera la même nécessité d'une "harmonisation ultérieure" qui aux yeux des assureurs français devrait se traduire par la suppression pure et simple de la taxe sur les conventions d'assurances puisque aussi bien :

> *"L'incitation à la libre prestation de services que va créer l'adoption prochaine de la Directive communautaire n'est pas compatible avec des différences mêmes limitées de niveau de taxes. Elle expose l'industrie francaise de l'assurance à une perte rapide de substance, par évasion des contrats au profit des marchés à prélèvement fiscal moindre ou nul.*
>
> *L'application aux opérations d'assurance, en libre prestation de service, des conditions fiscales du pays du risque, n'apporte*

---

(1) L'achèvement du marché intérieur, COM (85) 310 final. cf calendrier d'actions p. 25.

malheureusement pas une vraie solution au problème des disparités en ce qui concerne l'assurance. S'agissant de services immatériels, il n'est pratiquement pas possible d'instaurer un contrôle du paiement des taxes véritablement efficace, et la matière imposable risque fort de disparaître en même temps que le chiffre d'affaires de l'assurance localisée en France" (1).

En effet, il est certain qu'en l'absence d'une suppression pure et simple de la taxe spéciale sur les contrats d'assurance-vie, la mise en œuvre de la libre prestation de service pour les assurances-vie est de nature à soulever de graves difficultés.

En particulier, les indispensables mesures de contrôle de la perception des taxes s'avèreraient par nature lourdes et tracassières mais surtout contraires à l'esprit de la directive dans la mesure où elles conduiraient à remettre en cause en pratique la non obligation de s'établir dans le pays de prestation.

La seule solution à ce délicat problème serait alors de rechercher dans la désignation dans l'Etat de résidence de l'assureur d'un responsable fiscal des opérations de l'entreprise d'assurance dans les pays de prestations.

"A l'égard de la gravité de ce problème, il apparaît aux assureurs des pays concernés que toute considération théorique quant à la contradiction éventuelle d'une telle disposition à l'égard du principe de liberté de prestation est sans relevance parce qu'elle ne garantit pas l'équivalence des conditions d'exercice prévues à l'article 60, paragraphe 3 du Traité" (2).

Le respect de l'esprit communautaire devrait donc conduire à terme à une harmonisation des modes de taxation des primes d'assurances. Un tel alignement a déjà été examiné en 1962 et 1965 puis ultérieurement lors des discussions préalables à l'adoption de la sixième Directive sur la TVA. Ces travaux qui tendaient à la définition d'un taux unique de taxation et prévoyaient une exonération au bénéfice de l'assurance vie, n'ont jamais été adoptés par la Commission, cette harmonisation aurait conduit en effet à d'importantes pertes budgétaires pour certains Etats et à une nouvelle imposition mal perçue dans les autres.

A terme la dimension européenne conduira donc inéluctablement le législateur français – dès lors que la contrainte budgétaire se fera moins vive – à exonérer les assurances vie de la taxe unique sur les contrats d'assurance.

---

(1) Lettre, en date du 14 décembre 1987, adressée au Ministre d'État chargé de l'Économie, des Finances et de la Privatisation par l'ensemble des Présidents des organisations professionnelles de l'assurance.

(2) Pierre Rousselle, opus cite p. 611.

A cet égard, le rapport Boiteux (1) indiquait récemment que

> *"la suppression à terme de la taxe sur les conventions d'assurance vie est à programmer"* et soulignait que *"le coût de sa suppression serait de 2 milliards de F. Dans la mesure où la libération des mouvements de capitaux devrait entraîner une libération de fait de la prestation de services en assurance vie, la programmation de cette mesure devrait être inscrite sans retard".*

SECTION V

Critiques

Le régime actuel de taxation des primes d'assurance vie issu de la grande réforme de 1944 devrait à terme être sensiblement modifié dans le cadre de la construction européenne mais aussi par suite des nombreuses critiques qu'il appelle.

La législation actuelle apparaît, en effet, illogique – en taxant une épargne en formation – source de distorsion concurrentielle – en exonérant ou taxant des produits similaires pour la clientèle en considération seulement de l'organisme qui les commercialise – et même malsaine lorsqu'elle exonère certains contrats groupe, sans raison évidente, conduisant ainsi les assureurs à créer des "associations fictives" ou encore contraire au principe de la neutralité de l'impôt quand elle conduit le client à arbitrer son épargne entre assurance vie et bon de capitalisation pour des motivations purement fiscales.

Ces critiques ne découlent pas des écrits des seuls avocats naturels des assureurs (2), mais de divers rapports administratifs.

La taxe d'assurance en vie a, en effet, pour caractéristique d'être le seul impôt frappant une épargne qui se crée. Ainsi, comme le souligne le rapport Sermain (3),

> *"en réalité l'épargne est taxée au moment où elle se forme (et ce de manière uniforme) et exonérée au moment où elle produit des revenus. A rendement budgétaire égal, il serait sans aucun doute préférable de renoncer à la taxe sur les conventions d'assurance et*

---

(1) Rapport de la Commission de réflexion économique pour la préparation de l'échéance de 1992 (février 1988) p. 45.

(2) En ce sens, l'article de Jean-pierre Moreau : *"Évolutions récentes de la fiscalité de la retraite"*, Gazette du Palais 13 et 14 août l986, page 14 et *"Pour une réforme de la fiscalité des prix de l'assurance"* par Jacques Lallement, RGAT 1986, p. 179.

(3) Opus cite, page 74.

de prévoir une intégration partielle du revenu des produits d'assurance vie dans l'assiette de l'impôt sur le revenu. Un tel dispositif serait plus juste économiquement (taxation du revenu au lieu de taxation de la formation de l'épargne) et socialement (prise en compte de la progressivité de l'impôt sur le revenu)".

En effet, *"taxer l'épargne au moment de sa constitution ne semble pas opportun. De plus cette taxe de 5,15 % des primes versées existe rarement à l'étranger ou pour des taux très faibles"* (1).

La réglementation actuelle conduit également à taxer les primes ou cotisations afférentes à la prévoyance et à la retraite complémentaire de manière différente selon la nature de l'organisme assureur, la forme du contrat (individuelle ou collective) et la nature des garanties accordées (liées ou non à la durée de la vie humaine).

Ces disparités de taux ont pour conséquence pratique selon le rapport Gisserot (2) :

- *"Une concurrence inégale entre des organismes offrant des garanties identiques, puisqu'à tarif égal, la prime ou cotisation, taxe comprise, n'est pas la même ;*

- *au sein des compagnies d'assurances et, dans une moindre mesure, des groupements mutualistes, une incitation à créer des groupes artificiels en vue d'échapper à la taxation des contrats individuels,*

- *une propension à sous-tarifer le risque maladie inclus dans les contrats collectifs de façon à réduire l'effet de la surtaxation de ce risque"*.

Le mécanisme actuel d'exonération dont bénéficie environ 50 % des primes encaissées crée, à l'évidence, une distorsion grave de concurrence entre produits taxés et produits non taxés. La toujours souhaitable neutralité de l'impôt n'est donc pas atteinte en matière d'assurance. Bien au contraire *"la taxe facteur étranger aux qualités intrinsèques du produit d'assurance, influe sur les choix d'investissement. Le souscripteur désirant un produit mieux adapté à sa situation personnelle et qui n'est pas un produit de groupe se considère contraint d'acquitter, en quelque sorte, un supplément de prime"* alors même que le taux de la taxe apparaît élevé et *"représente, dans certain*

---

(1) *"Le développement et la protection de l'épargne"* dit rapport Dautresme, la Documentation française, p. 382.

(2) Groupe de travail interministériel sur la *"Protection sociale complémentaire"*, de janvier 1985, p. 111.

cas, plus que le taux de chargement du contrat et pénalise sans motif discernable les contrats individuels, par ailleurs déjà plus coûteux à gérer et à commercialiser" (1).

Mieux encore, les contrats de capitalisation ne supportent pas la taxe au motif qu'ils ne sont pas des contrats d'assurance. Dans de nombreux cas leurs caractéristiques sont pourtant très proches et les organismes distributeurs le plus souvent identiques. Souvent, les sociétés d'assurances vie sont aussi de sociétés de capitalisation et certaines offrent le même produit avec une possibilité d'option aux clients qui auront alors à choisir entre un contrat d'assurance, permettant de bénéficier d'une réduction d'impôt mais assujetti à la taxe et des contrats de capitalisation exonérés de taxe mais n'ouvrant droit à aucun avantage fiscal spécifique.

Il est alors possible de regretter, avec le Conseil des Impôts (2) que

> "*le souscripteur éventuel (soit) tenté, pour des raisons uniquement fiscales, de souscrire un contrat (vie) à hauteur des réductions légales et d'acheter, au delà de ce montant, le même produit sous forme de bon de capitalisation. Un bon de capitalisation se transforme ainsi, par adjonction d'une contre-assurance, en contrat d'assurance vie*".

En pratique, les produits d'assurance vie s'apparentent de plus en plus à des produits financiers ou l'assurance décès n'est plus qu'un accessoire à l'opération principale. Dès lors, leur assujettissement à la taxe apparaît anachronique au regard de la concurrence croissante sur le marché de l'épargne qui appelle à l'évidence un alignement de la fiscalité de l'assurance vie sur la fiscalité des produits bancaires.

Le Trésor a du reste faite sienne cette logique lors de l'adoption du Plan d'Epargne en vue de la Retraite (PER).

De l'ensemble de ces observations devraient donc découler à terme la suppression de la taxe unique sur les produits d'assurance vie – sans doute liée à une modification de leur mode actuel d'assujettissement à l'impôt sur le revenu ou aux droits d'enregistrement sur les mutations à titre gratuit – tant apparaît grande la nécessité de "*réformer une fiscalité archaïque qui handicape nos entreprises, entraîne des risques de fraude non négligeables, et peut favoriser la délocalisation de certains contrats (risques industriels, assurance vie)*" (1), cette évolution n'attendant plus, pour se réaliser, qu'un allègement

---

(1) VIIIème rapport du Conseil des Impôts, page 237.

(2) VIIIème rapport page 237.

(3) Rapport Achard sur "Le marché unique de 1992 : perspective pour les Banques, les Assurances et le système financier français" (1988) inédit.

des contraintes budgétaires. Il reste cependant à craindre que – *"l'impôt étant comme les chaussures : ce sont les plus vieux qui font le moins mal"* (2) – l'administration fiscale hésite encore à abandonner un impôt qui fêtera bientôt son bicentenaire sans faire pratiquement l'objet de contentieux devant la Cour suprême, d'autant plus que son recouvrement, assuré par une Administration parfaitement rôdée, apparaît peu dispendieux par suite de l'intervention, comme collecteur, des compagnies d'assurances.

---

(1) In Finances publiques par Paul Marie Gaudemet, chez Montchrestien, p. 128.

CHAPITRE II

Le champ d'application de la taxe d'assurance

Les articles 991 à 994 du CGI prévoient l'assujettissement à la taxe sur les conventions d'assurances de "toute convention d'assurance ou de rente viagère conclue avec une société ou une compagnie d'assurances ou tout autre assureur français ou étranger". Toutefois cette taxe n'est pas d'application générale.

L'étude de son champ d'application nécessite de rappeler d'une part les organismes concernés (Section I), d'autre part les contrats visés (Section II) et enfin ses limites territoriales (Section III).

SECTION I

Les organismes concernés

En application des dispositions de l'article 995.2 du CGI sont exonérés de la taxe spéciale sur les conventions d'assurance, les contrats bénéficiant, en vertu de dispositions exceptionnelles, de l'exonération des droits de timbre et d'enregistrement. Cette disposition découle directement de l'origine de la taxe unique (*supra* p. 22) qui s'est substituée en 1944 au timbre de dimension et au droit proportionnel d'enregistrement. Le législateur de l'époque n'a pas entendu, malgré l'ampleur de la réforme effectuée, à cette occasion, porter atteinte aux droits acquis dont bénéficiaient diverses catégories d'assurés. Aussi la loi du 30 janvier 1944 *"n'a pas sur ce point apporté d'innovation au régime jusque là en vigueur"* (1).

---

(1) *"Le nouveau régime fiscal des contrats d'assurance"* par A. Le Conte, opus cite, p. 30.

Or, la législation antérieure à 1944 prévoyait – dans des textes épars en de nombreux articles des Codes du timbre et de l'enregistrement – de nombreuses exonérations partielles ou totales de timbre de dimension et de droit proportionnel d'enregistrement que les anciens articles 801 à 804 du Code de l'enregistrement devaient rassembler.

Ainsi étaient exonérés, entre autres, de la taxe unique :

- les assurances couvertes par les mutuelles agricoles de la loi du 4 juillet 1900,
- les versements à la Caisse nationale des retraites pour la vieillesse, opérés par l'Etat, les départements, les communes, les colonies, les établissements publics, les versements des collectivités professionnelles agissant en conformité d'un régime de retraite ou de prévoyance ; les versements faits en vertu de la Législation relative aux accidents du travail et aux pensions congréganistes,
- les contrats de rente viagère, de rente temporaire ou de rente de survie, conclus avec la Caisse nationale de retraite pour la vieillesse, ainsi que les contrats de même nature que les caisses autonomes mutualistes sont autorisés à consentir,
- les contrats d'assurance sur la vie souscrits auprès de la Caisse nationale d'assurance en cas de décès et des caisses autonomes mutualistes.

Le législateur pérennisait ainsi diverses exonérations essentiellement au bénéfice de la mutualité agricole et de différents organismes réunis, par la suite, au sein de la Caisse Nationale de Prévoyance (CNP).

La discrimination ainsi introduite entre les organismes en concurrence sur le marché de l'assurance a des effets négatifs multiples. Elle crée une distorsion de concurrence entre les produits taxés et non taxés. Ainsi, la taxation à 9 % de l'assurance maladie place les sociétés d'assurances, en situation de concurrence défavorable par rapport aux sociétés mutualistes qui pratiquent les mêmes risques sans payer la taxe. Le client n'est donc plus conduit à choisir l'organisme le plus efficient mais l'opération la moins coûteuse, car la moins taxée. Il découle de plus de cette dernière disposition une nette propension des assureurs – fort malsaine économiquement – à sous-tarifer le risque maladie inclus dans les contrats collectifs de façon à réduire l'effet de la surtaxation de ce risque (*supra* p. 41).

Pour pallier l'inégalité de concurrence ainsi créée *"le principe posé devrait être celui de la neutralité fiscale, de sorte que la taxation des contrats ne dépendrait plus de la nature de l'organisme assureur"* (1).

---

(1) Rapport Gisserot, opus cite, p. 112.

Le législateur conscient de cette nécessité tend depuis la fin de la Seconde Guerre mondiale au regard des organismes soumis à la taxe (1) à diminuer les avantages offerts aux organismes exonérés (2).

1. LES ORGANISMES SOUMIS À LA TAXE UNIQUE

L'article 21 de la loi du 31 janvier 1944, codifié sous l'article 991 du CGI, dispose que "**toute convention d'assurance ou de rente viagère conclue avec une société ou compagnie d'assurance, ou avec tout autre assureur français ou étranger est soumise**" à la taxe unique.

La rédaction de l'article 991 du CGI, conçue en terme très généraux, s'applique indifféremment à la nature ou à la forme juridique de l'organisme d'assurance et n'appelle donc aucune distinction entre :

- les assureurs français et les assureurs étrangers,
- les sociétés ou compagnies d'assurances et les assureurs particuliers tels que les "Lloyds",
- les sociétés anonymes d'assurances et les sociétés d'assurances mutuelles.

La forme juridique de l'organisme d'assurances est si indifférente à la taxation de la prime qu'à la limite, sur un plan théorique, *"les assurances faites par une compagnie sans existence légale et dont la nullité aurait été prononcée resteraient soumises à la taxe qui pourrait être réclamée aux personnes qui ont agi en son nom"* (1). Il importe peu en effet aux yeux de l'Administration que la société soit régulièrement constituée (2).

La seule éventuelle difficulté, quant à l'exigibilité de la taxe unique résidera donc en l'analyse de l'opération visée par suite soit du défaut d'intervention d'un assureur soit de l'absence de la notion d'aléa constitutive d'une assurance.

Ainsi les contrats de rentes viagères, immédiates ou différée (*infra* p. 55) souscrits auprès d'une compagnie d'assurances sont assujettis à la taxe unique. Inversement les contrats de rente viagère passés entre deux particuliers en seront exonérés par suite de l'absence d'intervention d'un assureur, et ne seront éventuellement soumis – en cas d'acte notarié ou d'acte sous seing privé présenté volontairement à l'enregistrement – qu'au droit fixe des actes innomés.

---

(1) Juris-Classeur de l'enregistrement, assurance, fascicule II n° 31.
(2) Sol, 25 mai et 5 juin 1854.

Il en ira de même pour plusieurs types de contrats, notamment les contrats tontiniers. La tontine est

> *"l'opération par laquelle diverses personnes forment, par des versements, un fonds commun qui, capitalisé pendant un certain nombre d'années, est, à l'échéance convenue, réparti entre les survivants, déduction faite des frais de gestion, certaines répartitions pouvant être faites entre les ayants droit des adhérents décédés"* (1).

Le contrat tontinier, n'appelle pas l'intervention d'un assureur, qui couvre un risque et en opère la compensation avec d'autres. Les opérations tontinières seront donc exonérées de la taxe spéciale sur les conventions d'assurance (2).

Quant au contrat d'épargne-convention, autorisée, par l'article 310.1 du Code des assurances, par laquelle

> *"une société réunit et capitalise en commun les épargnes qui lui sont apportées par ses adhérents sous forme de versements uniques ou périodiques, sans prendre à leur égard d'engagements déterminés (D, 3 juillet 1913, art. 1er) ; la société, au lieu de s'engager, comme les sociétés de capitalisation, à faire un versement connu d'avance, s'oblige simplement à répartir, à l'échéance du contrat, le produit de la capitalisation tel qu'il se comporte entre ses adhérents"* (3).

Il se distingue d'une opération d'assurance par l'absence d'un quelconque aléa, en particulier d'un risque dépendant de la durée de la vie humaine et n'appelle par l'intervention d'une compagnie d'assurances. Ces contrats d'épargne sont donc exonérés de la taxe spéciale sur les conventions d'assurance.

L'intervention d'un assureur apparaît ainsi nécessaire à l'exigibilité de la taxe d'assurance comme en témoignent des solutions déjà anciennes en matière d'association d'assistance mutuelle. Au regard des droits d'enregistrement, une association qui, moyennant le paiement d'une cotisation mensuelle, s'engage à servir une indemnité en cas de décès est une véritable compagnie d'assurance (4). Ladite cotisation devra donc être assujettie à la taxe unique. Mais des associations dont les statuts stipulent que les titulaires de l'indemnité ne pourront être que les ascendants ou les enfants des sociétaires et que le droit à cette indemnité ne pourra être ni cédé ni négocié, constituent de

---

(1) Picard et Besson, opus cite, n° 443.

(2) Cette solution était déjà certaine sous la législation antérieure à 1944 (Sol 16 octobre 1895, RE 1.042).

(3) Sumien, opus cite, n° 353.

(4) Sol, 5 août 1890

véritables oeuvres de bienfaisance et ne sauraient être assimilées à des compagnies d'assurances (1).

Il en irait de même d'une association qui aurait pour objet de servir à ses membres une pension exigible après 20 ans de versements d'une cotisation mensuelle de 1 F, par exemple, si cette pension ne pouvait être aliénée, si elle était uniforme pour tous les sociétaires et si la société accordait à ses adhérents malades des délais de paiement et, dans certains cas, des dispenses pour le paiement de la cotisation (2). Les cotisations à de telles associations seront donc exonérées de la taxe spéciale sur les conventions d'assurance.

Ces solutions administratives découlent des termes d'un arrêt de la Cour de cassation sur une question similaire, mais en assurance de dommages au sujet de caisses départementales. Ainsi, une caisse départementale qui

> *"garantit un secours en cas d'incendie, dans certaines proportions, et sous des conditions déterminées, à tous les habitants du département de la Marne qui ont fait un don à ses quêtes ... a par là les caractères d'une caisse d'assurance ... en effet ..... ces quêtes donnent naissance à un véritable contrat d'assurance ... il importe peu aussi que la caisse de la Marne accomplisse des actes de bienfaisance envers quelques incendiés qui n'ont rien donné à ses quêtes ..."* (3).

2. LES ORGANISMES EXONÉRÉS DE LA TAXE UNIQUE

L'exonération de la taxe unique, pour l'essentiel, intéresse les contrats souscrits auprès des sociétés ou caisses d'assurances mutuelles agricoles et de la Caisse Nationale de Prévoyance (CNP). Ces dispositions exorbitantes du droit commun ont été, depuis la guerre, soit purement et simplement supprimées, soit très sensiblement diminuées afin de permettre à la concurrence entre les différents types d'assureurs de jouer dans des conditions plus satisfaisantes.

L'ASSURANCE MUTUELLE AGRICOLE

Jusqu'en 1984, le second alinéa de l'article 995 du CGI exonérait de la taxe spéciale : **"les assurances bénéficiant en vertu de dispositions exceptionnelles de l'exonération des droits du timbre et d'enregistrement".**

---

(1) Sol 8 janvier 1892.

(2) Sol, 9 septembre 1892 et 20 décembre 1892.

(3) Cass. civ., 11 février 1880, Dalloz 1880, 1, 113.

La combinaison de cet article et des dispositions de l'article 1032 du CGI permettait aux sociétés ou caisses d'assurance mutuelle agricole d'exonérer de la taxe unique les contrats qu'elles commercialisaient. Cette exonération, créée par la loi du 4 juillet 1900, visait initialement à favoriser la constitution de caisses formées de petits agriculteurs afin de garantir à un coût plus faible les risques inhérents à leur profession. Le but fixé par le législateur ayant été largement atteint, cette exonération ne se justifiait plus réellement. Aussi l'article 22 – II de la loi de finances pour 1984 exclut de l'exonération de la taxe unique, prévue à l'article 995 du CGI, les assurances *"souscrites auprès de sociétés ou caisses d'assurance mutuelle agricole visée à l'article 1032"* du CGI.

Le principe de l'assujettissement à la taxe sur les conventions d'assurances des contrats souscrits auprès des sociétés ou caisses d'assurances mutuelles agricoles comporte cependant encore un certain nombre d'exceptions, le privilège de l'exonération étant désormais limité aux seuls contrats couvrant des risques spécifiquement agricoles limitativement énumérés.

Ce privilège n'ayant pas été étendu aux contrats de cette nature souscrits auprès des autres assureurs, la législation française continue donc de prévoir une inégalité des conditions de la concurrence à ce sujet et permet aux caisses susvisées de continuer de bénéficier d'un marché captif par suite du montant élevé de la taxe unique.

Les risques toujours exonérés sont ceux inhérents aux récoltes, cultures, cheptel vif, cheptel mort (machines agricoles, tracteurs et leurs remorques), bâtiments affectés aux exploitations agricoles, exclusivement nécessaires au fonctionnement de celles-ci, et aux contrats d'assurance maladie complémentaire des salariés ou des exploitants agricoles (1).

LA CAISSE NATIONALE DE PRÉVOYANCE (CNP)

La seconde exonération traditionnelle de la taxe unique intéressait jusqu'en 1970 certains contrats souscrits auprès de la Caisse Nationale de Prévoyance (CNP) et des caisses autonomes mutualistes. Il s'agissait :

– des rentes constituées ou des capitaux assurés auprès des caisses autonomes mutualistes par des adhérents dont l'affiliation est antérieure au 1er janvier 1936 (articles 1047.a et 1048.a du CGI) ;

– des rentes souscrites ou des capitaux assurés sur une même tête auprès de la CNP en vertu de contrats conclus avant le 1er janvier 1936, à concurrence de 60 F ou de 500 F pour l'ensemble des rentes ou des capitaux

---

(1) Ces dispositions ont été commentées par l'administration fiscale dans ses instructions des 2 mars 1984 (7 I-1.84) et 11 mars 1985 (7 I-1.85).

constitués ou assurés sur une meme tête (articles 1047.b et 1048.b du CGI) ;

– des assurances de groupe souscrites à la CNP par des collectivités publiques ainsi que par les collectivités professionnelles agissant en conformité avec un régime de retraite ou de prévoyance (articles 1047.c, 1048.c du CGI) ;

– des contrats d'assurances temporaires souscrits accessoirement aux opérations prévues par la législation sur les habitations à loyer modéré, le crédit mutuel et la coopération agricole ainsi que le crédit maritime mutuel (articles 1047.c et 1048.c du CGI) ;

– des rentes constituées ou des capitaux assurés sur une même tête (à concurrence de 480 F de rente ou de 1000 F de capital) auprès de la CNP ou des caisses autonomes mutualistes (articles 1047.d et 1048.d du CGI) ;

– des versements faits auprès d'organismes autres que la CNP et afférents aux retraites servies par les institutions de prévoyance ou de sécurité sociale visées à l'article 4 du Code de la sécurité sociale et par les caisses de prévoyance visées à l'article 1050 du Code rural, sans qu'il y ait à distinguer selon que ces organismes assurent directement la gestion financière de leurs capitaux ou confèrent au contraire à des sociétés d'assurance le soin de procéder au placement de leurs fonds et à la capitalisation de leurs réserves (article 1048 bis 2 du CGI).

Cette réglementation apparaissait excessivement complexe. Par ailleurs le régime fiscal préférentiel accordé à la CNP créait une distorsion peu justifiée au détriment d'autres organismes d'assurances.

Enfin, certains des plafonds prévus ne correspondaient plus, à défaut d'une quelconque réactualisation, à la réalité économique et méritaient donc d'être revus. Le législateur a pris conscience que *"ces divers régimes préférentiels, dont la justification est d'importance très inégale, exigent un effort de simplification et de rationalisation"* (1).

Les modifications apportées à la législation devaient répondre à des motivations diverses.

Il est clairement apparu que *"le régime fiscal préférentiel des assurances souscrites à la CNP entretient une distorsion de concurrence anormale entre cet établissement public et l'ensemble des organismes d'assurances habilités à pratiquer les mêmes opérations"* (2).

---

(1) Rapport (N° 835) de la Commission de l'économie générale et du plan de l'Assemblée Nationale sur le projet de loi de finances pour 1970 (p. 203).

(2) Idem p. 203.

Or *"le développement de l'assurance exige, ..., que soit appliquée en ce domaine une neutralité fiscale accordant aux assurés un traitement identique quel que soit l'organisme auquel ils s'adressent"* (1).

L'article 66 de la loi de finances pour 1970, codifié sous l'article 998 du CGI a donc exonéré de la taxe spéciale sur les conventions d'assurances certains contrats d'assurances de groupe souscrits dans un cadre professionnel, quel que soit l'organisme auprès duquel l'assurance est souscrite (*infra*, p. 65).

Dans le même souci d'harmonisation du traitement fiscal des opérations d'assurances similaires présentées d'une part par la CNP et d'autre part par les compagnies de droit commun, le régime d'exonération partielle des contrats individuels de rentes souscrits auprès de la CNP a été supprimé. De même, il est apparu souhaitable d'abroger – dans un souci de simplification – comme devenu sans objet, les dispositions prévoyant l'exonération de taxe unique des contrats souscrits à la CNP avant le 1er janvier 1936 ainsi que l'exonération partielle prévue à l'article 1048 du CGI au bénéfice des contrats de capitaux souscrits auprès de la CNP ou de caisses autonomes mutualistes dont la portée réelle était devenue pratiquement nulle.

Le législateur n'a pas cependant entendu supprimer toutes les exonérations existantes en raison du caractère social de certaines d'entre elles.

Ainsi, le paragraphe II dudit article 66 de la loi de finances pour 1970 – codifié sous l'article 996 b du CGI – exonère de la taxe unique à concurrence du montant maximal des retraites mutualistes majorées par l'état au profit des anciens combattants et victimes de guerre, les rentes constituées sur une même tête auprès de la CNP par une société mutualiste ou auprès d'une caisse autonome mutualiste. Les contrats souscrits directement auprès de la CNP ne bénéficient donc plus d'aucune exonération (2).

De même le 2° du I de l'article 66 susvisé – codifié sous l'article 998.2 du CGI – a maintenu l'exonération de la taxe unique au bénéfice des assurances temporaires en cas de décès prévues par la législation sur les habitations à loyer modéré, le crédit mutuel et la coopération agricole et le crédit maritime mutuel. Il n'a pas donc été, en fait, apporté de modification au régime fiscal de ces contrats.

Enfin, pour éviter toute ambiguïté, l'alinéa IV de l'article 66 – codifié sous l'article 999 du CGI – a précisé que les organismes de prévoyance et de sécurité sociale continueront, en application des dispositions du Code général des impôts les concernant, à bénéficier de l'exonération de la taxe unique pour les versements qu'ils effectuent lorsque, tout en assurant eux-mêmes le service

---

(1) Idem p. 203

(2) L'ensemble de ces dispositions a été commenté par l'Administration dans son instruction du 25 février 1970 (7I-4-70).

de leurs prestations, ils confient à des entreprises d'assurances le soin de procéder au placement de leurs fonds et à la capitalisation de leurs réserves.

Face à un dispositif complexe d'exonération présentant souvent un intérêt minime et discriminatoire selon l'organisme assureur, le législateur de 1970 a donc tenté d'une part de rétablir une égalité fiscale entre tous les organismes assureurs et d'autre part de simplifier la législation. S'il est possible de considérer que le premier objectif a été pour l'essentiel atteint, il apparaît que le second ne l'a pas été.

Le législateur n'a pas en effet entendu, pour des motifs d'ordre social, abroger une série d'exonérations qui rend l'étude des dispositions régissant la taxe unique encore excessivement complexe alors même que leur impact économique apparaît fort limité.

SECTION II
Les contrats concernés

La taxe spéciale sur les conventions d'assurance frappe les **contrats d'assurance vie** (1.1) **les contrats de rente viagère** (1.2) et selon l'administration fiscale **les contrats dits "Indemnités de fin de carrière"** (1.3). Inversement en sont exonérés, par suite de leur nature juridique spécifique, **les bons de capitalisation** (2.1), des dispositions expresses de l'article 995.5 du CGI, **les contrats en faveur d'infirmes** (2.2) et en application de l'article 998.I du CGI, **certains contrats d'assurance de groupe** (2.3) et, aux termes de la loi sur l'épargne du 17 juin 1987 **les contrats d'assurance souscrits dans le cadre d'un plan d'épargne en vue de la retraite** (2.4), le total des opérations exonérées représentant environ 50 % des versements considérés.

1. LES CONTRATS ASSUJETTIS À LA TAXE D'ASSURANCE

1.1 - *LES CONTRATS D'ASSURANCE VIE*

L'article 1er du décret-loi du 14 juin 1938, codifié sous l'article L 310.1 du Code des assurances donne une définition large des assurances sur la vie en les qualifiant d'opération **"dont l'exécution dépend de la durée de la vie humaine"**. Si "les combinaisons d'assurance sur la vie sont extrêmement nombreuses , leur nombre dépasse la centaine" (1), les deux combinaisons fondamentales restent l'assurance en cas de décès, en application de laquelle l'assureur versera une somme stipulée en cas de décès de l'assuré au cours

(1) Picard et Besson, opus cite, p. 711.

de l'assurance et l'assurance en cas de vie où l'assureur s'engage à verser une certaine somme à une date déterminée, si, à ce moment, l'assuré est encore vivant.

Ces deux modalités fondamentales peuvent se combiner pour constituer une assurance mixte, au terme de laquelle l'assureur s'engage à verser à un terme fixé, une somme stipulée à l'assuré s'il est encore vivant et à un bénéficiaire quelconque s'il meurt auparavant. Chacune de ces combinaisons fondamentales connaît naturellement un nombre de variétés croissant avec l'imagination des professionnels de l'assurance.

Il reste fondamentalement que *"l'assurance sur la vie peut être définie par un contrat de capitalisation comportant un élément aléatoire, à savoir la durée plus ou moins longue de la vie humaine"* (1). C'est ce seul caractère aléatoire – notion d'application *"parfois difficile dans l'assurance vie qui, malgré ses différentes formes, est dominée par l'idée de décès, événement certain"* (2) – qui justifie l'assujettissement des conventions d'assurance vie à la taxe unique en application des dispositions de l'article 991 du CGI.

L'assurance vie constitue ainsi le seul mode de placement où l'épargne est taxée lors de sa constitution. A ce principe anachronique et maintes fois critiqué (*supra*, p. 40), le législateur vient de poser une exception essentielle si elle devait être appelée à devenir la règle fiscale de demain.

Les contrats d'assurance vie souscrits dans un PER

En effet, en application de l'article 3 de la loi sur l'épargne du 17 juin 1987 les versements effectués dans un plan d'épargne en vue de la retraite (PER) sous forme de primes d'assurance vie sont exonérés de la taxe spéciale sur les conventions d'assurance.

> *"Ainsi, les organismes d'assurance pourront, dans des conditions de concurrence équilibrée, proposer à leur clientèle, des plans d'épargne en vue de la retraite"* (3).

L'Administration traduit clairement par cette disposition sa politique de déréglementation des circuits financiers. L'assurance vie s'inscrit donc au sein du PER comme un produit financier parmi d'autres, en concurrence avec les actions, les obligations, SICAV ou autres fonds communs de placement... Le

(1) Juris-Classeur de l'Enregistrement, Assurances, fascicule III n° 76.

(2) *"De la notion et des limites de l'aléa susceptible d'être garanti dans les assurances de choses, de personnes et de responsabilité professionnelle"*. Rapport introductif de M. Albert Meeus au 9ème Colloque juridique international organisé par le Comité Européen des Assurances les 3 et 6 octobre 1980, in RGAT 1981 p. 246.

(3) Rapport n° 621 fait au nom de la Commission des finances, de l'économie générale et du plan sur le projet de loi sur l'épargne, page 55.

gouvernement tente ainsi de diminuer le coût de l'intermédiation financière, que ce soit celle de l'assurance ou de la banque.

Cette démarche, pour n'être pas réellement nouvelle ne manque pas moins d'avoir inévitablement de multiples implications. En particulier, il apparaît difficile d'imaginer que l'assurance vie et les bons de capitalisation puissent conserver encore longtemps leurs spécificités fiscales dans l'optique d'un marché élargi des produits financiers, tant *"la majeure partie des services financiers de grande consommation sont aujourd'hui banalisés ou en voie de l'être"* (1). L'assujettissement à la taxe unique de l'assurance vie devrait donc, à terme, être remis en cause. La réforme actuelle du Code des assurances appelle, en effet, la modification de la fiscalité des produits d'épargne même, comme le souligne le directeur des assurances, si *"les marges de manœuvre en matière budgétaire sont limitées"* (2).

1.2 - *LES CONTRATS DE RENTE VIAGÈRE*

Les sociétés d'assurances vie pratiquent deux sortes de contrats de rentes viagères : les contrats de rentes viagères immédiates et les contrats de rentes viagères différées.

Les contrats de rentes viagères immédiates

L'Administration définit, à l'attention de ses collaborateurs, ces contrats *"comme des contrats par lesquels l'assureur s'oblige, contre les versements des capitaux, à servir aux ayants droit une rente dont les arrérages commencent à courir du jour de la conclusion du contrat"* et précise que *"les contrats sont, au point de vue juridique, absolument distincts des contrats d'assurances ; ils ne peuvent donc, sauf disposition formelle du législateur, leur être assimilés"* (3). C'est du reste, ce qu'en matière fiscale la Cour de cassation a décidé par trois arrêts du 25 mai 1891 (4).

En ce qui concerne ces contrats, l'Administration avait en effet soutenu, après l'entrée en vigueur de la loi du 29 décembre 1884 rendant obligatoire la taxe d'abonnement pour les contrats d'assurance sur la vie que cette taxe leur était applicable. La Cour de cassation ayant rejeté cette thèse, le législateur établit, par l'article 16 de la loi du 13 avril 1898, une assimilation complète entre les contrats de rente viagère immédiate et les contrats d'assurance sur la vie.

---

(1) *"Banquiers et Assureurs ne vous laissez pas surprendre"* par Philippe Masson et Neil Janin in la revue Banque n° 443, octobre 1984 p. 1018.

(2) Conférence de M. Jolivet lors de la Journée finance de l'Argus in l'Argus n° 6003 du 17 avril 1987, page 899.

(3) D. adm 7l433, 1er mars 1977, n° 2.

(4) Cass. civ. 25 mai 1891, D 92.1.21.

Les contrats de rentes viagères différées

Quant aux contrats de rentes viagères différées, c'est-à-dire ceux pour lesquels l'assureur s'oblige, contre un versement, à servir aux ayants droit une rente viagère, si à une époque déterminée, ils sont encore en vie, ils présentent, à raison de la nature des risques qu'ils sont destinés à couvrir, les caractères essentiels du contrat d'assurance sur la vie, du type assurance en cas de vie et sont donc logiquement assujettis à la taxe unique.

En pratique, bien que par leur nature juridique, les contrats de rentes viagères immédiates soient distincts des conventions d'assurance sur la vie, la législation fiscale les assujettit, tout comme les contrats de rentes viagères différées à la taxe spéciale sur les conventions d'assurance (au taux spécifique de 2,40 % si le souscripteur est âgé de plus de 60 ans ou infirme).

1.3 - *LES CONTRATS DITS "INDEMNITÉS DE FIN DE CARRIÈRE" (IFC)*

Le régime fiscal des primes afférentes aux contrats garantissant aux entreprises le versement des indemnités de fin de carrière revenant à leurs salariés par application de conventions collectives a fait l'objet de différents litiges. Par une note, non publiée, en date du 23 janvier 1987, le service de la législation fiscale considère *"qu'il s'agit de contrats d'assurance de pertes pécuniaires qui sont assujettis à la taxe sur les conventions dans les conditions de droit commun. Compte tenu des hésitations qui ont pu se produire, le ministre a décidé que la taxe ne s'appliquera qu'aux primes échues à compter du 1er janvier 1987. Pour le passé, les redressements entrepris seront abandonnés".*

Cette note du Service de la Législation Fiscale (SLF) appelle de nombreuses objections. Les compagnies d'assurances ont du reste décidé de continuer d'émettre de tels contrats sans réclamer la taxe à leurs clients.

La note susvisée a pour première conséquence de souligner une vive divergence d'appréciation entre les différentes Directions du Ministère des Finances. En effet, le SLF qualifie les contrats dits *"indemnités de fin de carrière"* *"d'assurance de pertes pécuniaires"* relevant des assurances de dommages. A l'inverse la Direction des assurances autorise la commercialisation de tels contrats par des sociétés d'assurance vie qui ne seraient pas en droit de distribuer des assurances de dommages (1).

De plus elle traduit une évolution de la doctrine du SLF. En effet, la documentation administrative (C 4524, 1er octobre 1976) précise sous l'intitulé *"Assurance groupe garantissant le paiement par les entreprises d'indemnités de congédiement ou de départ à la retraite versée au personne"* que *"ces primes d'assurance groupe correspondent à des charges d'exploitation déductibles"* reprenant ce faisant les termes de sa note du 12 avril 1972.

Ainsi, le SLF analysait par le passé de tels contrats comme des assurances de groupe et entend aujourd'hui revenir sur cette interprétation. Du reste, le seul fait que le SLF fasse référence à des *"hésitations passées"* pour motiver l'abandon des redressements antérieurs à 1987 montre que la justification de sa nouvelle doctrine n'est pas évidente.

Les arguments de l'Administration

Pour comprendre le revirement doctrinal de l'administration fiscale – à défaut d'une quelconque explication dans la note du 23 janvier 1987 – il convient d'exposer les trois arguments habituellement présentés par les vérificateurs aux sociétés pour contester la nature d'assurance de groupe des contrats dits *"indemnités de fin de carrière"*.

D'une part, il serait reproché à ces contrats d'être souscrits en application de conventions collectives. Or, le fait d'être souscrit en application d'une convention collective ou d'une obligation de même nature, est au contraire une des conditions posées par l'article 998.1 du CGI pour exonérer de la taxe unique les contrats souscrits par une entreprise au profit de ses salariés.

D'autre part, selon les redressements notifiés le fait que ces contrats garantissent – dans la plupart des cas – le paiement à l'employeur des prestations en espèces à reverser par la suite aux salariés exclurait l'exonération. Or, les primes afférentes au risque *"incapacité de travail"* sont explicitement exonérées par l'article 998.1 du CGI alors même qu'au titre de ce risque l'assureur verse à l'employeur, selon un mécanisme similaire à celui prévu habituellement pour les contrats indemnités de fin de carrière, des indemnités journalières à reverser aux salariés. L'Administration n'a cependant jamais tenté de requalifier de tels contrats en *"pertes pécuniaires"*.

Enfin, l'exonération de la taxe unique ne saurait selon l'administration fiscale bénéficier aux contrats d'indemnités de fin de carrière au motif que le

(1) En droit comparé, il sera intéressant de noter qu'en Italie ce risque est analysé comme de l'assurance vie taxable à 2 %.

risque couvert n'entrerait pas dans la liste limitative de l'article 998.1 du CGI qui ne vise que

> *"les risques liés à la durée de la vie humaine, à l'invalidité, à l'incapacité de travail ou au décès par accident, et (dans certaines limites) le remboursement des frais médicaux, chirurgicaux, pharmaceutiques ou dentaires"* .

Il est clair en effet que pour l'essentiel le risque de l'entreprise de devoir payer des indemnités de fin de carrière n'est que faiblement minoré par la mortalité constatée au niveau de ses collaborateurs. Inversement, il est très fortement diminué par la probabilité de voir ces collaborateurs quitter volontairement l'entreprise pour un autre emploi. Le "risque" n'apparaît donc guère lié à la durée de la vie humaine mais essentiellement au "turn over" constaté au sein de l'entreprise.

Il sera objecté à cette observation qu'il est divers exemples d'assurances dont la nature "vie" n'a jamais été contestée bien qu'elles prévoient des prestations dont le versement est lié à une condition de caractère économique. Ainsi, il est parfaitement loisible de prévoir qu'une rente d'éducation ne sera versée qu'en cas de décès de la tête assurée, de survie de l'enfant bénéficiaire et de poursuite par ce dernier de sa scolarité.

L'administration fiscale devrait cependant disposer dans l'hypothèse d'un éventuel contentieux d'un argument déterminant à opposer à l'exonération de taxe unique des contrats considérés. Ces contrats prévoient en effet, dans leur grande majorité qu'en cas de licenciement, les provisions constituées au niveau de l'assureur pour financer les indemnités de fin de carrière pourront servir au paiement d'indemnités de licenciement.

En effet, sur le plan commercial, les entreprises accepteraient mal que les deux risques ne puissent être traités dans un même contrat ou tout au moins que les primes versées au titre de contrats d'indemnités de fin de carrière soient conservées par l'assureur alors même que le "risque" aurait disparu pour ce dernier de devoir effectuer le moindre versement, les salariés couverts ayant été licenciés avant de pouvoir prétendre à leurs primes de fin de carrière.

En effet, les entreprises clientes souhaitent assurer l'intégralité de leur passif social. Elles entendent donc pouvoir percevoir des prestations de leur assureur tant pour financer les IFC que d'éventuelles indemnités de licenciement. *A fortiori* elles ne sauraient comprendre qu'en cas de licenciement général l'assureur conserve l'intégralité du fonds constitué dans ses comptes par suite de la disparition du risque de voir un quelconque salarié de l'entreprise considérée la quitter pour partir en retraite. Alors même que seule cette dernière circonstance ouvre habituellement droit – selon la rédaction des contrats d'IFC – à bénéficier d'une prestation d'assurance.

Or, il est clair que des contrats d'assurance de licenciement qui relèvent en principe des risques IARD sont taxables au taux de 9%.

En pratique, l'attente d'une décision judiciaire pour voir ce différend réglé apparaît relativement dommageable. En effet, le risque encouru par les compagnies d'assurances en commercialisant des contrats d'IFC non taxés est de devoir dans quelques années verser une taxe au taux de 9 %, alors même d'une part que les contrats d'IFC dégagent habituellement des marges extrêmement faibles, lorsqu'ils sont bénéficiaires, et d'autre part qu'il s'avèrerait le plus souvent commercialement impossible de répercuter cette taxe auprès de la clientèle. La solution à ce différend paraît donc devoir être recherchée à terme dans une modification de la législation fiscale qui permettrait aux entreprises d'assurer au moindre coût et au plus grand bénéfice de leurs collaborateurs leur passif social.

Risques pour l'avenir

L'essentiel reste cependant qu'au-delà des seuls contrats d'indemnités de fin de carrière, la lettre susvisée du SLF exprime une doctrine applicable à l'ensemble des contrats d'assurance de groupe. En effet, le bureau B2 du SLF souligne que pour satisfaire aux conditions posées par l'article 998.1 du CGI, afin de bénéficier de l'exonération de la taxe unique, un contrat devra être souscrit par une entreprise et constituer "*un moyen de satisfaire à une disposition prévue par une convention collective ou un accord d'entreprise ou résultant du contrat de travail de l'ensemble ou d'un nombre significatif de salariés de l'entreprise*". Ce bureau considère que cette condition ne sera remplie que si par exemple la convention visée fait obligation à l'entreprise de souscrire un contrat d'assurance pour couvrir telle ou telle de ses obligations.

Inversement, si la convention ou l'accord d'entreprise considérés ne prévoient aucune obligation de s'assurer pour l'employeur mais que celui-ci le fait de sa propre initiative, le bureau B2 considère alors que l'employeur assure non son personnel mais son propre risque. En effet, dans cette hypothèse, les salariés disposent à l'encontre de l'entreprise de droits en application des seules dispositions conventionnelles, la souscription par cette dernière d'un contrat d'assurance ne les augmentant en rien. Le bureau B2 en application de cette analyse pourrait donc être conduit à terme à considérer l'ensemble des contrats dits de groupe aujourd'hui exonérés de la taxe spéciale sur les conventions d'assurances comme de simples contrats de pertes pécuniaires souscrits par les entreprises à leur propre bénéfice et donc assujettis à la taxe unique au taux de 9 %. L'application de cette doctrine contraindrait, sauf nouvelles dispositions législatives, les partenaires sociaux à renégocier la quasi intégralité des accords collectifs afin d'y intégrer l'obligation pour l'employeur de s'assurer pour respecter ses engagements sous peine d'encourir un surcoût de 9 % pour la couverture des avantages sociaux ainsi accordés.

2. LES CONTRATS EXONÉRÉS DE LA TAXE D'ASSURANCE

2.1 - *LES CONTRATS DE CAPITALISATION*

Le statut légal du contrat de capitalisation résulte, dans le dernier état de la législation, du décret-loi du 14 juin 1938 et du décret d'application du 30 décembre 1938.

Ces textes, qui constituent une véritable codification des conditions de fonctionnement des sociétés d'assurances et de capitalisation, traitent incidemment du contrat de capitalisation.

Le législateur ne s'est en effet occupé qu'accessoirement du contrat de capitalisation. Sa seule définition légale est incluse dans la définition des sociétés de capitalisation figurant sous l'article 1er, 3° du décret-loi du 14 juin 1938, reprenant l'article 1er de la loi du 19 décembre 1907 :

> *"Les entreprises qui font appel à l'épargne en vue de la capitalisation et contractent, en échange de versements uniques ou périodiques, directs ou indirects, des engagements déterminés".*

Le décret du 30 décembre 1938 ne fait qu'indiquer, dans ses articles 116 à 119, les éléments du contrat de capitalisation sans définir ce dernier. A défaut de disposer d'une définition légale des contrats de capitalisation, la doctrine les analyse comme des contrats *"sui generis"* (1).

Au regard d'un éventuel assujettissement de ces contrats à la taxe unique, il suffira d'observer qu'ils ne peuvent être assimilés à des contrats d'assurance.

En effet, si pour des raisons purement historiques l'agrément obtenu de la Direction des assurances par les compagnies d'assurance vie n'est pas exclusif d'un agrément comme société de capitalisation et inversement de sorte que, le plus souvent, les mêmes sociétés offrent à leur clientèle à la fois

---

(1) Voir les ouvrages de MM. Paul Sumien : *"Traité des Assurances terrestres"* ; Anatole Weber : *"Traité des Sociétés de Capitalisation"* ; Georges Hamon : *"Aperçus sur la nature juridique du contrat de capitalisation (1936)"* ; Pol de Corbier : *"Entreprises et contrats de capitalisation et d'Epargne (1920)"* ; François de Jouvencel : *"Nature juridique des Sociétés et du contrat de capitalisation (1933)"* ; ainsi que la doctrine et la jurisprudence citées par ces auteurs.

des contrats d'assurance vie et des bons de capitalisation, il reste que les termes de ces derniers ne comportent aucune référence au décès du souscripteur ou à la durée de la vie humaine.

Dès lors les contrats de capitalisation bénéficieront d'une exonération de la taxe unique.

Cette fiscalité spécifique aux bons de capitalisation par rapport aux produits d'assurance vie, fondée sur leur nature juridique distincte, apparaissait d'autant plus justifiée qu'économiquement et financièrement ces deux types d'opération étaient fort éloignés.

Cependant aujourd'hui l'assurance en cas de vie conclue avec une contre assurance qui prévoit, en cas de décès de l'assuré, le versement de l'épargne accumulée à un bénéficiaire désigné, représente l'essentiel de la production nouvelle et s'analyse de plus en plus comme une simple opération d'épargne, fondée sur la technique de la capitalisation.

La distinction parfaitement justifiée par le passé, des bons de capitalisation et de l'assurance en cas de vie apparaît donc pour l'essentiel aujourd'hui sans objet (1).

Cette évolution est tellement avancée que certaines sociétés proposent à leur clientèle, la souscription du même contrat, au choix sous la forme d'un bon de capitalisation exonéré de taxe ou d'une assurance vie assujettie à la taxe unique, mais offrant la possibilité de bénéficier de la réduction d'impôt prévue par l'article 199 septies du CGI.

Dès lors, le maintien de deux régimes d'imposition distincts pour deux opérations strictement similaires n'apparait plus justifié et ne manque pas d'appeler les critiques du Conseil des Impôts (2).

2.2 - *LES CONTRATS AU BÉNÉFICE D'INFIRMES*

Aux termes du nouvel article 995.5 du CGI, bénéficient d'une exonération de la taxe sur les conventions d'assurance, d'une part les contrats en faveur d'enfants infirmes (2.2.1) et d'autre part, certains contrats souscrits par des personnes handicapées (2.2.2).

---

(1) Cf *"L'Assurance vie, contrats individuels"*, par Daniel et Corinne Collignon p. 221, édition L'Argus.

(2) VIII rapport susvisé, p. 237.

2.2.1 - Les contrats en faveur d'enfants infirmes

L'article 8.1 de la loi de finances pour 1970 (1) – codifié sous l'article 199 *septies* 2° du CGI – dispose que

> *"les primes afférentes à des contrats d'assurance en cas de décès sont déduites du revenu net global soumis à l'impôt sur le revenu des personnes physiques dans les mêmes limites que celles prévues au paragraphe I et III de l'article 7 de la présente loi lorsque ces contrats garantissent le versement d'un capital ou d'une rente viagère à un enfant de l'assuré atteint d'une infirmité qui l'empêche, soit de se livrer dans des conditions normales de rentabilité à une activité professionnelle, soit, s'il est âgé de moins de dix huit ans, d'acquérir une instruction ou une formation professionnelle d'un niveau normal".*

Sensible au paradoxe qu'il y aurait eu à favoriser un mode de protection de l'enfance handicapée et dans le même temps de taxer les versements assurant son financement, le législateur de 1969 prévoyait, dans le second alinéa dudit article 8, codifié sous l'article 995.5 du CGI, d'exonérer de la taxe spéciale sur les conventions d'assurance les contrats considérés.

Selon l'Administration, ces dispositions ne visent que les contrats d'assurance dits de "survie" qui prévoient, au décès des parents, le versement d'un capital ou d'une rente viagère.

En outre, ce capital ou cette rente viagère doit être stipulé payable au profit d'un enfant de l'assuré quel qu'en soit l'âge, atteint d'une infirmité physique ou mentale, congénitale ou acquise.

Le souscripteur peut justifier de l'état d'infirmité de son enfant par tous éléments de preuve et, notamment, invoquer une décision de la commission départementale d'orientation des infirmes prévue à l'article 167 du Code de la famille et de l'aide sociale, classant celui-ci dans la catégorie correspondant aux handicapés graves ou le déclarant relever soit d'un atelier protégé, soit d'un centre d'aide par le travail.

La possession de la carte d'invalidité prévue à l'article 173 du Code de la famille et de l'aide sociale permet, en principe, de justifier de l'état de l'enfant, sauf dans le cas ou l'invalidité ayant motivé la délivrance de la carte permettrait néanmoins à son titulaire de se livrer à une activité professionnelle dans des conditions normales de rentabilité ou d'acquérir une instruction ou une formation professionnelle d'un niveau normal (D adm. 7 I.6221, 1er mars 1977 n° 2).

---

(1) Loi de finances n° 69.1161 du 24 décembre 1969 (JO 27 décembre).

L'administration fiscale a par ailleurs précisé que l'exonération posée par l'article 995.5 du CGI pourra s'appliquer à tous les contrats, qu'il s'agisse de contrats individuels ou de contrats d'assurance groupe conclus notamment auprès de la Caisse Nationale de Prévoyance (CNP), quelle que soit la date à laquelle ces contrats ont été ou seront souscrits (D adm. 7 I.6221, 1er mars 1977 n° 3).

Ces commentaires de l'Administration à l'usage de ses collaborateurs ne devraient pas déboucher sur des contentieux en considération de la volonté du législateur et du caractère particulièrement douloureux des situations visées. Elles n'appellent donc que trois observations :

- d'une part, l'Administration semble, comme souvent, confondre les notions *"d'assuré"* et de *"souscripteur"* en écrivant que *"le souscripteur peut justifier de l'état d'infirmité de son enfant par tous éléments de preuve"*. Il conviendra, en effet, de lire non souscripteur mais assuré dès lors que le texte de loi prévoit l'exonération *"des contrats d'assurances en cas de décès qui garantissent le versement d'un capital ou d'une rente viagère à un enfant de l'assuré..."* (L'identité du souscripteur est donc indifférente au regard des conditions d'exonération de ces contrats) ;

- d'autre part, en pratique, les compagnies d'assurances se borneront, pour exonérer les contrats à obtenir de l'assuré la justification que l'enfant bénéficiaire de la rente de survie ou du capital est à sa charge pour l'assiette de l'impôt sur le revenu et ouvre droit à la demi-part supplémentaire prévue à l'article 195.2 du CGI. Cette proposition parait raisonnable bien qu'elle n'ait été retenue par l'administration fiscale dans son instruction du 5 février 1970, au regard des seuls problèmes de déduction des primes des contrats de *"rente survie"* de l'impôt sur le revenu. L'origine commune des deux textes parait cependant justifier une telle pratique.

Enfin, à l'évidence, tout changement du bénéficiaire des contrats de "rente survie" conduirait l'Administration à remettre en cause l'exonération de la taxe dont aurait bénéficié les primes versées, sauf sans doute si cette modification était consécutive au décès de l'enfant bénéficiaire. Disparition qui attesterait par elle seule de l'absence de fraude.

2.2.2 - Contrats souscrits par des handicapés

L'article 26 II de la loi de finances rectificative pour 1987 (n° 87-1061 ; JO du 30 décembre 1987) a étendu le bénéfice de l'exonération de la taxe sur les conventions d'assurances aux *"contrats d'assurance en cas de vie qui garantissent le versement d'un capital ou d'une rente viagère à l'assuré atteint d'une infirmité qui l'empêche de se livrer dans des conditions normales de rentabilité à une activité professionnelle"* (nouveau 5 bis de l'article 995 du CGI).

Cette exonération de la taxe d'assurance accompagne en fait, selon une logique déjà retenue (*supra,* 2.2.1) par le législateur en 1970, l'application – aux termes de l'article 26.I de la loi de finances rectificative pour 1987 – aux contrats souscrits par un assuré atteint, lors de sa conclusion, d'une infirmité qui l'empêche de se livrer dans des conditions normales de rentabilité à une activité professionnelle, de la réduction d'impôt offert jusqu'à maintenant aux seuls souscripteurs de contrats au profit d'enfants handicapés (*infra,* p. 147).

La rédaction retenue par le législateur apparaît cependant non conforme à l'objectif visé. En effet, à l'évidence, le législateur a entendu exonérer de la taxe sur les conventions d'assurances, les seuls *"contrats d'assurance en cas de vie qui garantissent le versement d'un capital ou d'une rente viagère à l'assuré atteint d'une infirmité"*, **le jour de leur souscription.**

Cette volonté découle d'une part des débats parlementaires (1), d'autre part du lien naturel entre le II et le I de l'article 26 de la loi de finances rectificative pour 1987 (2), cette analyse étant naturellement faite sienne par l'administration fiscale (3) qui a précisé, à cet égard, que le souscripteur/assuré peut justifier de son état d'invalidité par tous moyens de preuve, notamment :

– accueil en atelier protégé ou en centre d'aide par le travail sur décision de la Commission Technique d'Orientation et de Reclassement Professionnel (COTOREP) ;

– admission en milieu ordinaire du travail avec réduction de salaire en raison d'un rendement professionnel notoirement diminué, ouvrant droit, en application de l'article L.323-6 du Code du travail, à la garantie de ressources instituée par l'article 32 de la loi d'orientation n° 75.534 du 30 juin 1975 en faveur des personnes handicapées ;

– détention de la carte d'invalidité prévue à l'article 13 du Code de la famille et de l'aide sociale lorsque l'invalidité qui a motivé la délivrance de la carte ne permet pas à son titulaire de se livrer à une activité professionnelle dans des conditions normales de rentabilité.

Si l'Administration entend donc réserver l'exonération de taxe d'assurance aux seuls contrat dont l'assuré est infirme au jour de leur souscription, la rédaction du nouvel article 995.5 bis du CGI semble autoriser également l'exonération de taxe d'assurance des contrats qui auraient pour objet le versement d'un capital ou d'une rente viagère à un assuré *"frappé"* d'infirmité avant le terme convenu.

---

(1) Sénat - Séance du 16 décembre 1987, JO p. 5566.
(2) En ce sens : Instruction du 3 mars 1988 (5 B-12-88).
(3) Instruction du 24 mars 1988 (BOI 7 I-1-88).

Or, cette seconde interprétation du nouvel article 995.5 bis du CGI que semble justifier pleinement une rédaction sans ambiguïté ne nécessitant donc pas le recours aux travaux parlementaires pour comprendre la volonté du législateur permettrait, si elle devait être faite sienne demain par une compagnie d'assurances, d'étendre l'exonération de taxe d'assurance aux contrats garantissant l'invalidité.

Ces deux lectures possibles des dispositions du nouvel article 995.5 bis du CGI apparaissent exemplaires de la difficulté de légiférer par voie d'amendement et des incertitudes juridiques qui peuvent découler d'une rédaction imparfaite des textes de loi.

2.3 - *LES CONTRATS DE GROUPE*

Aux termes de l'article R 140.1 du Code des assurances (article 120 du décret du 30 décembre 1938), l'assurance de groupe est l'assurance d'un ensemble de personnes présentant des caractères communs et relevant des mêmes conditions techniques pour la couverture d'un ou plusieurs des risques suivants :

– risques qui dépendent de la durée de la vie humaine ;

– incapacité de travail résultant de maladie ou d'accident ;

– remboursements des frais médicaux, pharmaceutiques ou chirurgicaux sans qu'il puisse en résulter un profit pour l'intéressé et, éventuellement, versement d'une indemnité en cas de maternité.

L'assurance de groupe ne peut être souscrite que par un ou plusieurs chefs d'entreprises ou personnes morales publiques ou privées.

Introduite en France en 1928, l'assurance de groupe a pris son essor après 1936, à la suite des accords de Matignon, en vue d'accorder aux cadres un régime de prévoyance. Aussi, était-il possible, au lendemain de la Seconde Guerre Mondiale de *"se demander si l'extension progressive de la législation sociale à toutes les classes de la société et à tous les risques n'allait pas conduire à une paralysie de l'assurance de groupe"* (1).

Contrairement à ces interrogations, l'assurance de groupe devait connaître un développement exceptionnel durant les *"trente glorieuses"* pour représenter aujourd'hui plus de 40 % du marché de l'assurance vie.

(1) Marcel Milcamps : *"L'Assurance groupe et l'évolution de la législation sociale"* in RGAT 1950, p. 5.

ENSEMBLE DES SOCIÉTÉS (1)	TAUX D'ÉVOLUTION DES PRIMES 1986/1985	PART DU TOTAL	
		1985	1986
Capitalisation	55,9 %	13,9 %	16,1 %
Grande Branche	13,7 %	26,4 %	22,3 %
Grande Branche à capital variable	79,5 %	6,1 %	8,2 %
Populaire	- 36,5 %	2,3 %	1,1 %
Collective	31,6 %	40,7 %	39,8 %
Collective à capital variable	86,5 %	1,0 %	1,4 %
Autres affaires	- 9,3 %	2,4 %	1,6 %
Complémentaires	- 1,5 %	7,2 %	5,4 %
Total affaires directes France	**29,1 %**	**100,0 %**	**100,0 %**

Par contraste avec son importance économique croissante, *"il est frappant de constater la faible place occupée par l'assurance de groupe dans les travaux doctrinaux relatifs à l'assurance"* (2). Cette place apparaît proportionnée à celle que le Code des assurances lui accorde. En effet *"forgée par la pratique, l'assurance de groupe n'a été réglementée – de façon d'ailleurs assez imparfaite et confuse – que depuis le décret du 24 janvier 1956, modifiant celui du 30 décembre 1938"* (3).

Ce régime apparaît encore *"à la fois elliptique, complexe, confus et mal adapté aux réalités contemporaines, utilisant au surplus une terminologie très ambiguë de groupes à adhésion obligatoire et groupes à adhésion facultative"* (4).

Cette lacune devrait cependant être prochainement comblée – par la *"prise en compte, dans la législation, des assurances de groupe, qui constituent aujourd'hui une réalité que le droit ne prend guère en considération"* (5) dans le cadre d'une réforme plus vaste du Code des assurances.

---

(1) Source : étude de l'Argus sur *"l'Assurance vie et la capitalisation en 1985"* du 27 novembre 1987.

(2) François Berdot : *"L'assurance de groupe"* in RGAT 1980, p. 9. Voir cependant : *"Les problèmes juridiques de l'assurance de groupe"*, thèse pour le Doctorat d'État de M. Patrick Demay de Goustine, Paris I, 1977.

(3) M. Picard et A. Besson in *"Les Assurances Terrestres", tome 1er,* 5ème édition, LGDJ 1982, p. 724

(4) Yvonne Lambert-Faivre : *Droit des assurances,* chez Dalloz, 5ème édition, 1985, p. 555.

(5) Propos de M. Balladur, Ministre d'État, lors de l'inauguration du Salon Assure–Expo, le 10 février 1987. Note du Service de l'Information du Ministère de l'Économie des Finances et de la Privatisation.

La difficulté d'appréhender la réalité juridique de l'assurance de groupe consécutive tant à un certain vide législatif qu'à la richesse de l'imagination des praticiens de cette branche d'assurance, ne pouvait manquer d'avoir des conséquences quant aux modalités de taxation de ces contrats. L'administration fiscale rencontre, en effet, quelque gêne à imposer ce mode d'assurance. Embarras que traduira la multiplication des instructions en l'absence même de modification législative.

L'étude des modalités d'assujettissement des contrats d'assurance de groupe à la taxe spéciale sur les conventions d'assurance nécessite d'esquisser une définition, au regard du droit fiscal de tels contrats (2.3.1) et conduit à distinguer les contrats souscrits au profit des salariés (2.3.2) des opérations souscrites au bénéfice de non salariés (2.3.3) ou d'agents de collectivités publiques (2.3.4). Elle appelle enfin des précisions quant aux régimes collectifs de retraite (2.3.5) et aux conditions d'exonération liées à l'affectation des primes (2.3.6).

2.3.1 - La notion de contrat de groupe en droit fiscal

Le CGI ne définit ni ne rattache à aucune définition légale, le concept d'assurance de groupe qu'il utilise par exemple à l'article 998.1 en matière de taxe spéciale sur les conventions d'assurance. Si pour pallier cette carence, le Service de la Législation Fiscale (SLF) a publié plusieurs instructions qui tendent à préciser la notion d'assurance de groupe au sens du droit fiscal, il n'en reste pas moins une fâcheuse incertitude quant à la portée de diverses dispositions fiscales.

L'article 66 de la loi de finances pour 1970 (1) ayant exonéré de la taxe d'assurance, certains contrats d'assurance de groupe souscrits dans un cadre professionnel, l'Administration a, pour la première fois, tenté de définir une assurance de groupe "dénommée encore assurance collective, c'est-à-dire l'assurance d'un ensemble de personnes présentant des caractères communs et relevant des mêmes conditions techniques pour la couverture d'un ou plusieurs risques".

Définition proposée par l'Administration en 1974

Cependant, dès 1974, l'Administration ressentait la nécessité de consacrer entièrement une nouvelle instruction, en date du 28 mars, à la seule définition de l'assurance de groupe, non sans avoir précisé que le premier essai s'avérait non concluant.

(1) N° 69/1161 du 24 décembre 1969.

"La détermination des contrats pouvant être considérés comme des assurances de groupe ayant soulevé des difficultés, il est précisé qu'il y a lieu d'admettre au bénéfice de l'exonération des contrats, qu'il s'agisse d'assurance décès, d'assurance en cas de vie ou d'assurance invalidité"

remplissant les conditions prévues aux articles 121 et 122 du décret du 30 décembre 1938.

Ces conditions sont les suivantes :

1) Le contrat doit être souscrit par un ou plusieurs établissements, entreprises ou organismes ayant un objet principal autre que cette souscription ;

2) Le capital assuré doit être calculé d'après un critère objectif identique pour toutes les personnes garanties ;

3) Le contrat doit garantir 75 % au moins de l'effectif assurable ou 75 % au moins d'une fraction de celui-ci, définie en fonction d'un critère objectif autre que l'âge. La qualification, l'ancienneté, le revenu professionnel ou la classe ou catégorie de cotisations à un régime de retraite, le chiffre d'affaires ou l'effectif des entreprises ou les salaires payés par elles, peuvent notamment constituer un tel critère ;

4) Enfin, le contrat doit comprendre au moins vingt-cinq assurés ; en cas d'assurances de groupe à adhésion facultative, ce nombre est porté à 75 % de l'effectif et au moins cinquante personnes si l'effectif assurable du groupe considéré ne dépasse pas cent personnes, 50 % et au moins soixante-quinze personnes si l'effectif est compris entre cent et mille personnes et au moins cinq cents personnes si l'effectif est égal ou supérieur à mille personnes. Pour répondre à cette dernière condition, l'assureur peut réunir plusieurs souscripteurs dans **le cadre d'une même profession** ou **d'un groupe d'entreprises**.

Or, cette définition n'était pas recevable par suite de la rédaction de son dernier alinéa qui la rend contradictoire. L'administration fiscale semble en effet entendre s'aligner sur la notion de l'assurance de groupe retenue par le Code des assurances comme étant les assurances *"remplissant les conditions prévues aux articles 121 et 122 du décret du 30 décembre 1938"* qu'elle paraît expliciter. Mais, ce dernier alinéa introduit une condition supplémentaire, complètement étrangère aux dispositions réglementaires dudit code, en cantonnant la possibilité pour l'assureur de regrouper plusieurs souscripteurs seulement au sein *"d'une même profession ou d'un groupe d'entreprises"*.

En se donnant ainsi les apparences de la neutralité, par un prétendu simple rappel des dispositions réglementaires du Code des assurances, l'administration fiscale introduisait en réalité dans sa définition de l'assurance de groupe, un élément complètement étranger à cette technique, afin de limiter l'étendue de l'exonération de taxe d'assurance votée par le législateur – et ce, essentiellement aux dépens des petites entreprises.

Définition proposée par l'Administration en 1975

Par une instruction en date du 24 février 1975, l'Administration devait avouer son échec dans sa seconde esquisse d'une définition de l'assurance de groupe en droit fiscal. Une troisième tentative s'avérait donc nécessaire :

> *"Pour mettre fin à certaines difficultés, il paraît nécessaire de rappeler, en les précisant, l'ensemble des conditions que ces conventions doivent remplir pour bénéficier de l'exonération.*
>
> *Elles doivent :*
>
> *A - Etre souscrites dans le cadre d'une profession, d'une entreprise ou d'un groupe d'entreprises. Seules les assurances souscrites spécialement au profit de personnes réunies par un lien professionnel sont donc susceptibles de bénéficier de l'exonération ;*
>
> *B - Constituer une assurance de groupe dénommée encore assurance collective, c'est-à-dire l'assurance d'un ensemble de personnes présentant des caractères communs et relevant des mêmes conditions techniques pour la couverture d'un ou de plusieurs risques".*

L'instruction se poursuivait cette fois-ci par une compilation fidèle des dispositions des articles 121 et 122 du décret du 30 décembre 1938.

La notion de cadre professionnel dans lequel doivent s'inscrire les assurances de groupe pour être exonérées de la taxe unique restait cependant toujours délicate à appréhender. Les brigades de contrôle continuaient en effet à confondre les deux conditions posées à une éventuelle exonération de taxe d'assurance d'un contrat : d'une part, constituer une assurance de groupe ; d'autre part, être souscrit *"dans le cadre d'une profession, d'une entreprise ou d'un groupe d'entreprises"* (ancienne rédaction de l'article 998 du CGI).

Intervention du législateur en 1982

Le législateur était donc appelé à intervenir afin d'expliciter les conditions d'exonération de la taxe unique de certains contrats d'assurance du groupe.

Selon le Ministre du budget de l'époque, M. Laurent Fabius, la nouvelle rédaction de l'article 998.1 du CGI devait *"maintenir l'exonération des taxes sur les conventions d'assurance pour les véritables contrats de groupe professionnel, conclus par les employeurs au profit de leurs salariés et ne la supprimer que pour les faux contrats de groupe"* (1).

Dans cette optique, la nouvelle redaction de l'article 998 .1 du CGI, issue du paragraphe I - 3 de l'article 14 de la loi de finances pour 1983, exonère de la taxe spéciale sur les contrats d'assurances, les assurances de groupe souscrites par une entreprise ou un groupe d'entreprises au profit de leurs salariés ou par un groupement professionnel représentatif d'entreprises au profit des salariés de celles-ci, ou par une organisation représentative d'une profession non salariée ou d'agents des collectivités publiques au profit de ses membres, ou dans le cadre de régimes collectifs de retraite organisés, conformément aux dispositions des articles R 140.1 et R 441.1 à R 441.34 du Code des assurances et gérés paritairement par les assurés et les assureurs, et dont 80 % au moins de la prime ou de la cotisation globale sont affectés à des garanties liées à la durée de la vie humaine, à l'invalidité, à l'incapacité de travail ou au décès par accident, à l'exclusion des remboursements de frais médicaux, chirurgicaux, pharmaceutiques ou dentaires.

De plus, dans le cas des assurances souscrites par une entreprise ou pour son compte, l'exonération n'est applicable qu'aux assurances constituant un moyen de satisfaire à une disposition prévue par une convention collective ou un accord d'entreprise ou résultant du contrat de travail de l'ensemble ou d'un nombre significatif de salariés de l'entreprise.

2.3.2 - Les assurances de groupe souscrites au profit des salariés

Les salariés représentent plus de 85 % de la population active totale en France. Il est donc naturel d'observer leur rôle moteur dans le développement de l'assurance de groupe, dont ils sont à l'origine de l'apparition en France.

En effet, l'assurance de groupe s'est développée en France au lendemain du vote de la loi du 30 avril 1930 sur les assurances sociales. Cette loi qui mettait les entreprises dans la nécessité d'assurer les salariés non cadres contre les risques de décès, maladie, invalidité et vieillesse, en prenant à leur charge la moitié des cotisations, devait les conduire à effectuer le même effort au bénéfice de leurs cadres.

La généralisation des conventions collectives du travail en 1936 donnait un second élan au développement de l'assurance de groupe. Donc *"dès leur origine, les garanties d'assurances qui découlaient de l'existence d'un contrat d'assurance groupe étaient liées au contrat de travail, l'acquisition de ces*

(1) Débats Sénat, séance du 24 novembre 1982, JO, p. 5743.

garanties constituant pour ses bénéficiaires, un avantage complémentaire de leur salaire, lié à leur présence dans l'établissement" (1).

Les motifs du succès de l'assurance de groupe des salariés sont multiples – tarifs avantageux par rapport aux contrats individuels Grande Branche, par suite d'un moindre risque d'anti-sélection et d'une minoration des frais de production et de gestion ; règlement des primes moins douloureux puisque effectué par prélèvement automatique sur le bulletin de paye ou encore prise en charge par l'employeur ... – mais *"là encore, les dispositions de la loi de finances ont joué, qui exonèrent de la taxe unique d'assurance une fraction importante des contrats collectifs sur la vie"* (2).

Afin de réaliser une plus grande neutralité fiscale assurant aux assurés un traitement identique quel que soit l'organisme auquel ils s'adressent, il est en effet apparu opportun au législateur de 1969 d'étendre à l'ensemble des assurances de groupe le régime d'exonération applicable précédemment aux seuls contrats collectifs souscrits à la Caisse Nationale de Prévoyance (3).

Dès lors les assurances de groupe jusqu'alors assujetties à la taxe unique au taux de 4,40 % – contre 4,80 % en droit commun de l'assurance vie – en furent largement exonérées aux termes de l'article 66 de la loi de finances pour 1970 codifié sous l'article 998 du CGI.

Cette exonération des assurances de groupe souscrites au profit des salariés reste réservée aux contrats souscrits par une entreprise, un groupe d'entreprises ou par un groupement professionnel représentatif d'entreprises (2.3.2.1) et constituant un moyen de satisfaire à une disposition prévue par une convention collective, un accord d'entreprise ou résultant du contrat de travail de l'ensemble ou d'un nombre significatif de salariés de l'entreprise (2.3.2.2).

2.3.2.1 - Les souscripteurs autorisés

Le législateur a entendu réserver l'exonération de taxe unique aux seules assurances de groupe souscrites au profit des salariés par une entreprise (2.3.2.1.1), un groupe d'entreprises (2.3.2.1.2) ou encore un groupement professionnel représentatif d'entreprises (2.3.2.1.3). Ces notions, largement définies par l'administration fiscale, ne vont pas sans une certaines ambiguité, génératrice de différends.

---

(1) *"L'assurance groupe et l'évolution de la législation sociale"*, Marcel Milcamps in RGAT 1950, p. 8.

(2) *"L'évolution des assurances au cours de l'exercice 1970"*, par Gérard Neudin in RGAT 1972, p. 337.

(3) Dans le même but de neutralité fiscale le législateur supprimait certaines exonérations : notamment celle réservée aux contrats individuels de rente souscrits auprès de la CNP sauf pour ceux souscrits par les sociétés mutualistes.

2.3.2.1.1 - *Une entreprise*

La notion d'entreprise doit s'entendre dans son acception la plus large, n'en fût-elle "pas moins vague" (1) sur un plan juridique.

Au sens de l'économie politique, l'entreprise *"est un centre de combinaison de facteurs obtenu sur le marché du travail et sur le marché du capital"* (2) ou encore *"une forme de production par laquelle au sein d'un patrimoine, on combine les prix des divers facteurs de production apportés par des agents distincts, du propriétaire de l'entreprise, en vue de vendre sur le marché un bien ou des services et pour obtenir un revenu monétaire qui résulte de la différence entre deux séries de prix"* (3).

Mais ces approches économiques n'éclairent guère la notion juridique d'entreprise. En ce sens l'utilisation par le législateur du terme *"entreprise"* apparait ambigûe dans la mesure où il n'est pas *"certain que la notion d'entreprise soit envisagée de la même façon dans les différentes branches du droit"* (4).

En pratique, il semble cependant que l'administration fiscale n'entende pas contester la possibilité d'exonérer de taxe les contrats d'assurance de groupe souscrits par un quelconque employeur, indifféremment de sa forme juridique, au profit de ses salariés.

Aussi, malgré les critiques que son utilisation appelle, le terme *"d'entreprise"*, introduit par le législateur dès 1969 dans la rédaction de l'article 998 du CGI, ne provoquant guère de contentieux, a pu être conservé dans la nouvelle rédaction de cet article en 1982.

Dans sa dernière instruction, l'Administration souligne du reste que *"la notion d'entreprise n'appelle pas en elle-même de commentaire particulier"*.

Par ailleurs, l'Administration a admis que les contrats entrant dans le champ d'application de l'article 998.1 du CGI souscrits par les comités d'entreprises, pourraient bénéficier de l'exonération de taxe, dès lors que le comité d'entreprise est gestionnaire des œuvres sociales établies dans l'entreprise en application de l'article L 432.2 du Code du travail (Instruction du 11 mai 1983).

---

(1) *"Traité élémentaire du droit commercial"*, par René Roblot, LGDJ tome 1 p. 219.

(2) *"Economie politique"*, de Raymond Barre, chez Puf, tome 1 p. 410.

(3) *"Cours d'économie politique"* de François Perroux, tome II, p. 9, Paris Centre de Documentation Universitaire.

(4) René Roblot, opus cite.

De même – pour l'administration fiscale – les sociétés mutualistes d'entreprises ou inter-entreprises qui sont, en application de l'article 40 du Code de la mutualité, placées *"sous le contrôle du comité d'entreprise"* constituent des structures indissociables de l'entreprise. Les contrats souscrits par ces sociétés sont donc, s'ils respectent les autres conditions légales, exonérés de taxe spéciale sur les conventions d'assurance (Instruction du 11 mai 1983).

2.3.2.1.2 - *Groupe d'entreprises*

L'expression de **"groupe d'entreprises"** utilisée par le législateur est toute aussi imprécise que le vocable **"d'entreprise"** mais son utilisation apparaît plus dommageable par suite des différends qui en découlent entre l'administration fiscale et les compagnies d'assurances.

La notion de groupe d'entreprises est en effet pratiquement absente de la législation et de la jurisprudence française (1) qui commencent seulement – sous l'influence du droit communautaire – à s'intéresser au droit des groupes de sociétés.

• *Définition administrative*

L'Administration rencontre elle-même quelques difficultés pour définir cette formule apparue pourtant dès 1970 et conservée lors de la modification en 1982 de la rédaction de l'article 998 du CGI.

Aussi, a-t-elle ressenti la nécessité de préciser dans son instruction du 11 mai 1983 : *"le groupe d'entreprises auquel faisait déjà référence l'article 998.1 du CGI dans sa rédaction initiale, se définit comme un ensemble d'entreprises liées entre elles par des liens de filiation directs ou indirects"*.

Cette définition ne découle d'aucune disposition législative ou même réglementaire et ne correspond pas à des indications qui résulteraient des débats parlementaires, ou encore de l'exposé des motifs. Elle n'apparaît donc pas utilement opposable aux assurés.

Cependant, et très naturellement, les inspecteurs de la direction des vérifications nationales et internationales s'y réfèrent pour tenter de taxer certains contrats proposés à leur clientèle par les compagnies d'assurances.

---

(1) Cf. René Roblot, opus cite, tome 1 n° 386.

Les conventions critiquées par l'Administration sont celles qui regroupent au sein d'un même contrat des entreprises n'entrant pas dans le cadre d'une même profession et non liées entre elles par un lien de filiation direct ou indirect.

• *Critique de la doctrine administrative*

Cette doctrine administrative a pour conséquence pratique de privilégier les salariés des sociétés les plus importantes. En effet, ces derniers qui bénéficient déjà très généralement d'une meilleure protection sociale que les salariés de petites entreprises, pourront de plus profiter d'une exonération de taxe sur les contrats d'assurance de groupe souscrits en leur faveur. Alors que les salariés d'entreprises de moins de 25 salariés ne pourront pas, par hypothèse, en bénéficier.

Une telle proposition apparaît à l'évidence contraire aux vœux du législateur et permet de comprendre la confusion apparemment effectuée par l'administration fiscale.

Le Code des assurances autorise en effet l'assureur en application des dispositions de l'article R 140.2 à réunir plusieurs souscripteurs, afin que l'ensemble des assurés représente plus de vingt cinq personnes.

C'est donc en application de cette disposition du Code des assurances que certains assureurs regroupent par exemple une série de PME/PMI comptant chacune moins de vingt cinq salariés et leur proposent d'exonérer de taxe les contrats groupe souscrits.

Dans cette hypothèse, la question de savoir si, pour les besoins de la souscription des contrats, les entreprises sont liées entre elles par des liens de filiation directs ou indirects ou entrent dans le cadre d'une même profession, ne devrait pas se poser. Cette condition ne parait en effet exigée par l'instruction du 11 mai 1983 que lorsque le contrat groupe est souscrit par un groupe d'entreprises.

L'instruction précise bien en effet que *"le contrat d'assurance peut être souscrit en faveur de l'ensemble des salariés du groupe ou des salariés de certaines sociétés du groupe, soit par la société mère ou le holding, soit par la filiale"*.

L'Administration apparaît donc à tort appliquer cette même doctrine quand les contrats sont souscrits au niveau de chaque entreprise – et non d'un quelconque groupe – et que l'assureur, afin de respecter des dispositions réglementaires du Code des assurances, réunit ses divers clients au sein d'un même "groupe" au sens du droit de l'assurance.

Le différend qui oppose actuellement à ce sujet l'administration fiscale et plusieurs compagnies d'assurance devrait à terme être tranché par les tribunaux sauf à penser que la réforme projetée de la législation sur l'assurance de groupe conduise l'une ou l'autre des parties à abandonner le contentieux.

2.3.2.1.3 - *Groupement professionnel représentatif d'entreprises*

Cette dernière notion introduite par l'article 14 de la loi de finances pour 1983 est venu remplacer la notion de "profession" utilisée dans l'ancienne rédaction de l'article 998 du CGI (cf. Instruction du 24 février 1975).

L'assurance des salariés passe en effet souvant par la signature d'un contrat dit *"ouvert"* par opposition aux contrats qui n'intéressent qu'une entreprise. Il s'agit d'une convention conclue auprès d'une compagnie d'assurance par un groupement professionnel. Toute entreprise relevant dudit groupement souscripteur peut alors adhérer à cette convention. L'adhésion d'une entreprise est simplement réalisée par la voie d'un avenant qui constitue en quelque sorte un sous-contrat constatant l'application à l'entreprise adhérente des dispositions générales de la convention. L'intérêt de cette formule est de permettre aux petites et moyennes entreprises de bénéficier de conditions tarifaires et de garanties plus favorables que celles qui leur seraient généralement consenties. De plus, elle permet à l'assureur de simplifier sa gestion par suite de la standardisation qui en découle.

• *Doctrine administrative*

Pour l'administration fiscale l'expression groupement professionnel recouvre :

– soit un organisme ayant un objet principal autre que la souscription d'un contrat d'assurance, tels les sydicats ou associations professionnels ;

– soit une association ou un groupement rassemblant des entreprises exerçant leur activité principale dans le même secteur économique et spécialement créée en vue de faciliter la conclusion en faveur des salariés des entreprises adhérentes de contrats d'assurances de groupe (Instruction du 11 mai 1983).

• *Les institutions dites L4* (1)

Même si étrangement elles ne sont pas visées expressément, les institutions L4 du Code de la Sécurité sociale qui constituent une catégorie importante de souscripteur, correspondent à la définition de l'article 998.1 du CGI. Elles doivent donc bien bénéficier de l'exonération de taxe d'assurance.

2.3.2.2 - **Les conditions particulières d'exonération**

Dans le cas des assurances souscrites par une entreprise ou pour son compte, l'exonération de taxe n'est applicable qu'aux assurances constituant un moyen de satisfaire à une disposition prévue par une convention collective ou un accord d'entreprise (2.3.2.2.1) ou résultant du contrat de travail de l'ensemble ou d'un nombre significatif de salariés de l'entreprise (2.3.2.2.2).

L'assurance des salariés procède, en effet, "*le plus souvent d'accords collectifs ou d'entreprises, elle constitue un des éléments du plan de protection sociale de salariés et s'intègre, de ce fait, dans les relations contractuelles des salariés avec l'employeur. Sa mise en œuvre et son exécution suscitent des problèmes relevant tout autant du droit du travail que de celui de l'assurance*" (2).

2.3.2.2.1 - *Convention collective ou accord d'entreprise*

Un contrat d'assurance de groupe bénéficiera de l'exonération de la taxe unique lorsque sa souscription constituera un moyen direct de remplir une obligation d'une convention collective de branche ou interprofessionnelle ou d'un accord d'entreprise, comme par exemple, la mise en place d'un régime d'assurance décès.

Cette disposition ne soulève guère de difficulté juridique. En effet, l'administration fiscale pourra aisément déterminer pour chaque contrat groupe s'il a été ou non souscrit en application d'une convention collective c'est-à-dire "*un accord conclu entre un employeur ou un groupement d'employeurs et une ou plusieurs organisations syndicales représentatives de salariés, en vue de fixer en commun les conditions auxquelles seront ultérieurement conclus les contrats individuels de travail*" (3) – ou encore d'un

(1) Actuel article L 731-1 du Code de la Sécurité sociale.
(2) "*L'assurance de groupe*" par François Berdot in RGAT, 1980 p. 19.
(3) "*Droit du Travail*" par G.H. Camerlynck et G. Lyon-Caen, chez Dalloz n° 602.

accord d'entreprise – *dénommé dans le Code du travail* (article L 132.3) *"Convention collective d'entreprise" (qui adapte) les dispositions des conventions collectives nationales, régionales ou locales aux conditions particulières de l'entreprise ou (supplée), l'absence de telles conventions. Elles ont la même nature juridique que les conventions collectives de branche et sont signées par les syndicats représentatifs au niveau de l'entreprise et l'employeur''* (Instruction du 11 mai 1983).

De plus, l'Administration a admis d'assimiler *"aux accords d'entreprise les conventions salariales conclues dans les entreprises publiques dont le personnel est régi par ailleurs, par un statut réglementaire"* (Instruction du 11 mai 1983) afin de permettre au personnel de ces entreprises de profiter d'une couverture sociale complémentaire à moindre coût par suite d'une éventuelle exonération de taux unique des contrats d'assurance de groupe souscrits à leur bénéfice.

Il reste cependant que les dispositions susvisées quant aux accords d'entreprise trouvent à s'appliquer dans les seules entreprises de plus de cinquante salariés.

• *Le cas des entreprises de moins de 50 salariés*

Pour des entreprises qui comptent moins de 50 salariés, la signature d'un accord d'entreprise s'avère impossible puisque celle-ci suppose la négociation et la conclusion d'un accord avec un représentant d'une organisation syndicale dûment mandaté.

Dans ces circonstances, si le chef d'entreprise n'envisage pas de souscrire un contrat groupe en application d'une décision unilatérale profitant à l'ensemble de son personnel, il paraît nécessaire de recourir à la notion **"d'accord spécifique"** afin de se rapprocher au maximum des dispositions auxquelles un éventuel contrôleur des impôts aura tendance à se référer à savoir celle de **"convention spécifique conclue au niveau de l'entreprise"** visée dans l'instruction du 5 décembre 1985.

Cette dernière notion est purement fiscale et ne correspond à aucune réalité sur le plan juridique ou social (1). La meilleure – ou encore la moins mauvaise – solution, pour diminuer le risque de contentieux, devrait donc consister, dans ce cas de figure pour une compagnie d'assurances, à faire signer par l'entreprise cliente un "accord spécifique" qui respecterait la présentation formelle d'un

(1) Cf. *"Les accords d'entreprise atypiques"* par Charles Freyria, in Droit social 1988, p. 54.

véritable accord d'entreprise puisqu'il n'existe nulle part des précisions quant à son éventuel contenu.

Le régime de retraite supplémentaire mis en place, par exemple – ou encore de prévoyance – devrait alors découler d'une négociation et de la conclusion d'un accord spécifique entre la direction de l'entreprise et M. Dupont, représentant de la catégorie des salariés concernés, l'élection de M. Dupont comme représentant devant être effectuée par vote à bulletin secret à l'unanimité des membres de ladite catégorie.

L'accord signé entre la direction de l'entreprise et le représentant ad hoc devrait préciser, après un préambule destiné à justifier le recours à la technique de la retraite par capitalisation, la catégorie des bénéficiaires, la technique utilisée et l'intervention d'organisme tiers pour la gestion du régime de retraite institué (le régime de retraite constituant alors l'annexe à l'accord). Ledit accord devrait ensuite faire l'objet d'un dépôt au Greffe du Conseil de Prud'hommes et auprès de l'inspection du travail (par similitude avec les règles posées aux articles L 132.2 et 132.10 du Code du travail).

Un courrier devra alors annoncer à l'ensemble des membres de la catégorie concernée qu'en application dudit accord, ils relèveront dorénavant obligatoirement d'un régime de retraite dont le texte leur sera adressé.

Quant aux nouveaux collaborateurs de l'entreprise entrant dans la catégorie concernée et bien que n'ayant pas participé à la désignation de leurs représentants à l'origine, il devra leur être adressé un courrier leur indiquant qu'ils relèvent dorénavant et obligatoirement du régime de retraite dont le texte leur sera adressé afin d'étayer le caractère obligatoire du régime mis en place.

Le respect de ces différentes conditions apparaît seul de nature à éviter d'éventuels contentieux dans l'hypothèse de régime de retraite supplémentaire qui ne bénéficierait pas à tout le personnel dans les entreprises de moins de 50 salariés.

Mais cette difficulté pratique que rencontreront les entreprises de moins de cinquante salariés n'est pas la seule soulevée par la nécessité de signer une convention collective ou un accord d'entreprise pour profiter d'une exonération de taxe. En effet, les employeurs cherchent le plus souvent à motiver par de nouveaux avantages leurs seuls cadres ou encore "cadres dirigeants".

Or, ils n'obtiendront pas, dans cette hypothèse, la signature de "syndicats représentatifs" pourtant indispensable pour passer tant une convention collective ou un accord d'entreprise. Ils recherchent alors la solution à leur problème dans la souscription d'un contrat au bénéfice d'un "nombre significatif de salariés".

2.3.2.2.2 - La souscription résulte du contrat de travail de l'ensemble ou d'une partie significative des salariés

• *Origine de l'exonération*

L'article 10.I.3 du projet de loi de finances pour 1983 prévoyait que *"les dispositions du 1° de l'article 998 du CGI sont abrogées à compter du 1er Janvier 1983"*.

L'intention du Gouvernement était dans un premier temps de taxer à 5,15 % les assurances de groupe souscrites dans *"le cadre d'une profession, d'une entreprise ou d'un groupe d'entreprises"* jusqu'alors exonérées en vertu de l'ancienne rédaction de l'article 998.1 du CGI.

La suppression de cette exonération découlait selon le Ministre du budget des suggestions *"d'une mission conjointe du contrôle des assurances et l'inspection générale des finances"* dont les investigations auraient *"montré que les contrats de vie ou de décès de groupe échappaient à la taxe sur les conventions d'assurance, bien que de nombreux groupes soient en réalité de faux groupes"* (1).

Cette proposition devait être très vivement critiquée en effet *"en prévoyant de taxer sous prétexte d'abus limités l'ensemble de ces contrats* sans "séparer le bon grain de l'ivraie" *cet article semble procéder d'une double facilité regrettable : facilité technique et facilité financière, compte tenu de la recette attendue"* (2).

Le Gouvernement devait donc amender son propre texte et accepter d'exonérer de taxe unique les seules assurances de groupe souscrites par une entreprise et *"constituant pour celle-ci un moyen de remplir une obligation prévue par une convention collective ou un accord d'entreprise"*.

---

(1) AN, 2ème séance du 28 octobre 1982, JO p. 6449.
(2) Rapport de la Commission des finances, 1ère lecture AN p. 71.

Un amendement présenté au nom de la commission des finances du Sénat par M. Blin (1) suggérait alors de compléter cet article par les mots suivants *"ou résultant du contrat de travail de leurs salariés envoyés à l'étranger"*.

Le Ministre délégué au budget, Laurent Fabius se déclarait aussitôt favorable à cet amendement afin *"de ne pas défavoriser les contrats (d'assurance) qui couvrent le personnel envoyé à l'étranger, lequel, dans certains cas, n'est pas couvert par une convention collective ou un accord d'entreprise"* (2).

La commission des finances de l'Assemblée Nationale – après que la commission mixte paritaire n'ait pu élaborer un texte commun – à l'occasion de cet amendement sénatorial entendit *"poser le problème plus général des contrats "d'entreprises" résultant non pas d'une convention collective, ni d'un accord d'entreprises, mais simplement du contrat de travail"* (3).

Cependant il est apparu nécessaire au législateur *"d'éviter les abus qui consisteraient pour certaines entreprises, à réserver de telles assurances à certaines catégories de salariés telles que le personnel dirigeant et les cadres de direction"* (4).

C'est dans ces conditions que la nouvelle rédaction de l'article 998 du CGI devait exonérer de la taxe unique les assurances de groupe *"résultant du contrat de travail de l'ensemble ou d'un nombre significatif de salariés de l'entreprise"*.

Il s'agissait donc de *"n'exonérer que les contrats applicables à l'ensemble du personnel relevant de telle ou telle grande classification traditionnelle (employés, agents de maîtrise, cadres...)"* (5) et inversement de ne pas favoriser *"la souscription de contrats d'assurances très gratifiants au profit de quelques personnes seulement au sein de l'entreprise"* (6).

• *La Doctrine administrative*

L'administration fiscale devait avec une relative fidélité traduire les travaux de la commission des finances de l'Assemblée

(1) Séance du 24 novembre1982, JO p. 5742.

(2) Idem, p. 5743.

(3) Rapport n° 1298 de la Commission des finances, de l'économie générale et du plan sur le projet de loi de finances pour 1983, p. 12.

(4) Idem.

(5) et (6) Rapport n° 1298 susvisé de la Commission des finances de l'Assemblée Nationale sur le projet de loi de finances pour 1983, p. 12.

Nationale sans cependant lever toutes les ambiguïtés quant aux conditions d'assujettissement à la taxe unique des contrats d'assurance de groupe souscrits au profit de cadres supérieurs ou de salariés expatriés.

Pour l'administration fiscale *"sont considérés comme résultant du contrat de travail d'un nombre significatif de salariés les contrats d'assurance de groupe à adhésion facultative ou obligatoire souscrits en faveur d'une ou plusieurs grandes catégories du personnel de l'entreprise, ouvriers, employés, agents de maîtrise, cadres, même si celles-ci ne comprennent qu'un nombre réduit de salariés"* (Instruction du 11 mai 1983).

Un contrat d'assurance de groupe sera donc exonéré de la taxe sur les conventions d'assurance lorsqu'il est souscrit en faveur de toutes les personnes appartenant à une ou plusieurs catégories du personnel d'une entreprise, même si aucune disposition expresse du contrat de travail ne vise l'assurance en question.

En application de cette doctrine, l'administration fiscale est conduite à refuser le bénéfice de l'exonération de la taxe sur les conventions d'assurance à *"un contrat souscrit au profit d'une sous-catégorie du personnel définie de façon restrictive, comme par exemple les cadres dirigeants"* (Instruction du 11 mai 1983).

Cette réserve vise naturellement les seules assurances souscrites en application du contrat de travail. En effet, les contrats éventuellement souscrits au profit d'une sous-catégorie du personnel en application d'une convention collective ou d'un accord d'entreprise seraient directement exonérés aux termes de l'article 998.1 du CGI, ce dernier ne faisant aucune exception à leur sujet.

• *Problèmes soulevés par la doctrine administrative*

Il reste que la recherche réelle de nombreuses sociétés qui souscrivent des contrats d'assurance de groupe est la motivation ou encore la fidélisation de tout ou partie de leur encadrement supérieur.

La solution la plus simple, parfois retenue, est pour l'employeur de souscrire un contrat appelé en apparence à profiter à l'intégralité de son personnel. Ainsi il sera proposé à l'ensemble du personnel d'une entreprise un système de retraite chapeau lui garantissant s'il quitte la société pour partir en retraite, après par exemple plus de vingt ans de collaboration, que l'addition des retraites qu'il percevra au titre des régimes obligatoires sera complétée, de sorte qu'il touchera au minimum 50 % de son dernier salaire d'activité. Ce système, sous une apparence sociale, bénéficiera en fait aux seuls cadres supérieurs dont les régimes obligatoires n'assurent pas toujours – selon l'évolution des carrières à reconstituer – 50 % du dernier salaire à l'inverse par exemple des ouvriers qui sont assurés de percevoir plus de 50 % de leur dernier salaire d'activité (1).

A défaut de toujours pouvoir utiliser une telle solution, les entreprises sont conduites à critiquer la doctrine administrative exprimée dans l'instruction du 11 mai 1983. Aux termes de l'article 998 du CGI l'exonération de la taxe unique n'est applicable qu'aux contrats de groupe intéressant **"un nombre significatif de salariés"**.

Mais que faut-il entendre par **"significatif"**: *"en arithmétique, chiffre significatif se dit, par opposition au signe 0, des chiffres dont se compose un nombre"* (Petit Littré). Faut-il que ce soit une catégorie révélatrice ?...

Cela ne paraît guère avoir de sens alors même que par ces termes les dictionnaires tentent de définir le mot significatif.

Dès lors n'est-il pas surprenant que le rapporteur général de la commission des finances de l'Assemblée Nationale se soit déclaré *"conscient de l'imperfection qui s'attache à une telle formulation"* (2). Dans ces conditions, il n'est pas interdit d'imaginer que le juge interprète demain le texte incriminé à la lettre – fut-elle imparfaite – et non pas en application d'un "esprit" du législateur que ce dernier s'avère incapable de traduire.

Aussi plusieurs critères objectifs paraissent pouvoir être retenus pour déterminer un *"nombre significatif de salariés"* auxquels s'appliquerait un contrat qui pourra alors bénéficier de l'exonération de la taxe spéciale sur la convention d'assurance – salarié cotisant à l'IRICASE, ayant un coefficient hiérarchique supérieur à...., cadre au sens des articles 4 et 4bis de la convention collective nationale de retraite et de prévoyance des cadres du 14 mars 1947... – pour autant qu'un tel mode de sélection ne définisse pas les seuls *"cadres dirigeants"* de l'entreprise.

---

(1) A ce sujet : *"Le régime de retraite des cadres demain et l'assurance par capitalisation"* par Micheline Grounin, in Droit social n° 11, novembre 1986, p. 807.
(2) Rapport 1298, susvisé p. 12.

Dans cet esprit, le texte visé pourrait être appliqué aux seuls contrats souscrits au bénéfice unique de cadres dirigeants détenant une partie significative du capital de leur société.

• *Les salariés expatriés*

Par ailleurs, l'administration fiscale précise dans son instruction du 11 mai 1983 *"qu'il ressort des débats parlementaires que le législateur a entendu exonérer de taxe sur les conventions d'assurance les contrats de groupe souscrits en faveur des salariés envoyés de façon durable à l'étranger, bien que ceux-ci ne constituent pas une des grandes catégories professionnelles rappelées ci-dessus"*.

L'instruction se fait ainsi l'écho de l'accueil favorable réservé par le Ministre du budget à la suggestion de M. Jacques Marette visant à exonérer de taxe les contrats souscrits par *"les entreprises françaises envoyant du personnel à l'étranger **de façon temporaire ou en assistance**"* (1).

Cette proposition devait être reprise par la commission des finances sous forme d'un amendement tendant à ajouter in fine à l'article 998.1 du CGI, les mots suivants *"ou résultant du contrat de travail de leurs salariés envoyés à l'étranger"*. Le Ministre du budget se déclarait alors *"pleinement d'accord avec l'amendement proposé"* (2).

Or, l'instruction du 11 mai 1983 n'a repris que partiellement les propos du Ministre, dont il convient d'observer malheureusement qu'ils n'ont pas de valeur particulière sur le plan juridique, en exonérant de taxe *"les contrats de groupe souscrits en faveur des salariés envoyés de façon **durable** à l'étranger"*.

Il existe donc clairement un hiatus entre les propos du Ministre et la doctrine officielle de son administration.

Dans la mesure où "l'esprit du législateur" est clairement de favoriser le développement de nos exportations, il n'apparaît pas déraisonnable de prétendre que le personnel envoyé même temporairement à l'étranger – même s'il est très réduit en nombre et essentiellement mobile – n'en constitue pas moins une catégorie "objective" de personnel au même titre que ce qui a été expressément admis pour le personnel détaché de façon durable.

---

(1) AN débat 2ème séance du 28 octobre 1982, JO p. 6452.
(2) Sénat débat séance du 24 novembre 1982, JO p. 5743.

Dès lors, il apparaît possible d'exonérer des contrats visant à la couverture de ce type de personnel, et de leur offrir ainsi à moindre coût une couverture sociale complémentaire.

2.3.3 - Les contrats soucrits au profit de non salariés

L'article 998.I du CGI exonère de la taxe sur les conventions d'assurance les contrats de groupe souscrits *"par une organisation représentative d'une profession non salariée"*.

Selon l'administration fiscale *"pour qu'une telle assurance de groupe puisse bénéficier de l'exonération, il est nécessaire :*

→ que l'organisation soit représentative

La notion de représentativité doit s'interpréter à la lumière des principes du droit du travail. Elle recouvre donc les syndicats ou associations professionnels qui, au niveau national, régional ou local, participent, au nom d'une profession non salariée, à des négociations avec les pouvoirs publics en matière de politique des prix et des revenus, de relation du travail et de protection sociale (Instruction du 11 mai 1983).

En ce sens, au cours des débats parlementaires le Ministre avait précisé

> *"par organisations représentatives, il faut entendre les organisations syndicales d'employeurs ou regroupant les membres d'une profession libérale ; il ne s'agit pas d'autres organismes, certes importants, mais qui ne peuvent, en tant que tels, être considérés comme représentatifs, au sens précis du terme, d'une profession"* (1).

→ que l'organisation soit représentative d'une profession non salariée, *c'est-à-dire d'une profession industrielle, commerciale, artisanale, libérale ou agricole"* (Instruction du 11 mai 1983).

Cette doctrine administrative tend donc à appliquer des notions – syndicats, représentativité devant les pouvoirs publics... – propres au droit du travail intéressant les seules relations employeurs/salariés à des catégories socio-professionnelles ou l'individualisme ôte sa plus grande portée à la notion de représentativité d'éventuelles organisations syndicales. Elle conduit donc à restreindre encore la possibilité pour des non salariés de souscrire des contrats non taxés. Cette conséquence ne peut que conduire à la multiplication de

---

(1) Sénat, séance du 24 novembre 1982, JO p. 5743.

différends. Le nombre important de questions reçues, à ce sujet, par le bureau B2 du SLF traduit clairement ce risque.

A cette occasion et par diverses lettres non publiées, la SLF a eu l'occasion de préciser sa doctrine sur la notion de profession. Ainsi a-t-il refusé d'exonérer des contrats souscrits par des élèves infirmières ou encore par des anciens élèves de l'Ecole Nationale d'Administration (ENA) au motif qu'aucun lien réellement professionnel ne réunissait les intéressés.

2.3.4 - Les contrats souscrits au profit d'agents de collectivités publiques

L'article 998.1 du CGI exonère de la taxe sur les conventions d'assurance les contrats souscrits *"par une organisation représentative... d'agents des collectivités publiques au profit de ses membres"*.

L'administration fiscale a précisé que de ces assurances de groupe sont exonérées de la taxe sur les conventions d'assurance si un ou plusieurs syndicats représentatifs (au sens du droit du travail) des agents au profit desquels le contrat est souscrit sont parties à ce contrat et que peuvent y adhérer les fonctionnaires et les agents contractuels auxiliaires ou vacataires de l'Etat ou des collectivités locales, ou les agents titulaires, contractuels, auxiliaires ou vacataires des établissements publics nationaux ou locaux. (Instruction du 11 mai 1983).

Pour la prévoyance des militaires, la loi interdisant toute activité syndicale au sein de l'armée, l'administration fiscale a admis (RM Julia, AN 6 février 1984), que *"les contrats souscrits par des associations de prévoyance militaire bénéficient de l'exonération prévue à l'article 998.1 du CGI bien que de telles associations ne constituent pas des organisations représentatives au sens strict"*.

Par ailleurs, l'administration fiscale a précisé qu'une éventuelle exonération de taxe des contrats signés par de tels organismes n'était envisageable que s'ils répondaient *"à toutes les autres conditions fixées par l'article précité du Code Général des Impôts, dont notamment la souscription des contrats au profit d'agents de collectivité publique.* ***Or les militaires en retraite n'ont plus cette qualité"***.

Cette doctrine administrative apparaît particulièrement sévère surtout si elle devait être appliquée par analogie à l'ensemble des retraités de la fonction publique.

Elle correspond à la tendance de l'administration fiscale de réserver l'exonération de la taxe unique aux seuls contrats souscrits dans un cadre professionnel et d'un caractère obligatoire pour le bénéficiaire. Deux conditions qu'un retraité ne saurait à l'évidence satisfaire. Le législateur a, cependant, à l'encontre même de ce principe, mais pour des raisons purement politiques, exonéré de taxe les assurances de groupe souscrites dans le cadre de régimes collectifs de retraite.

2.3.5 - Les régimes collectifs de retraite

• Origine de l'exonération

Le projet de loi de finances pour 1983 adopté en première lecture par l'Assemblée Nationale ne prévoyait pas d'exonérer de la taxe unique les *"régimes collectifs de retraite"*.

Le Sénat avait cherché à faire entrer dans le champ d'application de l'exonération les assurances de groupe souscrites par une organisation associative à caractère mutualiste au profit de ses adhérents, afin de maintenir dans le champ d'application de l'exonération certains organismes assurant, par une épargne volontaire, des retraites complémentaires ou **"surcomplémentaires"**.

Cette suggestion était rejetée par le Ministre au motif que *"les contrats dont il s'agit sont en fait, ouverts à toutes les catégories de la population en dehors de tout cadre professionnel"* (1).

Cependant, M. Christian Pierret, au nom de la commission des finances devait afin de *"permettre le maintien de l'actuelle exonération au profit de certains contrats organisant la collecte de l'épargne en vue de financement de retraites complémentaires ou surcomplémentaires"* (2) proposer par amendement d'étendre le bénéfice de l'exonération de la taxe aux assurances souscrites *"dans le cadre de régimes collectifs de retraite organisés conformément aux dispositions des articles R 140. 2 et R 441 du Code des assurances et gérés paritairement par les assurés et les assureurs"*.

Cet amendement accepté par le gouvernement permettait donc *"aux organismes qui ont mis en œuvre des formules originales d'épargne-retraite de continuer à bénéficier de l'actuelle exonération"* (3).

Cette disposition ne devait pas manquer d'être largement exploitée par l'ensemble des compagnies d'assurances. Ces dernières créèrent en effet des *"associations satellites"* afin de proposer à leur clientèle des contrats de retraite

---

(1) Débats Sénat, séance du 24 novembre 1982, JO, p. 5743.
(2) Débats A.N, séance du 15 décembre 1982, JO, p. 8376.
(3) Rapport n° 1298 de la Commission des finances, opus cite p. 13.

exonérés de la taxe unique, la rédaction définitive de l'article 998 du CGI exonérant de la taxe unique :

"les assurances de groupe souscrites ... dans le cadre de régimes collectifs de retraite organisés conformément aux dispositions des articles R 140.1 et R 441.1 à R 441.34 du Code des assurances et gérés paritairement par les assurés et les assureurs".

Il reste donc à définir les notions de *"régimes collectifs de retraite et de gestion paritaire".*

• La doctrine administrative

Il n'existe pas de définition légale d'un régime collectif de retraite.

L'Administration a cependant entendu préciser les critères de l'exonération de manière parfois contestable.

Selon l'Administration :

"les contrats collectifs susceptibles de bénéficier de l'exonération de taxe doivent garantir à leurs adhérents, de façon exclusive ou prépondérante, des prestations de retraite.

Pour avoir le caractère de régime de retraite, l'entrée en jouissance de la rente ne doit pas intervenir avant l'âge normal de la retraite dans la profession exercée par l'assuré, quelle que soit la durée du contrat.

De même, il est admis que bénéficient de l'exonération les contrats se dénouant par le versement, à partir de l'âge normal de la retraite, d'un capital en cas de vie" (1) (2).

La première condition posée par l'Administration pour bénéficier de l'exonération, relative à l'obligation *"de garantir, de façon exclusive ou prépondérante, des prestations de retraite"* apparaît contraire à la lettre de l'article 998.1 du CGI qui n'a pas prévu pour les assurances de groupe souscrites dans le cadre de régime collectif de retraite d'affectation particulière des primes sauf à respecter la condition générale d'exonération étudiée au 2.3.6.

Quant à la notion de gestion paritaire des régimes collectifs de retraite, l'administration fiscale a précisé

"qu'afin de respecter l'intention du législateur, (elle) ne saurait être de pure forme, mais doit recouvrir un contenu réel. Cette gestion doit donc, au minimum, se caractériser par une réunion annuelle,

---

(1) Instruction opus cite du 11 mai 1983.
(2) Sur les problèmes de prescription posés par cette règle, *infra* p. 108.

entre d'une part le ou les assureurs et, d'autre part, les assurés ou leurs représentants. Cette réunion doit être précédée par l'envoi aux assurés des documents chiffrés retraçant l'évolution de la situation du régime et ses perspectives d'avenir, et indiquant clairement l'importance des frais de gestion du contrat.

La rencontre annuelle entre les assureurs et les assurés, ou leurs représentants, a pour objet, non seulement de préciser et de commenter cette évolution et ces perspectives, mais encore de permettre l'instauration d'une véritable discussion sur les clauses du contrat qui peuvent faire l'objet d'aménagements, comme le niveau des frais de gestion et de la participation des assurés aux bénéfices techniques et financiers réalisés, telle qu'elle est notamment prévue à l'article R 441.7 du Code des assurances.

Les modalités de cette gestion paritaire doivent faire l'objet d'une convention écrite entre l'assureur et l'organisme représentatif des assurés qui est généralement une association de la loi de 1901.

Cette convention précise notamment la nature des documents adressés aux assurés, ainsi que la nature et la périodicité des réunions entre les assurés et les assureurs" (Instruction du 11 mai 1983).

En réalité, l'administration fiscale a parfaitement conscience que derrière un paritarisme de façade, la gestion des associations considérées est entièrement entre les mains des compagnies d'assurances. Sur le plan formel, les termes susvisés de l'instruction fiscale sont ainsi rigoureusement appliqués par des conseils d'administration d'associations entièrement constitués de salariés ou d'anciens salariés de direction des sociétés d'assurances. Cette disposition législative "*source de complexité puisqu'elle a incité de nombreuses compagnies d'assurances à créer des associations pour assurer la gestion paritaire de groupes qui n'ont en réalité d'autre but que d'éluder le paiement de la taxe et dont le contrôle s'avère difficile*" (1) est d'autant plus critiquable qu'elle heurte la logique de l'article 998 du CGI réservant l'exonération de la taxe unique aux seules assurances de groupe souscrites dans un cadre professionnel et s'imposant à leurs bénéficiaires.

En réaction au caractère fictif de l'immense majorité des associations considérées et du paritarisme de leur gestion, l'administration pourrait être demain tentée de leur contester le bénéfice de l'exonération de la taxe unique. Mais une telle réaction parfaitement logique au regard des textes aurait pour conséquence pratique de vider de toute réalité la modification apportée par le

(1) VIII Rapport du Conseil des impôts, opus cite, p. 237 et cf. aussi rapport Sermain, opus cite, p. 73.

législateur aux dispositions de l'article 998.1 du CGI. En effet, il est inimaginable pour un assureur de mettre sa force de vente, ses réseaux commerciaux, à la disposition d'une association de retraite, pour permettre sa croissance, et de prendre le risque de voir ladite association changer d'assureurs et souscrire un contrat groupe auprès d'une autre compagnie. De telles associations apparaissent donc vouées à conserver un caractère confidentiel ou à renoncer à toute véritable autonomie. La Direction générale des impôts ne saurait donc demain par des redressements s'opposer à la volonté explicite du législateur d'aider, en les plaçant hors du champ d'application de la taxe unique *"certains organismes, assurant par une épargne volontaire, des retraites complémentaire ou surcomplémentaire, formules dont il convient de favoriser l'épanouissement"* (1).

2.3.6 - Condition d'affectation des primes

La nouvelle rédaction de l'article 998.1 du CGI conduit à exonérer de la taxe spéciale *"... les assurances de groupe dont 80 % au moins de la prime ou de la cotisation globale sont affectés à des garanties liées à la durée de la vie humaine, à l'invalidité, à l'incapacité de travail ou au décès par accident, à l'exclusion des remboursements de frais médicaux, chirurgicaux, pharmaceutiques ou dentaires ..."*.

L'article 14.I.3 de la loi de finances pour 1983 reprend ici simplement les dispositions de l'article 66 de la loi de finances pour 1970 (2) sauf à ajouter aux risques exonérés l'incapacité de travail.

Antérieurement à la législation de 1970 le critère d'affectation des primes, introduit à la demande de la Direction des assurances, intéressait les seuls versements auprès de la Caisse Nationale de Retraite (3) exonérés depuis 1944 de la taxe unique, en application de l'ancien Code de l'enregistrement qui visaient en particulier *"...les versements des collectivités professionnelles agissant en conformité d'un régime de retraite ou de prévoyance ; les versements faits en vertu de la législation relative aux accidents du travail ..."*.

• Problèmes consécutifs aux conditions d'affectation des primes

La limite de 80 %, initialement très rarement atteinte, est devenue génante dès lors que la demande de la clientèle s'est orientée vers les remboursements des frais médicaux ou pharmaceutiques. Cette modification massive des exigences des assurés devaient conduire les assureurs à scinder

(1) Rapport Assemblée Nationale n° 1298, opus cite, p. 13.

(2) N° 69.1161 du 24 décembre 1969.

(3) Incorporée par un décret du 16 mai1949 à la Caisse Nationale d'Assurance sur la Vie (CNAV), puis transformée par un décret du 28 juillet 1959 pour devenir la Caisse Nationale de Prévoyance (CNP).

les couvertures proposées. Ainsi dorénavant le plus souvent deux contrats seront souscrits : le premier, clairement exonéré, assure les garanties liées à la durée de la vie humaine, à l'invalidité, à l'incapacité de travail et au décès par accident ; le second, visant les remboursements de frais est taxé au taux de 9 %, étant observé que cette taxe pourrait, dans un proche avenir, être supprimée afin de créer des "*conditions de concurrence égalisées entre les caisses de sécurité sociale, les organismes mutualistes ou de prévoyance et les compagnies d'assurances*" (1).

• Modalités de détermination de la répartition des primes

Avant la généralisation de cette nouvelle pratique l'administration fiscale a eu l'occasion de notifier divers redressements pour non respect des conditions susvisées d'affectation des primes. Si pour l'essentiel le contentieux en cours perdra de son intérêt avec l'évolution de la demande de la clientèle, il restera toujours des cas limites qui conduisent à préciser le mode de détermination de l'affectation des primes.

Cette étude nécessite de distinguer les hypothèses ou l'ensemble des garanties, y compris la maladie, est couvert par un contrat à option unique ou encore deux contrats, des cas où des contrats à option sont souscrits par l'intermédiaire d'un organisme "**fédérateur**" ou encore directement.

Le mode le plus simple de commercialisation – même s'il nécessite l'intervention de deux assureurs, l'un Vie, l'autre IARD, puisque les assureurs vie n'ont pas le droit de garantir, même à titre accessoire le risque maladie qui est un risque indemnitaire – est celui ou l'ensemble des garanties, y compris la maladie, est couvert par un contrat unique.

L'application de la règle d'affectation de la prime est alors claire.

Une contestation sur le plan fiscal pourrait cependant naître dans l'hypothèse ou le compte maladie s'avèrerait être systématiquement en déficit, et les comptes des autres risques en excédent, l'équilibre étant postérieurement rétabli par le jeu du ou des fonds de stabilité.

Cette éventuelle sous-tarification du risque maladie permettrait en effet, dans les cas limites à l'assureur, de proposer à ses clients des contrats intégralement exonérés de taxe. Une telle pratique reste cependant relativement aisée à découvrir dans l'hypothèse d'un contrôle fiscal.

Il a été observé que lorsque la part de la prime affectée à la maladie devient trop importante, le souscripteur passe deux contrats distincts l'un vie et l'autre maladie. Dans l'hypothèse la plus courante, ces contrats sont souscrits, auprès

(1) Rapport du Comité des sages (Etats généraux de la Sécurité sociale, p. 58).

de deux sociétés appartenant à un même groupe d'assurances. Certains inspecteurs des impôts ont alors tenté de faire masse de ces deux contrats pour l'application de l'article 998.I du CGI. La hiérarchie de l'Administration n'a cependant pas suivi ces inspecteurs et lesdits redressements ont été abandonnés. L'abus de droit n'aurait pu en effet être utilement plaidé par l'Administration (1).

Par ailleurs afin de faire bénéficier ses membres de meilleurs tarifs un organisme quelconque (Groupement professionnel, Institution L4 ...) peut souscrire auprès de deux assureurs Vie et IARD, selon le schéma susvisé, un contrat unique. Les entreprises membres dudit groupement adhérent alors au contrat au profit de leurs salariés. Dans la plus grande généralité des cas, ce type de contrat prévoit un choix d'options quant aux garanties offertes telles que pour certaines des combinaisons possibles la condition de 80 % sera respectée tandis que d'autres n'y satisferont pas.

La question se pose alors de déterminer à quel niveau le respect de la proportion de 80 % devra être apprécié, deux options logiques sont en effet envisageables ; soit au niveau du contrat passé entre l'assureur et par exemple une caisse de retraite ou une association groupant les participants d'une caisse de retraite ; soit inversement au niveau de chaque entreprise.

Par une lettre, non publiée, du 30 juin 1971, adressée au président de la FFSA, le SLF considérait que dans cette dernière hypothèse le respect de la proportion susvisée s'appréciera au niveau des primes versées par la caisse de retraite à l'assureur, en application du contrat qui les lie.

En effet

> *"dès lors que chaque contrat passé avec une caisse de retraite ou une association forme un tout qui fait l'objet d'une tarification commune dans chaque option et d'un seul compte de participation aux bénéfices, c'est à ce niveau qu'il convient de se placer pour déterminer si la proportion de 80 % est respectée".*

La doctrine ainsi exprimée permet donc à certaines entreprises de bénéficier de l'exonération de la taxe unique alors même que plus de 20 % des primes qu'elles versent sont affectés à la couverture du risque maladie.

L'Administration a cependant précisé, dans la même lettre,

> *"qu'il serait manifestement contraire à l'objet de la loi que les garanties accordées à une ou plusieurs des entreprises membres d'une caisse ou d'une association signataire du contrat portent presque exclusivement sur les remboursements de frais médi-*

(1) Cf. : *"Les grands principes de la fiscalité des entreprises"* par Maurice Cozian chez Litec, document n° 3 et la bibliographie citée par cet auteur.

caux, chirurgicaux, pharmaceutiques ou dentaires. Si l'exercice du contrôle révélait de telles pratiques, l'administration se réserverait la possibilité de remettre en cause l'exonération de taxe dont aurait bénéficié la fraction de prime afférente à la garantie de ces risques".

Cette dernière observation apparaît étrangement indulgente. Le dilemme n'est pas, en effet au regard des seules dispositions de l'article 998.I du CGI, entre **"exemption totale"** et **" taxation à 9 % du seul risque maladie"** mais entre **"exemption totale"** et **"taxation à 9 % des risques maladie plus taxation à 5,15 % du risque vie"** .

La pratique connaît un dernier type de commercialisation qui a, du reste, donné lieu à un redressement. Certains assureurs, en effet, distribuent à des entreprises des contrats type comportant les mêmes catégories d'options que ceux rencontrées pour les contrats distribués par l'intermédiaire d'un *"fédérateur"* visé ci-dessus. Lesdits assureurs font masse de l'ensemble de ces contrats pour l'application de l'article 998.1 du CGI, afin, naturellement d'exonérer de taxe l'ensemble de leurs clients.

Dans cette hypothèse, la doctrine administrative susvisée ne s'applique pas. En effet, si sur le plan économique cette structure n'est guère différente de celle où intervient un *"fédérateur"*, sur le plan juridique il est clair qu'on se trouve alors en présence simplement d'un ensemble de contrats de même type souscrits chacun par une entreprise différente. Il en découle que l'appréciation du respect des conditions d'affectation des primes ne peut qu'être effectuée au niveau de chaque entreprise. Ce contentieux devrait, du reste, ne pas donner lieu à une décision judiciaire puisqu'il a été abandonné par l'entreprise redressée.

2.4 - *LES CONTRATS SOUSCRITS DANS LE CADRE D'UN PLAN D'ÉPARGNE EN VUE DE LA RETRAITE (PER)*

Afin de permettre aux *"organismes d'assurances ..., dans des conditions de concurrence équilibrée, (de) proposer à leur clientèle des plans d'épargne en vue de la retraite"* l'article 4 de la loi sur l'Epargne (n° 87.416 du 17 juin 1987) dispose que :

"les versements effectués (au sein d'un plan d'épargne en vue de la retraite) sous forme de primes d'assurance ne sont pas soumis aux dispositions de l'article 991 du code général des impôts" (1).

Les contrats d'assurance souscrits au sein d'un Plan d'Épargne en vue de la retraite sont donc exonérés de taxe d'assurance.

(1) Rapport n° 621 fait au nom de la Commission des Finances, de l'Economie générale et du Plan sur le projet de loi sur l'Epargne. Annexe au procès-verbal de la séance du 2 avril 1987, p. 53.

Dans un premier temps (1), le Service de la législation fiscale a indiqué que cette *"exonération de la taxe sur les conventions d'assurances ne s'applique qu'à la partie de la prime éligible au PER".*

L'application de cette doctrine – fût-elle parfaitement conforme aux dispositions législatives – se serait avérée extrêmement complexe pour un rendement fiscal limité. En effet, pour les contrats comportant une contre-assurance seules 95 % de la prime sont déductibles du revenu imposable

- pour les contrats souscrits antérieurement au 1er janvier 1988, 85 % de la prime sont déductibles ;
- pour les contrats souscrits postérieurement au 1er janvier 1988 seule une partie de la prime est déductible dans les conditions définies dans le tableau ci-après :

MONTANT DE LA GARANTIE DÉCÈS				
Age à l'échéance du contrat	*Age à la souscription du contrat*	*Inférieur à 70 % du montant du capital Vie en %*	*Égal ou supérieur à 70 % et inférieur à 150 % du montant du capital Vie en %*	*Égal ou supérieur à 150 % du montant du capital Vie en %*
60 ans au plus	< 45 > 45	90 95	80 85	65 75
+ de 60 ans et 65 ans au plus	< 45 > 45	85 90	70 80	55 65
plus de 65 ans	< 45 > 45	75 80	60 70	45 55

En pratique la majorité des compagnies d'assurance a arrêté – pour des motifs de simplicité de gestion – de proposer aux épargnants la souscription au sein du PER exclusivement de contrats à prime unique successive avec contre-assurance.

Dans cette hypothèse, à titre d'exemple, un célibataire sans enfant pourra au cours de l'année 1989 régler à son assureur 8 642 F dont 8 210 F seulement seront éligibles au sein de son PER. La part non éligible du versement étant

---

(1) Réponse n° 63 du Service de la législation fiscale aux questions posées lors du colloque professionnel du 1er octobre 1987 sur le PER.

normalement assujettie à la taxe d'assurance, la taxe due s'élèverait, dans l'exemple retenu, à 22,20 F.

L'Administration informée de la politique commerciale arrêtée par les principales compagnies d'assurances du marché a donc fort sagement *"dans un souci de simplification .... admis que les primes payées au titre d'un contrat d'assurance vie avec contre-assurance décès soient exonérées de taxe sur les conventions d'assurance sur l'intégralité de leur montant et non pas seulement pour 95 % de celui-ci"* (1).

SECTION III
La territorialité de la taxe unique

Aux termes de l'article 991 du CGI, toute convention d'assurance est soumise quel que soit le lieu où elle a été conclue, à la taxe spéciale sur les conventions d'assurances. L'article 1000.1 du CGI exonère cependant, de la taxe unique *"les contrats d'assurance sur la vie ou de rentes viagères souscrits par des personnes n'ayant pas en France leur domicile fiscal"*.

Les règles d'application territoriale de la taxe unique n'étant pas réellement spécifique aux assurances de personnes, il conviendra simplement de rappeler succinctement la portée de cette exonération (1) et les conséquences d'une éventuelle utilisation en France des contrats exonérés à ce motif (2).

1. LA SITUATION DU RISQUE

L'article 21 de la loi du 31 janvier 1944 – codifié sous l'article 1000 du CGI – dispense de la taxe unique :

> *"1° les contrats d'assurances sur la vie ou de rentes viagères souscrites par des personnes n'ayant en France ni domicile, ni résidence habituelle..."*.

Cet article reprend simplement la disposition d'exonération prévue antérieurement pour la taxe d'enregistrement qui visait les *"assurances sur la vie ou les rentes viagères souscrites par des personnes ayant en France leur domicile ou leur résidence habituelle"* (2) étant observé

> *"qu'on doit considérer, pour apprécier si les taxes sont exigibles sur les contrats de l'espèce, la personnalité et le domicile ou la*

---

(1) Instruction du 19 février 1988, BOI 5 B-II-88.
(2) Article 1er de la loi du 23 février 1924.

résidence habituelle du souscripteur et non la personnalité et le domicile ou la résidence habituelle du bénéficiaire du contrat" (1).

Cette rédaction devait être modifiée par l'article 1er de la loi de finances pour 1977 (2) concomitamment aux modifications apportées à la définition fiscale du domicile (3).

Dorénavant seront exonérés de la taxe unique : *"les contrats d'assurance sur la vie ou de rentes viagères souscrits par des personnes n'ayant pas en France leur domicile fiscal"*.

Le domicile fiscal d'une personne physique sera réputé situé en France lorsque celle-ci se trouve dans l'un des quatre cas visés à l'article 4 B du CGI :

– ***la personne a son foyer en France*** (le foyer doit s'entendre du lieu où la personne ou sa famille habite normalement),

– ***la personne a son lieu de séjour principal en France*** (contrairement au premier critère celui-ci ne retient que la situation de la personne elle-même, sans s'attacher au lieu de séjour de la famille),

– ***la personne exerce une activité professionnelle en France*** (sauf si elle est exercée à titre accessoire),

– ***la personne a le centre de ses intérêts économiques en France*** (Instruction du 26 juillet 1977).

Il convient de préciser que le terme France employé à l'article 1000 du CGI couvre la France métropolitaine et les départements d'Outre-Mer.

Cette disposition ne provoque guère de difficulté d'application. Deux cas particuliers appellent cependant des explications complémentaires ; il s'agit d'une part des *"risques mobiles"* et d'autre part du personnel diplomatique.

Les risques mobiles

Quant au risque mobile, l'Administration a admis que la situation de la personne au jour où le contrat a été conclu détermine l'exigibilité ou l'inexigibilité de la taxe pour toute sa durée (4).

---

(1) Sol 4 novembre 1938.

(2) Loi n° 76-1234 du 29 décembre 1976

(3) *"Gestion fiscale internationale des entreprises"* par J.F. Court et G. Entraygues, chez Montchrestien, p. 199 ; *"Le domicile fiscal au regard du droit français"*, par Pierre Kerlanin in Revue de droit des affaires internationales, n° 1, 1987, p. 9.

(4) D. adm, 7-I-221, 1er mars 1977, n° 1 à 3 ; Sol 5 mai 1934 et 22 avril 1936.

Cette disposition est intéressante pour une personne qui aura souscrit un contrat d'assurances vie à primes périodiques à la veille de son installation en France. Cette personne bénéficiera ainsi de l'exonération de la taxe unique alors même qu'elle aura son domicile fiscal en France pendant l'essentiel de la période de règlement des primes.

Inversement, en application de cette doctrine, une personne qui souscrirait un contrat d'assurance vie à primes périodiques, à la veille du transfert de son domicile fiscal hors de France se verrait réclamer la taxe sur tous ses versements ultérieurs.

Cette exigence la conduirait inéluctablement à mettre fin à l'opération. Dans l'hypothèse où un arrêt prématuré des versements appelle, de la part de la compagnie d'assurances – conformément aux dispositions contractuelles les plus courantes – l'application de pénalités, il ne restera plus au souscripteur qu'à contester l'application de la doctrine considérée.

Une telle contestation emporterait du reste la conviction tant la prétention de taxer des primes versées par un non résident apparaît peu défendable au regard des termes de l'article 1000 du CGI. De plus, il n'est pas certain que dans cette hypothèse, l'Administration aurait recours au contentieux (1).

Elle reste parfaitement consciente, en effet, du handicap pour les compagnies françaises de l'existence de la taxe unique face à la concurrence internationale.

Règles applicables aux Diplomates

Quant aux membres du corps diplomatique et consulaire accrédités auprès du Gouvernement français ainsi que les fonctionnaires internationaux exerçant leurs fonctions en France s'ils ne bénéficient, en principe, d'aucune exonération fiscale en matière de taxe spéciale sur les conventions d'assurance, il a été admis en pratique de leur accorder certains avantages.

L'Administration a en effet décidé que les agents diplomatiques et les fonctionnaires consulaires de carrière de nationalité étrangère, en poste en France, peuvent, à l'exclusion des autres personnels des missions diplomatiques et consulaires, prétendre à l'exonération de la taxe unique prévue à l'article 1000 de CGI, pour les contrats d'assurances sur la vie ou de rente viagères souscrits en France (2). Quant aux fonctionnaires des organismes internationaux ayant leur siège ou une installation en France, s'ils sont, en principe, soumis à la taxe unique selon le droit commun, les traités et conventions qui régissent les relations entre ces organismes et l'Etat français

---

(1) Malgré une solution contraire, cependant relativement ancienne, du 18 février 1948.
(2) D. adm, 7-I-221, 1er mars 1977, n° 5.

accordent habituellement à quelques très hauts fonctionnaires, limitativement énumérés et à condition qu'ils ne soient pas de nationalité française (1), diverses facilités fiscales dont l'exonération de la taxe sur les contrats d'assurance vie et de rentes viagères.

2. UTILISATION EN FRANCE DES CONTRATS EXONÉRÉS

Conformément aux dispositions de l'article 1000.1 du CGI, il ne peut être fait usage en France des contrats exonérés, parce que souscrits par des personnes n'ayant pas en France leur domicile fiscal, soit par acte public, soit en justice ou devant tout autre autorité constituée, s'ils n'ont pas été préalablement soumis à la formalité du visa pour timbre.

Cette disposition est traditionnelle (2). Elle est en effet observable, antérieurement même au régime de 1944 tant en matière de droit de timbre que de droit d'enregistrement. Quant à sa rédaction, elle reprend du reste, presque mot à mot les dispositions de l'article 23 de la loi du 22 Frimaire An VII.

Ainsi les contrats d'assurances ayant pour objet des risques situés à l'étranger devaient être soumis, avant guerre, au droit de timbre au comptant préalablement à leur usage en France, soit en vertu de la règle générale posée à l'article 20 de l'ancien Code du timbre, lorsqu'ils avaient été passés à l'étranger auprès de compagnies étrangères, soit par l'application de l'ancien article 296 du même code quand ils avaient été souscrits auprès de compagnies françaises. Des dispositions similaires étaient posées, en matière d'enregistrement, respectivement par les article 271 § 11 II alinéa 9ème et alinéa 16ème de l'ancien Code de l'enregistrement.

De nos jours, la formalité du visa pour timbre sera donnée moyennant le paiement au comptant de la taxe afférente aux années restant à courir.

Selon le commentaire donné par l'Administration (3) lorsque le nombre des primes est subordonné à un événement incertain, le droit est perçu d'après une déclaration estimative des parties (4). Il en est ainsi notamment dans le cas d'assurance vie. Dans cette hypothèse, l'Administration garde la possibilité de réclamer un complément de droit si elle acquérait ultérieurement la preuve que le total des primes payées par l'assuré est supérieur à celui qui a été réclamé. Le complément de droit serait exigible malgré l'extinction de la dette en garantie de laquelle la police aurait été cédée (5).

---

(1) La liste desdits fonctionnaires figure au BOE 1964-9269.

(2) Dictionnaire Maguero, Assurance n° 258 et 259.

(3) D adm, 7-I-223, 1er mars 1977.

(4) Tribunal civil de la Seine, 31 décembre 1912, RE 5811.

(5) Tribunal civil de la Seine, 15 avril 1899, Rep pér 9597 et Sol 13 mai 1892, RE 23935.

Une police souscrite pour une durée fixe de dix ans, avec convention qu'à l'expiration elle continuera pour une nouvelle période de même durée, ne donne ouverture au droit que sur la première période de dix ans, à moins qu'au moment de l'enregistrement une ou plusieurs périodes ne soient déjà écoulées : la taxe serait alors perçue sur toutes les primes payées ou à payer jusqu'à l'expiration de la période en cours.

La clause de résiliation facultative ne fait pas obstacle à la perception de la taxe sur la totalité des primes stipulées, à moins qu'il ne soit justifié de la résiliation avant l'enregistrement.

Quant aux contrats d'assurances de risques situés ou réputés situés dans les territoires d'Outre-Mer, ils font l'objet de dispositions particulières prévues par l'article 1000 du CGI. En pareille hypothèse, les contrats restent soumis à la formalité préalable du visa pour timbre, mais cette formalité est donnée gratis si l'assureur est français ou au tarif réduit de moitié dans le cas contraire.

CHAPITRE III

Le règlement de la taxe unique

L'étude des modalités de règlement de la taxe unique nécessite de préciser son assiette (section I), son taux (section II) son mode de paiement (section III) et les règles de procédures et de contentieux qui s'y appliquent (section IV).

Cette réglementation n'est pas spécifique aux assurances de personnes mais intéresse l'ensemble des assurances. Elle sera donc l'objet d'un simple rappel, l'accent étant mis sur les éventuelles dispositions propres aux seules assurances de personnes.

SECTION I
L'assiette de la taxe unique

Cette assiette a été définie par l'article 21 de la loi du 31 janvier 1944, codifié sous l'article 991 du CGI, la taxe est perçue sur le montant des sommes stipulées au profit de l'assureur et de tous accessoires dont celui-ci bénéficie directement ou indirectement du fait de l'assuré.

Cette disposition marque l'aboutissement de l'évolution de la législation pendant l'entre deux-guerres et supprime ainsi toute distinction *"entre les contrats d'assurance contre l'incendie, les contrats d'assurance maritime, les contrats d'assurance sur la vie, et toutes les autres formes de contrats, la prime encaissée constituant le seul fait générateur de la taxe unique. L'assiette de la taxe (devient) par ailleurs beaucoup plus large que celle des anciens droits de timbre et d'enregistrement ; la taxe atteint (désormais) toutes les sommes et tous les avantages susceptibles d'évaluation pécuniaire au profit de l'assureur en vertu des clauses générales ou particulières des polices et des avenants"* (1).

La formule arrêtée par le législateur assujettit, en pratique, à la taxe unique non seulement les primes proprement dites, majoration de primes et accessoires précédemment passibles de la taxe d'enregistrement ou de la taxe de timbre lorsqu'elles étaient assises sur les primes, mais encore certains éléments qui y échappaient précédemment.

En application de ce principe entrent donc dans l'assiette de la taxe spéciale sur la convention d'assurance, les primes, cotisations ou contributions :

> *"la taxe atteint tout ce qui forme le prix de l'assurance c'est-à-dire toutes les sommes que l'assureur exige de l'assuré en échange de l'engagement qu'il contracte pour garantir celui-ci contre les risques prévus au contrat. La prime, en effet, n'est autre chose que le coût ... ou la prise de l'assurance ... Il en résulte qu'on doit attribuer le caractère de primes, cotisations ou contributions à toutes sommes ou valeurs mise à la charge de l'assuré en représentation du risque couvert"* (2).

Il n'y a pas lieu, dès lors, de distinguer *"entre la portion de ces sommes ou valeurs"* qui représente plus spécialement les risques assurés par l'assureur et la portion de mêmes sommes destinée à l'indemniser de ses frais d'administration (3).

En vertu du même principe, il y a lieu de considérer comme taxables les frais de gestion que des compagnies d'assurance mutuelle feraient payer à leurs assurés en sus de leurs cotisations (4).

Dans le même esprit seraient taxables les sommes réclamées aux assurés par des compagnies au titre d'impôt dont le paiement serait une obligation personnelle à ces dernières (5).

Il en irait de même des sommes payées par les assurés à la compagnie pour honoraire de frais d'estimation du coût du risque assuré (6).

---

(1) A. Le Conte, opus cite, in RGAT, 1944, p. 26.
(2) Dictionnaire Maguero, Assurance, n° 61.
(3) Cass. civ. 29 décembre 1875, DP 76, 1, 110 dans le même sens Cass. req., 23 mai 1853.
(4) Rouen, 3 janvier 1876 R.P 4, 404.2 et Sol. 24 décembre 1900, J enreg. 26327.
(5) Seine, 7 mars 1874, R.P 3869 ; Cass. civ. 29 décembre 1875, précité ; Cass. req. 16 mai 1904, R.P 10757.
(6) Rouen, 25 août 1881, RP 5869

Les sommes payées par les assurés, pour alimenter des fonds de garantie ou de prévoyance que des sociétés d'assurance mutuelle constitueraient, seraient également taxables (1) ; mais si ces versements sont effectués au commencement du contrat et doivent être remboursés en fin d'assurance, ils pourraient s'analyser comme constituant des dépôts et la taxe unique ne leur serait pas applicable (2).

Enfin depuis 1944, *"il n'existe plus aucun motif de considérer comme dispensés de la taxe soit les indemnités de résiliation, soit les intérêts des primes moratoriées, soit encore les intérêts des avances sur polices"* (3).

Inversement restent exonérés de la taxe unique :

- les participations aux bénéfices, qui proviennent de primes ayant déjà supporté l'impôt, ne présentent pas le caractère de versements passibles de la taxe unique lorsqu'ils sont affectés soit à l'augmentation du capital assuré, soit à la diminution de la prime à payer (4) ;

- les sommes perçues par l'assureur au profit de différents fonds (fonds de majoration des rentes viagères...) lorsque ces sommes ne dépassent pas celles réellement dues au Trésor. Ces contributions ne profitent pas en effet ni directement, ni indirectement à l'assureur, il n'y a donc pas lieu d'en tenir compte pour la détermination de l'assiette de la taxe unique (5) ;

- les ristournes accordées par les sociétés d'assurances mutuelles sur le montant des primes payées par leurs sociétaires (6).

De même, la transformation d'un contrat ne donnera pas lieu à exigibilité de la taxe d'assurance.

SECTION II
Le tarif de la taxe

Antérieurement à 1944, il existait une très grande variété de taux des différents droits de timbre et d'enregistrement, exigibles sur les primes d'assurances, selon la nature des risques couverts. Cette trop grande diversité et le souci de ne pas diminuer les recettes budgétaires conduisit le législateur

(1) Sol 16 juillet 1878.
(2) Sol 6 novembre 1875 et 15 juin 1878.
(3) Sol, 8 mars 1944, Sol 11 juin 1945 RE 12003-6 et réponse Tajan, Sénat 9 octobre 1982, JO p. 4440.
(4) Sol, 21 septembre 1896.
(5) BOED 13 avril 1964.
(6) Sol, 13 avril 1964, BOED 1964, 9149.

à créer une taxe unique quant à sa nature et à son assiette mais variable quant à son montant suivant la nature du contrat. Aussi, l'article 21 de la loi du 31 janvier 1944 – codifié sous l'article 1001 du CGI – substitue aux droits multiples antérieurs une taxe unique avec six taux différents selon le risque couvert. Le principe de la variation de l'impôt avec la nature du risque est donc conservé mais son application en est très largement simplifié.

CATÉGORIES	TAUX DE LA TAXE (en %)					
	L 31.12.44	D 31.12.48	D 6.10.50	D 30.4.55	D 27.6.57	L 23.12.80
Assurances sur la vie et assimilées						
- Tarif normal	3,20	3,70	4		4,80	5,15
- Assurance de groupe	"	"	3,70		4,40	"
Contrats de rentes viagères						
- Tarif normal	5,40	6,25		4	4,80	5,15
- Souscripteur âgé de + de 60 ans ou infirme	"	"		2	2,40	2,40

Naturellement, le tarif de la taxe a évolué depuis sa création selon les besoins du Trésor.

L'application du tarif susvisé est compliqué par la possibilité offerte aux sociétés d'assurance vie de réaliser des opérations accessoires à la catégorie d'assurance pour laquelle elles ont obtenu l'agrément (1). Ainsi sont-elles conduites à proposer à leurs clients, à titre d'assurance accessoire faisant partie d'un contrat d'assurance sur la vie et moyennant paiement d'une prime ou cotisation distincte, des assurances complémentaires contre les risques de décès accidentel et d'invalidité.

Or, traditionnellement, en assurance de dommages *"lorsqu'une assurance a pour objet des risques de nature différente au point de vue fiscal, il convient de faire, pour la perception des taxes, une ventilation de la prime stipulée et, le cas échéant, des capitaux assurés"* (2).

La question s'est donc posée – au lendemain de la publication des décrets des 20 juillet 1939 et 20 mars 1956 autorisant la commercialisation d'assurances complémentaires par les compagnies vie – s'il y avait lieu de taxer

(1) Article R 321-5 du Code des assurances.
(2) Dictionnaire Maguero, Assurances, n° 153.

l'opération selon le seul risque principal ou de ventiler la prime et d'appliquer des taux différents à chaque fixation de prime selon le risque couvert.

LA NOTION DE RISQUES ACCESSOIRES

L'administration fiscale a décidé (1) que le taux de 5,15 % n'est pas applicable aux primes ou fractions de primes afférentes aux assurances complémentaires (assurance contre l'invalidité par suite d'accident ou de maladie, majoration de capital en cas de décès par accident) pratiqués accessoirement aux contrats d'assurance sur la vie. Ces primes ou fractions de primes sont passibles, le cas échéant après ventilation, du taux de 9 % prévu au 6° de l'article 1001 du CGI.

Dans son commentaire (2), l'Administration observe en effet, à juste titre, que la taxe à laquelle les conventions d'assurance sont assujetties est perçue d'après un tarif dont le taux varie suivant la nature du risque assuré. Quand un contrat garantit plusieurs risques soumis à des taux différents, la taxe est liquidée d'après le taux correspondant au risque en vue duquel le contrat a été spécialement souscrit et dont l'autre ou les autres risques ne sont que la conséquence. Mais, lorsque les risques couverts sont indépendants les uns des autres, la notion d'accessoire ne peut trouver son application. La prime unique doit alors faire l'objet d'une ventilation pour permettre l'application des différents taux de la taxe auxquels le contrat donne lieu.

Or, en l'espèce, il n'est pas contestable que les contrats complémentaires aux contrats d'assurances vie participent de la nature des contrats d'assurances contre les accidents qu'il s'agisse des assurances complémentaires invalidité ou du doublement du capital en cas de décès par accident. Dans l'un et l'autre cas, ces assurances ne se distinguent pas, en ce qui concerne le risque couvert, des assurances dites individuelles qui prévoient le versement de prestations à la suite d'un accident ou d'un capital, lorsque l'accident a provoqué le décès.

Au surplus, le risque accident garanti par les diverses formes d'assurances complémentaires ne peut être considéré comme l'accessoire du risque décès couvert par l'assurance vie. Il s'agit manifestement de deux risques indépendants l'un de l'autre.

La relation juridique qui existe entre l'assurance vie et l'assurance complémentaire, notamment lorsque cette dernière prévoit la dispense de versement des primes afférentes au contrat vie en cas d'invalidité, puisque l'assurance complémentaire trouve sa cause dans le contrat d'assurance vie, ne suffit pas à faire considérer, du point de vue fiscal, l'assurance complémentaire comme

(1) BOED 1963 - 9009.
(2) D adm., 7-I-4312 n° 7, 1er mars 1977.

un accessoire de l'assurance vie, dès lors que les risques couverts par chacune d'elles n'ont aucun rapport entre eux.

Cette solution s'impose d'autant plus pour les assurances qui couvrent sous un même contrat le risque décès et le risque complémentaire que, fréquemment, ces conventions font l'objet de deux contrats distincts, conclus par deux compagnies différentes ou par deux branches d'une même compagnie et que, dans ces derniers cas, la taxe est normalement acquittée au taux de 9% sur le montant des primes afférentes aux contrats complémentaires.

SECTION III

Le mode de paiement de la taxe unique

L'étude du mode de paiement de la taxe unique nécessite de rappeler son fait générateur, son débiteur et ses modalités de règlement.

Le fait générateur (1) de la taxe spéciale sur les conventions d'assurance est l'échéance des primes ou cotisations, quelles que soient la date de la conclusion du contrat et celle du paiement effectif des primes ou cotisations (2).

Les modes de perception de la taxe unique sont fixés par les articles 385 à 390 de l'annexe III au Code général des impôts.

Antérieurement l'article 7 de la loi du 23 août 1871 – codifié sous les articles 689 et 698 de l'ancien Code de l'enregistrement – disposait que la taxe d'enregistrement *"sera perçue, pour le compte du Trésor, par les compagnies, sociétés et tous assureurs"*. La loi du 29 décembre 1884 devait étendre cette disposition à la taxe du timbre. C'était donc la compagnie elle-même et non l'assuré qui était constituée, pour toutes les taxes, vis-à-vis du Trésor, débitrice directe de ces taxes sauf son recours sur les assurés (3).

Dès cette époque les assureurs payaient les taxes d'enregistrement et de timbre pour le compte des assurés, ces derniers en supportant la charge définive. Aussi l'assureur était-il l'assujetti (4) mais le contribuable effectif était l'assuré (5).

---

(1) Sur cette notion, cf. *"Science et technique fiscales"* par Lucien Mehl et Pierre Beltrame chez Themis, p. 84 à 93.

(2) D adm 7-I-312, 1er mars 1977.

(3) Cass. civ. 29 décembre 1875, Inst 2542 § 5.

(4) *"Finances publiques"* par Paul Marie Gaudemet, opus cite n° 73.

(5) *"Sciences et techniques fiscales"* par L. Mehl et P. Beltrame, opus cite, p. 94.

Cette proposition est encore parfaitement valable sous le régime actuel, fixé par les décrets des 8 décembre 1972 et 12 mai 1977.

En application de ces dispositions, l'exposé des modalités de paiement de la taxe spéciale sur les conventions d'assurance nécessite de distinguer trois hypothèses : son règlement par l'assureur, par le courtier ou l'intermédiaire, et enfin son versement par l'assuré lui-même.

Ces modes de paiement de la taxe unique ne provoquent pratiquement aucun contentieux et n'intéressent pas, dans l'immense généralité des cas, l'assuré. Aussi ne feront-ils l'objet que d'un simple rappel des dispositions arrêtées à ce sujet par l'Administration.

VERSEMENT DE LA TAXE PAR L'ASSUREUR

En application de l'article 385 à l'annexe III du CGI lorsque la convention d'assurance est conclue avec des assureurs français ou avec des assureurs étrangers ayant en France un établissement, une agence, une succursale ou un représentant responsable, la taxe est perçue pour le compte du Trésor, par l'assureur ou par son représentant responsable ou par l'apériteur de la police si le contrat est souscrit par plusieurs assureurs et versée par lui à la recette des impôts du lieu de son principal établissement.

Les modalités de paiement de la taxe unique arrêtées en 1944 ont profondément été modifiées par un décret du 8 décembre 1972 (n° 72.116) afin de les simplifier et d'accélérer le versement de la taxe au Trésor. Ce décret, pour l'essentiel, avait pour conséquence de supprimer le système de versement d'acomptes trimestriels, suivis d'une régularisation annuelle, ainsi que la possibilité pour les sociétés d'assurances de liquider la taxe unique d'après leurs encaissements. Un second décret du 12 mai 1977 (n° 77.499) devait à nouveau modifier ces dispositions toujours afin d'accélérer le versement de la taxe au Trésor.

Au terme actuel de cette évolution selon la présentation de l'Administration (1), la taxe doit être liquidée sur le montant des primes et autres sommes stipulées au profit de l'assureur qui font l'objet d'une émission de quittance au cours de chaque période de deux mois, déduction faite des annulations et remboursements constatés au cours de la même période. La taxe est versée dans les quarante-cinq premiers jours du trimestre suivant.

Conformément aux termes de l'article 196.A de l'annexe IV au CGI, à l'appui de chacun des versements bimestriels susvisés, les assureurs fourniront une déclaration rédigée sur des formules n° 2772 mises à leur disposition par l'Administration.

---

(1) Instruction du 29 décembre 1972 (7 I-2-73) ; Instruction du 17 mai 1977 (7 I-1-77).

VERSEMENT DE LA TAXE PAR L'INTERMÉDIAIRE

Quant à la taxe due sur les conventions passées avec des assureurs étrangers n'ayant en France ni établissement, ni agence, ni succursale, ni représentant responsable, elle sera – conformément aux dispositions de l'article 388 de l'annexe III au CGI – perçue, pour le compte du Trésor, par l'intermédiaire et versée par ce dernier à la recette des impôts de sa résidence. Cet intermédiaire sera le plus généralement un courtier mais aussi parfois simplement une personne qui, résidant en France, prête habituellement ou occasionnellement son entremise pour des opérations d'assurance.

Le versement de la taxe devra être effectué dans les vingt premiers jours du trimestre au cours duquel la convention a été conclue, sur production du relevé du répertoire prévu à l'article 1002 du CGI, accompagné d'un formulaire n° 2774.

L'article 388 susvisé dispose (1) – la taxe étant due, en principe, pour la durée ferme de la convention – que pour les conventions qui, ayant une durée ferme excédant une année, comportent la stipulation, au profit de l'assureur, de sommes ou accessoires venant à échéance au cours des années autres que la première, la taxe peut être fractionnée par année si, les parties l'ayant requis, il est fait mention de cette réquisition sur le répertoire et sur le relevé du répertoire susmentionné. L'intermédiaire considéré n'est alors tenu au paiement que de la taxe afférente aux sommes stipulées en faveur de l'assureur et de leurs accessoires qui viennent à échéance au cours de la première année, la taxe afférente aux échéances de primes suivantes devant être versée par l'assuré lui-même.

VERSEMENT DE LA TAXE PAR L'ASSURÉ

En effet, en application de l'article 390 de l'annexe III au CGI, dans les cas rares aujourd'hui – mais appelés demain à se multiplier avec l'entrée en vigueur effective de la liberté de prestations de service au sein de la Communauté européenne (*supra*, p. 34s) – autres que ceux visés aux articles 385 et 389 de l'annexe III au CGI, ainsi que pour les années ou périodes pour lesquelles dans les cas visés à l'article 388 l'intermédiaire n'est pas tenu au paiement de la taxe, ladite taxe doit être versée par l'assuré à la recette des impôts du lieu de son domicile ou de sa résidence, dans les trois premiers mois de l'année qui suit celle où se place chaque échéance des sommes stipulées au profit de l'assureur, sur déclaration faisant connaître la date, la nature et la durée de la convention, l'assureur, le montant du capital assuré, celui des sommes stipulées au profit de l'assureur et de leurs accessoires et la date de leurs échéances.

---

(1) D adm, 7-I-722, 1er mars 1977.

Pour assurer le respect de l'ensemble des dispositions susvisées et par suite du versement effectif de la taxe spéciale sur les conventions d'assurance, l'article 1708 du CGI prévoit que dans tous les cas les assureurs, leurs représentants responsables, leurs agents, directeurs d'établissement ou de succursales ou leurs représentants, les courtiers et intermédiaires et les assurés sont tenus solidairement pour le paiement de la taxe unique et des pénalités.

Toutefois, l'Administration a précisé (1) que la solidarité des personnes autres que le débiteur légal de la taxe ne sera mise en œuvre que s'il est impossible d'obtenir de ce dernier l'exécution de ses obligations.

SECTION IV
Les règles de procédure et de prescription de la taxe unique

Ces règles ne sont pas propres aux assurances de personnes. Elles seront donc l'objet que d'un rapide rappel, les dispositions spécifiques étant seules explicitées. Les instances, intéressant la taxe spéciale sur les conventions d'assurance sont – conformément à ses origines historiques et aux dispositions de l'article L 199 du Livre des procédures fiscales – introduites et jugées comme en matière de droit d'enregistrement (2) par l'ordre judiciaire en application de l'article 65 de la loi du 22 Frimaire an VII qui a établi la compétence des "tribunaux civils du département" en cette matière. Par ailleurs *"taxe sui généris, la taxe sur les conventions d'assurance ne pouvait être assimilée, au point de vue de la prescription et des restitutions, ni au droit de timbre, ni au droit d'enregistrement. En conséquence, les articles 1964, 1965 et 1976 anciens du CGI édictaient en la matière des règles particulières en distinguant entre la prescription applicable à l'action du Trésor en recouvrement de la taxe et des pénalités, et celle opposable aux contribuables pour les restitutions auxquelles ils peuvent prétendre"* (3).

La loi du 27 décembre 1963 *"portant unification ou harmonisation des procédures, délais et pénalités en matière fiscale"* (4) a modifié ces dispositions en soumettant au régime de prescription dorénavant commun aux impôts sur le revenu et aux taxes sur le chiffre d'affaires divers impôts, dont l'assimilation est apparu justifiée par leur nature même.

---

(1) D adm 7-I-724, 1er mars 1977.

(2) Cf. *"Procédure fiscale"* par C. Gour, J. Molinier et G. Tournie, collection Themis, chez Puf p. 207.

(3) *"Juris-classeur de l'enregistrement"*. Assurances, fascicule II, n° 109.

(4) *"Procédure fiscale"* par C. Gour, opus cite, p. 181.

Ainsi l'article L 182 du Livre des procédures fiscales dispose

> *"qu'en ce qui concerne ... la taxe sur les conventions d'assurance prévue à l'article 991 du CGI, le droit de reprise de l'administration s'exerce dans le délai fixé par l'article L 176 (du LPF) pour les taxes sur le chiffre d'affaires".*

Ce dernier article prévoit que le droit de reprise de l'Administration peut s'exercer jusqu'à la fin de la troisième année suivant celle au cours de laquelle la taxe est devenue exigible (1).

Sous le régime antérieur à la loi du 27 décembre 1963, l'action en reprise de l'Administration au regard des taxes sur le chiffre d'affaires se prescrivait déjà par trois ans mais à compter de l'infraction. L'article 15.3 de la loi susvisée a donc simplement introduit la notion d'exercice comptable dans le calcul du délai de prescription.

Le point de départ du délai de reprise de l'Administration se situe donc soit le 1er janvier de l'année au cours de laquelle ont été réalisées les opérations taxables soit, si l'exercice comptable ne correspond pas à l'année civile, le premier jour de l'exercice au cours duquel ont été réalisées lesdites opérations.

Ainsi, les omissions constatées dans l'assiette de la taxe spéciale sur les conventions d'assurance et les éventuelles erreurs dans l'application des tarifs commises au cours de l'année 1989 pourront faire l'objet de redressement, jusqu'au 31 décembre 1992. Si ces règles de prescription n'ont soulevées jusqu'à ce jour aucune difficulté sérieuse, il pourrait en aller différemment demain par suite des termes de l'instruction fiscale sur les assurances de groupe souscrites dans le cadre d'un régime collectif de retraite (*supra*, p. 86s).

LE CAS DES RÉGIMES COLLECTIFS DE RETRAITE

L'Administration prétend en effet

> *"qu'en cas de rachat antérieur à l'âge normal de la retraite, le bénéfice de l'exonération ne peut être maintenu.Toutefois, lorsque au moins quinze années consécutives de primes auront été versées, l'exonération ne sera pas remise en cause. A défaut de respect de cette condition, la totalité de la taxe afférente aux primes indûment exonérées doit être régularisée. L'indemnité de retard prévue à l'article 1727 du CGI est applicable"* (2).

---

(1) Antérieurement à l'article 18-1 de la loi n° 86 824 du 11 juillet 1986 le délai normal de reprise était de quatre ans.

(2) Instruction du 11 mai 1983, 7-I-183, opus cite, p. 2 ; cet article a cependant été abrogé par la loi n° 87-502 du 8 juillet 1987 modifiant les procédures fiscale et douanière (JO 9 juillet 1987). Cf. Droit fiscal 1987, n° 31-32, p. 916.

La sanction prévue ainsi par l'Administration apparaît particulièrement lourde. En effet, le souscripteur se verrait réclamer la taxe – actuellement au taux de 5,15 % – sur l'ensemble de ses versements. De plus, cette taxe serait majorée d'un intérêt de retard de 0,75 % par mois (1).

• Il n'est pas inutile de rappeler ici que le fait générateur de la taxe se place à la date d'échéance des primes ou cotisations quelle que soit la date de conclusion du contrat et celle du paiement effectif des primes ou cotisations (Cf. dans ce sens Doc. Adm. 7.I.32 § 1).

La doctrine administrative susvisée s'apparente, dans l'esprit du SLF au problème des règles de prescription dans l'hypothèse du défaut d'exécution d'un engagement de construire (2). Or, lorsque dans les trois mois suivant l'expiration du délai légal de quatre ans, éventuellement prorogé, l'acquéreur d'un terrain à bâtir ne justifie pas de l'achèvement des travaux de construction, il est tenu d'acquitter, la taxe de publicité foncière ou le droit d'enregistrement dont il avait été dispensé, ainsi qu'un droit complémentaire de 6 %.

Dans cette hypothèse, la question s'est posée de savoir quel est le point de départ du délai de prescription dont l'Administration dispose pour assurer le recouvrement de ses droits.

Or, il a été jugé (3) que le point de départ de la prescription décennale se situe non pas à la date de l'acte d'acquisition, mais au premier jour qui suit l'expiration du délai de quatre ans et trois mois imparti pour justifier de l'achèvement de la construction *"la Cour de cassation (4) s'est à juste titre, prononcée clairement pour cette thèse"* (5).

L'Administration observe alors que lorsque la créance fiscale est affectée d'une condition suspensive, l'action du Trésor n'est susceptible de prendre cours qu'à la date de réalisation éventuelle de cette condition.

L'Administration considère donc que la cessation du versement des primes d'assurance susvisées avant la quinzième année ou encore l'âge normal du départ à la retraite, s'analyse comme la condition suspensive dont la réalisation rend seule exigible la taxe unique sur l'ensemble des primes considérées, la prescription ne commençant à courir qu'à compter de ce jour.

Il reste à souligner que la proposition de l'Administration de réserver l'application de pénalités aux rachats *"antérieur à l'âge normal de la retraite"*

---

(1) Instruction du 6 mai 1988, BOI 13-N-88.

(2) Sur cet exemple, cf. *"Fiscalité immobilière"* par Jean Schmidt, chez Litec, n° 276.

(3) TGI Marseille, 24 juin 1978 ; affaire SCI "La Baie de la Vierge".

(4) Cass. Com. 16 janvier 1980, affaire SCI du domaine Fontenilles (Droit fiscal, 1980, 24, 1349).

(5) Jean Schmidt, opus cite, supplément n° 283.

– notion particulièrement imprécise – apparaît très critiquable car de nature à multiplier les difficultés. Du reste l'Administration, parfaitement consciente, de l'ambiguïté de la notion *"d'âge normal de la retraite"* lui a substitué dans le cadre du plan d'épargne en vue de la retraite la référence au seul âge civil de l'épargnant pour arrêter les conditions d'application d'éventuelles sanctions ou bonifications. Cette dernière notion apparaît en effet, contrairement à la précédente, parfaitement claire.

TITRE II

Les impôts directs

Des primes d'assurance peuvent être versées tant par des personnes physiques que par des entreprises. Dans le premier cas, l'étude de leur traitement fiscal relèvera de l'impôt sur le revenu (chapitre I), dans le second, pour l'essentiel, de l'impôt sur les sociétés (chapitre II).

CHAPITRE I

L'impôt sur le revenu

L'étude des modalités de prise en compte de primes d'assurance en matière d'impôt sur le revenu nécessite de distinguer d'une part les primes d'assurance vie (Section I), d'autre part les cotisations de retraite et de prévoyance supplémentaires (Section II).

SECTION I
Les contrats d'assurance Vie

L'étude du traitement fiscal des primes d'assurance vie nécessite d'exposer après quelques généralités **(1.)**, les règles propres aux contrats d'assurance en cas de vie **(2.)** et aux contrats d'assurance au bénéfice d'handicapés **(3.)**, puis de préciser les modalités de cumul des avantages fiscaux susvisés **(4.)**, de prise en compte des contrats souscrits en sursalaire **(5.)**, ou à l'étranger **(6.)** et enfin d'analyser le régime des contrats d'assurance souscrits en garantie d'un emprunt **(7.)**, ou dans le cadre d'un Plan d'Epargne en vue de la Retraite (PER) **(8.)**

1. GÉNÉRALITÉS

"L'encouragement fiscal à la souscription de contrats d'assurance vie n'est pas propre à la législation française : sa nature et ses modalités varient sensiblement selon les pays et les périodes, mais il procède de la même volonté d'encourager la prévoyance

individuelle et l'épargne longue et, en tant que tel, il s'inscrit dans (la) problématique ... de la fiscalité de l'épargne en général" (1).

Une parfaite appréhension des dispositions actuelles en faveur de l'assurance vie nécessite de les comparer tant à diverses législations étrangères (1.1), qu'aux mesures prises au bénéfice d'autres modes d'épargne (1.2).

1.1 - *COMPARAISON INTERNATIONALE*

La présentation, en de courts paragraphes (2) des avantages liés pour les personnes physiques à la souscription, à titre privé, de contrats d'assurance vie, dans diverses législations fiscales européennes, permettra de constater contrairement à la situation en matière d'impôts indirects (*supra* p.31) – une relative similitude des règlementations en vigueur.

"Actuellement, les incitations fiscales liées aux cotisations d'assurance sont un phénomène commun dans les pays de l'OCDE" (3). Toutes ces législations accordent, en effet, un avantage fiscal aux opérations d'assurance sur la vie et ce parfois depuis fort longtemps, à l'image de la Grande Bretagne, où une disposition, en ce sens fut introduite par William Pitt "le jeune" en 1799.

La raison de cette similitude parait assez simple

> *"les Pouvoirs publics ne sont jamais satisfaits du montant d'épargne qui est secrété dans l'économie. Par conséquent, il faut trouver des mesures pour favoriser la constitution de l'épargne des ménages (4) ... sous forme d'assurance vie, laquelle a ce grand privilège d'être de l'épargne longue. Et quand on sait que certains pays, dont la France, ont une grande propension à la liquidité, c'était donc un avantage que de favoriser la constitution d'épargne longue via l'assurance vie* (5)*".*

Les dépenses fiscales (6) correspondant aux aides à la souscription des contrats d'assurance vie n'ont pas fait l'objet d'une étude d'ensemble (7). Aucune relation directe ne parait cependant pouvoir être établie entre le

---

(1) Rapport Cortesse, opus cite, p. 95.

(2) Reprenant, pour l'essentiel, les réponses des délégations nationales au questionnaire sur les dispositions fiscales affectant les assurances vie du comité européen des assurances et les travaux du Conseil National du Crédit.

(3) *"Les consommateurs et l'assurance vie"*, édition de l'OCDE, Paris 1987, p.10.

(4) *"L'influence de la fiscalité de l'assurance sur la constitution de l'épargne"* par M. Llau, opus cité, p. 40

(5) Idem, p. 42.

(6) Sur cette notion, cf IVème rapport du conseil des impôts, JO 1979, p. 109.

(7) Ce coût a été estimé en France à 2,1 milliards de F pour 1980 ; cf rapport Dautresme, annexe 8, p. 18 et à respectivement 2,07 et 2,20 milliards pour 1984 et 1985, cf 8ème rapport du Conseil des Impôts p. 241.

montant de l'avantage fiscal offert par les diverses législations nationales et la part représentée par l'assurance vie dans le produit national brut de chaque Etat.

Rapport du chiffre d'affaires de l'assurance sur la vie au produit national brut pour l'année 1984, en % (1) :

PAYS	MONTANT TOTAL DES PRIMES BRUTES (en dollars)	RAPPORT PRIMES BRUTES TOTALES AU PNB
G B	17548	4,19 %
PAYS BAS	3161	2,64 %
R F A	13046	2,17 %
FRANCE	6739	1,42 %
BELGIQUE	952	1,30 %
ITALIE	1564	0,43 %
ESPAGNE	377	0,24 %

Ce rapport dépendra en effet de multiples éléments tant au niveau individuel – degré de culture économique des citoyens, attitude plus ou moins responsable que chacun d'eux adopte dans la conduite de ses propres affaires ... qu'au niveau collectif – taux d'inflation, façon dont elle est perçue par la conscience ou la mémoire collective, montant des couvertures obligatoires, développement de *"l'Etat Providence"* ... Ainsi l'influence réelle des mesures fiscales en vue de favoriser la souscription par les ménages de contrats d'assurance vie apparaît fort secondaire même si elles *"figurent, en bonne place, dans l'arsenal des moyens de conviction du démarchage à domicile"* (2).

Grande-Bretagne

Cette observation a conduit du reste le Gouvernement britannique, à l'image des Etats-Unis, à supprimer pour l'avenir toutes dispositions fiscales tendant à favoriser la souscription des contrats d'assurance vie,

> *"en partie dans un souci de neutralité fiscale envers des formes concurrentes d'épargne. Le Royaume Uni a abandonné le système des abattements fiscaux au titre des primes d'assurance parce que*

---

(1) Source : Tableaux comparatifs des statistiques relatives aux assurances pour 1984, OCDE, Paris, 1987.

(2) Rapport Cortesse, opus cite, p 95.

l'on pense qu'il provoquait des distorsions dans l'épargne et sur les marchés des capitaux, du fait que les nouvelles polices d'assurance comportant des clauses fiscales canalisaient l'épargne vers le marché des assurances" (1).

Depuis la réintroduction de l'impôt sur le revenu en Grande-Bretagne en 1853 (2), par William Gladstone, le mode de déduction des primes d'assurance vie du revenu imposable

"fut souvent modifié, surtout pour parer successivement à de multiples évasions fiscales, car les britanniques, pour lesquels la part de l'impôt sur le revenu dans le budget de la nation est bien plus élevée qu'en France, sont passés maîtres dans l'art d'utiliser les textes pour les tourner. Aussi la loi et les instructions fiscales sur cette matière étaient devenues très complexes" (3).

Selon la législation actuelle, pour les contrats d'assurance souscrits antérieurement au 14 mars 1984, les primes versées sont déductibles du revenu imposable à hauteur de 50 % de leur montant. Cette déduction ne bénéficie cependant qu'aux contribuables dont le taux d'imposition ne dépasse pas le taux de base (30 %). Ce système permet aux assurés de verser à la compagnie d'assurance seulement 85 % du montant de la prime, le complément étant versé par le Trésor britannique à l'assureur. De cette facilité découle cependant, par suite du délai de l'opération, une perte d'intérêts pour le souscripteur.

Quant aux contrats souscrits à compter du 14 mars 1984, le Gouvernement britannique a – en considération de la nature des produits commercialisés, qui n'avaient plus que peu de rapport réel avec la prévoyance et n'étaient plus conçus que pour profiter de l'avantage fiscal considéré – décidé qu'ils ne bénéficieraient plus d'avantages fiscaux.

République Fédérale Allemande

La législation fiscale ouest allemande n'a pas connu une telle évolution et continue de prévoir la déductibilité du revenu imposable de certaines primes d'assurance.

Il s'agit : des assurances de risques ne prévoyant une prestation qu'en cas de décès ; des assurances de rente sans possibilité de conversion de la rente en capital ; les assurances de rente avec possibilité de conversion de la rente en capital, contre paiement d'une prime régulière, dès lors que la possibilité de

(1) *"Les consommateurs et l'assurance vie"*, édition de l'OCDE, Paris 1987, p. 11.
(2) L'impôt sur le revenu, ayant été supprimé en Grande-Bretagne de 1815 à 1842.
(3) Revue notariale de l'assurance vie, n° 85, 1986 p. 326.

conversion ne peut être mise à profit avant 12 années ; les assurances de capital contre paiement d'une prime régulière avec une partie "épargne", dès lors que le contrat est souscrit pour une durée minimum de 12 ans.

Les primes susvisées sont, déductibles du revenu imposable dans la limite annuelle de FF 11 760 par contribuable (FF 23 517 pour un couple).

Pays-Bas

La législation fiscale hollandaise apparaît plus sélective quant à la nature des contrats dont les primes ouvriront droit à un avantage fiscal. Elle réserve en effet la déductibilité des primes d'assurance à des opérations spécifiques. Les primes pour les assurances vie ordinaires ne sont pas déductibles, mais il en ira différemment pour les seules assurances de rente. Les primes versées au titre de ces derniers contrats sont déductibles jusqu'à concurrence de FF 49 752. Il convient de souligner qu'une assurance vie ordinaire, contenant une clause stipulant que la somme assurée ne peut être utilisée que pour la souscription d'une assurance de rente, sera assimilée à une assurance de rente, les primes correspondantes étant alors déductibles dans les mêmes limites.

Italie

En Italie, les primes d'assurance sur la vie sont déductibles du revenu pour un montant annuel de FF 11 625, à la condition que le contrat ait une durée minimum de cinq années.

Naturellement dans l'hypothèse ou le contrat considéré ferait l'objet d'un rachat durant ce délai minimum, les primes initialement déduites du revenu imposable deviendraient taxables.

Par ailleurs, la réglementation italienne ne distingue pas entre polices à prime unique et polices à primes périodiques.

Espagne

La législation espagnole réserve un traitement privilégié aux assurances en cas de vie, décès ou invalidité dont le bénéficiaire sera le contribuable considéré, lui-même, ou son conjoint, un ascendant ou encore un descendant.

L'avantage fiscal offert consiste en une déduction s'élevant à 15 % des sommes versées au cours de l'exercice. Le montant de cette déduction additionné aux autres déductions pour investissement autorisées (logement et souscription de valeurs mobilières) ne peut cependant dépasser 30 % du revenu imposable du souscripteur.

Belgique

La législation belge prévoit depuis le 1er janvier 1984 un mécanisme de réduction d'impôt, si la limite de 45 000 FB de primes déductibles du revenu professionnel est atteinte, et ce jusqu'à concurrence d'un autre montant de 45 000 FB.

Cette réduction d'impôt est calculée, au taux de 25 %, sur la partie de la prime non déductible du revenu professionnel avec un maximum de 11 250 FB. Ce taux est porté à 30 %, dans la limite de 13 500 FB, si le conjoint du contribuable ne perçoit pas de revenu professionnel ou si ce contribuable a une ou plusieurs personnes à charge.

Luxembourg

Contrairement à la législation belge, la réglementation fiscale luxembourgeoise ne distingue pas entre la souscription d'un contrat d'assurance vie par une personne physique dans le cadre de son activité professionnelle et la même souscription effectuée à titre purement privé.

Les primes d'assurance svie, seront déductibles du revenu imposable dans la limite annuelle de FF 4350 par célibataire (FF 24 500 pour un contribuable marié avec 4 enfants).

Comme dans la législation espagnole, la déductibilité des primes est liée à certaines conditions quant aux personnes concernées. Le souscripteur doit être le contribuable lui-même ou une personne imposable collectivement avec lui.

Quant à l'assuré il devra s'agir du contribuable, de son conjoint ou encore des enfants entrant en ligne de compte pour la détermination de sa classe d'imposition.

A l'image de la législation allemande, la règlementation luxembourgeoise prévoit enfin, que les primes afférentes à des contrats comportant des garanties en cas de vie ne sont déductibles, que si lesdits contrats ont une durée effective au mois égale à dix ans.

CONCLUSION

Ce rappel non exhaustif, des législations fiscales de divers pays membres de la Communauté Économique Européenne ne permet pas – contrairement à l'étude des modes d'imposition indirecte des primes d'assurance vie (*supra* p. 31) – de dégager des constantes permettant de préjuger de l'évolution, à terme, de notre législation nationale dans le cadre d'une nécessaire intégration des systèmes fiscaux des pays membres.

Si l'ensemble des pays étudiés – à l'exception récente de la Grande-Bretagne – assortit la souscription de contrats d'assurance vie d'avantages en matière d'impôt sur le revenu, les modalités pratiques et les limites de cet avantage varient naturellement d'une législation à l'autre.

Les législateurs nationaux semblent cependant entendre réserver l'avantage consenti à la seule épargne longue. Aussi, le plus souvent, la déduction fiscale ne bénéficiera qu'aux contrats d'une durée minimum de 5 à 12 années.

Quant aux modes les plus courants de prise en compte des primes versées, il s'agit du mécanisme de déduction du revenu imposable. Mais il a été observé que la Grande-Bretagne va jusqu'à prévoir le versement par le Trésor à la compagnie d'assurance, en lieu et place du souscripteur, d'une partie de la prime.

Il reste que le système français de réduction d'impôt, instauré en 1984, apparaît très spécifique et vient aggraver les caractéristiques essentielles de notre impôt sur le revenu des personnes physiques, au regard des autres législations européennes, en particulier sa très forte concentration et progressivité (1).

Le législateur français pourrait, au demeurant être contraint de réfléchir aux mesures fiscales en faveur de la souscription d'assurance sur la vie par suite de la construction européenne.

En effet, les assurances de personnes s'apparentant de plus en plus à de simples opérations d'épargne, leurs modalités d'imposition actuelles ne peuvent manquer d'évoluer concomitamment à la mise en œuvre de la liberté de circulation des capitaux entre les différents pays membres de la Communauté.

Or, il est clair que la réalisation de l'objectif d'une complète libération des mouvements de capitaux ne saurait s'accommoder du maintien sur le plan fiscal de mesures discriminatoires visant au développement de certaines formes de placements et en particulier de l'assurance vie qui apparaissent de nature à recréer par des voies indirectes un cloisonnement des marchés nationaux.

A cet égard, l'exposé des motifs *(inédit)* de la proposition de Directive du Conseil pour la mise en œuvre de l'article 67 du Traité – Libération des mouvements de capitaux – (JOCE 1.2.1988 n° C 26/1) souligne que :

(1) Cf *'Augmenter l'impôt sur le revenu : des mesures de portée inégale'* par Antoine Coutière in Economie et statistique, septembre 1983, n° 158, p 21.

"de telles mesures ont été le plus souvent adoptées pour la poursuite d'objectifs économiques légitimes ; elles peuvent néanmoins comporter des effets discriminatoires".

La Commission précise qu'il conviendra donc "de retenir", en vue de l'adaptation des régimes fiscaux nationaux aux exigences du droit communautaire, une approche pragmatique, comportant une surveillance accrue des mesures fiscales affectant la constitution et les revenues de l'épargne et l'examen, au cas par cas, de la nature et de la portée de leurs effets discriminatoires.

1.2 - *LES AUTRES PRODUITS D'ÉPARGNE*

La France connaissait traditionnellement un taux d'épargne des ménages élevé, oscillant, dans les années 1970–1980 entre 16,5 % et 18,6 % de leur revenu disponible.

Une rupture dans ce comportement s'est produite en 1981 : le taux d'épargne a alors chuté et enregistré depuis cette date une constante diminution.

ANNÉE	TAUX D'ÉPARGNE DES MÉNAGES en % du revenu disponible) (1)
1974/1980 (moyenne)	16,9 %
1981	15,8 %
1982	15,7 %
1983	14,4 %
1984	13,5 %
1985	12,3 %
1986	11,8 %
1987	12,0 %

Ce taux d'épargne, initialement supérieur, à celui des principaux pays industrialisés, était cependant surtout orienté vers l'immobilier au détriment des actifs financiers. De plus l'épargne financière revêtait avant tout une forme liquide.

Les Pouvoirs publics décidèrent donc de mener une politique d'épargne volontariste tendant à réorienter l'épargne vers les placements financiers et, parmi ceux-ci, vers les plus longs.

---

(1) Cf Rapport économique et financier annexé au projet de loi de finances pour 1987 et note de conjoncture de l'Institut National de la Statistique et des Etudes Économiques de février 1987.

Cette politique, dont les résultats éventuels relèvent d'une étude de caractère purement économique, utilisa diverses techniques fiscales – exonération des revenus, traitement des plus-values, prélèvement libératoire...– dont certaines intéressaient l'épargne au moment de sa constitution, lesquelles feront seules l'objet de la présente étude.

"Même si les dépenses fiscales en faveur de l'épargne exercent une influence diffuse, mais très difficile à prouver" (1) les Pouvoirs publics entendirent encourager, outre la souscription de contrats d'assurance vie, l'acquisition de valeurs mobilières dans le cadre de la loi dite Monory, du 13 juillet 1978, puis du compte d'épargne en action (CEA) institué par la loi de finances pour 1983, enfin aujourd'hui par la création d'un plan d'épargne en vue de la retraite (PER).

Ce sont ces trois mécanismes qu'il convient de comparer aux dispositions spécifiques à l'assurance vie.

Ces régimes d'imposition ont pour tendance commune de réserver les avantages fiscaux à la seule part représentative d'épargne dans les capitaux investis, sous condition de périodicité de l'acte d'épargne et de stabilité de celle-ci (2).

La loi Monory

La loi n° 78.741 du 13 juillet 1978 – codifiée sous les articles 163 *sexies* et s du CGI – a prévu pour les personnes physiques, la possibilité de déduire de leur revenu global imposable, les sommes consacrées à la création ou à l'accroissement d'un portefeuille de valeurs mobilières françaises.

Initialement limité à l'épargne réalisée entre le 1er juin 1978 et le 31 décembre 1981, ce régime a été reconduit, avec certaines particularités pour la seule année 1982 et a donc cessé d'être applicable pour la grande généralité des contribuables à compter du 1er janvier 1983.

Cependant, les contribuables nés avant le 1er janvier 1932 et encore en activité peuvent toujours bénéficier de ce régime de détaxation et pratiquer des déductions jusqu'à leur départ à la retraite ou, au plus tard, jusqu'au 31 décembre 1996.

Le montant de la déduction – dans la limite de 5 000 F (porté à 6000 F à compter de la quatrième année) majorée de 500 F pour chacun des deux

---

(1) Rapport Dautresme, opus cité, p 14.
(2) 8ème rapport du Conseil des impôts, opus cite, p 240.

premiers enfants à charge et de 1000 F par enfant à compter du troisième – est égal à l'excédent net annuel des achats d'actions françaises, ou valeurs assimilées, sur les cessions de titres de même nature. Le supplément d'investissement non utilisé au titre d'une année du fait de la limite susvisée n'est pas reportable sur les années suivantes pour donner droit à déduction.

Ainsi, seule une épargne nouvelle et régulière bénéficiait de la déduction fiscale, d'autant plus que, si au cours d'une des quatre années suivant celle au titre de laquelle a été pratiquée la première déduction, le montant des cessions vient à dépasser celui des achats, la différence sera ajoutée au revenu imposable du contribuable.

Le même principe, d'un encouragement à une épargne longue, est donc appliquée d'une part à l'assurance vie et d'autre part à l'acquisition d'actions françaises, selon des modalités non homogènes. Ainsi, les seuils et les délais à respecter, par exemple, ne sont pas les mêmes dans les deux cas.

Quant aux coûts de ces deux dispositifs pour les finances publiques, ils apparaissent assez proches, même si la déduction des primes d'assurance vie bénéficie à un plus grand nombre de contribuables, moins aisés et pour un montant moyen naturellement plus faible.

Selon le SLF en effet (1) les dépenses fiscales considérées atteignaient en 1981 :

	MONTANT *(en millions de F, 1981)*	NOMBRE DE BÉNÉFICIAIRES *(en millions)*
Loi Monory	1760	1,2 **(2)**
Assurance vie	2100	5,1 **(3)**

En 1981, toujours, les foyers imposés ont déduit en moyenne 550 F de primes d'assurance vie et le montant moyen déduit par les foyers imposés qui ont effectivement pratiqué la déduction s'est élevé à 1710 F.

Le tableau établi par la Direction générale des impôts (page suivante) montre que le poids relatif de la déduction des primes d'assurance vie est réparti de manière équilibrée entre les différents niveaux de revenus.

---

(1) Annexe 10 au rapport Dautresme, opus cite p. 17.

(2) dont 97 % imposés.

(3) dont 84 % imposés.

NIVEAU DE REVENU IMPOSABLE (EN FRANCS)	POURCENTAGE DE FOYERS AYANT PRATIQUÉ LA DÉDUCTION (EN POURCENTAGE)	MONTANT MOYEN DÉDUIT PAR FOYER FISCAL IMPOSÉ (EN FRANCS)	PART DU REVENU BRUT GLOBAL REPRÉSENTÉE PAR LES SOMMES DÉDUITES (EN %)
0 à 30 000	19	250	0,9
30 000 à 35 000	17	230	0,7
35 000 à 40 000	25	320	0,8
40 000 à 50 000	30	460	1,0
50 000 à 60 000	34	490	0,8
60 000 à 70 000	40	650	0,9
70 000 à 80 000	38	650	0,8
80 000 à 100 000	42	710	0,8
100 000 à 200 000	41	960	0,7
200 000 à 400 000	57	2 000	0,7
Plus de 400 000	63	2 410	0,3
Ensemble	32	550	0,8

L'étude des bénéficiaires réels de la déduction de l'épargne investie en actions apporte des résultats forts différents.

En 1982, le montant moyen déduit à ce titre s'est élevé environ à 340 F. Quant au montant moyen effectivement déduit pour les foyers qui ont bénéficié de cette déduction, il a été de 4 440 F par foyer (soit 160 % de plus que pour l'assurance vie).

La lecture du tableau ci-dessous (1) démontre de plus une concentration du bénéfice de cette disposition sur les plus hauts revenus.

NIVEAU DE REVENU IMPOSABLE (EN FRANCS)	POURCENTAGE DE FOYERS AYANT PRATIQUÉ LA DÉDUCTION (EN POURCENTAGE)	MONTANT MOYEN DÉDUIT PAR FOYER FISCAL IMPOSÉ (EN FRANCS)	PART DU REVENU BRUT GLOBAL REPRÉSENTÉE PAR LES SOMMES DÉDUITES (EN %)
0 à 30 000	2	80	0,3
30 000 à 35 000	2	80	0,2
35 000 à 40 000	3	110	0,3
40 000 à 50 000	4	150	0,3
50 000 à 60 000	5	200	0,3
60 000 à 70 000	6	250	0,4
70 000 à 80 000	7	300	0,4
80 000 à 100 000	10	410	0,4
100 000 à 200 000	18	840	0,6
200 000 à 400 000	34	1 680	0,6
Plus de 400 000	39	2 040	0,3
Ensemble	8	340	0,4

(1) Source : Direction générale des impôts.

En réaction à cette concentration du bénéfice de la déduction Monory sur les plus hauts revenus, la commission sur *"le développement et la protection de l'épargne"*, présidée par David Dautresme, suggérait "que les mécanismes actuels de déduction du revenu imposable de certaines formes d'épargne (intérêts des emprunts contractés pour l'achat du logement principal, travaux d'économie d'énergie, primes d'assurance vie, achats nets d'actions) qui favorisent les hauts revenus, soient remplacés par une réduction d'impôt exprimée en un pourcentage égal pour tous du revenu investi (de l'ordre de 20 à 25 %)" (p. 8).

Le Compte d'Epargne en Actions (CEA)

L'article 66 de la loi de finances pour 1983 (1) – codifié sous les articles 199 quinquies et du CGI – offrait ainsi la possibilité au contribuable de bénéficier d'une réduction d'impôt sur le revenu égale à 25 % du montant de ses achats nets en valeurs mobilières françaises effectués dans le cadre d'un compte d'épargne en actions (CEA) entre le 1er janvier 1983 et le 31 décembre 1987.

Le dispositif du Compte d'Épargne en Actions qui s'est substitué à la détaxation, apparaît fondé sur les mêmes principes, sous réserve naturellement de la transformation de la déduction opérée sur l'assiette de l'impôt sur le revenu en une réduction de la cotisation d'impôt, s'élevant au maximum à 25 % du montant des achats, dans la limite de 7 000 F pour un célibataire et 14 000 F pour un couple (aucune majoration pour enfant à charge n'étant prévue contrairement au système précédent).

Ce mécanisme d'encouragement à la constitution d'une épargne longue n'est donc pas plus homogène que le précédent avec les dispositions propres à l'assurance vie quant aux montants, aux délais prévus ...

En outre, il est temporaire, son terme initialement fixé au 31 décembre 1987, ayant cependant été remis au 31 décembre 1988 par l'article 72 de la loi de finances pour 1988 (n° 87.1060, JO du 30 décembre 1987), afin de favoriser l'investissement de l'épargne des ménages en valeurs mobilières au lendemain du krach d'octobre 1987, alors qu'aucune limite n'est officiellement prévue pour le régime au bénéfice de l'assurance vie.

Le législateur était donc conduit naturellement à arrêter une nouvelle réglementation pour en prendre le relais, sans solution de continuité, d'autant plus que le mécanisme du CEA s'est avéré excessivement complexe.

En effet, pour bénéficier de l'avantage fiscal institué par le CEA, l'épargne constituée dans l'année sous forme d'actions de sociétés françaises doit

(1) Loi n° 82.1126 du 29 décembre 1982.

rester bloquée pendant cinq ans. Or, un tel système oblige à établir des relevés trimestriels afin d'éviter des aller-retour sur les investissements *"la complexité du système a donc prévalu sur la simplicité nécessaire au succès d'une politique d'encouragement de la petite épargne en valeurs mobilières"* (1).

Cette suppression permettra de plus la réalisation d'une économie budgétaire de 1,7 milliards de F, venant compenser la dépense fiscale qui découlera du nouveau système d'aide à l'épargne.

Le Plan d'Épargne en vue de la Retraite (PER)

Les articles 1 à 14 de la loi sur l'épargne n° 87.146 du 17 juin 1987 (2) tendent à favoriser la constitution d'une épargne en vue de la retraite.

L'exposé des motifs souligne que

> *"chacun doit être à même de compléter par son travail et son épargne le montant de sa retraite. Il mérite d'y être encouragé et doit avoir à sa disposition des instruments d'épargne particulièrement souples"* (3).

L'économie fiscale des plans d'épargne en vue de la retraite (PER) apparaît relativement simple. La compréhension des modalités de déduction des versements appelle, cependant, un exposé sommaire de la fiscalité de l'ensemble de l'opération (une étude exhaustive sera cependant faite (*infra* p.157) des seules dispositions du PER spécifiques aux produits d'assurances de personnes).

Les versements effectués chaque année sur un PER seront déductibles des revenus imposables de l'épargnant, celui-ci déterminant librement le montant de ses versements annuels dans les plafonds pour 1989 de 8 210 F pour une personne seule et de 16 420 F pour un couple, majoré de 4 110 F pour les contribuables ayant au moins trois enfants à charge au sens de l'article 196 du CGI.

Le choix du Gouvernement pour un système de déduction du revenu imposable des versements effectués dans un PER – et non de réduction d'impôt – s'inscrit dans une logique clairement exprimée par le Ministre chargé du budget :

---

(1) Sénat rapport (n° 212), au nom de la Commission des finances, du contrôle budgétaire et des comptes économiques sur le projet de loi sur l'épargne, p. 190.

(2) JO 18 juin 1987, p. 6519.

(3) AN, Annexe au procès verbal de la séance du 12 novembre 1986, n° 443 p. 3.

"nous avons voulu nous "caler" sur le régime fiscal des retraites par répartition. Les cotisations de retraite par répartition sont déductibles du revenu imposable, de même que les pensions de retraite sont taxables au barème de l'impôt sur le revenu. C'est cette logique que nous avons appliqué au (PER) à la fois à l'entrée et à la sortie" (1).

Les sommes versées dans un PER pourront être investies en valeurs mobilières ou en opérations d'assurance vie. Pendant toute la durée de vie du plan, les produits et les plus values viendront accroître en franchise d'impôt la masse épargnée.

Les sommes retirées seront imposables comme des pensions, c'est-à-dire qu'elles donneront lieu, dans les limites légales, aux abattements de 10 % et 20 %. De plus l'option pour un prélèvement libératoire sera possible (*infra* p. 595).

Par ailleurs, le dispositif visant à favoriser la constitution d'une épargne en vue de la retraite, des pénalités ou des bonifications seront appliquées à l'épargne selon que cet objectif aura ou non été pleinement respecté.

Le seul avantage fiscal à l'entrée du PER, consistant donc en un abattement sur le revenu imposable, représenterait, selon les hypothèses actuellement retenues par le Gouvernement, une dépense fiscale d'environ 5 milliards de F. Pour le calcul de cette somme qui peut paraître élevée, il n'a cependant pas été pris en considération le fait que le PER s'analyse pour l'essentiel comme un différé d'imposition. En effet, les sommes épargnées sont exonérées à l'entrée du PER, tout comme leurs revenus, mais à la sortie il y a taxation. Le coût véritable du PER pour les finances publiques devrait donc à terme s'avérer inférieur au montant susvisé, mais la compensation considérée ne commencera à jouer de manière significative, au mieux que dans une dizaine d'années avec les premières sorties du PER.

Il reste que *"le montant annuel de 6 000 F ou de 12 000 F (montants initialement prévus mais qui devaient être portés respectivement à 8 000 F et 16 000 F par la loi de finances pour 1988) correspond à un choix moyen. Les sommes en cause sont relativement importantes eu égard aux capacités d'épargne des revenus faibles. En revanche, ces montants sont limités par rapport aux capacités d'épargne des revenus moyens ou importants"* (2) alors même que ce sont ces derniers qui connaîtront la plus forte baisse de revenus lors de la cessation de l'activité professionnelle (3).

---

(1) AN, 2ème séance du 16 avril 1987, JO p 441.

(2) Rapport fait au nom de la Commission des finances, de l'économie générale et du plan au projet de loi sur l'épargne (n° 621), p. 48.

(3) Cf. *"Le régime de retraite des cadres demain et l'assurance par capitalisation"* par Micheline Grounin, in Droit social, novembre 1986, n° 11, p. 807.

En pratique, l'objet du PER apparaît ambigu. Il peut apparaître à certains comme un simple moyen de stimulation de l'épargne populaire aux fins de faciliter la privatisation des entreprises nationales (1). Selon sa dénomination, au contraire, il s'agirait d'un mécanisme destiné à soutenir le montant des retraites obligatoires en les complétant, auquel cas, la sortie du régime devrait uniquement s'effectuer sous forme de rente viagère et non pas sous forme de versement en capital.

Pour lever cette ambiguïté, M. Durieux a présenté vainement un amendement tendant à doubler les limites maximales des versements pouvant être effectués sur le PER à condition que la sortie de celui-ci s'effectue sous forme d'une rente (2).

Il devait lui être répondu : *"au nom de quoi peut-on décréter que seul un produit d'épargne qui aboutit à une rente viagère peut permettre aux Français de préparer leur retraite ? Il n'existe aucune règle intangible de ce point de vue, sauf peut-être chez les compagnies d'assurance dont on comprend bien les préoccupations professionnelles"* (3).

PER et Assurance vie

La création du PER conduit naturellement à comparer les mesures tendant à favoriser sa souscription et les dispositions dont bénéficie traditionnellement l'assurance vie, et ce d'autant plus que, pour la première fois, l'épargnant aura à effectuer un véritable choix entre les deux dispositifs considérés.

En effet, si la loi Monory ou encore le CEA aidait les épargnants à se constituer un portefeuille de valeurs mobilières, ils n'intéressaient pas directement les modalités de souscription des contrats d'assurance vie, sauf naturellement à observer que la capacité d'épargne des contribuables n'est pas infiniment extensible. Il en va tout autrement avec le PER, l'article 14 de la loi sur l'épargne disposant que *"lorsque le contribuable fait usage, au cours d'une année donnée, de la réduction d'impôt prévue au deuxième alinéa du 1° de l'article 199 septies du même code, les primes ainsi prises en compte s'imputent sur la limite de déduction résultant de l'article 2"*.

L'abattement sur le revenu imposable au titre du PER est donc compatible avec la réduction d'impôt prévue pour les primes afférentes aux *"contrats d'assurance vie"*. Cette compatibilité entre les deux avantages fiscaux ne correspond cependant pas à un cumul tel qu'il pouvait exister avec la détaxation

(1) En ce sens, M. Juppé a clairement lié les majorations arrêtées par l'article 72 de la loi de finances pour 1988, des limites de versement autorisé au sein d'un PER au krach boursier du mois d'octobre 1987 (Cf. AN 2ème séance du 17 décembre l987, JO p. 7687).

(2) Rapport de l'Assemblée Nationale n° 621, opus cite, p. 52.

(3) M. le Ministre chargé du budget, AN 1ère séance du 16 avril 1987, JO p. 418.

Monory ou encore le CEA. En effet, lorsque le contribuable bénéficie d'une réduction d'impôt au titre de l'assurance vie, le montant de l'épargne correspondante vient abaisser le plafond des versements susceptibles d'être effectués dans le cadre du PER.

Par un amendement (n° 13) la Commission des finances de l'Assemblée Nationale a proposé de modifier la rédaction de cet article 9 (1). Cet amendement visait à permettre au souscripteur d'un contrat d'assurance vie, non affecté à un PER, de conserver le régime fiscal propre à ce contrat tout en bénéficiant, par ailleurs, des avantages attachés au PER.

Cette suggestion a été rejetée, à la demande du Gouvernement, lors de la seconde délibération de l'Assemblée, le 21 avril 1987 (2) par suite du surcoût de 1 milliard de F qui en serait découlé pour le Trésor. Le mécanisme du PER pénalise donc la seule assurance vie sans modifier le régime fiscal des autres modes d'épargne. Le second alinéa de l'article 14 susvisé dispose en effet que *"les titres acquis dans le cadre d'un (PER) ne sont pas pris en compte pour l'application des articles 163* quindecies, *199* quinquies, *199* decies, *199* undecies et *238* bis HE *du même code"*.

La loi sur l'épargne ne modife donc en rien les avantages fiscaux traditionnellement accordés à l'épargne investie en **"valeurs Monory"**, en CEA, affectée à l'acquisition de logements neufs destinés à la location, à des investissements Outre-Mer ou encore dans le cinéma. Les fonds ainsi placés – qui n'apparaissent cependant pas plus favorables au financement de l'économie nationale que les sommes collectées dans le cadre de l'assurance vie – n'empêchent pas l'épargnant de profiter pleinement du nouvel avantage fiscal offert par le PER. L'alinéa susvisé interdit simplement qu'une même épargne vienne deux fois en réduction du revenu imposable, une première fois au titre, par exemple, d'investissements dans le cinéma et une seconde au titre du PER.

La création d'une telle distorsion entre différents modes d'épargne n'est pas justifiée et paraît de nature à compliquer un mécanisme dont seule la simplicité pourrait assurer le succès. Par ailleurs, elle est peu incitatrice à la constitution d'une épargne réellement nouvelle et risque de provoquer, essentiellement un transfert massif d'épargne, des actuels contrats d'assurance vie vers le PER.

Cette menace, présentée aux parlementaires par certains assureurs comme un épouvantail, s'avèrera exact, essentiellement pour les contribuables dont le taux marginal d'imposition dépasse 25 %.

---

(1) Rapport n° 621, opus cite, p. 75.
(2) AN, 2ème séance du 21 avril 1987, JO p. 22.

En effet, seuls ces contribuables pourront penser avoir intérêt lors de la souscription – sans cependant considérer l'économie fiscale de l'ensemble de l'opération d'épargne – dans l'hypothèse où ils contractent une assurance vie à ne pas opter pour la fiscalité propre à ce type de contrats mais à les intégrer dans un PER.

Le Gouvernement qui venait de refuser le système *"d'emboîtage"* de l'assurance vie et du PER, pour des raisons d'économie budgétaire, restait suffisamment conscient du risque en découlant de transfert de l'épargne de l'assurance vie vers les PER, pour prendre l'engagement de faire réaliser une étude dans quelques mois, sur la réalité d'un tel transfert et *"à ce moment là, en rediscuter"* (1).

CONCLUSION

Il ressort que, même si "l'institution du plan d'épargne ne remet pas en cause l'existence de la réduction d'impôt spécifique dont bénéficient les primes d'assurance vie" (2) le refus du Gouvernement d'autoriser *"l'emboîtage"* susvisé marque sans doute la première étape d'une suppression, à terme, de tout avantage propre à la souscription d'assurance vie. L'Administration observe, en effet, que l'assurance vie est désormais le seul mode d'épargne financière à bénéficier de dispositions fiscales spécifiques lors de sa constitution dont la justification de plus n'est pas évidente. Du reste, un tel objectif pourrait être atteint, en l'absence même de toute décision de remise en cause d'un *"avantage acquis"*, toujours délicate à prendre, par le simple jeu de l'inflation qui tend à diminuer chaque année une réduction d'impôt dont le montant n'a jamais, sans doute sciemment, été indexé, à l'inverse, par exemple, des limites de déduction des versements au sein du PER qui évolueront conformément aux termes de l'article 2 de la loi sur l'épargne, *"comme la limite supérieure de la septième tranche de l'impôt sur le revenu..."*.

Pour se défendre d'une telle évolution, il resterait aux assureurs à souligner l'importance sur le plan commercial de l'existence d'une réduction d'impôt propre à des contrats qui pour l'essentiel correspondent à une véritable épargne nouvelle. En effet "indépendamment de la comparaison de la durée des placements, et de la *"continuité de l'effort"* qui en général est favorable à l'assurance vie au regard des objectifs de stabilité de l'épargne, on peut, sans grand risque d'erreur, considérer, que, s'ils n'avaient pas été sollicités par des démarcheurs, un nombre élevé de ménages n'auraient souscrit aucun contrat d'assurance vie, et auraient, sans doute, opéré un arbitrage de l'emploi de leurs revenus, sinon en faveur de la consommation, au

---

(1) M. le Ministre chargé du budget, AN, 21 avril 1987, p. 523.

(2) M. le Ministre d'Etat, ministre de l'économie, des finances et de la privatisation, AN, 1ère séance du 15 avril 1987, p. 368.

moins en faveur d'une épargne liquide (livrets de Caisse d'Epargne) ou au moins plus liquide (bons, obligations)" (1).

Malheureusement, l'Administration observe également que

> *"l'évolution récente des produits d'assurance vie a pour conséquence, de rendre éligible aux mêmes dispositions fiscales, des produits dont la vente est aisée et peut être effectuée facilement par guichets, voire par publipostage (contrats à prime unique) en raison non seulement de leurs qualités intrinsèques mais de leur liquidité, et, qui ne requièrent qu'un effort d'épargne ponctuel et des produits "classiques" qui exigent un effort d'épargne continu et régulier et dont la vente est beaucoup plus difficile"* (2).

2. LES CONTRATS D'ASSURANCE EN CAS DE VIE

La disposition essentielle affectant les primes versées dans le cadre des contrats d'assurance en cas de vie consiste en la réduction d'impôt, prévue à l'article 199 septies - 1° du CGI, égale à 25 % de la seule fraction de la prime représentative de l'opération d'épargne dans la limite de 4 000 F, plus 1 000 F par enfant à charge.

L'étude de cette disposition nécessite de définir les contrats qui permettent d'en bénéficier (2.1) et de préciser les conditions posées par la législation quant à leur durée (2.2). Par ailleurs, elle conduit à préciser le montant de ladite réduction d'impôt (2.3), ses modalités d'imputation (2.4), les justificatifs qu'elle appelle (2.5) et les conséquences de son éventuelle remise en cause (2.6).

2.1 - *OBJET DES CONTRATS OUVRANT DROIT À RÉDUCTION*

L'article 199 septies 1° du CGI vise les seuls *"contrats d'assurance dont l'exécution dépend de la durée de la vie humaine lorsque ces contrats, comportent la garantie d'un capital en cas de vie... ou bien comportent la garantie d'une rente viagère..."*.

Le bénéfice de l'avantage fiscal considéré est donc réservé aux contrats qui prévoient le versement d'un capital ou la garantie d'une rente viagère (2.1.1) à une date déterminée à la condition que l'assuré soit vivant à cette date. L'Administration assimile à ces contrats, les contrats d'assurance "décès vie entière" et les contrats d'assurance "mixte" (2.1.2). Contrairement aux dispositions antérieures, la législation actuelle ne conditionne plus le bénéfice de la

---

(1) Rapport Cortesse, opus cite, p. 81.
(2) Rapport Cortesse, opus cite, p. 95.

réduction d'impôt à d'autres caractéristiques des contrats (date de souscription, identité des bénéficiaires...) (2.1.3).

La détermination des contrats ouvrant droit à un avantage fiscal était particulièrement importante sous le régime de déduction applicable jusqu'à l'imposition des revenus de 1982. En effet, l'intégralité de la prime des contrats assimilés aux assurances en cas de vie était alors déductible, dans les limites légales, du revenu imposable. Ainsi l'assimilation par l'Administration, de contrats d'assurance mixte à des contrats comportant la garantie d'un capital en cas de vie, permettait de déduire du revenu imposable, sous réserve naturellement du montant des versements, les primes correspondant à l'assurance en cas de décès alors même qu'elles étaient a priori exclues du bénéfice de la législation considérée.

Cette détermination apparaît aujourd'hui moins lourde de conséquences. La limitation, à compter de l'imposition des revenus de 1984, de la réduction d'impôt à la seule part de la prime représentative d'épargne a tempéré, en effet, le caractère manichéen de la réglementation précédente où les primes étaient intégralement déductibles ou pas du tout selon la nature du contrat. Ainsi, les contrats mixtes continuent de permettre de bénéficier de l'avantage fiscal mais seulement pour la prime vie. Inversement la partie décès qui était antérieurement déductible, ne bénéficie plus de la réduction d'impôt.

2.1.1 - Les contrats d'assurance en cas de vie

L'administration fiscale n'a pas proposé une définition spécifique du contrat d'assurance en cas de vie. Cette notion ne soulève en effet aucune difficulté particulière et s'avère non génératrice de contentieux. *"L'assurance en cas de vie est un contrat par lequel l'assureur, en échange d'une prime, s'engage à verser une certaine somme à une date déterminée, si, à ce moment, l'assuré est encore vivant"* (1).

La rédaction de l'article 199 septies du CGI nécessite simplement de distinguer deux types de contrats d'assurance en cas de vie.

Les contrats *"dont l'exécution dépend de la durée de la vie humaine"* et qui *"comportent la garantie d'un capital en cas de vie et sont d'une durée effective au moins égale à six ans"* s'analysent comme des assurances de capital différé.

• Le capital différé

L'assurance de capital différé est, en effet, *"l'assurance qui garantit le paiement d'un capital déterminé si l'assuré est encore en vie à l'échéance du*

(1) Picard et Besson, tome 1er, opus cite, n° 453.
(2) *"Droit des assurances"* par Y. Lambert-Faivre, opus cite, n° 618.

contrat celle-ci étant soit une date déterminée, soit tel âge atteint par l'assuré, soit tant d'années après la souscription du contrat" (2). Cette assurance sera le plus souvent souscrite sur une seule tête mais rien n'interdit de la conclure sur deux ou plusieurs têtes. Les primes peuvent être, soit uniques, soit périodiques ; dans ce dernier cas, elles cessent d'être dues au décès de l'assuré.

Au cas où l'assuré viendrait à disparaître avant la date convenue, l'épargne constituée est perdue et les primes payées n'apportent aucun avantage aux héritiers.

Pour éviter cet inconvénient, il est toujours proposé à l'épargnant de souscrire une contre assurance qui prévoit, en cas de décès de l'assuré, le versement de l'épargne accumulée à un bénéficiaire désigné. En pratique, ces contrats d'assurance en cas de vie, avec contre assurance, représentent une part croissante de la production.

• **La rente différée**

L'article 199 *septies* 1° du CGI vise également les contrats *"comportant la garantie d'une rente viagère avec jouissance effectivement différée d'au moins six ans"*. Il s'agit d'assurance de rente différée (1). L'assureur promet à l'assuré de lui servir à partir d'une certaine date s'il survit une rente déterminée, temporaire ou viagère. Ce contrat se divise donc en deux parties ; la première est celle de constitution de la rente, moyennant le paiement d'une prime unique ou de primes périodiques ; la deuxième est la période de service de la rente.

Comme pour les contrats *"de capitaux différés"*.., si l'assuré vient a décéder pendant la période de constitution de la rente, les primes sont perdues et aucune prestation n'est due à quiconque par l'assureur.

Ce risque peut être supprimé, en échange d'une prime spéciale, l'assureur s'engageant en cas de prédécès de l'assuré à rembourser aux bénéficiaires désignés les sommes versées pour alimenter l'assurance en cas de vie.

Une autre technique usitée essentiellement dans les assurances de rente différée à primes viagères consistera pour l'assureur, toujours naturellement en échange d'une prime supplémentaire, à s'engager, en toute hypothèse, à restituer les sommes reçues à titre de primes soit aux bénéficiaires désignés par l'assuré en cas de décès prématuré, soit en cas de vie à l'assuré lui-même au moment de l'entrée en jouissance de la rente ou, à sa mort, à ses ayants droit. *"Tout en restant une assurance, la combinaison se rapproche d'une opération de capitalisation"* (2).

---

(1) A. de Pardieu : *"Contrats individuels de rente viagère différée"*, Argus, 1985, p. 1019.
(2) M. Picard et A. Besson, opus cite, tome 1er, n° 453.

Pour satisfaire aux préoccupations naturelles de la clientèle, les assureurs sont donc conduits à émettre des contrats dont la ventilation de la prime – entre les différents risques couverts, vie, décès ... – s'avère de plus en plus complexe. Le souci du législateur de 1983, en favorisant la seule part de la prime représentative d'épargne, d'encourager *"la transparence des contrats autant que l'allègement du chargement"* (1) se heurte donc à la sophistication croissante des produits distribués. Les modalités de réduction d'impôt édictées en 1983, s'avèreront donc, finalement d'une application simple, que pour certains types de contrats.

2.1.2 - Les contrats assimilés aux assurances en cas de vie

Si la loi ne vise expressément que les contrats d'assurance de capital différé ou de rente viagère différée, l'administration fiscale accepte de leur assimiler des contrats d'assurance décès *"vie entière"*, des contrats d'assurance mixte, des versements à certains régimes de prévoyance collective et certains contrats tontiniers. La compréhension de la portée de cette assimilation nécessite d'en préciser les limites et de définir les contrats susvisés.

• Les contrats "vie entière"

Les contrats d'assurance décès *"vie entière"* prévoient le versement d'un capital au bénéficiaire, quelle que soit la date du décès de l'assuré. Ces contrats peuvent être conclus moyennant des primes uniques. Mais le plus souvent, ils le sont moyennant des primes périodiques, soit viagères, soit temporaires.

L'Administration (2) assimile de tels contrats aux contrats comportant la garantie d'un capital en cas de vie. Sans raison évidente cette assimilation (3) est limitée aux contrats prévoyant le paiement d'un capital, les contrats garantissant une rente viagère ou permettant une telle option en étant exclus.

• Les contrats mixtes

L'Administration assimile également (4) aux assurances en cas de vie les contrats d'assurance "mixtes". Ces contrats garantissent le paiement d'un capital soit au décès de l'assuré si ce décès survient avant une certaine date, soit en cas de vie à l'échéance. *"L'opération comporte ainsi essentiellement une alternative : les deux assurances – en cas de vie et en cas de décès – s'excluent réciproquement, mais l'assureur est obligé en tout état de cause, puisqu'il garantit à la fois la vie et le décès de l'assuré ... Au fond, l'assurance*

---

(1) 8ème rapport du Conseil des impôts, opus cite, p. 241.
(2) Instruction du 5 février 1970, 5 B-2-70 et note du 26 juin 1970, 5 B-19-70.
(3) Instruction du 5 février 1970 et réponse Aubert, J0, AN 20 octobre 1973, p. 4828 n° 3978.
(4) Instruction du 5 février 1970.

n'est pas mixte : il y a deux assurances, juridiquement indépendantes, réunies sur une même police ; et, comme elles portent sur deux risques inverses, une seule est destinée à produire effet (1). *L'assurance, bien plutôt que mixte, est alternative"* (2).

L'Administration (3) n'admet cependant pas d'assimiler aux assurances en cas de vie les contrats d'assurance "mixtes" qui ne sont en fait que des contrats d'assurances "temporaire décès". Tel est le cas, selon l'Administration, lorsque le capital garanti en cas de vie, très inférieur au capital garanti en cas de décès, représente par lui-même, une somme anormalement faible.

L'administration fiscale a précisé les limites d'une possible assimilation (4). En pratique, elle entend réserver le bénéfice de la déduction aux contrats dont le capital garanti en cas de décès non accidentel n'excède pas quatre fois celui qui est versé en cas de vie. Bien entendu, cette proportion ne doit être dépassée à aucun moment pendant la durée du contrat.

La même règle est applicable aux contrats qui prévoient le versement d'une rente viagère au lieu d'un capital en cas de vie. Il convient de se référer, dans ce cas, au montant du capital équivalent à la rente pour vérifier si la condition visée ci-dessus est remplie. Lorsque les contrats prévoient, en cas d'événement exceptionnel (accident de la circulation par exemple), une majoration du capital décès, il n'y a pas lieu de tenir compte de cette majoration pour apprécier le rapport existant entre les différentes garanties prévues au contrat si la majoration vise à doubler ou à tripler le capital.

• **Les opérations de prévoyance collective**

L'Administration assimile aussi (5) aux assurances en cas de vie les opérations de prévoyance collective autorisées par l'ordonnance n° 59.75 du 7 janvier 1959.

Cette ordonnance dont les modalités d'application ont été précisées par le décret n° 64.537 du 4 juin 1964, modifié par le décret n° 68.252 du 8 mars 1968, autorise des opérations de prévoyance collective et d'assurance ayant pour objet l'acquisition ou la jouissance de droits en cas de vie qui ne sont pas couverts, intégralement et à tout moment, par des réserves mathématiques. Il s'agit de contrats à caractère mixte, fondés à la fois sur un système de capitalisation comme l'assurance vie traditionnelle, et sur un système de répartition.

---

(1) Civ, 6 février 1888, D 1888.1.1.193.
(2) Picard et Besson, opus cite, tome 1er, n° 454.
(3) Instruction du 5 février 1970.
(4) Note 12 juillet 1974, 5 B-22-74.
(5) Note 22 novembre 1969, BOCD 1969 II 4671 et instruction du 5 février 1970.

Ces régimes de prévoyance collective sont destinés à servir un revenu supplémentaire de retraite aux anciens membres de certaines professions, sans bénéficier de la déduction fiscale accordée aux seules cotisations de retraite à caractère obligatoire.

Ces contrats ouvrent droit à la réduction prévue pour les contrats d'assurance en cas de vie à la condition, bien entendu, que le paiement du capital ou le service de la rente soit prévu pour une échéance postérieure d'au moins six ans à la date de conclusion du contrat. Cette solution est applicable notamment aux régimes institués en 1965 par la Caisse Nationale de Prévoyance en application de l'article 3 de l'ordonnance du 7 janvier 1959 et dénommés "REPMA" (Régime de prévoyance de la Mutualité agricole), "REPAG" (Régime de Retraites Professionnel de l'Association Générale des médecins de France) et REIPAN (Régime Interentreprises de Prévoyance de l'Association Nationale pour le développement de la prévoyance) (1).

L'administration fiscale assimile (2) également aux assurances en cas de vie les versements sur des livrets de la Caisse Nationale de Prévoyance ou de caisses autonomes mutualistes de retraites.

Il s'agit de formules d'assurance sur la vie qui garantissent à l'assuré, à l'échéance du contrat, le paiement d'un capital ou le service d'une rente, moyennant le versement inscrit sur un livret, dit de versements facultatifs, de primes auxquelles correspond, pour chaque versement, une nouvelle liquidation du capital, ou de la rente, prévu initialement.

Ces livrets constituent, sinon en eux-mêmes des contrats, du moins les supports matériels d'une série de contrats indépendants.

Par suite, les versements sont considérés comme effectués à raison d'un contrat comportant la garantie d'un capital ou d'une rente viagère en cas de vie.

Il en est de même des versements effectués dans des conditions identiques sur les livrets individuels des caisses autonomes mutualistes de retraites.

Cette mesure est toutefois subordonnée à la condition que le paiement du capital ou le service de la rente soit prévu pour une échéance postérieure d'au moins dix ans au versement correspondant (3).

---

(1) Doc. adm. DGI 5 B-2427 n° 14, 15 septembre 1979.
(2) Instruction du 5 février 1970 et note 15 février 1978 5 B-10-78.
(3) Doc. adm. DGI 5 B-2427 n° 15.

• **Les contrats tontiniers**

L'Administration accepte (1) la prise en compte des contrats d'assurance "*mixtes*" ou "*combinés sur la vie*" proposés par les tontines.

Ces sociétés réunissent leurs adhérents en groupes distincts dénommés "*associations*" et répartissent, à l'expiration de chacune de ces associations, les fonds provenant de la capitalisation en commun de leurs cotisations, déduction faite de la partie affectée aux frais de gestion, entre les survivants des associations en cas de vie ou entre les ayants droit des décédés des associations en cas de décès (2).

Les contrats d'assurance de capitalisation proposés par ces sociétés s'analysent, selon l'Administration, comme des contrats d'assurance en cas de vie à garantie variable.

Cela étant, la prise en compte des cotisations afférentes aux contrats d'assurances mixtes ou combinés sur la vie proposés par les tontines pose un problème particulier : la règle posée en matière de contrats d'assurance "mixtes" et fondée sur le montant des garanties prévues au contrat ne peut s'appliquer en l'espèce dès lors que les tontines ne sont pas en mesure de garantir à leurs adhérents une somme déterminée à l'avance.

Cette circonstance particulière a rendu nécessaire l'adoption de règles basées sur le montant des cotisations elles-mêmes.

Les cotisations sont admises en réduction d'impôt dans les conditions suivantes :

– prise en compte de l'ensemble des cotisations si le montant cumulé des cotisations prévues dans le contrat au titre de l'assurance en cas de vie pour la durée de la tontine excède le total des cotisations qui seront versées au titre de l'assurance en cas de décès sur la même durée ;

– prise en compte des seules cotisations versées au titre de l'assurance en cas de vie dans la situation contraire.

2.1.3 - Les autres caractéristiques des contrats

L'article 199 septies 1° du CGI ne pose aucune condition particulière quant à la date de souscription des contrats susvisés, à l'identité de leur bénéficiaire ou encore à leur forme.

---

(1) Note du 12 mai 1975, 5 B-17-75, Doc. Adm. 5 B 2427 n° 16, 15 septembre 1979.
(2) Décret 30 décembre 1938.

Ainsi, les primes d'assurance en cas de vie ouvrent droit, dans la mesure où les autres conditions légales sont satisfaites, à une réduction d'impôt quelle que soit la date de souscription des contrats (1).

La simplicité du régime actuel est à opposer aux dispositions antérieures à la loi des finances pour 1979 (2).

La loi du 29 décembre 1978 susvisée a également marqué une simplification de la législation quant à la liberté de choix par le souscripteur des bénéficiaires. En effet, pour les contrats conclus entre le 1er janvier 1950 et le 1er novembre 1953, la déduction des primes versées avant le 1er janvier 1978 était subordonnée à la condition que les capitaux soient versés au conjoint, aux ascendants ou descendants de l'assuré (3). Depuis cette date, l'identité du ou des bénéficiaires n'est plus à considérer pour déterminer si un contrat d'assurance en cas de vie ouvre droit ou pas à un avantage fiscal.

Peu importe désormais que le versement du capital soit garanti au souscripteur, à son conjoint, à ses ascendants ou descendants ou à tout autre bénéficiaire (4).

De même, le mode de souscription du contrat d'assurance en cas de vie – sous forme, soit d'un contrat individuel, soit d'une assurance de groupe – sera sans incidence pour l'application éventuelle de la réduction d'impôt considérée (5).

2.2 - *DURÉE DES CONTRATS*

Depuis 1954 (6), le législateur a réservé les avantages fiscaux aux seuls contrats d'assurance permettant la constitution d'une épargne longue. Ainsi, l'ancien article 156.II.7.a du CGI autorisait la déduction du revenu imposable des primes afférentes aux contrats garantissant le versement d'un capital en cas de vie d'une durée effective au moins égale à dix ans.

Cette durée, de dix années, soulevait deux difficultés : d'une part, elle est apparue trop longue pour permettre un contrôle effectif, *"de nombreux contrats étant résiliés avant le terme des dix ans sans que soient repris les avantages fiscaux consentis"* (7) ; d'autre part, cette durée n'apparaissait plus conforme aux dispositions arrêtées pour favoriser d'autres types d'épargne

---

(1) Instruction du 23 avril 1979 (5 B-12-79) et instruction du 29 février 1984 (B-11-84).
(2) Article 7 de la loi n° 78-1239 du 29 décembre 1978.
(3) Doc. adm. 5 B-2427.
(4) Instruction du 5 février 1970, 5 B-2-70.
(5) Instruction du 5 février 1970.
(6) Article 26 de la loi n° 54404 du 10 avril 1954.
(7) Rapport Dautresme, opus cite, p. 376.

mobilière (Loi Monory, Compte d'Épargne en Actions) qui prévoyaient des périodes plus courtes d'immobilisation de l'épargne constituée.

Le législateur de 1983 a donc décidé (1), concomitamment à la substitution d'une réduction d'impôt à la déduction traditionnelle, un raccourcissement de la durée effective des contrats ouvrant droit à un avantage fiscal. Ainsi, depuis le 1er janvier 1984, la durée effective des contrats sur la vie permettant d'obtenir le bénéfice de l'avantage fiscal à raison des primes versées est fixée à six ans (2) et ce, même pour les contrats en cours à cette date.

Corrélativement, lorsque le contrat comporte la garantie d'une rente viagère, la réduction d'impôt ne sera accordée que dans la mesure où la jouissance de cette rente est effectivement différée d'au moins six ans (3).

Comme sous la législation antérieure à 1983 (4) lorsque le capital (ou la rente) est versé, en fait, avant l'expiration de la période de six années prévues au contrat, la prise en compte des primes admises précédemment doit être remise en cause dans la limite du délai de répétition.

• **Calcul du délai de six ans**

La gravité de cette conséquence conduit à préciser les modalités pratiques de calcul de ce délai, d'autant plus que *"les services fiscaux ont reçu des instructions pour assurer un contrôle strict du respect des dispositions légales"* (5).

La condition suivant laquelle *"la durée effective"* des contrats doit être au moins égale à six ans se trouve satisfaite dès lors qu'un délai de six ans sépare la date de souscription de la date d'échéance du contrat (6). Le décès de l'assuré avant 6 années ne fera donc pas perdre le bénéfice des réductions des années écoulées. En effet : *"en réalité, si le mot* "effective" *a été ajouté (à la main) par les parlementaires réunis en commission mixte paritaire en décembre 1966, leur souci était d'empêcher que la durée minimum puisse être obtenue par une rétroactivité du contrat à la souscription"* (7). L'expression *"une durée effective"* ne saurait donc être entendue, comme autorisant la réintégration des primes à la suite d'un décès *"prématuré"* de l'assuré. Le législateur a seulement entendu sanctionner le souscripteur qui met fin au contrat par anticipation en usant de la faculté de rachat.

---

(1) Article 3 de la loi n° 83-1179 du 29 décembre 1983, codifié sous l'article 199 *septies* du CGI.

(2) Instruction du 29 février 1984, 5 B-11-84.

(3) Idem.

(4) Instruction du 5 février 1970, 5 B-2-70.

(5) Communiqué du Ministre du budget du 18 février 1980.

(6) Réponse Chaumont, AN 6 novembre 1971, p. 5443, n° 19751.

(7) Revue notariale de l'assurance vie, 1984, n° 79, p. 761.

Quant à la rédaction de la clause bénéficiaire, elle ne saurait, en aucun cas, permettre de réduire le délai légal de six années. Ainsi, le Conseil d'Etat (1) a précisé que le fait qu'un contrat d'assurance "mixte" prévoit, en cas de décès de l'assuré avant la date d'entrée en jouissance de la garantie en cas de vie, le versement d'un capital à son conjoint, à défaut à ses enfants ou descendants, à défaut à ses héritiers, n'est pas de nature à exonérer les intéressés du respect de la condition de durée minimale exigée par la loi.

2.3 - *LE MONTANT DE LA RÉDUCTION*

Dans le régime antérieur à la loi de finances pour 1984, les primes afférentes aux contrats d'assurance en cas de vie étaient déductibles du revenu imposable du souscripteur dans la limite de 3 250 F majorés de 600 F par enfant à charge. Cette limite s'appliquait à l'ensemble des contrats souscrits par les membres d'un même foyer fiscal (2).

Le législateur de 1983 a entendu remplacer cette déduction fiscale par une réduction d'impôt. Du fait de sa relative complexité, la mise en œuvre de ce nouveau système a dû être étalée sur trois années (3) (4).

Le nouveau système s'est donc appliqué, pour la première fois, aux primes payées à partir du 1er janvier 1985, les articles 1 à 3 du décret du 11 avril 1984 ayant posé, par type de contrat, les modalités de calcul de la fraction de la prime représentative d'épargne.

La prime représentative d'épargne

• *Les contrats à primes périodiques*

En ce qui concerne les contrats d'assurance sur la vie à primes périodiques, la part de la prime représentative de l'opération d'épargne est calculée en appliquant chaque année, à la prime commerciale nette de taxes, le rapport existant à l'origine du contrat entre le capital garanti au terme et la valeur acquise à ce terme par la succession des primes commerciales prévues, nettes de taxes, capitalisées au taux d'intérêt minimum garanti par le contrat (5).

---

(1) CE 29 juillet 1983, req n° 33230 7e et 8e sous-sections ; RJF 1983 n° 10, p. 510.

(2) Article 7 de la loi n° 79.1239 du 29 décembre 1978, Instruction du 23 avril 1979, 5 B.12.79.

(3) Instruction du 29 février 1984.

(4) Article 4 du décret n° 84.269 du 11 avril 1984.

(5) Selon un premier projet, la part de la prime représentative de l'opération d'épargne correspondait à la provision mathématique zillmerisée après trois ans.

• *Les contrats "vie entière"*

En ce qui concerne les contrats d'assurance en cas de décès dénommés "vie entière" le terme est fixé au quatre-vingt cinquième anniversaire de l'assuré, le capital au terme étant égal au capital décès.

• *Les contrats à primes uniques*

En ce qui concerne les contrats à prime unique, la part de prime représentative de l'opération d'épargne est égale au montant de la provision mathématique constituée à la souscription du contrat.

• *Les opérations de prévoyance collective*

Pour les régimes relevant des textes R 441.1 à R 441.34 du Code des assurances (opérations de prévoyance collective et d'assurance), la part de prime représentative de l'opération d'épargne est égale au montant hors taxes de la cotisation versée, nette des frais visés à l'article A 441.1 du Code des assurances.

• *Les contrats tontiniers*

Pour les sociétés à forme tontinière visées à l'article R 322.139 du Code des assurances, la part de prime représentative de l'opération d'épargne est égale à 95 % de la seule cotisation nette de taxes versée aux associations en cas de survie.

Critique du mode actuel de calcul des réductions

Ces règles extrêmement complexes interdisent en pratique au contribuable de calculer lui-même la réduction d'impôt à laquelle lui ouvrent droit ses versements, contrairement à la législation antérieure à 1984 qui pouvait se prévaloir, pour le moins, de sa simplicité. Dorénavant les assurés devront attendre en effet, les indications des compagnies d'assurances pour connaître le montant de la part de la prime à retenir comme base de leur réduction d'impôt (1).

L'adoption par le Parlement d'une telle disposition marque clairement les limites d'une certaine technique fiscale. En effet, elle correspond très exactement au souci de l'Administration, de réserver l'avantage fiscal "concédé" à la seule fraction de la prime d'assurance sensée être bénéfique à l'économie nationale : la part d'épargne. Mais, cet objectif n'est atteint qu'au prix d'une incompréhension supplémentaire par le contribuable de notre système fiscal et d'une lourde et coûteuse charge de gestion pour les intermédiaires financiers.

(1) Instruction du 21 décembre 1984 (5 B-22-84).

Par ailleurs, les tenants d'une politique familiale plus incitative critiquent traditionnellement un avantage fiscal qui favorise les concubins à l'encontre des couples mariés.

En effet, si un contribuable peut faire état dans sa déclaration des primes des contrats souscrits non seulement par lui-même et son conjoint, mais aussi par ses enfants pris en compte comme à charge pour le calcul de son impôt (1), le tout dans les limites indiquées plus haut, ces dernières ne varient pas selon la situation familiale du contribuable.

La prise en compte, dans le calcul de l'impôt, des charges de famille du contribuable français par "le mécanisme ingénieux du quotient familial" (2) permettait à l'Administration d'apporter toujours la même réponse à cette critique :

> *"De même que, d'une manière générale, les règles d'assiette et de calcul de l'impôt s'articulent autour de la notion de foyer, de même les limites de déductibilité des primes d'assurance vie du revenu global sont fixées par foyer, c'est-à-dire d'une façon uniforme, qu'il s'agisse d'une personne seule ou de l'entité formée par un couple. En effet, la prise en compte des personnes composant un foyer fiscal s'effectue normalement par le jeu du quotient familial. C'est ainsi qu'un couple marié bénéficie de deux parts alors qu'une personne seule n'a droit, en règle générale, qu'à une part"* (3).

Mais, avec le doublement des limites de déduction de l'épargne constituée par un couple marié, par rapport à un célibataire, dans le cadre d'un PER, une telle réponse a perdu beaucoup de sa pertinence.

2.4 - *LES MODALITÉS D'IMPUTATION DE LA RÉDUCTION*

La réduction d'impôt, consécutive au versement de primes d'assurance en cas de vie, s'applique sur l'impôt sur le revenu calculé selon les conditions fixées à l'article 197 du CGI. Cette réduction d'impôt s'impute donc, comme les autres réductions du même type, sur l'impôt résultant de l'application du barème progressif de l'impôt sur le revenu après, le cas échéant :

– plafonnement des effets du quotient familial ;

– déduction de l'abattement de 30% ou de 40%, éventuellement plafonné, applicable aux contribuables domiciliés respectivement en Martinique, en Guadeloupe ou à la Réunion, d'une part, en Guyane d'autre part.

---

(1) Réponse Liot, Sénat 9 octobre 1968, p. 807, n° 7053.

(2) *"Sciences et techniques fiscales"* par L. Mehl et P. Beltrame, opus cite, p. 305.

(3) Réponse Schmaus, Sénat 16 janvier 1980, p. 81.

Ces modalités d'imputation doivent être précisées, ainsi que les primes à prendre en considération et les particularités de cette prise en compte pour les contribuables disposant de revenus à l'étranger.

L'imputation d'une telle réduction d'impôt s'effectue avant la déduction (1) :

– de l'avoir fiscal et du crédit d'impôt afférents aux revenus de capitaux mobiliers ;

– des prélèvements non libératoires opérés sur les profits de construction ;

– des retenues à la source non libératoires sur les traitements, salaires, pensions et rentes viagères, ainsi que sur les revenus non salariaux versés à des personnes domiciliées hors de France.

Quant à l'ordre d'imputation des diverses réductions d'impot existantes, dans l'hypothèse où un contribuable peut y prétendre au titre d'une même année, l'Administration a précisé (2) qu'elle s'effectuera dans l'ordre suivant : réduction d'impôt afférente aux fonds salariaux, aux intérêts des emprunts et aux frais de ravalement de l'habitation principale, aux primes des contrats d'assurance vie et de rente survie, aux dépenses exposées en vue d'économiser l'énergie consacrée au chauffage de l'habitation principale, aux frais de tenue de comptabilité et d'adhésion aux centres de gestion ou associations agrées.

L'Administration a cependant indiqué (3) à l'intention de ses collaborateurs que cet ordre d'imputation n'a valeur que de règle pratique, puisqu'en cas de reprise ou de remise en cause de ces réductions d'impôt, l'ordre d'imputation à appliquer devra, en tout état de cause, être celui qui se révèlera être le plus favorable au contribuable, compte tenu de l'ensemble des éléments propres à sa situation personnelle.

Exercice d'imputation des Primes

Quant à l'exercice d'imputation de la réduction d'impôt considérée, les primes doivent être prises en compte pour l'établissement de l'impôt correspondant aux revenus de l'année au cours de laquelle elles sont effectivement payées (4).

(1) Instruction du 29 février 1984, 5 B-II-84.
(2) Idem.
(3) Instruction du 29 février 1984, 5 B-II-84.
(4) Instruction du 5 février 1970, 5 B-2-70.

A ce sujet, l'Administration a cependant précisé (1) que, dans le cas d'un contribuable qui, par suite de circonstances indépendantes de sa volonté, s'est vu réclamer en même temps le paiement de primes d'assurance vie relatives à l'année en cours et à l'année antérieure, il est possible d'admettre qu'un redevable acquittant une prime d'assurance en cas de vie au cours de l'année suivant immédiatement celle de son échéance normale, puisse demander, dans le délai général de réclamation, la prise en compte de ses primes d'assurance en cas de vie pour l'établissement de l'impôt correspondant aux revenus de l'année de leur échéance normale.

Cas des contribuables percevant des revenus de l'étranger

Des règles spécifiques d'imputation de la réduction d'impôt s'appliquent aux contribuables percevant des revenus de l'étranger (2).

Pour éviter la double imposition de ses résidents, la France utilise la méthode de l'exonération (avec progressivité) pour tous les revenus provenant de l'autre Etat et qui en vertu de la convention sont imposables dans cet Etat, à l'exception :

– des revenus, qui provenant de l'autre Etat, y sont assujettis, en vertu de la convention, à un impôt limité. Il s'agit en règle générale des dividendes, des intérêts et parfois des redevances ;

– des tantièmes, jetons de présence et autres rémunérations versées aux administrateurs de sociétés (sauf bien entendu, dans les cas exceptionnels où la convention attribue un droit exclusif d'imposer à l'Etat de la source. Dans ce cas, la France, Etat de la résidence n'impose pas les revenus en cause) ;

– dans les conventions récentes, des revenus provenant de l'activité personnelle des artistes et des sportifs et des revenus tirés de l'exercice d'une profession indépendante.

Ainsi, sauf dans les cas qui viennent d'être indiqués, la France utilise pour éviter la double imposition de ses résidents, la méthode de l'exonération avec progressivité. Cette méthode permet de maintenir la progressivité de l'impôt même lorsqu'une convention internationale retire à la France le droit d'imposer une fraction du revenu global du contribuable (méthode dite "du taux effectif").

A cet effet, le montant des revenus imposés dans l'autre Etat n'est pas compris dans l'assiette de l'impôt français, mais il entre en ligne de compte

---

(1) Réponse Sergheraert, AN, 13 décembre 1982, p. 5146.

(2) Quant aux personnes qui n'ont pas leur domicile fiscal en France, l'article 199 *septies* B les exclut expressément du bénéfice de la réduction d'impôt étudiée.

pour la détermination du taux de l'impôt. Pratiquement, la méthode utilisée est la suivante (1) :

– l'impôt est calculé sur le revenu global du contribuable, comme si la convention n'existait pas,

– le montant de l'impôt est ensuite réduit en proportion de la part des revenus exonérés en France par la convention.

Il convient donc de déterminer comment opérer l'imputation de la réduction d'impôt relative aux primes d'assurance vie au cas d'imposition d'après le taux effectif.

Pour l'administration fiscale (2), selon les textes mêmes qui les ont instituées, ces réductions d'impôt doivent s'imputer sur l'impôt calculé dans les conditions fixées à l'article 197 du CGI, avant le cas échéant, application de la décote prévue au VI de cet article. Or, en cas d'imposition d'après le taux effectif, c'est la cotisation de base correspondant à l'ensemble des revenus imposables et exonérés du contribuable qui est calculée dans les conditions fixées à l'article 197 susvisé.

Les réductions d'impôt doivent donc s'imputer sur cette cotisation de base.

Il découle donc du mode d'imputation retenu par l'Administration que la réduction d'impôt, consécutive à la souscription d'une assurance en cas de vie, se trouve réduite à proportion des revenus de source étrangère du contribuable considéré.

Hypothèse où la réduction d'impôt excède l'impôt dû

L'excédent éventuel de la réduction d'impôt sur le montant de l'impôt – à l'image de l'excédent des primes sur la limite annuelle – n'est pas reportable sur l'impôt de l'année suivante.

De plus, contrairement aux avoirs fiscaux et crédits d'impôt afférents aux revenus mobiliers, l'excédent éventuel de la réduction d'impôt considérée ne peut pas donner lieu à remboursement du Trésor au bénéfice du contribuable.

2.5 - *LES JUSTIFICATIFS DE LA RÉDUCTION*

"L'administration fiscale n'assurait pas jusqu'à maintenant le contrôle systématique des délais de détention et d'engagement en raison du montant

(1) Instruction du 17 février 1983, 13 G-1-83.
(2) Note du 5 septembre 1985, 13 G-2-85.

unitaire faible des réintégrations éventuelles à pratiquer" (1). Pour mettre un terme à une telle situation, le législateur de 1984 (2) a institué une nouvelle obligation, pour les établissements payeurs de revenus de capitaux mobiliers, de déclarer sur un seul document l'ensemble des opérations effectuées, au cours d'une année civile, avec un même client. *"Cette formalité devrait rendre possible le contrôle, par contribuable, des divers versements dans le cadre de contrats et bons de capitalisation et, par contrecoup, une surveillance de l'application des dispositions relatives à la déduction d'impôt"* (3).

Dans le même esprit, la nature des justifications que doivent produire les bénéficiaires de la réduction d'impôt, attachée aux primes d'assurance en cas de vie, a été modifié par un arrêté du 29 novembre 1985 (4).

Désormais (5), la réglementation prévoit une seule obligation pour le contribuable : la production d'un nouveau certificat de déductibilité fiscale sur lequel seront regroupés, outre les informations annuelles antérieurement déjà contenues dans le certificat, les renseignements permanents qui figuraient jusqu'alors sur l'attestation de souscription. Le nouvel article 17E de l'annexe IV au CGI conserve donc le principe selon lequel les justifications de la souscription d'une assurance vie doivent être fournies par le contribuable en même temps que sa déclaration de revenus, ce qui reste une exception au principe selon lequel les charges ne sont à justifier que sur demande de l'Administration.

Le certificat considéré devra mentionner (6) :

1) La désignation complète de l'assureur

2) La désignation du souscripteur, c'est-à-dire :

– ses nom et prénoms,

– l'adresse complète de son domicile.

3) Le numéro de contrat

4) La date d'effet et la durée du contrat d'assurance vie

• *Date d'effet du contrat*

Il s'agit de la date d'entrée en vigueur du contrat.

---

(1) 8ème rapport du Conseil des impôts, p. 241.
(2) Article 92 de la loi n° 83-1179 du 29 décembre 1983.
(3) 8ème rapport du Conseil des impôts, p. 241.
(4) Codifié sous le nouvel article 17 E de l'annexe IV au CGI.
(5) Instruction du 29 avril 1986, 5 B-15-86.
(6) Idem.

• *Durée du contrat*

– Contrat comportant la garantie d'un capital en cas de vie :

Il s'agit de l'indication de la durée effective du contrat qui doit être au moins égale à six ans pour ouvrir droit à la réduction d'impôt.

– Contrat comportant la garantie d'une rente viagère :

Il s'agit de la date de jouissance de la rente qui doit être effectivement différée d'au moins six ans, quelle que soit la date de souscription, pour que la condition de déductibilité soit remplie.

5) Le montant des primes

En cas d'absence de paiement l'année d'échéance, et si l'assureur s'abstient de dénoncer le contrat, il délivre alors un certificat correspondant aux primes échues.

Or, pour ouvrir droit à la réduction d'impôt, les primes doivent être effectivement versées par le souscripteur.

Par mesure de tempérament, l'Administration accepte d'accorder le bénéfice de la réduction au titre de l'année d'échéance dans la mesure où le paiement a été effectué l'année suivante.

6) La part représentative de l'opération d'épargne pour les contrats d'asurance vie

Quant aux modalités pratiques d'utilisation de ce certificat, l'Administration a précisé (1) qu'il a essentiellement pour objet de fournir aux contribuables les précisions nécessaires sur le caractère déductible des primes et sur le montant annuel de celles-ci.

Mais il ne permet pas à lui seul de déterminer le montant de la déduction autorisée, compte tenu notamment du fait qu'un même contribuable peut avoir souscrit plusieurs contrats. Le souscripteur doit donc calculer lui-même le montant déductible des primes, sauf au service des impôts à vérifier l'exactitude de ce calcul.

Le défaut de production des documents mentionnés ci-dessus à l'appui de la déclaration d'ensemble des revenus ne fait pas obstacle à la déduction des primes. Il appartient alors aux intéressés d'apporter la preuve, dans les conditions de droit commun, que le contrat souscrit peut donner lieu à

---

(1) Doc. adm. DGI, 5 B-2427.

déduction et que les primes ont été réellement payées l'année au titre de laquelle leur déduction est pratiquée.

Lorsque le certificat indique le montant des primes échues au cours de l'année, sans préciser si elles ont été payées, l'Administration présumera que les primes ont été versées. Toutefois, une surveillance est exercée par l'Administration s'il n'est plus délivré de certificat, bien que le contrat ne soit pas arrivé à son terme, ou si le montant des primes figurant sur le certificat d'une année déterminée est inférieur à celui indiqué l'année précédente.

Dans l'une ou l'autre de ces situations, il y a lieu, selon l'Administration, de présumer, en effet, que les primes déduites l'année antérieure n'ont pas été payées ou ne l'ont été que partiellement.

2.6 - *LA REMISE EN CAUSE DE LA RÉDUCTION*

La réduction d'impôt consécutive à la souscription de contrats d'assurance en cas de vie peut être remise en cause par l'administration fiscale, d'une part s'il s'avère que le contribuable en a bénéficié indûment, d'autre part si le souscripteur résilie le contrat avant l'expiration du délai minimum de six ans. Le motif de cette éventuelle remise en cause modifie du reste ses conséquences quant aux sanctions applicables.

Conformément aux termes de l'article 1730 II du CGI, les charges ouvrant droit à réduction d'impôt et non justifiées doivent être assimilées à une insuffisance de déclaration. Par suite, l'Administration considère (1) que lorsqu'il est procédé à une remise en cause des réductions irrégulièrement obtenues parce que le contribuable ne peut justifier des dépenses invoquées ou a fourni à cet égard des renseignements inexacts, le complément de droits éventuellement exigibles est normalement assorti de l'intérêt de retard décompté dans les conditions fixées par les I et III de l'article 2 de la loi n° 87502 du 8 juillet 1987 (soit 0,75 % par mois) ou, si la mauvaise foi du contribuable est établie, des majorations de droits prévues (soit une majoration de 40 %) (2).

Inversement, en cas de résiliation du contrat avant l'expiration du délai minimum de six ans l'Administration observe (3) que le motif de la remise en cause de la réduction d'impôt n'est pas une insuffisance, omission ou inexactitude des déclarations souscrites au titre de l'année de son obtention, mais un fait survenu postérieurement. Les impositions supplémentaires correspondant à ces remises en cause ne donneront donc pas lieu à l'application de pénalités.

---

(1) Instruction du 17 septembre 1984, 13 N-1-84.
(2) Instruction du 6 mai 1988, BOI 13 N-3-88.
(3) Instruction du 17 septembre 1984, 13 N-1-84.

3. LES CONTRATS D'ASSURANCE AU BÉNÉFICE D'INFIRMES

Aux termes de l'article 199 *septies* 2° du CGI, le versement de primes afférentes à des contrats d'assurances en cas de décès ouvre droit à une réduction d'impôt, lorsque ces contrats garantissent le versement d'un capital ou d'une rente viagère à un enfant de l'assuré atteint d'une infirmité qui l'empêche, soit de se livrer, dans des conditions normales de rentabilité, à une activité professionnelle, soit, s'il est âgé de moins de dix huit ans, d'acquérir une instruction ou une formation professionnelle d'un niveau normal.

L'analyse de cette disposition – découlant d'un amendement déposé devant l'Assemblée Nationale, par le Gouvernement au projet de loi de finances pour 1970 (1) – nécessite de préciser les caractéristiques des contrats qui permettent d'en bénéficier (3.1) le montant de la réduction autorisée (3.2) et les éventuelles spécificités de son application par rapport à la réduction d'impôt consécutive à la souscription d'un contrat d'assurance vie (3.3). Par ailleurs, il convient d'exposer les nouvelles dispositions fiscales, codifiées sous l'article 199 septies 2° du CGI, au bénéfice des contrats souscrits par un assuré atteint d'une infirmité (3.4).

3.1 - *OBJET DES CONTRATS OUVRANT DROIT À LA RÉDUCTION D'IMPÔT*

L'article 199 *septies* 2° du CGI vise les contrats d'assurances en cas de décès, c'est-à-dire les contrats par lesquels l'assureur s'engage *"en échange d'une prime unique ou périodique, à payer une certaine somme au décès de l'assuré"* (2).

Au lendemain du vote de la loi de finances pour 1970, l'Administration (3) sous l'intitulé "déduction des primes afférentes au contrats de *"rente survie"* explicitait les nouvelles dispositions arrêtées par le législateur *"en faveur des primes afférentes à des contrats d'assurance en cas de décès,* dits contrats de "rente survie", *souscrits par les parents d'enfants inadaptés"*.

Sous une présentation purement pédagogique, l'Administration restreignait en réalité la portée du texte de loi qui intéresse toutes les assurances en cas de décès et non les seuls contrats de *"rente survie"* qui ne constituent qu'une des *"trois combinaisons principales d'assurance en cas de décès : l'assurance vie entière, l'assurance temporaire et l'assurance de survie"* (4). Cette dernière combinaison qui voit l'assureur *"s'engager à verser, au décès de l'assuré, une certaine somme à un bénéficiaire déterminé, à la condition que*

---

(1) Cf Rapport au nom de la commission du contrôle budgétaire et des comptes économiques de la Nation sur le projet de loi de finances pour 1970. Sénat, Document n° 56, p. 19.
(2) Picard et Besson, opus cite, tome 1er, n° 452.
(3) Instruction du 5 Février 1970, 5 B-2-70.
(4) Picard et Besson, opus cite, tome 1er, n° 452.

celui-ci survive à l'assuré" (1) correspond cependant à la technique d'assurance qui sera le plus souvent utilisée car la moins onéreuse, pour atteindre l'objectif recherché. Il reste que le législateur a visé non les *"assurances de survie"* mais les *"assurances en cas de décès"* qui ne conditionnent pas généralement le versement de la prestation prévue au décès de l'assuré, à la survie du bénéficiaire initialement désigné.

La terminologie de *"rente survie"* utilisée par l'Administration apparaît d'autant plus impropre qu'aux termes même de ses commentaires (2) le versement de l'assureur pourra prendre la forme soit d'un capital soit d'une rente viagère.

Si le législateur n'a donc pas entendu privilégier une modalité particulière d'assurance en cas de décès, il a réservé l'avantage fiscal consenti aux seuls contrats prévoyant des prestations au profit *"d'un enfant de l'assuré atteint d'une infirmité"*.

Une interprétation littérale, à partir du mot *"assuré"*, de l'article 199 *septies* 2° du CGI, pourrait permettre de soutenir qu'il suffit qu'un des parents de l'enfant soit la "tête assurée" du contrat, un tiers quelconque payeur des primes bénéficiant alors de la réduction d'impôt. Si une telle prétention – qui dénoterait une évidente malice chez le contribuable – ne semble jamais avoir été soutenue, il reste qu'elle soulève une nouvelle fois le problème de la rédaction des dispositions législatives sur l'assurance vie et de la confusion trop courante entre *"souscripteur"* et *"assuré"*.

Si une certaine ambiguïté subsiste quant à l'identité du souscripteur, le bénéficiaire du contrat devra être nécessairement un enfant handicapé de l'assuré.

Ainsi, la mesure prévue à l'égard des contrats de *"rente survie"* au profit des enfants handicapés ne saurait en raison de son caractère dérogatoire, être étendue aux autres contrats de *"rente survie"* souscrits, par exemple, par un contribuable au profit de son épouse (3).

De même, le bénéfice des dispositions de l'article 199 *septies* 2° du CGI ne peut être tendu aux assurances *"rente éducation"* destinées à garantir l'avenir du ou des orphelins en cas de disparition du dernier parent restant (4).

En effet, le bénéficiaire doit être nécessairement un enfant atteint d'une infirmité physique ou mentale, congénitale ou acquise qui l'empêche :

(1) Idem.
(2) Cf Instruction du 5 février 1970, 5 B-2-70, n° 27.
(3) Réponse Aubert, AN 26 octobre 1973, p. 4828.
(4) Réponse Bourg-Broc, AN 27 mai 1985, p. 2380.

– soit, s'il est âgé de dix-huit ans au moins, de se livrer à une activité professionnelle normalement rentable ;

– soit s'il est âgé de moins de dix-huit ans, d'acquérir une instruction ou une formation professionnelle d'un niveau normal (1).

L'âge de l'enfant est donc indifférent. Ainsi, un contrat souscrit par des parents, âgés respectivement de soixante-douze et soixante-six ans, au profit de leur fille, handicapée mentale de quarante-quatre ans pourra bénéficier de l'avantage fiscal afférent aux contrats de *"rente survie"* (2).

Preuve du handicap de l'enfant

Quant au handicap de l'enfant, l'Administration accepte (3) qu'il en soit justifié par tous moyens, notamment par une production d'une décision de la Commission départementale d'orientation des infirmes prévue par l'article 167 du Code de la famille et de l'aide sociale, classant l'enfant dans la catégorie correspondant aux handicapés graves ou le déclarant relever soit d'un atelier protégé, soit d'une rente d'aide par le travail. La possession de la carte d'invalidité prévue à l'article 173 du Code de la famille et de l'aide sociale donne ainsi droit, en principe, à la réduction, sauf dans le cas où l'invalidité ayant motivé la délivrance de la carte permettrait néanmoins à son titulaire de se livrer à une activité professionnelle dans des conditions normales de rentabilité ou d'acquérir une instruction ou une formation professionnelle d'un niveau normal.

En pratique, il a été jugé que doivent être regardés comme empêchés de se livrer dans des conditions normales de rentabilité à une activité professionnelle, non seulement les enfants infirmes absolument incapables de travailler mais encore tous ceux qui sans être privés de toute possibilité de travail et de gains, ne peuvent retirer de leur activité professionnelle des ressources leur permettant de subvenir à leurs besoins. C'est ainsi

> *"que la fille d'un contribuable, atteinte d'une infirmité entraînant une incapacité permanente de 80 % et titulaire de la carte d'invalidité prévue à l'article 173 du Code de la famille et de l'aide sociale, doit être regardée comme étant empêchée de se livrer à une activité professionnelle dans des conditions normales de rentabilité dès lors que sa rémunération de dactylographe auxiliaire, même si elle n'était pas inférieure, pour l'année en cause, à celle qui était allouée aux employés de même qualification ou ancienneté, ne lui permettait pas de subvenir entièrement à ses besoins et*

(1) Instruction du 5 février 1970, 5 B-2-70.
(2) Réponse Mathieu, AN 17 janvier 1970, p. 113 B0 5 B-7-70.
(3) Instruction du 5 février 1970, 5 B-2-70.

que les perspectives de promotion professionnelle qui lui étaient offertes, compte tenu de son infirmité, ne conduisaient pas à présumer qu'il en serait autrement dans l'avenir" (1).

L'Administration accepte donc, au regard de l'objet de la loi, d'accorder le bénéfice de la réduction d'impôt dès lors que l'enfant se trouve hors d'état de subvenir à ses propres besoins sans l'aide de sa famille.

A cet égard, il est indifférent que les parents comptent ou non l'enfant considéré à charge pour le calcul de leur impôt sur le revenu (2).

3.2 - *LE MONTANT DE LA RÉDUCTION D'IMPÔT AUTORISÉE*

Les primes afférentes aux contrats d'assurance en cas de décès susvisés, ont été déductibles pour la détermination du revenu net global soumis à l'impôt sur le revenu des personnes physiques, à compter de l'imposition des revenus de l'année 1969, dans les mêmes limites que celles prévues pour la déduction des primes d'assurance-vie (3).

Aussi, lorsque le Gouvernement entendit substituer au mécanisme de déduction du revenu imposable des primes de certains contrats d'assurance, un système de réduction d'impôt, il proposa très naturellement au législateur d'arrêter des limites similaires pour les deux types de contrats d'assurance privilégiés soit 4 000 F plus 1 000 F par enfant à charge (4).

La Commission des finances de l'Assemblée Nationale devait s'opposer à cet abaissement du plafond de l'avantage fiscal consenti aux parents d'enfants handicapés soucieux de consentir un contrat d'assurance à leur profit. *"Les seuils de déduction sur le revenu fixés par (le projet de loi de finances) paraissent, en effet, trop faibles"* (5).

Le président de la Commission des finances de l'Assemblée devait reprendre cette observation à son compte et suggérait au Gouvernement de présenter lui-même un amendement à son projet *"dont nous avons examiné le coût. Il s'agit d'une somme qui n'est pas négligeable, puisqu'elle serait de l'ordre de 20 millions de F si l'on fixait la limite pour les primes afférentes aux contrats (d'assurance en cas de décès) à 7 000 F plus 1 500 F par enfant à charge"* (6).

---

(1) CE, 17 avril 1974, req n° 92970, 8ème et 9ème sous-sections, BODGI 5 B-24-74.

(2) Instruction du 6 janvier 1975, BODGI 5 B-2-75.

(3) Instruction du 5 février 1970, BODGI 5 B-2-70.

(4) Article 3 du projet de loi de finances pour 1984.

(5) Déclaration de M. Christian Pierret, rapporteur général de la Commission des finances, AN 3ème séance du 20 octobre 1983, JO p. 4357.

(6) M. Christian Goux, AN 3ème séance du 20 octobre 1983, JO p. 4357.

La loi de finances pour 1984 (1) instituait donc une limite spécifique pour le montant des primes des contrats de "rente survie" à retenir pour le calcul de la réduction d'impôt correspondante (2), cette limite étant fixée à 7 000 F, augmentée de 1 500 F par enfant à charge, c'est-à-dire par enfant pris en compte pour le calcul de l'impôt dû par le contribuable, soit au titre du quotient familial, soit par voie d'abattement.

Quant à la réduction d'impôt proprement dite, elle s'élèvera, conformément aux termes de l'article 199 *septies* 2°, à 25 % du montant de la prime versée limité, s'il y a lieu, au plafond défini ci-dessus.

3.3 - *LES AUTRES SPÉCIFICITÉS ÉVENTUELLES AUX CONTRATS DE "RENTE SURVIE"*

Les avantages fiscaux accordés à la souscription de contrats d'assurance en cas de vie d'une part et des contrats d'assurance en cas de décès d'autre part, relèvent de deux préoccupations distinctes. La première tend à favoriser la constitution d'une épargne longue, la seconde à faciliter une prévoyance privée. Il n'est donc pas surprenant qu'il se soit avéré impossible de conserver un même plafond de prise en compte des primes considérées.

Cette opposition des motivations et des objectifs ne contraignait cependant pas le législateur à utiliser deux techniques distinctes. Aussi bien, l'étude des conditions et des modalités de prise en compte des primes afférentes à des contrats d'assurance en cas de décès, au bénéfice d'un enfant handicapé de l'assuré, pourrait-elle se restreindre à l'analyse de ses seules spécificités par rapport au traitement des primes d'assurance vie.

Mais, en pratique, il n'existe aucune spécificité significative quant aux conditions ou modalités de prises en compte des primes des contrats de *"rente survie"* par rapport aux observations faites en matière d'assurance vie auxquelles il conviendra donc de se reporter.

3.4 - *CONTRATS SOUSCRITS PAR UN ASSURÉ ATTEINT D'UNE INFIRMITÉ*

Lors du débat sur la loi de finances rectificative pour 1987, le Sénateur Boyer devait présenter un amendement tendant à *"encourager les handicapés à se prendre en charge et à se constituer un complément de ressources"* (3).

---

(1) Article 3 I 2 de la loi N° 83-1179 du 29 décembre 1983.
(2) Instruction du 29 février 1984, 5 B-II-84.
(3) Sénat, séance du 16 décembre 1987, JO p. 5567.

Le Gouvernement devait approuver cet objectif mais, afin d'éviter tout cumul d'avantages fiscaux – la rédaction de l'amendement du Sénateur Boyer permettant *"à une même personne handicapée d'avoir droit simultanément à cette nouvelle réduction d'impôt et à celle qui est prévue pour les rentes-survie"* (1) - il faisait adopter, sous l'article 26 de la loi de finances rectificative pour 1987 (n° 87.1061, JO du 30 décembre 1987), le texte suivant :

> *"I - Au 2° de l'article 199* septies *du CGI, après les mots "d'acquérir une instruction ou une formation professionnelle d'un niveau normal", sont ajoutés les mots suivants : "et primes définies au 1°, lorsqu'elles sont afférentes à des contrats destinés à garantir le versement d'un capital ou d'une rente viagère à l'assuré atteint, lors de la conclusion du contrat, d'une infirmité qui l'empêche de se livrer, dans des conditions normales de rentabilité, à une activité professionnelle ;"*

Dès lors, à compter de l'imposition des revenus de 1988, le régime des primes de contrat de rente survie (*supra* § 3.1 à 3.3) est applicable aux primes de contrats d'assurance en cas de vie lorsque ces primes sont afférentes à des contrats destinés à garantir le versement d'un capital ou d'une rente viagère à l'assuré atteint lors de la conclusion du contrat d'une infirmité qui l'empêche de se livrer dans des conditions normales de rentabilité à une activité professionnelle.

Quant aux montants des versements pris en compte, l'Administration devait préciser (2) que la limite susvisée de 7 000 F, majorée de 1 500 F par enfant à charge s'applique à l'ensemble des contrats mentionnées au 2° de l'article 199 *septies* du CGI – c'est-à-dire tant les contrats de rente survie que les contrats d'épargne handicap – souscrits par les membres d'un même foyer fiscal.

4. LE CUMUL DES AVANTAGES FISCAUX

La réduction d'impôt afférente aux primes des contrats de *"rente survie"*, est indépendante de celle accordée pour les primes des contrats d'assurance en cas de vie. En conséquence (3), le contribuable qui a souscrit plusieurs de ces types de contrats peut cumuler le bénéfice des réductions d'impôt correspondant à ces contrats, chacune d'elles étant naturellement calculée dans les limites qui lui sont propres.

---

(1) Déclaration du Ministre délégué au Budget, Sénat, séance du 16 décembre 1987, JO p. 5567.

(2) Instruction du 3 mars 1988, BOI 5 B-12-88.

(3) Cf Instruction du 29 février 1984, 5 B-II-84.

5. LES CONTRATS SOUSCRITS EN SURSALAIRE

Il est de plus en plus courant qu'une entreprise souscrive sur la tête de ses salariés un contrat d'assurance à leur profit ou au profit des bénéficiaires désignés par eux. Ces contrats sont couramment appelés *"sursalaires"* car les primes versées en exécution de contrats d'assurance souscrits au profit des membres du personnel de l'entreprise doivent être considérées comme un supplément de salaire (1).

Le succès actuel de cette modalité d'épargne des salariés – consécutive tant au précompte des primes qui rend leur versement moins douloureux qu'aux tarifs proposés par les compagnies d'assurance – conduira à préciser le régime desdites primes au regard de l'impôt sur les sociétés, des charges sociales et de l'impôt sur le revenu.

De telles primes ont le caractère d'avantages en argent pour les bénéficiaires (2) et sont dès lors, admises en déduction pour la détermination du bénéfice imposable de l'entreprise dans la mesure où la rétribution globale de chacun des intéressés (cadres ou non cadres (3) – y compris le montant desdites primes – n'excède pas la rétribution normale des fonctions exercées (4) (*infra* p. 218).

Si le traitement des contrats souscrits en sursalaire ne soulève aucune difficulté sérieuse en matière d'impôt sur les sociétés, il en va différemment au regard des charges sociales. L'étude des modalités d'assujettissement des primes considérées aux charges sociales ne relève pas directement de la présente étude, mais explique pour l'essentiel l'intérêt de ce mode d'épargne pour le salarié. Aussi, ne saurait-il être question de l'éluder.

CONTRATS SOUSCRITS EN SURSALAIRE ET CHARGES SOCIALES

Traditionnellement, les cotisations de sécurité sociale étaient assises sur le salaire brut. Cette pratique, dans laquelle la part patronale des contributions à un régime complémentaire ne supporte pas de cotisation sociale, devait être contestée à la fin des années 1970 par certaines Unions de Recouvrement des cotisations de Sécurité sociale (URSSAF).

En effet, selon le premier alinéa de l'ancien article L.120 du Code de la sécurité sociale, entraient dans l'assiette des cotisations de Sécurité sociale,

---

(1) Doc. adm. 5 B-2427.

(2) Réponse Escudier, JO déb. Ch. 31 octobre 1928, p. 2496.

(3) Réponse Boscary-Monsservin, AN 20 juillet 1955, p. 3941 et réponse Schmitt, AN, 10 décembre 1952, p. 6106.

(4) Réponse Gadoin, CR 20 juillet 1955, p. 3941.

non seulement les sommes versées en contrepartie mais également à l'occasion du travail.

C'est en vertu de ce texte que les cotisations patronales à des régimes de prévoyance à adhésion facultative ont été incorporées dans l'assiette des cotisations de Sécurité sociale. Ceci concernait aussi bien les contrats d'assurances collectives des compagnies d'assurances que les mutuelles ou encore les institutions de prévoyance si l'adhésion du personnel n'était que facultative (1). L'intervention du législateur s'avérait donc nécessaire pour restreindre l'assiette des cotisations sociales à la charge de l'employeur et diminuer ainsi le coût du travail.

L'article 16 de la loi n° 79.1129 du 25 décembre 1979 posait alors les principes de l'assujettissement ou de l'exonération des cotisations des employeurs aux Régimes complémentaires de retraite et de prévoyance en complétant l'article L 120 du Code de la Sécurité sociale (actuel article L.242.1) par l'alinéa suivant :

> *"Les contributions des employeurs destinées au financement des prestations complémentaires de retraite et de prévoyance sont exclues de l'assiette des cotisations mentionnées au premier alinéa ci-dessus pour la partie inférieure à un montant fixé par décret".*

Après six années de tergiversations (2) et diverses décisions judiciaires (3) l'article 1er du décret n° 85.783 du 23 juillet 1985 (4) dispose :

> *"Les contributions des employeurs destinées au financement de toutes prestations complémentaires de retraite et de prévoyance, versées aux assurés ressortissants du régime général de la sécurité sociale, sont exclues de l'assiette des cotisations de sécurité sociale propre à chaque assuré pour une fraction n'excédant pas 85 % du plafond de la Sécurité sociale.*
>
> *A l'intérieur de cette fraction, la part des contributions destinées au financement des prestations complémentaires de prévoyance ne peut excéder 19 % de ce même plafond".*

---

(1) Cass. Soc., arrêt Société Altuminium Alcan France c/ URSAFF de Pau, 7 janvier 1971, Bulletin 1971, n° 13.

(2) Cf lettre ministérielle du 11 octobre 1980, diffusée par circulaire ACOSS n° 80-50 du 24 octobre 1980.

(3) Plan 27 février 1981, URSSAF du Nord Finistère c/Sté Bâtiment et Ameublement de Morlaix, Bulletin 1981 n° 2 p 2 ; lettre du Ministère des affaires sociales et de la solidarité nationale du 6 août 1985 (FR 43/85 p. 11 s).

(4) Codifié sous l'article D 242-1 du nouveau code de Sécurité sociale, JO du 27 juillet 1985, p. 8553.

En première analyse, les contrats d'assurance en cas de vie souscrits en sursalaire ne semblent pas intéressés par de nouvelles dispositions, visant les seules *"contributions des employeurs destinées au financement de toutes prestations complémentaires de retraite et de prévoyance"*. En effet, la charge réelle des primes d'assurance vie considérée pèse sur le seul salarié et constitue pour lui un emploi librement arrêté de son revenu imposable.

DOCTRINE DE L'ACOSS

L'ACOSS (Agence Centrale des Organismes de Sécurité Sociale) devait interpréter très largement les dispositions du décret susvisé et se faisant restreindre l'assiette de ses propres cotisations. Pour elle, en effet :

- "**les contrats d'assurance vie**, qu'il s'agisse de contrats de groupe ou de contrats individuels, de caractère oligatoire ou facultatif, à fonds perdus ou à capitalisation, entrent bien dans le cadre du décret du 23 juillet 1985 les termes très généraux du texte ne permettant de les exclure de son champ d'application.

  Il n'y a pas lieu de se référer à la position fiscale, les réglementations applicables en l'espèce étant différentes.

- le même raisonnement est valable pour un contrat individuel souscrit au profit d'un seul salarié pour lui accorder un avantage complémentaire.

- Ce contrat peut être souscrit en faveur d'un dirigeant d'entreprise (Président Directeur Général, Gérant minoritaire)" (1).

Avant l'intervention de la loi de 1979, les primes des contrats d'assurance, entrant dans le champ d'application de l'article 82 du CGI, étaient donc considérées comme un avantage en argent à inclure dans l'assiette des cotisations de Sécurité sociale, que ces primes soient regardées par les parties comme un complément de salaire ou comme une charge sociale de l'employeur.

En d'autres termes, toute prime versée par l'employeur, pour son compte ou celui des salariés bénéficiaires des prestations stipulées au contrat, était considérée comme une contribution patronale constituant un avantage en argent soumis à cotisation.

C'est sans doute pourquoi l'ACOSS estime maintenant que, dans tous les cas, les primes payées entrent dans le champ d'application de la loi de 1979 et de son décret d'application du 23 juillet 1985.

---

(1) Lettre, en date du 2 juin 1986, du responsable de la fonction "recouvrement" de l'ACOSS, M. Salles au Directeur de la Société La Mondiale *(inédit)*.

Il en résulte que les primes, comme toutes les autres contributions patronales à un régime de prévoyance et de retraite, doivent être comprises dans la masse de ces contributions et qu'elles ne seront soumises désormais à cotisation, en tout ou en partie, que si le total des contributions dépasse la limite susvisée.

La souscription de contrats d'assurance vie en sursalaire bénéficiera donc d'une exonération, extrêmement intéressante, de charges sociales dans la grande majorité des cas. Ce traitement privilégié devrait logiquement conforter le succès de ce mode de souscription qui profite, par ailleurs, d'une fiscalité neutre.

En effet, si les primes considérées doivent être comprises dans les bases de l'impôt sur le revenu dû par chaque bénéficiaire (1) elles bénéficieront de l'avantage fiscal lié au versement de telles primes dans les conditions de droit commun (2).

6. LES CONTRATS SOUSCRITS À L'ÉTRANGER

L'Administration (3) accorde, sans difficulté, le bénéfice des réductions d'impôt consécutives au règlement de primes – des contrats d'assurance sur la vie ou des contrats de "rente survie" – dans les conditions de droit commun aux personnes qui, ayant transféré leur domicile en France, conservent le bénéfice de contrats d'assurance souscrits à l'étranger avant leur installation en France.

Pour les contrats d'assurance en cas de vie, la réduction d'impôt correspondante doit naturellement, comme pour les contrats souscrits en France, être calculée sur la seule fraction de la prime représentative de l'opération d'épargne.

Il appartient donc (4) aux contribuables concernés d'apporter la preuve, au moyen des éléments de calcul fournis par les assureurs étrangers que les règles de calcul de la part d'épargne fixées par le décret n° 84.269 du 11 avril 1984 ont été respectées.

7. LES CONTRATS SOUSCRITS EN GARANTIE D'UN EMPRUNT

Les primes d'assurances de personnes ne sont pas prises en compte pour la détermination du montant de l'impôt sur le revenu dû par le souscripteur au seul titre des dispositions de l'article 199 *septies* 1° ou 2° du CGI.

---

(1) Réponse Gadoin, opus cite, JO CR 7 novembre 1951, p. 2610.
(2) Réponse Liot, Sénat 15 août 1969, BOCD II - 4599.
(3) Note du 3 juin 1972, 5 B-14-72, D adm. 5 B-2427 n° 40.
(4) Instruction du 21 décembre 1984, 5 B-22-84.

Ainsi, il en sera éventuellement tenu compte tant au niveau du revenu global du contribuable au titre de dépenses afférentes à l'habitation principale que des charges déductibles du revenu brut foncier.

Selon l'Administration (1), le régime de prise en compte, au niveau de l'imposition du revenu global, des primes afférentes à des contrats d'assurance en cas de décès ou à des contrats d'assurance en cas de vie ne s'applique pas aux contrats souscrits au profit d'un organisme financier pour garantir le remboursement d'emprunts contractés pour l'acquisition de biens immobiliers.

Cette observation n'est pas contestable dès lors que les contrats d'assurance conclus pour garantir des prêts immobiliers sont des contrats d'assurance temporaire décès souscrits au bénéfice de la banque prêteuse.

Conformément à la jurisprudence du Conseil d'Etat (2), les frais d'emprunt doivent être regardés comme ayant le caractère de charges déductibles au même titre que le montant des intérêts de l'emprunt dont ils découlent. Les primes d'assurance afférentes à un contrat souscrit pour le remboursement d'un emprunt s'ajoutent donc au montant des intérêts et peuvent dès lors, s'il s'agit d'un emprunt contracté pour l'acquisition de biens immobiliers destinés à la location, être déduites intégralement, pour la détermination du revenu net foncier imposable (3).

Alors même que les arrêts susvisés du Conseil d'Etat ont été rendus en matière de revenus fonciers, l'Administration (4) accepte d'en appliquer la logique dans le cadre des réductions d'impôt accordées au titre des dépenses afférentes à l'habitation principale (article 199 *sexies* du CGI).

Ainsi, les primes versées au titre d'un contrat d'assurance en cas de décès, pour garantir le remboursement d'un emprunt contracté pour l'acquisition, la construction ou les grosses réparations d'une habitation principale, constituent des charges ouvrant droit à un avantage fiscal au même titre que le montant des intérêts auxquels elles se rapportent.

8. LES CONTRATS SOUSCRITS DANS LE CADRE D'UN PLAN D'ÉPARGNE EN VUE DE LA RETRAITE (PER)

Une étude exhaustive de l'économie fiscale d'un plan d'épargne en vue de la retraite ne relève pas de la présente étude. Le PER se présente, en effet, comme une *"enveloppe fiscale"* offrant pratiquement les mêmes avantages

---

(1) Réponse Beix, AN 9 février 1981, p. 563, n° 37373.
(2) CE 11 février 1966, n° 66328, 9ème s/section et CE 17 juin 1966, n° 68598, 9ème s/section ; Dupont 1966, p. 176.
(3) D adm. 5 D-2226 n° 15, 1er juin 1978.
(4) D adm. 5 B-2421 n° 44, 1er juillet 1978.

fiscaux quels que soient d'une part l'intermédiaire financier auprès duquel auront été ouverts les "comptes d'épargne retraite" (compagnies d'assurances, établissements de crédit, services financiers de la Poste...) et d'autre part les modalités d'emplois des versements effectués (contrats d'assurance-vie, bons de capitalisation, valeurs mobilières, titres de créances négociables...).

Il conviendra donc, après un rapide rappel des modalités de droit commun de prise en compte des versements effectués au sein d'un PER (8.1), de préciser d'une part les opérations d'assurance éligibles dans un PER (8.2), d'autre part les règles de cumul en cas d'utilisation simultanée du PER et de la réduction d'impôt prévue au titre des contrats d'assurance en cas de vie (8.3) enfin les obligations déclaratives des diverses parties au PER (8.4).

8.1 - *RAPPEL DES MODALITÉS DE PRISE EN COMPTE DES VERSEMENTS EFFECTUÉS AU SEIN D'UN PER*

Les versements, nécessairement en numéraires, effectués au sein d'un PER sont déductibles du revenu imposable dans les limites d'un plafond annuel, fixé pour 1989 à :

– 8 210 F pour les contribuables célibataires, veufs, divorcés ou séparés ;

– 16 420 F pour les contribuables mariés soumis à imposition commune.

Ces plafonds sont majorés de 4 110 F pour les contribuables ayant au moins 3 enfants à charge au sens de l'article 196 du CGI.

Ces plafonds s'appliquent à l'ensemble des versements effectués dans le cadre du plan. Ainsi, lorsque le plan est constitué de plusieurs comptes, il convient de totaliser les versements faits sur chaque compte pour apprécier si la limite globale est respectée. Les versements doivent être pris en compte pour leur montant total, frais de gestion et de chargement liés aux primes ou aux sommes versées compris sans compensation avec les retraits éventuellement effectués sur les comptes au cours de la même année.

Ces plafonds évolueront chaque année comme la limite supérieure de la septième tranche du barème de l'impôt sur le revenu de l'année précédente. La référence au barème de l'année précédente permet, comme l'observe l'Administration

> *"de déterminer dès le début de l'année le plafond applicable au titre de cette année. Ainsi, pour 1989, les plafonds de 1988 seront relevés dans la même proportion que la septième tranche du barème applicable aux revenus de 1988 ; ce barème figurera dans*

la loi de finances qui sera adoptée en fin d'année 1988" (Instruction du 19 février 1988, 5 B.11.88, opus cite).

La sanction d'éventuels dépassements des versements autorisés va prendre diverses formes.

Aux termes de l'article 2 de la loi sur l'épargne modifié sur ce point par l'article 15 de la loi de finances rectificative pour 1987 (n° 87.1061 du 30 décembre 1987)

> *"en cas de dépassement des limites (susvisées), le montant des versements excédentaires donne lieu à l'application d'une amende de 10 %. Cette amende est établie et recouvrée d'après les règles, sous les sanctions et avec les garanties prévues en matière d'impôt sur le revenu. Elle n'est pas mise en recouvrement si son montant est inférieur à 80 F".*

Ce dernier montant est, selon le Ministre chargé du budget, *"celui en deçà duquel il coûte plus cher de mettre la pénalité en recouvrement que de ne rien faire"* (1).

Cette première sanction apparaît relativement raisonnable surtout s'il est rappelé que dans un premier temps l'Administration avait songé soit à une amende de 25 %, soit à une déqualification pure et simple de l'ensemble des versements d'un contribuable au sein d'un PER au cours d'une année en cas de versements excédant les limites légales.

En pratique, l'administration fiscale a sans doute eu raison de retenir un taux d'amende relativement bas car un contribuable n'aura guère intérêt à effectuer des versements excédentaires au sein d'un PER.

En effet : d'une part, lesdits versements ne seront pas déductibles de son revenu imposable et d'autre part, l'épargne ainsi constituée après impôt, sera entièrement assujettie à l'impôt sur le revenu selon le régime des pensions lors de la sortie du PER. Or dans cette hypothèse, les intérêts perçus et les plus-values dégagées seraient donc normalement imposés, mais il en irait de même du capital initial.

Quant à la déduction du revenu imposable des versements au sein d'un PER, il reste à souligner qu'elle revêt un caractère définitif – contrairement, par exemple, à la réduction d'impôt consécutive à la souscription de contrats d'assurance vie (*supra* p. 146) – sous réserve, bien entendu, de correspondre à des versements effectivement déductibles. En particulier, elle demeure acquise même si le contribuable retire des sommes de son PER au cours d'une année ultérieure.

---

(1) AN, séance du 9 décembre 1987.

8.2 - *LES OPÉRATIONS D'ASSURANCE ÉLIGIBLES DANS UN PER*

L'article 7.I du décret n° 87.907 du 10 novembre 1987 (JO du 13 novembre 1987 p. 13208s) dispose que

> *"les opérations autorisées dans le cadre du plan d'épargne en vue de la retraite au titre du Code des assurances sont les opérations d'assurance sur la vie et de capitalisation qui comportent une valeur de rachat ou de réduction et une garantie en cas de vie et qui relèvent des branches d'activité 20, 22, 23, 24, 26 et 28 de l'article R 321.1 de ce code à l'exclusion des garanties complémentaires".*

Les opérations d'assurance éligibles dans un PER sont donc les suivantes :

• *Opérations relevant de la branche 20 de l'article R 321.1*

"Il s'agit des contrats qui comportent une valeur de rachat ou de réduction et qui garantissent le versement d'un capital ou d'une rente viagère à une date déterminée à la condition que l'assuré soit vivant à cette date" (Instruction du 19 février 1988, opus cite) cette formule est pour le moins maladroite ou dénote plus gravement d'une profonde méconnaissance – perceptible sur d'autres points – du droit de l'assurance par les rédacteurs de l'instruction fiscale puisqu'un contrat d'assurance en cas de vie sans contre assurance ne peut *"comporter de rachat"* (article L 132.23 du Code des assurances) ;

• *Opérations relevant de la branche 22 de l'article R 321.1*

Elles offrent les mêmes garanties que celles relevant de la branche 20 ; mais au lieu d'être exprimées en francs, elles le sont en unités de compte (actions de SICAV ou titre de sociétés immobilières).

Elles sont soumises aux mêmes règles d'éligibilité que les opérations exprimées en francs ;

• *Opérations relevant de la branche 23 de l'article R 321.1*

Il s'agit des tontines qui consistent en la capitalisation en commun, sur une période donnée, des cotisations versées par un groupe de personnes réunies en association.

Seules les tontines en cas de vie sont éligibles au PER. En effet, les tontines en cas de décès sont assimilables à une assurance décès pure et sont donc inéligibles.

• *Opérations relevant de la branche 24 de l'article R 321.1*

Il s'agit des bons de capitalisation. Ces contrats sont éligibles, à l'exclusion de ceux qui comportent une clause de tirage au sort.

• *Opérations relevant de la branche 26 de l'article R 321.1*

Ce sont les opérations de prévoyance collective. S'agissant de produits reposant sur une combinaison des techniques de capitalisation et de répartition, seuls sont admis ceux qui, conformément à une clause contractuelle, garantissent la totalité de leur engagement vis-à-vis des clients. Dans la pratique, il s'agit de contrats de groupe assurant à leurs adhérents une rente viagère à capital aliéné (sans garantie décès, ni rachat) versée à l'âge de la retraite ;

• *Opérations relevant de la branche 28 de l'article R 321.1*

Ce sont des opérations d'épargne pour lesquelles les sommes versées par les souscripteurs sont capitalisées en commun ; les bénéfices sont mutualisés et il n'y a pas d'obligation réglementaire d'engagement nominal.

La création du PER vise à favoriser la constitution par les contribuables d'un revenu complémentaire pour la période où ils seront à la retraite. Dès lors, seules les garanties en cas de vie – par opposition aux garanties en cas de décès ou aux garanties complémentaires – s'inscrivent dans l'objectif visé par le législateur. Aussi, lorsque les opérations susvisées comportent une garantie en cas de décès, seule la partie de la prime afférente à la garantie vie est considérée comme un versement fait au titre du PER sous réserve, aux termes de l'article 7 V du décret susvisé du 10 novembre 1987 que *"le montant de (la garantie en cas de décès n'excède pas) quatre fois le montant garanti du capital en cas de vie ou du capital constitutif de la rente lors de sa mise en service"*.

Dans cette hypothèse, et sous la réserve précédente *"le montant de la prime payée est pris en compte dans les limites fixées à l'article 2 de la loi du 17 juin 1987, soit partiellement, soit intégralement, conformément aux dispositions prévues par arrêté du Ministre chargé de l'économie et des finances"*.

Pourcentage de la prime éligible au PER

L'arrêté du 10 novembre 1987, (JO 13 novembre 1987 p. 13211) prévoit que le montant de la prime qui peut être considéré comme un versement fait au titre du PER s'obtient en appliquant au montant total de la prime acquittée l'un des pourcentages suivants qui dépendent de la nature et de l'importance de la garantie décès :

– 100 % si la garantie décès s'exprime exclusivement par la réversibilité d'une rente viagère sur la tête du seul conjoint survivant (une telle garantie correspondant, en effet, à l'objectif du PER qui est de permettre aux membres du foyer fiscal de se constituer un complément de ressources au moment de la retraite) ;

– 95 % si la garantie décès s'exprime exclusivement par une contre assurance décès (cette contre assurance permet de rembourser au bénéficiaire désigné au contrat les primes payées ou l'épargne constituée lors du décès de l'assuré) ;

– 85 % pour les contrats mixtes dans lesquels la garantie décès n'excède pas quatre fois la garantie vie, qui sont en cours au 1er janvier 1988 ;

– le pourcentage donné par le tableau ci-dessous pour les contrats mixtes qui sont conclus à partir du ler janvier 1988, dont il convient de souligner qu'il traduit une "grande simplification" par rapport aux premiers tableaux envisagés par le SLF.

AGE A L'ÉCHÉANCE DU CONTRAT (1)	AGE A LA SOUSCRIPTION DU CONTRAT (1)	MONTANT DE LA GARANTIE DÉCÈS		
		INFÉRIEUR A 70 % DU MONTANT DU CAPITAL VIE	ÉGAL OU SUPÉRIEUR A 70 % ET INFÉRIEUR A 150 % DU MONTANT DU CAPITAL VIE	ÉGAL OU SUPÉRIEUR A150 % SANS EXCÉDER 400 % DU MONTANT DU CAPITAL VIE
		POURCENTAGE DE LA PRIME ÉLIGIBLE		
60 ans ou plus	< 45	90	80	65
	45 au moins	95	85	75
+ de 60 ans et 65 ans au plus	< 45	85	70	55
	45 au moins	90	80	65
plus de 65 ans	< 45	75	60	45
	45 au moins	80	70	55

L'administration fiscale a précisé par ailleurs que *"pour ces opérations, la limite de versement applicable au PER s'apprécie par rapport au seul montant de la prime qui est éligible au plan"* (Instruction du 19 février 1988, opus cite).

La loi sur l'épargne ayant été conçue dans une optique libérale, le contribuable peut choisir librement tant le gestionnaire de son épargne que le mode d'investissement de celle-ci. Conformément à cette logique, l'épargnant pourra même décider d'inscrire dans son PER

---

(1) Naturellement, dans l'hypothèse de contrats souscrits sur 2 têtes assurées, il conviendra de prendre en considération "l'âge moyen" au sens actuariel du terme.

"les primes afférentes à une opération d'assurance conclue avant le 1er janvier 1988. Ce choix doit intervenir (cependant) au plus tard lors du versement de la première prime échue à compter de cette date et, en tout état de cause, avant le 31 décembre 1988. (Naturellement) la part du montant du capital acquis avant cette affectation n'est pas soumise aux dispositions prévues pour les plans d'épargne en vue de la retraite. Cette part est calculée à partir de la provision mathématique constituée au moyen des primes versées par le contribuable avant cette affectation" (article 8 du décret susvisé du 10 novembre 1987).

Conséquences de l'affectation d'un contrat à un PER

L'administration fiscale a précisé à cet égard que la décision d'affectation de tels contrats à un PER **"est irrévocable"** (Instruction du 19 février 1988, opus cite). Cette **"irrévocabilité"** ne découlant d'aucune disposition légale pourrait demain être contestée. Elle apparaît pourtant hautement souhaitable, tant la gestion fiscale d'un contrat d'assurance-vie à primes périodiques, dont les primes seraient inscrites certaines années au sein d'un PER et d'autres années souscrites en dehors d'un PER, s'avèrerait complexe.

En pratique, les compagnies d'assurances ont, dans leur grande majorité, décidé de ne pas permettre à leur clientèle d'inscrire dans leur PER des contrats à primes périodiques, a fortiori antérieurs au 1er janvier 1988. Car sur le plan de la gestion, l'affectation à un PER de contrats à primes périodiques apparaît de nature à soulever des difficultés inextricables, encore aggravées si lesdits contrats sont antérieurs au 1er janvier 1988.

En effet, sur un plan technique, le montant de la prime annuelle de contrats à primes périodiques évolue en application de dispositions qui n'ont aucun rapport avec l'évolution de la 7è tranche de l'impôt sur le revenu ou encore avec la situation familiale de l'épargnant. Il ne peut donc pas y avoir adéquation, plus d'une année, entre le montant du versement annuel au titre d'un contrat à primes périodiques et les limites de versements autorisés au sein d'un PER.

Un contrat en primes périodiques sera donc inéluctablement l'objet de divisions successives.

Dans un premier temps, il s'avèrera nécessaire de distinguer les primes, les capitaux engendrés par celles-ci et les provisions mathématiques correspondantes antérieures à l'affectation – fût-ce partielle – du contrat à un PER des primes postérieures à cette affectation.

Ultérieurement, les primes et prestations afférentes à un contrat d'assurance à primes périodiques, dont l'unicité sur le plan juridique ne saurait être remise en cause, relèveraient donc éventuellement de deux régimes fiscaux distincts et ce selon des proportions variables dans le temps : soit le régime spécifique à l'assurance vie, soit les dispositions particulières au PER.

De plus, du fait de l'emboîtage des régimes fiscaux de l'assurance et du PER, (*infra* 8.3) le montant même de la prime d'assurance, toutes taxes comprises, de contrats à primes périodiques variera chaque année, indépendamment de toute évolution contractuelle selon la part de ladite prime affectée au PER, seule exonérée de la taxe d'assurance.

Cette multiplicité des régimes fiscaux applicables à un contrat unique apparaît de nature à interdire au contribuable de comprendre l'économie fiscale de son opération d'épargne ou encore simplement de calculer le montant, après impôt, de son épargne disponible, particulièrement en cas de rachat partiel.

Enfin, l'épargnant dont le contrat à primes périodiques aura été éclaté pour des motifs exclusivement fiscaux bénéficiera de revalorisations différentes sur les capitaux antérieurs à l'affectation dudit contrat au PER (libérés de primes) et les capitaux postérieurs à cette affectation (la revalorisation du capital étant liée à l'augmentation des primes). Le souscripteur se trouvera donc en pratique dans l'impossibilité de comprendre le mode de revalorisation de son contrat.

Le libéralisme du législateur se heurte ainsi aux possibilités d'une part de gestion des compagnies d'assurances et d'autre part de compréhension des contribuables.

8.3 - *RÈGLE DU CUMUL DES AVANTAGES FISCAUX DU PER ET DE L'ASSURANCE EN CAS DE VIE*

Essentiellement pour des problèmes de coût budgétaire (*supra* p. 128), mais non exclusivement, le législateur n'a pas entendu permettre à un contribuable de bénéficier pour la même année de la plénitude des avantages fiscaux liés d'une part à la souscription d'un contrat d'assurance en cas de vie et d'autre part aux versements effectués au sein d'un PER. Aussi l'article 14 de la loi sur l'épargne du 17 juin 1987 dispose-t-il que

> *"lorsque le contribuable fait usage au cours d'une année donnée, de la réduction d'impôt prévue au deuxième alinéa du 1° de l'article 199* septies *du CGI, les primes ainsi prises en compte s'imputent sur la limite de déduction résultant de l'article 2".*

Ce mécanisme, dit de l'emboîtage, apparaît particulièrement critiquable. L'administration fiscale a explicité, en termes lénifiants, cette technique dans son instruction susvisée :

> Lorsque le contribuable fait usage, au titre d'une année donnée, de la réduction d'impôt prévue pour les primes d'assurance-vie, le montant des primes retenu pour le calcul de cette réduction d'impôt s'impute sur la limite qui est applicable, au titre de cette même année, aux versements effectués sur le PER.

Champ d'application

Cette disposition concerne les contrats d'assurance en cas de vie qui ne figurent pas dans un PER et pour lesquels le bénéfice de la réduction d'impôt est demandé. Lorsque de tels contrats sont compris dans un PER, ils sont soumis au régime fiscal prévu pour les plans d'épargne en vue de la retraite.

Elle ne s'applique pas aux contrats mentionnés au 2° de l'article 199 *septies* (du CGI),

- contrats de rente survie qui garantissent, en cas de décès des parents, le versement d'un capital ou d'une rente viagère à un enfant de l'assuré atteint d'une infirmité (*supra* p. 147) ;

- contrats qui garantissent, en cas de vie, le versement d'un capital ou d'une rente viagère à l'assuré atteint d'une infirmité (*supra* p. 151).

Modalités d'imputation des primes

Les primes sont retenues à concurrence de leur part d'épargne qui sert de base au calcul de la réduction d'impôt (CGI, art. 199 *septies* 1°, deuxième alinéa).

En pratique, l'emboîtage actuel des dispositions fiscales de l'assurance en cas de vie et du plan d'épargne en vue de la retraite risque de conduire à une totale incompréhension des épargnants. Le mécanisme d'imputation des primes de contrats d'assurance en cas de vie sur la limite de déduction offerte aux titulaires de PER apparaît, en effet, particulièrement abscons.

Sa compréhension nécessite, en premier lieu, de distinguer la fraction de la prime d'un contrat d'assurance **"représentative de l'opération d'épargne"**, au sens de l'article 199 *septies* 1° du CGI et la fraction de la même prime éligible au sein d'un PER alors que leur mode de détermination diffère du tout au tout.

Par ailleurs, pour *"éclairer"* encore le contribuable, le législateur n'a pas retenu la même notion d'enfants à charge en matière d'une part de PER et d'autre part d'assurance en cas de vie, les enfants à charge devant s'entendre dans le premier cas au sens de l'article 196 du CGI et dans le second des enfants pris en compte par le contribuable à un titre quelconque pour le calcul de son impôt sur le revenu (en particulier par voie de rattachement ; a 196 B du CGI).

Au demeurant, un contribuable, même parfaitement informé, se trouvera dans de nombreux cas dans l'impossibilité de bénéficier pleinement des avantages fiscaux prévus par la loi.

En effet, le souscripteur d'un contrat d'assurance en cas de vie a primes périodiques – contrat dont le législateur a prévu l'éligibilité dans le PER – ne connaîtra exactement la part *"représentative de l'opération d'épargne"* qu'en Janvier de l'année *n + 1*, alors qu'il lui est fait obligation d'effectuer son versement au sein du PER au plus tard le 31 décembre de l'année *n*, avec menace d'application d'une amende, en cas de dépassement des limites autorisées.

L'emboîtage du régime fiscal de l'assurance en cas de vie et du PER apparaît ainsi de nature à ruiner tout l'effort de clarté dans la rédaction des contrats et l'information de leurs clients effectués par les compagnies d'assurances depuis de nombreuses années à la demande tant des pouvoirs publics que des organisations de consommateurs.

8.4 - *LES OBLIGATIONS DÉCLARATIVES*

Les articles 15 à 18 du décret susvisé du 10 novembre 1987 décrivent largement les obligations déclaratives liées aux versements effectués au sein du PER tant pour le contribuable que pour l'organisme auprès duquel des comptes d'épargne retraite auront été ouverts. A cet égard, les hauts fonctionnaires de la Direction générale des impôts ne dissimulent guère leur inquiétude quant aux difficultés que devrait rencontrer l'Administration pour traiter la multitude des informations nécessaires au contrôle des déductions effectuées par les contribuables, particulièrement lorsque ceux-ci auront, comme les y autorise la législation, ouvert plusieurs comptes d'épargne retraite auprès de différents organismes financiers.

Obligations de l'épargnant

En pratique, si aux termes de l'article 15 du décret du 10 novembre 1987 le contribuable est tenu de fournir de multiples renseignements à l'organisme auprès duquel il a ouvert un compte d'épargne retraite – et dont l'analyse ne relève pas de la présente étude – ses obligations envers l'administration fiscale ont été simplifiées à l'extrême.

En effet, le contribuable doit simplement d'une part récapituler sur sa déclaration de revenus annuelle le montant des versements effectués dans le cadre de son PER et d'autre part préciser le nombre d'organismes auprès desquels un compte d'épargne retraite a été ouvert et joindre à sa déclaration les duplicata des déclarations reçues de ces organismes.

Obligations de l'organisme gestionnaire

L'organisme gestionnaire d'un PER constitué de contrats d'assurance vie ou de capitalisation devra adresser à la direction des services fiscaux de sa résidence, avant le 16 février de chaque année

> "et aussi longtemps que ce compte existe, les renseignements suivants relatifs à l'année précédente ... :
>
> – *l'identification du titulaire du compte* : ses nom, prénoms, adresse, sa date de naissance et celle de son conjoint ;
>
> – *l'identification du PER* : date d'ouverture, date du premier retrait ou de la première liquidation de pension après 60 ans, numéro du compte et date de clôture le cas échéant.
>
> – ......
>
> – *le montant des transferts en provenance ou à destination du compte.*
>
> Ces renseignements sont mentionnés sur la déclaration prévue à l'article 242 ter 1 du CGI. L'organisme gestionnaire doit remettre dans le même délai, c'est-à-dire avant le 16 février, un duplicata de cette déclaration au contribuable" (Instruction du 19 février 1988, opus cite).

Les obligations déclaratives des organismes gestionnaires du PER, constituées de contrats d'assurance-vie ou de contrats de capitalisation, au profit de l'administration fiscale n'apparaissent donc pas excessives et leur respect ne devrait pas leur poser de difficultés particulières, dès lors que lesdits organismes n'ont pas à contrôler l'exactitude des informations communiquées par leurs clients.

SECTION II

Les cotisations de retraite et de prévoyance supplémentaires

LE SYSTÈME FRANÇAIS DE RETRAITE

Antérieurement à la seconde guerre mondiale, la règle en matière de régime de retraite était la capitalisation. L'inflation galopante et la crise de 1929 s'étaient malheureusement conjuguées pour réduire à très peu de chose les droits accumulés soit sous forme de contrats d'assurance, soit dans les fonds de retraite gérés par capitalisation.

L'influence du plan Beveridge et l'adoption d'une **"Charte de la Résistance"** prévoyant, entre autres, *"un plan complet de Sécurité sociale visant à assurer à tous les citoyens des moyens d'existence, dans tous les cas où ils sont incapables de se les procurer par le travail, avec gestion appartenant aux* *représentants des intéressés et de l'Etat"* (1) conduisaient à transformer le régime de retraite des assurances sociales de régime de capitalisation en régime par répartition.

Le régime mis en place en France au lendemain de la guerre reposait donc pour l'essentiel sur des mécanismes de répartition. L'assurance vieillesse n'était cependant pas au centre des préoccupations des fondateurs de la Sécurité sociale. Ceci s'est traduit par des pensions d'un montant très faible pendant longtemps.

Aussi, avec le temps, le système de couverture s'est diversifié sans parvenir toutefois à satisfaire la totalité des besoins. La question d'un recours supplémentaire à l'épargne est, dans ces conditions, à nouveau posée.

Le système actuel de couverture du risque vieillesse peut être, en effet, schématiquement, présenté en trois niveaux (2) :

– le premier est celui des régimes de base : le régime général de la Sécurité sociale et les régimes spéciaux visés par l'article L 3 du Code de la Sécurité sociale (on dénombre actuellement 120 régimes de base, y compris les 90 régimes de l'Alsace Lorraine) ;

– le deuxième est constitué par les régimes complémentaires issus des accords collectifs de l'immédiat après guerre dont la généralisation a été imposée par la loi (on compterait actuellement 387 caisses de retraite complémentaire ou de prévoyance) ;

– enfin, un troisième niveau qui est celui auquel les entreprises adhérent librement, dénommé généralement **"régimes supplémentaires ou surcomplémentaires"**.

Si les régimes mis en oeuvre, à ce dernier niveau, sont d'une très grande diversité et souvent mal connus (régimes d'entreprises non préfinancés, régimes de cadres supérieurs en répartition, régimes gérés par des mutuelles) il n'en va guère différemment pour les deux premiers niveaux que *"le caractère hétéroclite du système rend indescriptible. Pas un seul spécialiste des ministères de tutelle ou des organismes de gestion n'est capable d'avoir une connaissance complète de l'ensemble"* (3).

---

(1) *"Deux cents ans d'histoire"* par J. Rigaudiat in "la protection sociale", les dossiers de l'IRES, n° 1, novembre 1983, p. 19.

(2) Cf *"Opportunité d'une réflexion d'ensemble sur les voies et moyens pour favoriser le développement des formules nouvelles de retraite collective par capitalisation"*, par P. Vajda, document contributif n° 15 au rapport Dautresme p. 366, et *"La distinction entre les différents régimes de protection sociale et les risques qu'ils couvrent a-t-elle encore un sens"* par O. Fouquet, in Droit social n° 3, mars 1984, p. 208.

(3) Rapport de la commission *"Protection sociale et famille"* pour la préparation du VIIIe Plan 1980.

La caractéristique principale du troisième niveau de protection reste donc de n'être pas obligatoire et d'offrir seul aux entreprises un choix entre deux modes de couverture de leurs besoins. Les entreprises peuvent en effet décider de compléter les pensions de leur personnel en s'affiliant à des régimes gérés par l'ARRCO (pour les salariés non cadres) (Association des Régimes de Retraites Complémentaires) ou à des régimes supplémentaires de cadres autonomes ou gérés par l'AGIRC (Association Générales des Institutions de Retraite des Cadres). Elles peuvent également mettre en place des régimes d'entreprise ou des **"régimes chapeaux"** destinés à garantir à leurs cadres une fraction donnée de leur dernier salaire d'activité. Enfin, les entreprises peuvent également souscrire une assurance de groupe, pour tout ou partie de leur personnel. Seules, naturellement ces dernières modalités s'inscrivent dans le cadre de la présente étude et feront l'objet d'une analyse.

Il ne saurait en effet être question de traiter ici des avantages respectifs des régimes de retraite par répartition ou par capitalisation (1) ni de leurs évolutions probables à l'horizon de l'an 2000 (2). L'analyse n'interessera donc que les problèmes fiscaux soulevés par l'intervention des compagnies d'assurance dans le cadre de la protection sociale surcomplémentaire.

Ces régimes supplémentaires ont le plus souvent été mis en place récemment puisque, depuis le début des années quatre-vingt, il ne se passe guère de semaine sans qu'un rapport, un article, un livre ne vienne nous rappeler que les régimes de retraite par répartition en France, comme à l'étranger, sont menacés par l'évolution économique et démographique (3). En effet,

> *"même si la détérioration massive du rapport actifs/personnes âgées n'est prévue par les démographes que vers 2005, les perspectives établies dans le cadre des travaux du Plan indiquent que les vingt prochaines années seront caractérisées par une croissance continue du déséquilibre financier de l'assurance vieillesse"* (4).

Cette étude portera donc sur une partie marginale – mais en forte croissance – de notre système de protection sociale.

(1) Cf à ce sujet *"Retraites et capitalisation"*, annexe n° 78 au rapport Dautresme.

(2) Cf à ce sujet *"Protection sociale"* (trois scénarios contrastés à l'horizon 2000) par C. Charpy et H. de Louvenel, CAPA Futuribles 1986.

(3) Cf principalement : *"L'Epargne et la Retraite (l'avenir des retraites préfinancées)"* par D. Kessler et D. Strauss-Kahn chez Economica 1982 et *"La fin des retraites"* par A. Babeau, Collection Pluriel, 1985.

(4) Rapport de la Cour des comptes au Président de la République (1987), p. 286.

RÉPARTITION OU CAPITALISATION ?

> *"Aujourd'hui la France se trouve dans une situation assez particulière par rapport à la RFA, aux USA et au Royaume-Uni où il existe de nombreux contrats de retraite par capitalisation organisés par les entreprises elles-mêmes ou par les sociétés d'assurances. En France, la préparation de la retraite à partir de mécanismes de capitalisation collective est extrêmement peu développée et le prélèvement sur le revenu des ménages se partage entre une épargne individuelle et des cotisations à des régimes collectifs fonctionnant en répartition"* (1).

Ainsi

> *"actuellement les régimes de retraite par répartition versent quelque 500 milliards de F chaque année (soit environ 12 % du produit intérieur ... (Alors qu') on estime à environ 30 milliards de F les sommes collectées par les produits d'épargne retraite, c'est-à-dire que la retraite par capitalisation ne représente qu'environ 5 % de la retraite en France. Même si on y ajoute certains régimes et les systèmes collectifs d'entreprises, la capitalisation ne représente qu'un très faible pourcentage"* (2).

Mais ce pourcentage parait appelé à croître dans les prochaines années sans cependant que la capitalisation ne puisse, semble-t-il, remplacer demain la répartition par suite du choix effectué, au lendemain de la guerre, en faveur de cette dernière méthode qui permettait seule de verser des retraites immédiatement. Encore qu'au Royaume-Uni des réformes radicales soient en cours au terme desquelles, à compter de 1987, le régime complémentaire d'Etat qui fonctionnait en répartition cessera progressivement d'exister pour céder la place à des régimes de capitalisation.

En France, pour l'instant, *"ce qui est en cause, c'est (essentiellement) la progression des cotisations facultatives aux régimes de retraite par répartition comparée à la signature d'accords d'entreprise impliquant le recours à des produits de capitalisation"* (3).

Le recours à la technique de la capitalisation pourrait, en effet difficilement porter sur les régimes complémentaires car *"en admettant que l'on veuille transformer ceux-ci en système de capitalisation, il faudrait selon certaines études, doubler les cotisations pendant 20 ans, ce qui est impossible"* (4).

---

(1) *"L'épargne et la retraite"* par D. Kessler et D. Strauss-Kahn, opus cite p. 9.

(2) *"Retraite par répartition ou par capitalisation : la fin de la guerre de religion"* par P. Picard, in Droit social n° 4, avril 1986, p. 344.

(3) *"La fin des retraites"* par A. Babeau opus cite, p. 246.

(4) Rapport Dautresme, opus cite, p. 389.

La capitalisation n'intéresse donc que le troisième niveau de financement des retraites appelées communément **"supplémentaires ou surcomplémentaires"**. Mais il est clair que les contrats de retraite par capitalisation ne peuvent se multiplier, même marginalement, que s'ils bénéficient sur le plan fiscal d'une égalité de traitement avec les régimes par répartition.

Il importe donc d'exposer, après un nécessaire historique (**1.**), les modalités actuelles de déduction pour le calcul de l'impôt sur le revenu des salariés des cotisations versées à des régimes – faisant appel à la capitalisation – de retraite et de prévoyance dans le cadre de l'entreprise (**2.**) sans cependant soumettre l'étude de la situation des non salariés (**3.**) ni oublier que les régimes fiscaux analysés *"ne sont que des systèmes qui devront évoluer avec le développement considérable de la protection sociale. La fiscalité (devant) demeurer au service d'une politique et non la commander"* (1).

1. L'ÉVOLUTION DES MODALITÉS DE DÉDUCTION

Une éventuelle analyse des modalités de déduction des cotisations de retraite dans les régimes fiscaux des autres pays de la Communauté européenne n'apporterait guère d'enseignement, par suite des différences essentielles des modes de financement retenus. L'étude de l'évolution des modalités de déduction desdites primes en droit fiscal francais permettra, par contre, de mieux appréhender notre législation contemporaine.

Cette évolution découle de la contradiction partielle entre la doctrine administrative (1.1) et la jurisprudence du Conseil d'Etat (1.2) et des observations du rapport Gisserot (1.3).

1.1 - *LA DOCTRINE ADMINISTRATIVE DE 1967 (règle dite des 19 %)*

Le problème posé était celui de l'interprétation des dispositions des alinéas 1° et 2° de l'ancien article 83 du CGI qui disposaient (2) :

> *"Le montant net du revenu imposable est déterminé en déduisant du montant brut des sommes payées et des avantages en argent ou en nature accordés :*
>
> – 1° les retenues faites par l'employeur en vue de la constitution de pensions ou de retraites
>
> – ....
>
> – 2° la cotisation ouvrière aux assurances sociales".

(1) In Conférence prononcée au 14e colloque de Droit social, le 31 janvier 1986 par le Professeur Schmidt (Droit social, avril 1986, p. 331).

(2) Avant sa modification par l'article 17 de la loi n° 85.695 du 11 juillet 1985 portant diverses dispositions d'ordre économique et financier.

Les difficultés d'interprétation de cet article quant à la nature des cotisations à prendre en compte, découlaient pour partie de son ancienneté.

En effet, le texte de l'article 83.1 du CGI date, dans une rédaction pratiquement inchangée, du décret du 17 janvier 1917 pris pour l'application des dispositions législatives créant un impôt général sur le revenu.

L'article 1er dudit décret prévoyait alors la déduction *"des retenues supportées et des sommes versées pour la constitution de pensions ou de retraites"*.

Cette rédaction devait être reprise presque sans changement par le décret loi du 30 octobre 1935 d'où provenait la rédaction susvisée de l'ancien 83 du CGI.

> *"Or en 1917 il n'existait aucun régime de Sécurité sociale et l'on pourrait soutenir que la disposition de l'article 83.1 doit être interprétée à la lumière de l'évolution de la protection sociale en France depuis cette date.*
>
> *Nous constatons en effet que depuis 1917 des régimes obligatoires de Sécurité sociale ont été créés et que leur champ d'application n'a cessé de s'étendre à la fois quant aux bénéficiaires (Cf la loi de l978 sur la généralisation), et quant au montant des prestations (Cf la généralisation des régimes complémentaires en 1972). Or que constatons-nous dans les régimes complémentaires devenus aujourd'hui obligatoires ? Ces régimes sont principalement des régimes de retraite, mais aussi des régimes de prévoyance.*
>
> *C'est ainsi que la convention nationale des cadres du 14 mars 1947 prévoit l'institution d'une part d'un régime obligatoire de retraite et d'un régime obligatoire d'assurance décès et d'autre part d'un régime facultatif supplémentaire de prévoyance pouvant couvrir les risques maladie, invalidité, décès. On peut donc soutenir, avec une certaine logique historique que l'article 83.1 du Code vise tous les régimes de retraite et, dans la mesure où ceux-ci sont devenus des régimes de retraite et de prévoyance, tous les régimes de retraite et de prévoyance"* (1).

L'administration fiscale dans sa note du 27 avril 1967 (2) et son instruction du 1er août 1975 (3) devait partiellement faire sienne cette lecture historique

(1) Olivier Fouquet, opus cite, in Droit social n° 3, Mars 1984, p. 210.
(2) BOCD 1967, II, 3761.
(3) BODGI 5 F-24-75.

des dispositions de l'article 83 du CGI, en admettant la déductibilité du revenu imposable non seulement des cotisations affectées exclusivement à la couverture du risque vieillesse, mais également celle des cotisations destinées au financement de la couverture d'autres risques, en complément des avantages de la Sécurité sociale.

Par ailleurs, à défaut d'une définition législative de la notion de retraite, l'Administration tenta rapidement de refuser la déductibilité, au titre de l'article 83 du CGI, des cotisations afférentes non à la constitution d'une pension de retraite, mais à la réalisation d'un véritable placement qui serait opéré par les salariés, par l'intermédiaire de leur employeur. Dans cette tentative, l'Administration visait essentiellement les cadres dirigeants bénéficiaires des régimes de couvertures *"surcomplémentaires"* qui, au-delà de certaines limites pouvaient effectivement apparaître comme réalisant une opération de placement plutôt qu'une couverture du risque vieillesse, et ce, d'autant plus aisénent, que ce sont ces mêmes cadres dirigeants qui engageront habituellement l'entreprise lors de la mise en place desdits régimes *"surcomplémentaires"*.

La difficulté et le risque étaient cependant grands pour l'Administration – en l'absence d'une jurisprudence récente en la matière – de fixer une limite rigide au-delà de laquelle les cotisations versées seraient considérées comme ne visant pas la constitution d'une retraite, même si une telle fixation était la condition d'une certaine efficacité.

Le Conseil d'Etat (1) n'avait en effet posé au droit de déduction qu'une seule limite. Il refusait la déduction, à titre de charge grevant l'acquisition ou la conservation du revenu, de versements effectués à une caisse de retraite, lorsque ceux-ci comparés au montant total du traitement atteignaient une importance qui leur donnait le caractère d'un emploi d'une partie du revenu en vue d'un placement (2).

Aussi, dès 1956 l'Administration va poser une limitation des déductions autorisées au titre de l'article 83 du CGI, mais surtout, par une note du 27 avril 1967, elle rappellera les conditions dans lesquelles, pour les différentes catégories de salariés, les cotisations versées au titre de la garantie du risque vieillesse présentent le caractère de cotisations de retraite et sont, dès lors, à admettre au bénéfice des dispositions susvisées.

Le principe posé par l'Administration, notamment dans son instruction du 1er août 1975, est que les cotisations peuvent être considérées comme normales *"dès lors que les avantages servis en contrepartie sont comparables à ceux prévus en faveur des salariés du secteur public"*.

---

(1) CE 22 novembre 1923, req n° 77827 (Lebon p. 750) et 19 octobre 1936, req n° 55622.
(2) Dans l'espèce de 1923, la cotisation représentait 82 % du traitement.

Pour certains le statut

> *"de la fonction publique paraît, en effet, constituer, une bonne référence et l'on peut admettre que, dans la mesure où l'ensemble des cotisations, tous régimes confondus, laisse espérer un montant de pension ne dépassant pas, par rapport au dernier traitement, un pourcentage identique à celui dont bénéficierait un fonctionnaire, la frontière n'est pas franchie. Ledit statut accordant un droit à pension égal à 75 % du dernier traitement après 37,5 années de service, on doit corrélativement admettre comme fiscalement acceptable, un objectif identique pour les salariés du secteur privé".* (1)

Une telle proposition sur la "normalité" d'une cotisation de droit privé qui serait établie par comparaison au droit de la fonction publique, apparaît pourtant dénuée de tout fondement juridique.

L'Administration (2) posait cependant pour principe que *"le montant des cotisations ne doit pas dépasser pour chaque salarié 19 % de la rémunération effective"*, prise en compte dans la limite du double du plafond prévu pour le calcul des cotisations des régimes de la convention collective de 1947 (soit 8 fois le plafond annuel de calcul des cotisations de Sécurité sociale).

L'administration fiscale précisait cependant dès 1975 (3) que

> *"la limitation à 19 % du montant de la rémunération cesse de s'appliquer pour les cotisations versées au régime complémentaire de retraite auquel doivent obligatoirement être affiliés – en vertu des dispositions de la loi du 29 décembre 1972 – les salariés assujettis à l'assurance vieillesse du régime général de Sécurité sociale ou des assurances sociales agricoles, dès lors que les avantages servis par ce régime complémentaire restent comparables – compte tenu de ceux offerts par le régime de base – à ceux prévus en faveur des salariés du secteur public"* (3).

La doctrine administrative exprimée par les deux instructions susvisées comprenait naturellement de nombreuses autres dispositions. Ces dernières seront analysées avec la législation actuelle, puisque pour l'essentiel elles ont été reprises dans les instructions ultérieures à la loi du 11 juillet 1985 qui a arrêté la nouvelle rédaction de l'article 83 du CGI.

En pratique, il ressortit d'une enquête de l'Inspection générale des finances, effectuée en 1983 que *"les règles de déductibilité des cotisations de*

---

(1) In *"Etude"* par Jean Gilardi, Revue de Jurisprudence fiscale, avril 1981, p. 159.
(2) Note du 27 avril 1967, BOCD 1967-II-3761.
(3) Instruction du 1er août 1975, 5, F-24-75.

retraite et de prévoyance (étaient) souvent ignorées des entreprises et (faisaient) l'objet de peu de contrôle de la part des services fiscaux. Généralement, les sociétés concernées (déduisaient) systématiquement de la rémunération de leurs salariés l'intégralité des versements aux régimes d'assurance vieillesse complémentaires et supplémentaires d'une part, aux régimes de prévoyance d'autre part" (1).

Malgré cette absence d'application réelle, la règle dite des 19 % devait donner lieu à de nombreuses décisions du Conseil d'Etat. La Haute assemblée soulignait alors, contrairement à la doctrine administrative, d'une part qu'en toute hypothèse, s'il peut exister une limitation à la déduction des cotisations de retraite en considération d'abus éventuels, cette limite ne saurait résulter de formules mathématiques du type de celles appliquées par l'Administration, d'autre part qu'il n'y a pas lieu d'assimiler aux cotisations de retraite les cotisations à des régimes de prévoyance.

1.2 - *LA JURISPRUDENCE DU CONSEIL D'ETAT*

Si le souci initial de l'Administration de sanctionner quelques rares abus, commis au bénéfice essentiellement de cadres dirigeants, n'apparaît guère critiquable, l'évolution des régimes de retraite devait conduire à la multiplication des recours à l'encontre d'une disposition sans logique véritable.

En effet, il est certain que les précautions dont l'Administration a entendu s'entourer étaient destinées à prévenir des abus qui ne pouvaient être le fait de n'importe quelle catégorie de salariés. Ce sont les cadres dirigeants, qui se trouvaient, en pratique, visés par la note du 27 avril 1967, c'est-à-dire les seuls salariés qui à l'époque bénéficiaient de régimes de couvertures *"surcomplémentaires"*.

Les autres cadres apparaissaient cependant également concernés (2) fût-ce à un moindre degré. En revanche, les salariés non cadres n'étaient pas expressément cités.

Néanmoins, la doctrine administrative ne posait aucune exclusive quant à son champ d'application de sorte que ses termes pouvaient intéresser n'importe quelle catégorie de salariés. En 1967, d'une telle observation découlait aucune conséquence pratique pour les salariés non cadres dont les régimes de retraites complémentaires n'avaient pas atteint leur plein développement. La généralisation – par la loi n° 72.1223 du 29 décembre 1972 - des régimes de retraites complémentaires devait cependant conduire l'Administration à préciser *"que la limitation individuelle du montant des cotisations n'est plus opposable au régime complémentaire obligatoire de retraite du salarié"* (3).

(1) 7e rapport du Conseil des Impôts, opus cite, p. 62.

(2) Note précitée § 8.

(3) Instruction du 1er août 1975, 5, F- 24-75.

Cet assouplissement de la doctrine administrative ne devait guère retarder la multiplication des dépassements consécutive à une forte croissance des cotisations nécessaire au maintien de l'équilibre des régimes de retraites menacé tant par la fin des *"trente glorieuses"* que par une évolution démographique défavorable des populations affiliées. Ainsi, sans accroissement des prestations, et à seule fin de rééquilibrer les régimes de retraites obligatoires, le plafond des cotisations passait de l'indice 100 en 1967 à l'indice 440 en 1980 – alors que dans le même temps l'indice du coût de la vie passait seulement de 100 à 294 – et le taux de cotsation à la sécurité sociale de 8 % en 1967 à 12,90 % en 1980, l'Administration continuant cependant de ne retenir la cotisation vieillesse de la Sécurité sociale à hauteur seulement de 10,25 %.

Aussi, de plus en plus de salariés étaient-ils conduits à s'interroger sur la justification d'une règle uniforme et rigide dite des 19 % qui ne ressortissait pas d'un article 83 du CGI ne prévoyant aucune limite mathématique à la déductibilité des cotisations à des régimes de retraite et qui ne correspondait même pas à la logique avancée par l'Administration.

En effet il est possible d'observer que

> *"dès 1967 l'Administration n'avait pas appliqué correctement le critère qu'elle s'était fixé et que les dispositions qu'elle avait adoptées étaient trop restrictives. Il était patent, en effet, que, dans la généralité des cas, les espérances de pension (des salariés du privé), tous régimes confondus, n'allaient pas au-delà des droits que les agents de la fonction publique tiennent de leur statut. Cette constatation aurait donc dû la conduire à reconnaître la déductibilité de principe de toutes les cotisations, sauf à recommander à ses agents de lui signaler les cas apparemment anormaux"* (1).

En toute hypothèse par une série de décisions rendues au cours des années 1983 à 1985, le Conseil d'Etat va interpréter l'ancien article 83 du CGI à l'opposé de l'Administration en distinguant nettement les cotisations à des régimes de retraite des versements à des régimes de prévoyance.

Ainsi, par une décision d'Assemblée (rendue le 2 décembre 1983, req 45 397, RJF, n° 1, 1984 ; Droit fiscal n° 11, 1984 et conclusion Verny), le Conseil d'Etat se prononce – en matière de taxe sur les salaires – pour l'exonération du montant intégral des cotisations de retraite compte tenu :

- que celles-ci n'étaient destinées en l'espèce qu'à la constitution de retraites ;

---

(1) Jean Gilardi, opus cite, RJF n° 4, 1981, p. 159.

– *"qu'alors même que le caractère obligatoire de ce régime de retraite n'était pas prévu par la loi"*, les sommes correspondant à ces cotisations – qui n'étaient pas versées directement entre les mains des salariés – ne constituaient pas des *"rémunérations effectivement payées"* au sens de l'article 231 du CGI ;

– que ces sommes ne constituaient pas non plus des *"avantages en nature"* dès lors qu'elles ne consistaient pas en la mise à la disposition des salariés d'un bien ou d'un service.

Quant aux cotisations de prévoyance, le même jour (req n° 43.760) la Haute Assemblée décide :

– que l'article 83.1 du CGI prévoit exclusivement la déduction fiscale des cotisations versées pour la **couverture du risque vieillesse**, ce qui interdit la déduction des cotisations afférentes aux autres régimes de prévoyance ;

– et que l'article 83.2, relatif à la déduction de la "cotisation ouvrière aux assurances sociales", ne peut quant à lui justifier la déduction de cotisations afférentes à un régime de prévoyance non assimilable aux régimes de Sécurité sociale légalement obligatoires : régimes de base ou complémentaire.

Distinction entre la retraite et la prévoyance

Par ses décisions du 2 décembre 1983, le Conseil d'Etat pose donc une distinction tranchée entre les régimes de retraite d'une part et les autres régimes de prévoyance d'autre part. Selon lui :

– les cotisations des régimes de retraite sont en principe fiscalement déductibles sans limitation du moment qu'elles sont versées en vertu d'un accord d'entreprise ;

– en revanche, les cotisations des régimes de prévoyance autres que la retraite ne sont fiscalement déductibles que dans la mesure où elles peuvent être considérées comme des cotisations d'assurance sociale légalement obligatoires (en application du régime de base ou des régimes complémentaires).

Cette jurisprudence appelait divers développements.

En effet, la décision n° 45 387 n'avait pas réglé expressément le sort des cotisations patronales versées au titre d'un régime de prévoyance autre que la retraite. Par ailleurs, l'arrêt n° 43 760 n'avait pas arrêté le sort des retenues effectuées au titre d'un régime de prévoyance. Ces lacunes devaient être comblées par trois décisions rendues, aux conclusions de M. Chahid-Nourai le 26 novembre 1984, par les 8ème et 9ème sous-sections (req n° 46 006, 43 552, 45 386 et 55 111 : RJF 1.1985 et Chronique de Jean Gaeremynck).

Aux termes de la décision rendue sur les requêtes n° 43 552 et n° 45 386, les cotisations patronales à un régime de prévoyance n'ont pas à être incluses dans l'assiette de la taxe sur les salaires étant donné :

– que les sommes correspondantes, *"qui ne sont pas versées directement entre les mains des salariés, ne constituent pas des rémunérations effectivement payées"* ;

– et que, *"notamment, elles ne sont pas des avantages en nature dès lors qu'elles ne consistent pas en la mise à la disposition des salariés, pendant l'exécution du contrat de travail, d'un bien ou d'un service"*.

Cette décision est apparue comme la confirmation pure et simple, dans le cas des cotisations patronales afférentes à un régime de prévoyance, de l'exonération déjà prononcée par la décision d'assemblée n° 45 387 du 2 décembre 1983 en faveur des cotisations patronales afférentes à un régime surcomplémentaire de retraite.

La portée essentielle de cette jurisprudence est d'affirmer qu'en tout état de cause, les cotisations patronales à des régimes surcomplémentaires, quels que soient les risques couverts par ces régimes, ne peuvent être regardées comme des rémunérations effectivement payées.

En effet

> *"la motivation de la décision d'Assemblée (susvisée) était marquée du plus grand bon sens. On pouvait néanmoins se demander si la définition donnée par elle de l'avantage en nature – mise à la disposition des salariés pendant l'exécution du contrat de travail d'un bien ou d'un service – qui conduisait à écarter sans difficulté cette qualification pour des cotisations destinées à financer des compléments de retraite pouvait tout aussi facilement exclure des cotisations destinées à la couverture de risques dont la contrepartie consiste en la fourniture de prestations – par exemple en matière de chirurgie-maladie-maternité – disponibles avant la fin du contrat de travail. Mais en tout état de cause, les termes de la décision d'Assemblée n'invitaient pas à qualifier, au regard de la définition précitée, les prestations assurées par les régimes mais les cotisations à ces régimes et celles-ci indiscutablement ne répondaient pas à la définition de l'avantage en nature"* (1).

(1) Chronique Gaeremynck, opus cite, RJF 1.1985, p. 6.

Quant à la décision n° 46 006, elle confirmait que les cotisations à des régimes supplémentaires de retraite étaient déductibles *"dès lors que les sommes dont il s'agit, en égard à leur montant, comparé au montant total des émoluments des intéressés, ne revêtaient pas une importance donnant à leur versement le caractère d'un emploi du revenu en vue d'un véritable placement"*.

Le Conseil d'Etat posait ainsi, à l'inverse de l'Administration, une règle singulièrement imprécise quant à la limite des cotisations déductibles en matière de retraite, fut-elle, à l'évidence, extrêmement élevée.

Un chroniqueur (1) pouvait alors appeler de ses voeux l'intervention du législateur au motif *"qu'il est insatisfaisant qu'un élément de la règle de droit – le principe de la déduction – soit posé par la loi et qu'un autre élément – les limites de cette même déduction – résulte d'un principe purement jurisprudentiel"*.

1.3 - *LE RAPPORT GISSEROT ET LA LÉGISLATION DE 1985*

Aux termes de la nouvelle jurisprudence du Conseil d'Etat, l'ensemble des cotisations salariales et patronales à des régimes de retraite devenait donc déductible sans limitation chiffrée ; inversement, en matière de prévoyance, la part salariale des cotisations devait être intégralement réintégrée dans la base de l'impôt sur le revenu des salariés.

L'Administration n'entendit pas accepter cette jurisprudence et présenta, à cette fin, au Parlement, dès le printemps 1985, un projet de loi portant diverses dispositions d'ordre économique et financier reprenant pour l'essentiel, les suggestions d'un rapport dit Gisserot, d'un groupe de travail administratif associant les services du Ministère des Affaires Sociales et de la Solidarité Nationale, du Ministère de l'Economie, des Finances et du Budget et du Ministère de l'Agriculture remis en janvier 1985 qu'il convient donc d'analyser.

Ce rapport suggérait, à l'opposé de la jurisprudence du Conseil d'Etat, de maintenir un plafond de déductibilité pour les cotisations à des régimes de retraite qui serait égal à 16 % de 6 fois le plafond de calcul des cotisations de Sécurité sociale.

Indépendamment de ce premier plafond, le rapport GISSEROT proposait d'arrêter une limite pour la déductibilité des cotisations à des régimes de prévoyance à 1,50 % de 6 fois le plafond de calcul des cotisations de Sécurité sociale.

---

(1) Jean Gaeremynck, opus cite, RJF 1.1985 p. 5.

"La volonté est donc nette de choisir des plafonds élevés. En retraite, une telle demande a pour objectif de ne pas trop fragiliser les régimes supplémentaires fonctionnant en répartition et de laisser aux cadres, au delà des cotisations maximum des régimes complémentaires existants, la possibilité de créer un régime spécifique... En prévoyance, le choix d'un plafond est inspiré par le souci de ne pas entraver, pour les catégories sociales qui n'en bénéficient pas encore, le développement d'une protection sociale dans les domaines où celle-ci pêche par son insuffisance (pensions d'invalidité, protection décès, indemnités journalières, droits des survivants) (1).

En pratique, l'Administration devait soumettre et faire adopter par le Parlement (2), sans aucun changement, son projet de modification de la rédaction de l'article 83 du CGI reprenant, pour l'essentiel, le mécanisme proposé par le rapport Gisserot mais en portant les limites de déduction des cotisations de retraite et de prévoyance de 16 % et 1,5 % de six fois le plafond de calcul des cotisations de Sécurité sociale à 19 % (dont 3 % au maximum au titre de la prévoyance) de 8 fois ledit plafond.

L'adoption de cette nouvelle rédaction ne devait cependant pas mettre fin à toutes les difficultés afférentes au financement des régimes de retraite ou de prévoyance des salariés alors meme que certaines avaient été soulignées par le rapport Gisserot en des termes très explicites :

"La définition d'un statut fiscal des cotisations de retraite et de prévoyance n'est pas suffisante.Il importe en effet de dissuader les employeurs de tourner la loi en accordant des versements directs de pensions, en prenant en charge des subventions d'équilibre aux caisses ou en payant des primes non individualisables par salarié" (3).

A défaut d'avoir fait adopter des dispositions en ce sens par le législateur de 1985, l'Administration se heurtera demain à la difficulté de sanctionner une pratique à laquelle inclinera naturellement toute entreprise entendant fidéliser ses cadres dirigeants au moindre coût fiscal.

2. LA RÉGLEMENTATION ACTUELLE

Aux termes de l'article 83 du CGI

"le montant net du revenu imposable est déterminé en déduisant

(1) Rapport Gisserot, p. 99.

(2) Rapport n° 339 (annexe à la séance du 5 juin 1985) au nom de la Commission des Finances du Contrôle Budgétaire et des Comptes Economiques de la Nation du Sénat, p. 391 ; Avis n° 348 (annexe à la séance du 7 juin 1985) au nom de la Commission des lois du Sénat, p. 201 ; Rapport n° 2684 de la Commission des Finances de l'Assemblée Nationale, p. 40.

(3) Rapport Gisserot, p. 100.

du montant brut des sommes payées et des avantages en argent ou en nature accordés :

1° Les cotisations de Sécurité sociale ;

2° Les cotisations ou les primes versées aux organismes de retraite et de prévoyance complémentaire auxquels le salarié est affilié à titre obligatoire.

Lorsque le total des versements du salarié et de l'employeur tant aux caisses de sécurité sociale au titre de l'assurance vieillesse qu'aux organismes de retraite et de prévoyance complémentaire excède 19 % d'une somme égale à douze fois le plafond annuel moyen retenu pour le calcul des cotisations de sécurité sociale ou lorsqu'à l'intérieur de cette limite, les versements aux seuls organismes de prévoyance dépassent 3 % de la même somme, l'excédent est ajouté à la rémunération ...".

Pour parfaitement appréhender la portée de la rédaction actuelle de l'article 83 du CGI il apparaît nécessaire de préciser la notion de "caractère obligatoire" (2.1), de distinguer les cotisations à un régime de retraite (2.2); des cotisations versées au titre de la prévoyance (2.3), de préciser le mode de calcul des limites de 19 et 3 % (2.4) et les conséquences d'un éventuel dépassement desdites limites (2.5).

2.1 - *LE CARACTÈRE OBLIGATOIRE D'UN RÉGIME*

Dans son premier alinéa le nouvel article 83.2 du CGI pose le principe de la déduction du revenu imposable des cotisations ou primes versées aux organismes de retraite et de prévoyance complémentaire auxquels le salarié est affilié à titre obligatoire.

La doctrine administrative

L'administration fiscale a défini de manière restrictive et donc contestable la notion "d'obligatoire" qui reste cependant difficile à cerner dans certains cas particuliers.

L'instruction du 5 décembre 1985 insiste sur le fait

"qu'en imposant le caractère obligatoire à l'affiliation du salarié l'article 83.2 du CGI exclut toute possibilité de déduction des cotisations et primes versées par l'intéressé soit au titre de régimes collectifs à adhésion facultative, soit au titre de contrats individuels souscrits à son initiative" (1).

(1) A cet égard, *"la déduction des cotisations afférentes au régime de retraite complémentaire facultatif institué par la Caisse Nationale de Prévoyance de la fonction publique constitue une dérogation strictement limitée, dont la portée ne peut être étendue"* (réponse Montastruc, 8 juin 1987).

Pour l'administration fiscale

> *"le caractère obligatoire, peut résulter de la loi, d'une convention collective ou d'un accord collectif de travail, d'une convention spécifique conclue au niveau de l'entreprise* (1) *ou même d'une décision unilatérale de l'employeur, sous réserve que celle-ci s'applique à la totalité du personnel de l'entreprise".*

Cette dernière restriction apparait extrêmement dommageable. En effet, les entreprises cherchent souvent par la mise en place de régimes supplémentaires de retraite et de prévoyance à motiver leurs seuls cadres supérieurs. Or, elles n'obtiendront pas aisément l'assentiment d'un syndicat représentatif nécessaire à la signature d'une convention collective ou d'un accord collectif de travail – pour des mesures bénéficiant aux seuls cadres dirigeants. Inversement, l'extension à l'ensemble du personnel, de telles mesures pourrait s'avérer d'un coût prohibitif.

Les employeurs pour tourner ce dilemme seront donc conduits soit à arrêter d'autres modalités de motivation de leur encadrement soit à s'interroger sur la légalité de l'instruction susvisée.

Or, il est certain que les termes de cette instruction, déniant un caractère obligatoire aux versements effectués en application d'une décision unilatérale de l'employeur ne s'appliquant pas à la totalité du personnel de l'entreprise, ne sont pas consécutifs à une erreur de rédaction.

En effet, si dans un premier temps il a été possible de croire qu'il suffirait, comme la circulaire le prévoit expressément pour la validité des contrats d'assurance de groupe, que cette décision unilatérale de l'employeur s'applique à une catégorie déterminée de personnel, il apparaît clairement aujourd'hui que l'Administration a l'intention d'appliquer cette solution telle qu'elle est littéralement formulée. Le SLF estime, du reste, extrêmement libéral de considérer qu'une décision unilatérale de l'employeur puisse revêtir un caractère obligatoire. Une telle proposition s'explique par l'attention portée par cette Administration aux problèmes spécifiques des petites entreprises.

Au sein d'une petite entreprise, il serait, en effet, absurde de prétendre qu'une décision unilatérale d'un employeur, par hypothèse unique cadre de sa société, d'affilier *"les cadres"* de son entreprise à un régime de retraite supplémentaire revêt pour ce dernier un caractère obligatoire. A l'inverse, au sein d'une grande entreprise, toute décision unilatérale de l'employeur sera ressentie comme une obligation par l'immense majorité des salariés.

Le souci de l'Administration de prévenir une fraude fiscale trop évidente au niveau des plus petites entreprises l'empêche ainsi de prendre en considé-

(1) Sur cette notion, cf. p. 108.

ration la totale opposition du statut réel des cadres au sein d'entreprises familiales d'une part et de sociétés multinationales d'autre part.

Critique de la doctrine administrative

Cette doctrine administrative apparaît ainsi trop systématique d'autant qu'elle n'est pas exempte de critiques sur le plan juridique.

En effet, la nouvelle rédaction de l'article 83 du CGI précise que sont déductibles de l'impôt sur le revenu :

> *"les cotisations ou les primes versées aux organismes de retraite et de prévoyance complémentaires auxquels le salarié est affilié à titre obligatoire".*

L'interprétation administrative susvisée de la notion de cotisation obligatoire apparaît donc très restrictive.

Selon la loi, pour que les primes soient déductibles, il suffit que le salarié soit affilié à titre obligatoire. On ne voit dès lors pas pourquoi cette obligation ne pourrait pas découler d'une simple décision de l'employeur s'appliquant à une catégorie particulière du personnel. En effet, la définition du caractère "obligatoire" de l'affiliation d'un salarié à un régime de retraite ou de prévoyance relève nécessairement du droit social (1). Or, le support du caractère obligatoire d'un régime de prévoyance, par exemple, peut parfaitement être – au regard du droit social – une décision unilatérale de l'employeur créant en fait un usage d'entreprise (2). De plus, l'interprétation administrative semble en retrait par rapport à la jurisprudence du Conseil d'Etat.

Ainsi a-t-il été jugé :

> *"Considérant qu'il résulte de cette dernière disposition (de l'article 39.1 du CGI) que sont déductibles, pour l'assiette de l'impôt sur les sociétés, toutes les dépenses de personnel et de main d'oeuvre régulièrement exposées dans l'intérêt de l'entreprise ; que si les cotisations versées par les entreprises au titre de régimes de retraite résultant d'obligations légales ou contractuelles ou même ceux qui ont été institués par l'employeur lui-même, dès lors qu'ils s'appliquent statutairement à l'ensemble du personnel salarié ou à certaines catégories de celui-ci, doivent être regardées comme exposées dans l'intérêt de l'entreprise..."* (31 octobre 1975, req. n° 94157 ; DF 1976 n° 3, comm. 52).

---

(1) Cf à ce sujet : *"Propos désobligeant sur une tarte à la crème : l'autonomie et le réalisme du droit fiscal"* par Maurice Cozian in *"Les grands principes de la fiscalité des entreprises"*, chez Litec.

(2) En ce sens, arrêt de la Cour d'appel de Grenoble du Comité d'entreprise SMV et syndicat CGT c/ SMV du 18 décembre 1984 sur renvoi de la Cour de cassation *(inédit).*

Cette jurisprudence a été régulièrement confirmée depuis (en dernier lieu CE 18 janvier 1986 req. n° 48685 ; DF 1986 n° 18 comm. 897). Ainsi, dans une décision rendue le 18 mars 1985 (Req n° 39556 ; JCP Entreprise 1986 n° 8 p. 132) le premier considérant précise :

> *"que si les pensions versées par les entreprises au titre d'un régime de retraite, doivent être regardées comme exposées dans l'intérêt de l'entreprise, alors même que ce régime a été institué par l'employeur lui-même, à la condition que ledit régime s'applique statutairement à l'ensemble du personnel salarié ou à certaines catégories de celui-ci ; en revanche, les pensions et avantages particuliers que les entreprises s'engagent à allouer à un ancien salarié ou à une catégorie restreinte d'anciens salariés ne sont déductibles, pour l'assiette de l'impôt, que dans des cas exceptionnels..."*

Certes ces décisions visent le seul problème de la déductibilité des cotisations en cause du bénéfice imposable de l'entreprise versante. Mais il apparaîtrait curieux d'arrêter deux définitions par trop divergentes de la notion de régime de retraite, l'une en matière d'impôt sur les sociétés, l'autre au regard de l'impôt sur le revenu des personnes physiques.

Le Conseil d'Etat ayant admis que l'on était bien dans un régime de retraite lorsque le versement découlait d'une décision de l'employeur s'appliquant statutairement à l'ensemble du personnel salarié ou à certaines catégories de celui-ci, il apparaît logique de transposer cette analyse pour l'application des dispositions de l'article 83.2 du CGI.

Les primes versées par des retraités

Du caractère nécessairement obligatoire des cotisations à des *"régimes de retraite"* posé par l'article 83.2 du CGI, découle logiquement que les retraités qui versent des cotisations à un régime de prévoyance pour s'assurer un complément de prestations sur les risques médicaux et chirurgicaux ne sont pas autorisés à déduire cette cotisation de leur déclaration de revenu.

> *"En effet l'adhésion à un régime de prévoyance est, pour eux purement, facultative et personnelle. Dès lors le versement des cotisations ne peut être considéré comme une charge de la pension de retraite. Toutefois, en contrepartie, les prestations perçues ne seront pas comprises dans la base de l'impôt sur le revenu"* (1).

---

(1) Réponse Perrut AN 14 octobre 1985, JO p. 5871.

Le même raisonnement conduira à rejeter la déduction des cotisations de prévoyance versées par des chômeurs (1) ou à des mutuelles (2).

2.2 - *LES COTISATIONS DE RETRAITE*

Selon l'Administration

> *"l'article 17 de la loi du 11 juillet 1985 fixe les modalités de déduction des cotisations salariales versées dans le cadre de régimes obligatoires de retraite et de prévoyance.*
>
> *Les déductions qu'il autorise se situent à deux niveaux :*
>
> *– celui des régimes de base ;*
>
> *– celui des régimes obligatoires complétant les régimes de base (régimes complémentaires et supplémentaires)".*

L'Administration confirme ainsi que les régimes de retraite visés par la loi comprennent non seulement les régimes dits "complémentaires" (ARRCO et AGIRC) mais aussi les régimes "supplémentaires" seul objet de la présente étude.

Malheureusement *"il n'y a pas de définition fiscale des organismes de retraite"*(3). Quant à *"l'expression de **"régime de retraite"**, (elle) n'est nulle part utilisée ni définie dans la loi, (certes) elle ne comporte guère de difficultés pour les régimes de base et complémentaires, dont les conditions et les attributions sont codifiées. En revanche, pour les versements supplémentaires, la question peut se poser, du point de vue fiscal, de savoir s'il s'agit de véritables opérations de retraite"* (4).

A défaut de définition légale d'un *"régime de retraite"* l'Administration rappelle dans son instruction du 5 décembre 1985 que

> *"pour entrer dans le champ d'application du nouvel article 83.2 du CGI, les cotisations aux régimes de retraite complémentaires et supplémentaires doivent tendre à la constitution d'une véritable pension de retraite, c'est-à-dire d'un revenu conservant un lien avec les services passés".*

Si une telle définition de la retraite, *"salaire différé pour services passés"* n'apparaît guère contestable, il en ira différemment des cinq conditions posées

---

(1) Réponse Jeambrun S. 15 mai 1982, JO p. 2064.

(2) Réponse Bechter, AN 2 juin 1979, JO p. 4627.

(3) *"Evolutions récentes de la fiscalité de la retraite"* par J.P. Moreau, in Gazette du Palais, 13 août 1986, p. 10.

(4) Idem.

par l'Administration pour qualifier des versements de constitutifs d'un régime de retraite.

Avant même de commencer l'analyse des conditions exigées par l'Administration pour accepter la déductibilité des cotisations à des régimes de retraite complémentaires ou supplémentaires – *"qu'il s'agisse (du reste) de régimes de retraite par répartition ou de régimes de retraite par capitalisation"* (1) – il convient d'observer qu'aucune n'est expressément énoncée par le nouvel article 83.2 du CGI. Le Conseil d'Etat devrait donc rapidement, au-delà de la doctrine administrative, être conduit à préciser les modalités d'application de ce texte.

• 1ère CONDITION

Pension payable à l'âge normal de la retraite

Selon l'Administration *"la pension (à laquelle ouvrira droit les cotisations de retraite) doit être stipulée payable, au plus tôt, à l'âge normal de départ à la retraite, c'est-à-dire à l'âge à partir duquel le salarié intéressé peut bénéficier de la pension vieillesse du régime de base"* (2), ladite pension pouvant être *"stipulée réversible sur la tête du conjoint survivant ou des enfants à charge"* (3).

L'Administration pose ainsi le principe de la **"normalité"** du régime vieillesse de la Sécurité sociale, du mécanisme duquel ne saurait s'écarter les régimes additionnels et reconduit une doctrine antérieure à 1985, pourtant invalidée par le Conseil d'Etat.

La Haute assemblée a, en effet, décidé (4) :

> *"que la circonstance que lesdites cotisations (versées par un salarié à un régime de retraite supplémentaire institué par accord d'entreprise) ouvraient droit de manière anticipée, à partir de l'âge de 55 ans, au versement d'allocations, n'est pas de nature à leur retirer le caractère de contributions à "la constitution de pensions ou de retraites".*

Or cette décision rendue sous l'empire de l'ancien article 83.1° du CGI, conserve toute sa valeur, sous le régime actuel dès lors que tant l'ancien que le nouvel article 83 ne posent aucune condition relative à l'âge des bénéficiaires pour accepter ou rejeter la déductibilité de cotisations à des *"régimes de retraite"*.

---

(1) Instruction du 5 décembre 1985, BODGI 5 F-23 -85, n° 27.

(2) Instruction du 5 décembre 1985, n° 22.

(3) Idem.

(4) CE 26 novembre 1984, req n° 46006, 8ème et 9ème s-section ; RJF 1/85 n° 68.

Cette condition ne devrait donc pas résister à un nouvel examen des modalités de déduction des cotisations de retraite par le Conseil d'Etat. Du reste *"on a peine à croire ..., eu égard au mouvement généralisé d'abaissement de l'âge de la retraite et à la politique fortement incitative menée par le Gouvernement dans ce domaine, (qu') une telle argumentation puisse encore être soutenue par .... l'administration"* (1).

• 2ème CONDITION

Participation de l'employeur au financement du régime

La seconde condition, mise par l'Administration, à la déductibilité de cotisations de prévoyance ou de retraite a trait à leur modalité de financement.

Pour être déductibles *"les cotisations doivent comporter une participation de l'employeur, cette participation pouvant en représenter la totalité"* (2). La doctrine administrative apparaît ici plus libérale que la jurisprudence du Conseil d'Etat.

La Haute Assemblée semble, en effet, poser, dans le considérant suivant, que ne peuvent être considérés comme des régimes de retraite que ceux qui impliquent le versement par les salariés d'une cotisation :

> *"Considérant, d'une part, que la délibération susmentionnée du conseil d'administration, qui n'implique le versement par les salariés de l'entreprise d'aucune cotisation, ne repose ni sur un système de répartition, ni sur un système de capitalisation, et ne devait bénéficier qu'à un petit nombre ; qu'elle ne saurait, dès lors, être regardée comme ayant, en réalité, institué un régime de retraite complémentaire en faveur desdits salariés ; qu'il suit de là que les charges résultant pour l'entreprise des versements de la pension supplémentaire de retraite dont il s'agit, ne sauraient être regardées comme exposées, par leur nature même, dans l'intérêt de l'entreprise"* (3).

Plus récemment encore, le Conseil d'Etat décidait :

> *"Considérant qu'en vertu du 1° de l'article 39 du CGI, rendu applicable à l'impôt sur les sociétés par l'article 209 du même Code, sont déductibles pour l'assiette de l'impôt sur les sociétés, toutes les dépenses de personnel et de main d'oeuvre exposées dans l'intérêt de l'entreprise ; qu'il en résulte que sont déductibles,*

---

(1) Jean Gaeremynck, Chronique in Revue de Jurisprudence fiscale, n° 1. 1985, p. 4.
(2) Instruction du 5 décembre 1985, n° 23.
(3) CE, 18 mars 1985, req n° 39556, opus cite.

pour l'assiette de l'impôt sur les sociétés, les cotisations versées par les entreprises au titre d'un régime de retraite complémentaire qu'elles ont contribué à instituer au bénéfice de l'ensemble de leur salariés ou de certaines catégories d'entre eux, dès lors que le versement des pensions supplémentaires n'a ni pour objet ni pour effet de porter la somme des pensions des retraites des intéressés à un niveau excessif eu égard aux traitements qu'ils percevaient lorsqu'ils étaient en activité dans l'entreprise...

Considérant, d'une part, que si .... les modalités de calcul des cotisations alimentant le fonds spécial de capitalisation susmentionné ont pour effet de laisser à la charge de l'entreprise adhérente une part importante du montant des allocations allouées à ses anciens salariés, voire la quasi totalité desdites allocations, dans le cas où l'entreprise ne compte plus aucun cotisant à ce régime, ***il est constant que les cotisations obligatoirement versées à ce même titre par les salariés concernés,*** *en position d'activité, s'élèvent elles-mêmes, dans la limite toutefois d'un plafond fixé à 6 % du traitement de base, à 37,5 % du montant des sommes nécessaires au financement du régime..."* (1).

Dans cette dernière affaire, le Conseil d'Etat a donc admis la déductibilité des cotisations de retraite au motif, notamment, que le régime institué prévoyait un versement obligatoire de la part des salariés.

Ainsi, il apparaît bien, au vu de ces derniers arrêts, (2) que, pour le Conseil d'Etat, les cotisations de retraite ne sont déductibles du bénéfice imposable de l'entreprise versante que s'il y a un versement obligatoire de la part du salarié (*infra* p. 237).

L'idée sous-jacente à cette exigence est sans doute de débusquer les régimes de complaisance, qui n'ont pour véritable objet que d'accorder aux actionnaires ou dirigeants des avantages injustifiés. Mais la plupart des régimes surcomplémentaires ne sont pas compatibles avec l'exigence de prélèvements sur les salaires. D'une part de nombreux régimes subordonnent la retraite complémentaire à la condition que le salarié reste dans l'entreprise jusqu'à sa retraite ou préretraite. D'autre part, dans le cas des régimes chapeau, à la différence des régimes additifs en droit, les droits du salarié ne sont qu'éventuels : ils dépendent du salaire atteint par l'intéressé en fin de carrière et du montant des retraites de base et complémentaires auxquelles il aura droit. Dans ces types de régime, il n'est pas possible de demander au salarié de cotiser, et le système ne peut être financé que par l'entreprise seule. L'exigence de cotisations salariales, si elle était vraiment appliquée par

---

(1) CE, 17 juin 1985, req n° 51135 et 54215 ; DF 1985 50 2202.
(2) Voir cependant en sens inverse CE, 7 octobre 1988, n° 45857.

l'Administration, mettrait des redressements considérables à la charge de la plupart des grandes sociétés françaises.

On relève en outre, que l'article L 731.1 du Code de la Sécurité sociale, relatif à la constitution et au fonctionnement des régimes complémentaires des salariés, et qui soumet ces institutions à autorisation, prévoit in fine qu' "un décret en Conseil d'État détermine les conditions auxquelles est subordonné l'octroi de l'autorisation suivant que l'institution considérée fait ou non appel à une contribution des bénéficiaires", ce qui exprime clairement que pour le législateur tous les régimes de retraite ne reposent pas sur des cotisations ouvrières. Dans le même sens, l'article R 731.1 dudit Code vise les institutions de prévoyance ou de sécurité sociale "même lorsqu'elles fonctionnent sans contribution des travailleurs intéressés" (1).

La jurisprudence du Conseil d'Etat apparaît donc moins libérale que la doctrine administrative, exprimée dans l'instruction du 5 décembre 1985, relative aux modalités d'application des dispositions de l'article 83 du CGI.

En effet, selon cette instruction, les cotisations à un régime de retraite doivent, notamment, comporter une participation de l'employeur, cette participation pouvant même en représenter la totalité.

Or, si de telles cotisations peuvent être exonérées de l'impôt sur le revenu au titre des dispositions de l'article 83 du CGI, c'est qu'elles ont, au préalable, été nécessairement admises en déduction de l'assiette imposable de l'entreprise versante. Sinon, ces sommes auraient eu le caractère de revenus mobiliers et les conditions d'application des dispositions de l'article 83 du CGI ne se poseraient même pas.

Par conséquent, dès lors que l'Administration précise que les cotisations de retraite sont déductibles de l'impôt sur le revenu, meme dans le cas où elles ne comportent qu'une participation de l'employeur, c'est qu'elle admet implicitement – et contrairement à la jurisprudence du Conseil d'Etat – que ces cotisations peuvent être admises en diminution de l'assiette imposable de l'entreprise versante, au titre de cotisations à un régime de retraite.

• 3ème CONDITION

Intéresser la totalité du personnel appartenant à une catégorie donnée

La troisième condition posée par l'Administration pour accepter la déductibilité des cotisations à un *"régime de retraite"* supplémentaire intéresse les seuls versements effectués auprès d'une compagnie d'assurance.

---

(1) Chronique de Jerôme Turot sur les Régimes de retraite "surcomplémentaire" RJF II/88 p. 660.

Ainsi

> *"les contrats passés avec une compagnie d'assurances doivent revêtir la forme d'une assurance de groupe qui s'impose à la totalité du personnel appartenant à une catégorie donnée.*
>
> *Les contrats d'assurances de groupe s'entendent de ceux qu'ont souscrit les entreprises elles-même et dont le bénéfice est accordé à toutes les personnes appartenant à une même catégorie de personnel. Les salariés n'interviennent pas au contrat lui-même. L'entreprise notifie à l'assureur, au fur et à mesure des mouvements de personnel, les renseignements concernant les salariés qui ont été embauchés ou qui ont cessé leurs fonctions.*
>
> *Une entreprise ne comportant qu'un nombre très limité de salariés ou même un seul, appartenant à une catégorie donnée, a la possibilité d'adhérer à un contrat d'assurance de groupe. En pareil cas, le contrat se présente sous la forme d'un contrat dit* "ouvert" *qui regroupe plusieurs entreprises. Le groupe ainsi constitué doit répondre aux exigences de la réglementation particulière à ce type d'assurance"* (1).

Pour les contrats d'assurance de groupe contenant une clause de fixation de la retraite à une certaine fraction de la rémunération des dernières années d'activité, la doctrine administrative antérieure (2), subordonnait la déductibilité des cotisations à une condition particulière, à savoir : une limitation du montant cumulé des retraites à une somme calculée à partir du dernier salaire d'activité et variant en proportion du nombre d'années d'exercice des fonctions de cadre. Cette limitation spéciale n'est pas reprise par la nouvelle circulaire et doit donc être considérée comme caduque. Le SLF a en effet abandonné toute condition liée au montant atteint par la retraite, la seule limite posée par l'Administration restant au niveau des cotisations.

Par ailleurs, L'Administration continue donc de n'accepter la déduction des primes des seules assurances de groupe *"qui s'imposent"* à la totalité du personnel appartenant à une catégorie donnée (3).

Une telle sujétion – contraire au principe actuel d'individualisation des augmentations salariales – apparaît particulièrement gênante et appelle diverses interrogations d'autant plus que l'Administration semble entendre appliquer strictement cette condition. En effet, cette doctrine est systématiquement confirmée depuis lors par le SLF. Ainsi, à la question de savoir si un régime de prévoyance mis en place par une société peut être considéré comme **"obliga-**

---

(1) Instruction du 5 décembre 1985, n° 24.

(2) Instruction du 1er août 1975, BODGI 5 F-24-75.

(3) Note du 27 avril 1967, opus cite n° 3.

toire" dans l'hypothèse où il intéresse les seuls salariés civils – précision étant donnée que l'effectif de l'entreprise considérée est composé d'anciens militaires – il a été répondu par la négative.

De même, l'Administration a déjà répondu officieusement dans le même sens aux entreprises qui souhaitaient instituer une dérogation de paiement des primes ou cotisations en faveur de ceux de leurs salariés qui bénéficiaient déjà d'une couverture comparable grâce à la mutuelle de leur conjoint.

Mais surtout le fait que certains salariés refusent, in fine, d'adhérer au régime mis en place dans le cadre d'un accord d'entreprise apparait de nature à permettre au fisc de contester la déductibilité des primes d'assurance de groupe pour l'ensemble du personnel. Or, en pratique, de nombreux cadres supérieurs sont conduits à constater qu'ils ont intérêt à être réfractaires à la mise en place de contrats d'assurance de groupe au profit, par exemple de l'ensemble des cadres, par suite de la surcharge financière qui en découlerait pour eux et du faible bénéfice qu'ils en retireraient.

Certes, en droit social, sur le plan des principes, dès lors que le régime en cause a été mis en place dans le cadre d'un accord d'entreprise, c'est-à-dire d'un accord signé avec un ou des représentants d'une ou de plusieurs organisations syndicales représentatives, celui-ci s'impose à la catégorie de collaborateurs concernés.

En effet, conformément aux dispositions de l'article L 132.4 du Code du travail,

> *"la convention et l'accord collectif de travail peuvent comporter des dispositions plus favorables aux salariés que celle des lois et règlements en vigueur. Ils ne peuvent déroger aux dispositions d'ordre public de ces lois et règlements".*

Si la Cour de cassation a jugé dans un arrêt du 5 janvier 1984 (M. Jourdain, Société Penven) (1) à propos du refus d'un salarié de souscrire à une garantie complémentaire de prévoyance et de supporter les retenues opérées sur son salaire, *"que la modification ainsi apportée aux conditions d'exécution du contrat de travail, quelle qu'en soit la portée, résultait d'un accord d'entreprise établi dans l'intérêt de l'ensemble des salariés et s'imposait dès lors à chacun d'eux"*, il n'en subsiste pas moins un risque d'interprétation différente en fonction de l'importance de la retenue opérée et de l'intérêt du système pour un individu donné eu égard aux options personnelles qu'il a pu prendre en matière de retraite et prévoyance. De plus la décision favorable visée ci-dessus a été prise dans le cadre d'une institution de prévoyance régulièrement agréée et mise en place dans l'entreprise (institution dite L.4). Une telle solution ne saurait jouer en cas de conclusion d'un contrat d'assurance groupe sans constitution d'une institution de retraite et de prévoyance.

---

(1) Droit social n° 4, avril 1986, p. 282.

Or, la Cour de cassation a jugé le 14 janvier 1976 (arrêt Phillipps) (1) qu'en l'absence de constitution régulière d'une institution de prévoyance, l'employeur ne peut valablement contraindre un salarié à cotiser contre son gré à une assurance groupe, même si la majorité du personnel concerné avait donné son accord à la mise en place de ce contrat.

Par contre, la Cour de cassation a jugé le 5 juin 1986 (arrêt Cass. Soc. Renault Véhicules Industriels contre M. Azouz ; Bulletin n° 290, p. 223)

> *"que l'affiliation à la Société mutualiste du groupe de salariés auquel appartenait M. Azouz était imposée par l'article 8.1 de l'accord d'entreprise ce dont il résultait que l'intéressé était tenu au paiement des cotisations..."*.

Il ressort donc clairement de la jurisprudence que si le régime mis en place prend la forme et respecte les contraintes fixées à propos des institutions de retraite et de prévoyance de l'article L.4 du Code de la Sécurité sociale, notamment agrément par le Ministre du travail, alors même que le régime viendrait à être intégralement géré par une compagnie d'assurances, sa mise en place par un accord d'entreprise le rendrait obligatoire pour l'ensemble des membres de la catégorie sans contestation aucune.

En revanche, dès lors que le régime en cause ne prend pas la forme d'une *"institution L.4"* mais **"seulement"** la souscription directe d'un contrat d'assurance groupe, la solution est alors moins évidente eu égard à la jurisprudence fluctuante de la Cour de cassation (2).

Aussi, la condition posée par la doctrine administrative, selon laquelle une assurance de groupe doit s'imposer **"à la totalité du personnel appartenant à une catégorie donnée"** (3) pour s'analyser fiscalement comme un régime de retraite, pourrait s'avérer à l'avenir de plus en plus difficile à respecter.

Ce risque conduit à s'interroger sur la notion de **"catégorie donnée"** du personnel puisqu'aussi bien l'Administration n'accepte la déduction des primes des seules assurances de groupe "qui s'imposent à la totalité du personnel appartenant à une **catégorie donnée**" (4).

---

(1) Droit social n° 4, avril 1986, p. 281.

(2) Cf *"L'évolution du système de protection sociale complémentaire de l'entreprise"* par Jacques Barthélémy ; *"La prévoyance collective des salariés : les incertitudes du droit"* par Suzanne Silland et Daniel Bucheton, in Droit social n° 4, avril 1986 (p. 305s et p. 313s).

(3) Instruction du 5 décembre 1985, n° 24.

(4) Instruction du 5 décembre 1985.

→ **Notion de "catégorie donnée" du personnel**

Il n'existe pas en droit fiscal de définition légale de la notion de *"catégorie de personnel"*. Il est d'usage cependant de distinguer entre les quatre grandes catégories de personnel que sont : les ouvriers, les employés, les agents de maîtrise et assimilés et les cadres. Ce sont d'ailleurs ces grandes catégories de personnel que l'on retrouve dans les classifications contenues dans les conventions collectives. Certes, ces dernières ne se limitent pas à cette distinction et définissent souvent à l'intérieur de chaque catégorie des classifications d'emploi (1) mais il reste à savoir si la référence à ces catégories d'emplois sera suffisante pour considérer comme remplies les conditions posées par l'Administration.

Il apparaît logique de considérer qu'une catégorie pourrait être constituée par l'ensemble des personnes occupant un même emploi, celui-ci étant déterminé à partir d'une qualification, d'une expérience professionnelle ou d'une fonction. Dans cette optique, les dirigeants pourraient par exemple constituer à eux seuls une catégorie dans la mesure où celle-ci serait définie juridiquement et de manière objective. D'ailleurs, l'Administration elle-même a précisé dans son instruction du 5 décembre 1985 (§ 27) que lorsque les conditions étaient remplies, peu importait *"que les bénéficiaires du régime de retraite soient des dirigeants de société, des ingénieurs, cadres et agents de maîtrise, des employés ou des ouvriers"*.

Par ailleurs, dans la décision rendue le 18 mars 1985 (2) par le Conseil d'Etat, la catégorie visée était limitée aux cadres supérieurs et sur ce point particulier aucune objection n'a été formulée.

Enfin se pose la question de savoir si une catégorie de personnel peut être constituée par une seule personne. Il semble en pratique que le nombre soit indifférent dès lors que le régime instauré selon des règles prédéterminées et impersonnelles ne trouve certes aujourd'hui à s'appliquer qu'à une seule personne mais est de nature à viser demain toutes les personnes susceptibles d'appartenir à la catégorie ainsi définie. En ce sens, le commissaire du Gouvernement Racine, dans ses conclusions sur la décision opus cite, rendue le 17 juin 1985, déclarait à propos de l'extension qu'il fallait donner au concept de catégorie : *"nous sommes convaincus que des considérations purement numériques ne peuvent tenir lieu de critères juridiques"*. Il rappelait également dans ses conclusions que la décision d'assemblée de 1975 n'avait pas donné de définition, comme cela eût été possible par exemple, par référence aux concepts retenus par le droit du travail pour la représentation des salariés qui sont classés en vue des élections notamment au comité d'entreprise par collèges.

---

(1) En ce sens, RM 2 mai 1983, JO AN p. 1996.
(2) Req. n° 39556, opus cite.

• 4ème CONDITION

Un taux de cotisation uniforme

La quatrième condition, posée par l'Administration pour accepter la déductibilité des cotisations est qu'elles soient *"fixées à un taux uniforme, à l'égard de toutes les personnes appartenant à une même catégorie de personnel"* (1).

L'Administration semble ainsi entendre interdire à certains salariés d'effectuer ou de bénéficier d'efforts de retraite spécifiques par le paiement de primes supplémentaires qui ne soient pas le fait de toute la catégorie du personnel à laquelle ils appartiennent.

Cette doctrine correspond à la préoccupation constante de l'Administration d'assurer une parfaite analogie entre les modalités de financement des régimes de base ou complémentaires de retraite et celles des régimes supplémentaires.

En effet, pour les régimes "AGIRC" le taux de cotisation pour 1988 peut varier selon les entreprises de 8,8 % à 17,6 % (les taux autorisés étant : 8,8 ; 13,2 ; 15,4 ; 17,6) sur la partie du salaire comprise entre le plafond Sécurité sociale et le **"plafond cadre"** représentant quatre fois le plafond Sécurité sociale mais sera nécessairement le même pour tous les cadres d'une entreprise donnée.

La Cour de cassation, en ce sens, a jugé qu'en raison du principe de l'uniformité du régime complémentaire et du taux de cotisation pour tout le personnel bénéficiaire d'une même entreprise, la convention d'adhésion passée entre celle-ci et la Caisse interprofessionnelle de prévoyance des cadres est applicable à tous les cadres présents et futurs de la société, sans que le souhait de l'un d'entre eux désirant personnellement opter pour un taux réduit de cotisation, puisse dispenser l'employeur de remplir les engagements pris par lui et de payer pour ce salarié des cotisations au taux convenu dans le bulletin initial d'adhésion (2).

L'Administration, interrogée à ce sujet, n'a pas encore précisé la portée qu'elle entend donner à sa doctrine.

Or, il est parfaitement possible de prévoir lors de la souscription d'un contrat d'assurance de groupe *"un taux de cotisation uniforme à l'égard de toutes les personnes appartenant à une même catégorie de personnel"* et

---

(1) Instruction du 5 décembre 1985.

(2) Cass. soc. 9 février 1978 ; Caisse interprofessionnelle c/ SARL d'exploitation de gérance hôtelière du Sud-Ouest ; Bull. 1978-V. p. 76, n° 103.

d'offrir à chaque salarié du groupe couvert la possibilité de choisir le pourcentage des primes versées qu'il entend affecter à chaque risque couvert (retraite, maladie, maternité, invalidité, décès, veuvage) de sorte que l'effort de prevoyance de tous est le même mais que le type de couverture varie selon les choix individuels. Le caractère obligatoire des versements se limite, dans cette hypothèse, au seul montant de l'effort financier, mais non plus a son objet. Une telle solution apparaît, du reste, l'unique moyen d'adapter la couverture sociale supplémentaire, aux besoins réels des salariés qui varient pour l'essentiel selon leur situation familiale (célibataire, marié, avec ou sans enfants, conjoint bénéficiant par ailleurs d'assurances supplémentaires...). Elle devrait donc prévaloir à l'avenir – malgré les réserves exprimées à ce sujet par le SLF – par suite, en particulier, du désengagement de la Sécurité sociale qui appelle, à l'évidence, une parfaite adéquation des moyens disponibles aux objectifs recherchés.

• 5ème CONDITION

Régimes constitutifs de rentes uniquement

La cinquième et dernière condition posée par l'Administration pour accepter la déductibilité des cotisations à des régimes de retraite complémentaires ou supplémentaires est qu'elles soient *"afférentes à un régime exclusif de tout versement d'un capital, même s'il s'agit d'une option entre cette formule et le versement d'arrérages, au moment du départ à la retraite"* (1).

L'Administration admet cependant

> *"que la pension soit stipulée réversible sur la tête du conjoint survivant ou des enfants à charge et que les primes ou cotisations soient stipulées remboursables en cas de décès de l'assuré avant l'échéance. La réglementation propre aux contrats d'assurances fait alors obligation aux parties de prévoir une clause de rachat, c'est-à-dire la faculté, pour l'assuré, d'annuler son contrat à un moment quelconque de sa durée et de recevoir en contrepartie un capital représentatif d'une fraction de la réserve mathématique constituée par la capitalisation des primes déjà versées"* (2).

L'Administration souligne à ce sujet

> *"qu'une telle stipulation, qui rend possible le versement d'un capital, devrait normalement conduire à exclure ces contrats du bénéfice des dispositions de l'article 83.2 du CGI. Il est admis de ne pas opposer cette exclusion aux contrats de ce type quand ils*

(1) Instruction du 5 décembre 1986, n° 26.
(2) Idem.

comportent une clause limitant la valeur maximale du rachat au montant cumulé des primes versées au cours des trois dernières années. Mais, dans l'hypothèse où le souscripteur ou le bénéficiaire exercent leur droit de rachat, le contrat est dénaturé et ne peut plus être considéré comme constitutif d'une pension de retraite : les primes versées et déjà admises en déduction sont alors, dans la limite du délai de prescription, réintégrées au revenu imposable des intéressés. Les rachats effectués doivent être portés par les compagnies d'assurances à la connaissance de la direction des Services fiscaux dont dépend l'employeur" (1).

Le refus de l'administration fiscale d'assimiler à un régime de retraite tout régime pouvant aboutir à la perception d'un capital correspond à la distinction traditionnelle entre la constitution d'une retraite – c'est-à-dire d'une rente viagère, seule susceptible de garantir des ressources au retraité jusqu'à la fin de ses jours – et la constitution d'une épargne.

Mais l'Administration ne saurait longtemps encore maintenir une distincton qu'elle a rendue, elle-même, obsolète avec la création du Plan d'épargne en vue de la retraite (PER).

Le Ministre chargé du budget a, en effet, clairement déclaré à cette occasion qu'un *"régime de retraite"* ne se limite pas aux seuls mécanismes prévoyant le versement de rentes viagères, mais peut parfaitement se conclure par le versement d'un capital :

> *"Au nom de quoi peut-on décréter que seul un produit d'épargne qui aboutit à une rente viagère peut permettre aux Français de préparer leur retraite ? Il n'existe aucune règle intangible de ce point de vue, sauf peut-être chez les compagnies d'assurances dont on comprend bien les préoccupations professionnelles"* (2).

2.3 - *LES COTISATIONS DE PRÉVOYANCE*

L'Administration admet la déduction des cotisations versées par le salarié au titre de la prévoyance complémentaire à condition que les régimes mis en place répondent aux conditions exigées des régimes complémentaires et supplémentaires, étudiées ci-dessus sauf, naturellement, quant au non paiement des prestations avant l'âge normal du départ à la retraite. Quant aux risques assurés, ils devront être les mêmes que dans le régime de base (à savoir : la maladie, la maternité, l'invalidité, le décès, le veuvage) *"les presta-*

---

(1) Instruction du 5 décembre 1986, n° 26.
(2) Débat AN 1ère séance du 16 avril 1987, JO p. 418.

tions accordées peuvent (cependant) revêtir des formes différentes" (par exemple : pension d'orphelin, rente éducation) (1).

2.4 - *LE MODE DE CALCUL DES LIMITES DE 19 % ET 3 %*

La limite de déduction des cotisations salariales versées dans le cadre de régimes de retraite et de prévoyance complémentaires et supplémentaires est fixée par le deuxième alinéa du nouvel article 83.2 du CGI :

> *"Lorsque le total des versements du salarié et de l'employeur tant aux caisses de Sécurité sociale au titre de l'assurance vieillesse qu'aux organismes de retraite et de prévoyance complémentaire excède 19 % d'une somme égale à douze fois le plafond annuel moyen retenu pour le calcul des cotisations de Sécurité sociale, ou lorsqu'à l'intérieur de cette limite les versements aux seuls organismes de prévoyance 3 % de la même somme, l'excédent est ajouté à la rémunération".*

L'étude de la portée réelle des limites de déductibilité des versements effectués tant au titre de la retraite que de la prévoyance (2.4.4) nécessite de préciser, préalablement, les modalités de prise en compte des sommes versées par l'employeur au titre des régimes de "retraites chapeaux" (2.4.1) pour financer "des indemnités de fin de carrière" (2.4.2), ou encore sous forme de primes globales (2.4.3).

En préalable à cette étude, il est possible d'observer, fût-ce sur un plan complètement théorique, que l'article 83 du CGI, seul texte modifié par l'article 17 de la loi du 11 juillet 1985 se rapporte à la détermination du montant net du salaire imposable à l'impôt sur le revenu sans remettre en cause la notion de rémunération brute.

Or, le Conseil d'Etat a jugé (2) que les contributions patronales aux régimes de prévoyance ou de retraite ne constituent ni un élément de la rémunération du salarié du fait qu'il ne s'agit pas de rémunérations "effectivement payées", ni d'avantages en nature.

Il serait, dès lors, tentant d'en déduire que la règle dite des 19 % (ou des 3 %) bien que faisant intervenir les cotisations patronales en sus des cotisations salariales, constitue simplement une méthode de calcul de la fraction des cotisations salariales réputée non déductible à hauteur du dépassement constaté.

---

(1) Instruction du 5 décembre 1985, n° 30.

(2) En ce sens : le 2 décembre 1983, Ass, req n° 45387 ; RJF 1.84 p. 4 et le 26 novembre 1984, 8ème et 9ème s-sections, req. n° 46006, 43552 et 55111, opus cite.

Mais, un tel raisonnement conduirait en cas de cotisations salariales très inférieures aux cotisations patronales, ou inexistantes, à réduire, voire à supprimer totalement les effets de la limitation prévue par la loi.

Dès lors, il ne paraît guère envisageable que la jurisprudence du Conseil d'Etat rappelée plus haut puisse, réellement, faire obstacle sur le point évoqué à l'interprétation retenue par l'Administration du changement apporté à l'article 83 du CGI.

2.4.1 - Le financement des retraites "chapeaux"

Définition des retraites "chapeaux"

Les contrats d'assurance de groupe de **"retraite à prestation définie"** encore appelés **"retraites chapeaux"**, sont habituellement destinés à garantir à une certaine catégorie de personnel :

- soit un pourcentage déterminé de leur dernier salaire d'activité ;

- soit un complément différentiel entre un niveau de ressource garanti (par exemple 75 % de leur dernier salaire) et l'ensemble des pensions que percevront les salariés "affiliés" au titre des divers régimes obligatoires applicables dans l'entreprise considérée.

Le bénéfice de tel régime est toujours subordonné à la présence des salariés *"affiliés"* dans l'entreprise au moment de la liquidation de leur retraite afin de fidéliser les cadres dirigeants par suite de l'importance du salaire différé ainsi accordé. Compte tenu de cette dernière condition, de tels régimes sont exclusivement financés par l'employeur.

Traitement fiscal des primes

La souscription de tels contrats par une entreprise appelle de nombreuses interrogations. La première reste de déterminer dans quelle mesure l'Administration pourrait prétendre que la prime versée à la société d'assurances est constitutive d'un avantage en argent pour le salarié, avantage devant être pris en compte par celui-ci pour la détermination de son revenu imposable.

Or, *"les entreprises qui, sans demander de participation à leurs salariés, financent un régime destiné à assurer un niveau de retraite minimal à ceux d'entre eux qui seront encore dans l'entreprise au moment de leur départ en retraite après avoir atteint une certaine ancienneté, ont généralement pris le parti de considérer que les cotisations qu'elles versent à ce titre n'ont pas à être comprises dans le total des versements retraite soumis à la limite de 19 %"*(1).

---

(1) *"Retraites" (obligations, opportunités et choix de l'entreprise)* in Dossiers comptables et financiers, Francis Lefebvre, 1987, n° 129.

Il reste à démontrer la justesse de cette position.

La question est de savoir si la règle légale instituée par l'article 83.2° du CGI doit s'appliquer, ou non, indifféremment aux régimes comportant des droits acquis et à ceux qui ne comporteraient que des droits éventuels.

Autrement dit, la limitation de déductibilité des cotisations résultant de la règle dite des 19 % – et le caractère obligatoire du régime de retraite qui y est attaché – ne serait-elle pas limitée au premier de ces régimes de retraite ?

Doctrine administrative

En ce sens, l'Administration a écrit -dans une lettre du 12 janvier 1977, non publiée, adressée à une entreprise, sous la signature de M. Cahart, à l'époque Sous-Directeur au Service de la Législation Fiscale :

> *"Les paiements effectués par un employeur pour le compte de ses salariés ne peuvent être considérés comme un avantage en espèces taxable l'année ou ils interviennent que s'ils sont immédiatement constitutifs d'un droit au profit des intéressés. Or, les cadres de votre entreprise ne sont assurés de bénéficier de la préretraite ou d'une majoration de leur retraite que lorsqu'ils ont atteint 25 ans d'ancienneté et l'âge de soixante deux ans. Tant que ces conditions ne sont pas remplies, l'avantage est purement éventuel.*
>
> *Les primes annuelles versées par vos soins à une compagnie d'assurances ne doivent donc être retenues ni dans les bases des taxes et participations assises sur les salaires dont votre société peut être débitrice, ni dans celles de l'impôt sur le revenu dû par vos salariés. Ces derniers devront, bien entendu, déclarer en tant que pensions les sommes qu'ils percevront lorsqu'ils bénéficieront effectivement des avantages constitués en leur faveur.*
>
> *Les versements que vous effectuez ne sont pas davantage à retenir pour apprécier la limite de 19 % utilisée pour déterminer le montant déductible des cotisations de retraite et de prévoyance".*

Cette interprétation administrative de 1977 apparaît toujours d'actualité sous l'empire de la nouvelle rédaction de l'article 83.2 du CGI dont il a déjà été souligné qu'elle n'est que la confirmation légale de la limite de 19 % antérieurement instituée par l'Administration.

Dès lors, les cotisations à des régimes générateurs de droits purement éventuels apparaissent intégralement déductibles.

Justification de cette doctrine administrative

Cette différence de traitement fiscal pourrait être comprise comme un moyen susceptible de tourner la doctrine auourd'hui légalisée, de l'Administration sur la règle dite des 19 %. Mais cette différence s'explique suffisamment par le fait que dans le système de retraites **"classiques"**, un droit actuel et personnel est acquis alors qu'avec les **"retraites chapeaux"**, aucun droit ne naît au profit d'un quelconque salarié puisqu'il demeure aléatoire, en raison de l'ensemble des conditions qu'il convient de réunir, jusqu'au jour où ces conditions réunies, le bénéficiaire fait valoir ses droits à la retraite (1).

Dans l'hypothèse même où l'Administration – par crainte d'une perte de recettes consécutive à la multiplication de régime de *"retraite chapeaux"* entendrait revenir sur la position exprimée par la lettre susvisée du 12 janvier 1977, les arguments ne manqueraient pas pour critiquer cette nouvelle doctrine :

- d'une part, le fait même que l'article 83.2° du CGI vise indistinctement les cotisations de l'employeur et du salarié démontre que le législateur n'a eu en vue que les régimes qui confèrent aux salariés des droits certains, les seuls qui soient susceptibles de justifier une telle participation salariale à leur financement (2) ;

- d'autre part, toute individualisation des versements effectués par l'employeur au bénéfice du groupe envers lequel il a contracté son engagement s'avèrerait, par définition, arbitraire ;

- enfin, il apparaitrait, à l'évidence, abusif d'assujettir à l'impôt sur le revenu, un salarié dans l'hypothèse d'un dépassement des limites de déductibilité des versements au régime de retraite au titre d'un régime qui aurait été décidé unilatéralement par l'employeur et qui ne comporterait, à son profit, aucun droit acquis.

2.4.2 - Le financement des "indemnités de fin de carrière" (IFC)

Définition des IFC

Aux termes d'un contrat d'assurance de groupe **"indemnités de fin de carrière"** l'assureur s'engage, en cas de départ à la retraite d'un salarié *"affilié"* à verser directement à l'entreprise contractante des sommes égales aux indemnités auxquelles elle est tenue envers son personnel en application de dispositions conventionnelles.

---

(1) Cf *"La règle des 19 % va-t-elle devenir légale ?"* par pierre Laversanne, in l'Assurance Française, juillet 1985, p. 378.

(2) Cf en ce sens CE 2 février 1986, n° 58673, 7eme et 9eme sous-sections, RJF 3/87 n° 287.

La signature d'un tel contrat ne fait naître aucun droit nouveau au profit des salariés d'une entreprise et n'est en réalité qu'une modalité particulière pour l'employeur d'étaler dans le temps le financement d'une obligation conventionnelle.

En effet, le salarié tient de sa convention collective le droit d'exiger de son employeur, s'il se trouve encore dans l'entreprise au moment de la prise de sa retraite, le versement de l'indemnité de départ en retraite prévue par les textes conventionnels applicables. Indépendamment donc du mode de financement de cette obligation, le salarié a en tout état de cause, une action personnelle contre son employeur qui est le seul débiteur à son égard de l'indemnité de départ à la retraite.

Traitement fiscal des primes

Les primes versées par un employeur à une compagnie d'assurances pour garantir le versement "*d'indemnités de fin de carrière*" n'apparaissent pas, dès lors, de nature à entrer dans le champ d'application de l'article 83.2 du CGI et ne semblent pas à considérer pour le calcul de la limite dite des 19 %. En effet, l'article 83.2 du CGI ne vise que "les cotisations ou les primes versées aux organismes de retraite et de prévoyance complémentaires" . Or, le versement d'une indemnité de fin de carrière n'est pas assimilable au versement d'une pension de retraite ni bien sûr aux prestations perçues dans le cadre d'un régime de prévoyance qui recouvre uniquement l'assurance maladie, maternité, invalidité, décès, veuvage.

Par ailleurs, il a déjà été souligné que l'article 83.2 n'est susceptible de s'appliquer que dans la mesure où les primes d'assurance visent à conférer aux salariés des droits acquis.

Or, à l'instar du raisonnement suivi en ce qui concerne les retraites "*chapeaux*" (*supra* p. 198) les primes versées auprès de la compagnie qui "*assure*" l'engagement de l'entreprise échappent à la limitation de 19 % (1).

En effet, il est de règle que les versements patronaux entraînant un supplément de rémunération brute imposable au nom du salarié sont exclusivement ceux qui se traduisent au profit du salarié concerné par un avantage pécuniaire indiscutable. Or, les salariés au profit desquels l'entreprise cotise n'ont qu'un droit purement éventuel à obtenir une indemnité de fin de carrière : celle-ci ne leur sera versée en effet que s'ils sont en fonction dans l'entreprise à l'âge de leur retraite.

---

(1) En ce sens "*Retraites, obligations, opportunités et choix de l'entreprise*", opus cite, aux éditions Francis Lefebvre, n° 167.

De plus, les modalités de gestion interne d'un engagement propre à l'entreprise n'apparaissent pas de nature à modifier les règles de base de détermination du revenu imposable telles qu'elles résultent de l'article 12 du CGI.

A cet égard, les termes de la note du 12 avril 1972 visant les primes d'assurance groupe sont significatifs :

> *"La question a été posée de savoir si les primes d'assurance groupe garantissant le paiement des indemnités de congédiement ou de départ à la retraite prévues par les conventions collectives constituent pour les entreprises versantes des charges déductibles des bases de l'impôt sur le revenu ou de l'impôt sur les sociétés.*
>
> *Cette question comporte une réponse affirmative, les primes d'assurance dont il s'agit pouvant être considérées comme se rattachant à la gestion de l'entreprise et consenties dans l'intérêt direct de cette dernière.*
>
> *Bien entendu, les indemnités versées aux entreprises par les compagnies d'assurances devront corrélativement être prises en compte pour la détermination du bénéfice imposable de ces entreprises"* (1).

Cette note, tout en précisant les conditions d'application de l'article 391.1 du CGI, c'est-à-dire les charges déductibles dans la catégorie des bénéfices industriels et commerciaux, rappelle néanmoins que les indemnités versées aux entreprises par les compagnies d'assurance doivent, corrélativement, être prises en compte pour la détermination du bénéfice imposable de ces entreprises.

Il s'agit donc bien d'un acte de gestion interne de l'entreprise qui n'apparaît pas susceptible d'entrer dans le champ d'application de l'article 17 de la loi du 11 juillet 1985.

2.4.3 - Les primes globales versées par l'employeur à un régime de retraite

Doctrine de l'Administration

Par un renvoi en bas de la page 9, l'instruction du 5 décembre 1985 précise que :

> *"les versements de l'employeur doivent être retenus (pour déterminer si l'ensemble des versements effectués par le salarié et son ou ses employeurs dépassent ou non 19 % du plafond autorisé)*

(1) Doc. Adm. 4C-9-72.

lorsqu'ils prennent la forme d'une prime globale du moment que celle-ci peut être individualisée. Tel est le cas lorsque la masse salariale du personnel concerné intervient dans le calcul de cette prime".

De tels versements se rencontrent notamment dans les régimes complémentaires de retraite institués par des entreprises publiques. Comme le fait l'Etat pour les fonctionnaires, l'employeur verse, dans cette hypothèse, le montant global nécessaire au paiement des retraites. Ils se rencontrent également dans les régimes professionnels ou d'entreprise qui garantissent un taux de retraite par rapport au revenu d'activité (régimes chapeaux). Une telle restriction est évidemment très gênante dans la mesure où le montant de la rémunération de chaque salarié interviendra, à l'évidence, dans la détermination de la prime globale versée par l'employeur à la compagnie d'assurances.

Naturellement, la société d'assurances pourra éviter, pour des raisons purement fiscales, de faire apparaître dans ses modalités de calcul de la prime globale exigée de l'employeur la masse salariale et, au contraire, avancer tout autre paramètre (passif social, chiffre d'affaires, bénéfices...).

L'administration fiscale, dans de telles hypothèses, tentera très certainement de reconstituer le véritable mode de calcul de la prime versée, à l'image de l'ACOSS.

Doctrine de l'ACOSS

Au plan social, en effet, l'instruction 85.1 du 20 août 1985 de l'ACOSS précise à propos des primes globales ou des subventions d'équilibre non intégrables dans l'assiette des cotisations de Sécurité sociale :

"Il conviendra toutefois de vérifier, à l'occasion des contrôles, qu'il n'a pas été procédé à une dénaturation manifeste des règles antérieures, au moyen d'une diminution de la contribution patronale directe et d'une augmentation d'une subvention d'équilibre établie sur des critères individuels (salaires réels et effectifs) dans le but d'échapper à une réintégration d'assiette".

2.4.4 - Les modalités de calcul des limites

Doctrine administrative

L'instruction du 5 décembre 1985 donne, sur le principe général et le mécanisme de la limitation, les précisions suivantes :

"Pour apprécier la limite de déduction des cotisations salariales versées dans le cadre des régimes de retraite et de prévoyance, il convient de prendre en considération le montant total des cotisa-

tions patronales et des cotisations salariales versées pour chaque salarié :

– au titre du régime de base (assurance vieillesse) et des régimes complémentaires de retraite ;

– et au titre des régimes de prévoyance complémentaire".

Seul reste donc en dehors de cette masse, le montant des cotisations patronales et salariales de prévoyance versées au régime de base de la Sécurité sociale.

La masse ainsi déterminée est ensuite comparée à 19 % d'une somme égale à douze fois le plafond annuel moyen retenu pour le calcul des cotisations de Sécurité sociale (soit pour 1989 : 19 % de 1 503 360 F, ou encore 285 638 F).

Une deuxième comparaison doit être effectuée entre le montant des seules cotisations (patronales et salariales) aux régimes de prévoyance complémentaires et 3 % de la même limite de douze fois le plafond annuel moyen retenu pour le calcul des cotisations de Sécurité sociale (soit pour 1989 : 45 100 F).

L'excédent des cotisations qui se dégage éventuellement de la combinaison de ces deux comparaisons successives – étant observé qu'en l'absence de limitation propre aux cotisations de retraite, ces dernières peuvent constituer le cas échéant, la totalité des versements contenus dans la limite de 19%, en particulier si aucune cotisation de prévoyance complémentaire n'est versée – constitue un élément de la rémunération imposable du salaire dont le traitement sera étudié au § 2.5 (*infra* p. 205).

Si la légalisation de la doctrine administrative dite des 19 %, par l'article 17 de la loi du 11 juillet 1985, se traduit ainsi par une très significative augmentation des montants déductibles au titre des cotisations de retraite et de prévoyance, elle correspond également à un durcissement en ce qui concerne d'une part, les taux de cotisations considérées et d'autre part, les modalités de rachat de cotisations.

Les taux de cotisation considérés

Contrairement à sa doctrine antérieure, l'Administration considère aujourd'hui, et ce conformément aux déclarations du Ministre devant le Parlement (1), que

"pour effectuer les comparaisons prévues (par l'article 83.2 du CGI):

(1) M. Pierre Bérégovoy, Sénat, séance du 12 juin 1985, JO p. 1118.

– *Le total des versements du salarié et de l'employeur aux caisses de Sécurité sociale au titre de l'assurance vieillesse du régime de base, est à retenir pour son montant effectif déterminé par application du taux réel de cotisation (ce taux est actuellement de 13,9 % pour le régime général et 12,9 % pour le régime agricole).*

– *De même, les cotisations aux régimes complémentaires et supplémentaires doivent être retenues pour leur montant effectivement versé".*

Il n'est donc plus possible de se prévaloir de l'ancienne règle administrative qui permettait de prendre en compte les cotisations de retraite de Sécurité sociale sur la base d'un taux fictif de 10,25 %.

Les modalités de rachat des cotisations

"Quant aux sommes versées par les salariés pour des rachats de cotisations dans le cadre des régimes complémentaires et supplémentaires obligatoires..., (elles) sont déduites dans les mêmes conditions que les cotisations courantes.

Pour l'application de la limite de 19 %, il convient donc de tenir compte de ces rachats l'année de leur paiement" (1).

L'Administration admet cependant que les rachats de cotisation aux régimes de base, dont la déduction est autorisée par l'article 83.1 du CGI soient écartés des éléments de comparaison utilisés pour la limitation.

L'administration fiscale apporte sur ce plan une lourde aggravation à sa doctrine antérieure. En effet, dans ses instructions précédentes, l'Administration admettait la déduction des sommes versées au titre du rachat des cotisations de retraite pour les années antérieures sans les soumettre à la règle des 19 %.

2.5 - *LES CONSÉQUENCES D'UN ÉVENTUEL DÉPASSEMENT*

L'excédent de cotisations qui se dégage éventuellement des deux comparaisons successives visées au § 2.4 ci-dessus, représente un élément de la rémunération imposable du salarié.

Le texte de l'article 83-2 du CGI n'instituant aucun ordre pour l'imputation des cotisations à inclure dans la base de l'impôt, l'Administration pose, dans son instruction du 5 décembre 1985, n° 49, que

"l'excédent qui est égal au plus élevé des dépassements, est

(1) Instruction du 5 décembre 1985, n° 45.

réparti au prorata du montant des cotisations supportées rexpectivement par l'employeur et par le salarié :

– au titre de la retraite et de la prévoyance si les limites de 19% et de 3 % sont dépassées,

– au titre de la retraite si la limite du 19 % est seule dépassée,

– au titre de la prévoyance si la limite de 3 % est seule dépassée".

Dans la mesure où l'excédent provient de cotisations salariales, il en découle que les cotisations excédentaires ne sont pas admises en déduction. De même, si l'excédent provient de cotisations patronales, cet excédent constitue un complément de salaire dont le montant est à ajouter à la rémunération brute du salarié.

L'Administration précise à ce sujet (1) que

"le complément de salaire constitué par les cotisations patronales qui excèdent les limites légales de déduction doit normalement être soumis à son tour à cotisations sociales. Par souci de simplification, il est admis que les cotisations supplémentaires ne remettent pas en cause les résultats de la première limitation".

3. LES COTISATIONS DE RETRAITE DES NON SALARIÉS

La loi du 17 janvier 1948 a institué, pour les professions non salariées (libérales, industrielles et commerciales, artisanales, agricoles) un système de retraite distinct de celui des salariés, chacune de ces professions ayant la possibilité d'organiser ce régime au sein de structures librement arrêtées.

La loi a également prévu des régimes complémentaires obligatoires et la possibilité de créer des régimes complémentaires facultatifs (article L 659 du code de la Sécurité sociale).

Du point de vue fiscal, les différents régimes institués par décrets en application de la loi du 17 janvier 1948, sont assimilés à des régimes de Sécurité sociale.

Les cotisations correspondantes sont dès lors intégralement déductibles du bénéfice ou revenu professionnel de l'exploitant.

S'agissant des commerçants, industriels et artisans, la déduction est prévue par un texte spécifique, l'article 154 bis du CGI.

---

(1) Instruction du 5 décembre 1985, n° 52.

Pour les exploitants agricoles et les assujettis aux BIC (bénéfices industriels et commerciaux), la déduction est reconnue par l'administration fiscale en application des dispositions générales qui admettent en charge des bénéfices ou revenus professionnels les dépenses nécessaires à l'exploitation (article 72 et 93.1 du CGI).

Ainsi en matière de BNC (bénéfices non commerciaux), dans une note du 2 février 1976, l'Administration a indiqué :

> *"Conformément aux principes généraux régissant les Bénéfices non commerciaux, seules peuvent être valablement comprises dans les frais généraux les dépenses qui se rattachent à la gestion de l'entreprise ou qui sont exposées dans l'intérêt direct de l'exploitation.*
>
> *Ont à ce titre, le caractère de dépenses professionnelles :*
>
> *– Les cotisations de Sécurité sociale ;*
>
> *– Les cotisations versées pour le financement des régimes assurance maladie et maternité des travailleurs non salariés des professions non agricoles (loi du 12 juillet 1966 modifiée) ;*
>
> *– Les cotisations vieillesse versées en vertu de la loi du 17 janvier 1948 (Code de la Sécurité sociale, livre VII)".*

Par une note du 19 avril 1978, l'administration fiscale a précisé que les cotisations d'assurance maladie, maternité sont déductibles en totalité.

En ce qui concerne les cotisations vieillesse, seules sont déductibles les cotisations versées pour le financement des régimes obligatoires et complémentaires obligatoires institués en application de la loi du 17 janvier 1948.

Dans ces conditions, le Ministre a pu répondre à un parlementaire (Rép. Couste, AN, 30 mai 1975, JO p. 3417) :

> *"... il apparaît qu'il n'existe pratiquement aucune différence entre salariés et non salariés quant aux possibilités de déduction des cotisations "vieillesse" des régimes de Sécurité sociale de base : les cotisations sont déductibles dans leur intégralité.*
>
> *En ce qui concerne les compléments de retraite, les possibilités de déduction des cotisations sont marquées par le dispositif de couverture offert aux uns et aux autres. En effet, les contribuables non salariés ont la faculté de cotiser à des régimes complémentaires, obligatoires ou même facultatifs, de Sécurité sociale et de déduire également, sans limitation, les versements correspondants. Il appartient aux professions indépendantes qui estime-*

raient leur couverture sociale insuffisante à cet égard de mettre en place des régimes complémentaires ou de modifier ceux qui existent".

Les non salariés peuvent donc déduire de leur revenu imposable les cotisations versées à titre obligatoire, mais aussi celles correspondant à des clauses optionnelles ou acquittées à titre facultatif, dès lors qu'il s'agit de régimes créés dans le cadre de la loi de 1948 (1).

Inversement, toutes autres cotisations de retraite versées par des non salariés sont considérées comme des dépenses personnelles, non déductibles, alors même qu'il s'agit de systèmes collectifs mis en place au niveau de l'ensemble d'une profession, ces cotisations ne pouvant pas non plus être considérées comme des dépenses effectuées en vue de l'acquisition du revenu au sens de l'article 93 du CGI (CE 11 mars 1983, req. n° 41694).

Par deux réponses ministérielles (Rép. Fosset, Sénat 3 février 1983 et Rép. Miossec et Peuziat, AN, 7 février 1983) l'administration fiscale a apporté deux exceptions au principe de la non déductibilité susvisé.

Elle admet ainsi la déductibilité du revenu professionnel :

- des primes d'assurance volontaire versées par des travailleurs non salariés qui ne remplissent pas les conditions pour être assujettis à un régime obligatoire, et ne disposant donc d'aucune protection contre les risques maladie, maternité et accidents professionnels ;

- des primes d'assurance volontaire destinées à couvrir les risques de maladie et d'accident professionnel du chef d'entreprise. Dans ce cas, si l'une des garanties prévue contractuellement est le paiement d'un revenu de substitution ou celui des frais d'exploitation de l'entreprise, les prestations correspondantes payées par l'assureur doivent être reportées au bénéfice imposable.

---

(1) Sur une évolution possible des régimes de retraite des professions libérales, cf une déclaration du Premier Ministre lors de la journée des professions libérales le 17 décembre 1987 (in Gazette du Palais des 10 et 11 février 1988, p. 13).

CHAPITRE II

L'impôt sur les sociétés

Les entreprises peuvent souscrire tant des contrats d'assurances individuelles (Section I) que des contrats d'assurances de groupe (Section II) dont les modalités de prise en compte pour la détermination des bénéfices imposables divergent sensiblement.

SECTION I

Les contrats d'assurances individuelles souscrits par une entreprise

Une entreprise souscrira des contrats d'assurances individuelles soit à son profit (**1.**), soit au bénéfice d'un établissement financier à l'occasion d'un emprunt (**2.**) soit encore au bénéfice de ses salariés sous forme de sursalaire (**3.**). De la variété des motifs de souscription de tels contrats découle naturellement une grande diversité de traitement fiscal des primes afférentes auxdits contrats.

1. CONTRATS SOUCRITS À SON PROFIT PAR UNE ENTREPRISE

Certaines entreprises se garantissent contre le risque de décès de leur personnel dirigeant ou de certains collaborateurs en souscrivant à leur profit une assurance vie sur la tête des personnes considérées. Cette souscription a pour objet de compenser financièrement le trouble dans la marche de l'entreprise et les éventuelles pertes financières qui peuvent découler de la disparition de tel ou tel de leurs employés.

"Selon l'analyse qui est faite par l'Administration, l'entreprise se garantit non contre une diminution de l'actif, mais contre un manque à gagner éventuel résultant de la disparition de son personnel dirigeant ; mais ce manque à gagner – encore qu'il puisse être réel – ne saurait s'inscrire en comptabilité" (1).

L'Administration ne conteste donc pas que la souscription de tels contrats d'assurance correspond à l'intérêt de l'entreprise (2) et ne cherche pas, du reste, à la qualifier d'acte anormal de gestion. Elle conteste seulement le caractère déductible des primes au cours de l'exercice de versement.

Il convient donc d'étudier le principe général régissant la déductibilité des primes versées au titre de contrats d'assurance mixte (**1.1**) le particularisme du traitement des primes afférentes à des assurances temporaires (**1.2**) ou à des assurances sur la tête de spécialistes (**1.3**) et d'exposer les réserves qu'appelle cette doctrine administrative (**1.4**). Par ailleurs, le régime fiscal des primes d'assurance versées par des sociétés civiles professionnelles devra être étudié (**1.5**).

1.1 - *LA DOCTRINE ADMINISTRATIVE EN MATIÈRE D'ASSURANCE MIXTE*

Du décès d'un collaborateur quelconque d'une entreprise, fût-ce son Président Directeur Général, ne découlera pas comptablement une perte ou une charge car il n'affectera pas un élément de l'actif.

Or, aux termes de l'article 38.1 du CGI, le bénéfice imposable est le bénéfice net, déterminé d'après les résultats d'ensemble des opérations de toute nature effectuées par les entreprises, étant observé qu'en application des articles 39 et suivants du CGI pour être admise en déduction des bénéfices imposable d'une entreprise, une dépense doit, d'une part être exposée dans l'intérêt de son exploitation, d'autre part être appuyée de justification suffisantes, et enfin se traduire par une diminution de son actif net. Les seules dépenses ou charges déductibles pour l'impôt sur les sociétés sont donc celles qui affectent sans contrepartie l'actif net ou sont destinées à parer à une diminution probable de la valeur de cet actif.

Il en résulte que les primes versées en exécution de contrats ayant pour objet de constituer à des échéances variables des capitaux supplémentaires sont assimilées par l'administration fiscale à un placement des fonds disponibles des entreprises. Elles seront dès lors exclues des charges déductibles pour la détermination des bénéfices imposables (BOCD 1941, 2è partie, n° 9).

---

(1) M. Cozian et M. Chadefaux *"Etudes Pratiques"*, Semaine juridique, Ed E 1984 p. 14470.

(2) *Contra* CE 7 décembre 1945, req 77227 8e s-section et CE 9 juillet 1945, n° 75.846 et 77.175, 7e et 8e s-section, Gaz. Pal. 26 septembre 1945.

Le Conseil d'Etat a confirmé l'analyse de l'administration fiscale en jugeant que :

> *"de telles primes (de contrats d'assurance-vie) souscrits sur les têtes des associés gérants ne constituent pas une dépense d'exploitation ou une charde entrant dans la catégorie de celles dont la déduction est autorisée pour l'article 7 du Code général des impôts directs"* (1).

En application de la doctrine administrative, les primes afférentes à des contrats d'assurance vie souscrits par une société sur la tête de tel ou tel de ses collaborateurs ne pourront donc être déduites que des bénéfices soit de l'exercice au cours duquel se sera réalisé le risque couvert (décès de l'assuré) soit de l'exercice au cours duquel le contrat considéré atteindra son terme et viendront dans les deux hypothèses en déduction du capital perçu.

1.2 - *LE TRAITEMENT SPÉCIFIQUE DES ASSURANCES TEMPORAIRES*

L'administration fiscale a été interrogée par ailleurs sur les conséquences de la souscription des contrats dits temporaires – assurance de risque pur ne prévoyant aucune capitalisation et aucune prestation en cas de vie de l'assuré au jour de l'échéance – le capital assuré n'étant payable qu'en cas de disparition de la tête assurée pendant la durée du contrat.

Lorsqu'une entreprise contracte, à son profit, une assurance de cette nature sur la tête de certains de ses dirigeants ou collaborateurs, la question a été posée de savoir si, du fait que le contrat exclut toute idée de capitalisation, les primes peuvent être passées en frais généraux dès leur versement.

L'Administration a répondu que, dès l'instant où, au cas particulier, le risque de décès de l'assuré n'entraînera pas, par lui-même, pour l'entreprise, une perte ou une charge, mais simplement un manque à gagner éventuel, non susceptible de s'inscrire en perte ou en frais dans la comptabilité, les primes versées en exécution des contrats susvisés ne sauraient être admises dans les charges déductibles de l'exercice au cours duquel elles sont payées (Rép. Antier, AN 24 février 1954).

Mais si les primes versées en exécution de ce contrat ne peuvent pas être comprises dans les charges déductibles de l'exercice au cours duquel elles sont payées, elles sont susceptibles d'être prises en considération pour la détermination du bénéfice imposable soit de l'exercice au cours duquel le contrat vient à expiration, si le risque ne se réalise pas (cas de survie de

---

(1) Société Y..., req 77705 et 79013, 23 avril 1956 (Recueil Lebon 1956 p. 655) ; cf. également CE 17 décembre 1980, req n° 16696, RJF n° 3, 1981.

l'assuré), soit de l'exercice au cours duquel se produit le décès de l'assuré, si au contraire le risque se réalise.

Dans ce dernier cas, les primes acquittées depuis la souscription de l'assurance peuvent pratiquement être imputées au capital dont le versement est prévu par le contrat, de sorte que la somme comprise dans le bénéfice imposable est égale, en définitive, à la différence entre le montant du capital et le montant des primes (Rep. Wasmer, JO du 16 décembre 1954).

Dans l'hypothèse où pour profiter de cette réglementation autorisant la déductibilité des primes au terme du contrat, une société souscrirait des assurances temporaires d'une durée initiale d'un an, renouvelables annuellement, l'administration fiscale ne manquerait pas, en cas de contrôle, de tenter d'assimiler l'ensemble desdites temporaires à un seul contrat et ordonnerait, à l'évidence, la réintégration des primes "abusivement" déduites avant le terme de la dernière temporaire souscrite.

1.3 - *CONTRATS SOUSCRITS SUR LA TÊTE D'UN SPÉCIALISTE*

De principe, les primes d'assurance payées en vertu de contrats souscrits par des sociétés à leur profit ne peuvent donc figurer dans les charges déductibles que si elles se rapportent à la couverture d'un risque dont la réalisation entraînerait directement la perte d'un élément déterminé de l'actif (à l'image des primes incendie) .

En application de ce principe, l'administration fiscale a admis la déduction de primes dans l'hypothèse suivante :

> **Une société désirant acquérir un ordinateur, a confié à un spécialiste l'étude d'adaptation nécessaire aux conditions particulières de l'entreprise. La durée de cette étude est estimée à 18 mois et les honoraires et frais de ce spécialiste et de ses collaborateurs seront très élevés.**
>
> **Estimant qu'en cas de décès dudit spécialiste avant l'achèvement du travail, toute l'étude serait à reprendre, la société envisage de souscrire un contrat d'assurance vie sur la tête du spécialiste. Il a été demandé :**
>
> **– si la société peut comprendre dans ses frais généraux le montant des primes du contrat d'assurance qu'elle aurait souscrit et dont elle serait bénéficiaire ;**
>
> **– si, dans l'hypothèse du décès de l'assuré, le capital versé par l'assureur devrait être comptabilisé, sous quelle rubrique et à quel taux.**

La réponse suivante a été faite par l'administration fiscale :

"A supposer qu'il soit établi que le décès du spécialiste visé dans la question entraînerait la disparition des éléments d'actif formant la contrepartie des honoraires et remboursements de frais payés au défunt et à ses collaborateurs, les primes d'assurance pourraient être comprises parmi les charges d'exploitation déductibles de l'exercice en cours à la date de leur échéance.

En cas de réalisation du risque couvert, le capital versé à la société devrait être regardé comme un profit accessoire à rattacher aux résultats imposables dans les conditions et au taux de droit commun (Rép. Allainmat, JO AN 21 décembre 1977)."

1.4 - *CRITIQUE DE LA DOCTRINE ADMINISTRATIVE*

Dès lors que le bénéficiaire d'un contrat d'assurance décès est bien l'entreprise souscriptrice elle-même, il ne fait pas de doute que les primes versées à la compagnie d'assurances constituent une charge déductible. Cependant, si la déduction fiscale de ces primes ne peut être contestée dans son principe puisque provenant d'une gestion commerciale normale, le problème qui se pose est celui du fait générateur de la déduction de ces primes.

A cet égard, selon la doctrine administrative susvisée, *"les primes versées en exécution d'un tel contrat ne sauraient être admises dans les charges déductibles de l'exercice au cours duquel elles sont payées"*.

Cette position est fondée sur l'argument selon lequel le décès de l'assuré n'entraînera pas par lui-même, pour l'entreprise, une perte ou une charge, mais simplement un manque à gagner éventuel, non susceptible de s'inscrire en perte ou en frais dans la comptabilité.

Toujours selon l'Administration, les primes ainsi versées ne seraient donc déductibles du bénéfice imposable que de l'exercice au cours duquel le contrat vient à expiration si le risque ne se réalise pas. Si au contraire le risque vient à se réaliser, les primes seront déductibles des résultats de l'exercice au cours duquel s'est produit le décès de l'assuré.

> *"Cette analyse n'entraîne aucunement la conviction et aboutit à des solutions iniques ou inutilement complexes"* (1).

Une telle doctrine fondée sur la théorie jurisprudentielle du *"manque a gagner"* ne semble pas tenir compte, en effet, des dispositions impératives de l'article 38.2 du CGI qui définissent le bénéfice imposable d'après la différence d'actif net constatée entre le 1er jour et le dernier jour de l'exercice. Or, le

---

(1) M. Cozian : *"Précis de fiscalité des entreprises"*, Librairies techniques n° 323.

paiement de telles primes entraîne bien une diminution de l'actif net à la clôture de chaque exercice. Le fait que ces paiements puissent trouver un jour une contrepartie n'entre pas en compte pour apprécier la différence d'actif net et donc l'assiette de l'impôt, puisque cette contrepartie est purement éventuelle.

Or, la jurisprudence du Conseil d'Etat se rattache désormais étroitement à la définition du bénéfice imposable de l'article 38.2 du CGI dite **"théorie du bilan"** (1). Dès lors, il apparaît probable qu'à l'occasion de futurs contentieux, la Haute Assemblée revienne sur sa décision de 1956 et accepte le principe de la déductibilité immédiate des primes d'assurance décès.

1.5 - *LES PRIMES VERSÉES PAR DES SCP (SOCIÉTÉS CIVILES PROFESSIONNELLES)*

Si l'essentiel des assurances de personnes souscrites par des entreprises l'est par des sociétés soumises à l'impôt sur les sociétés, de telles assurances peuvent également s'avérer intéressantes pour des sociétés de personnes telles que des sociétés civiles professionnelles. Il conviendra donc d'analyser succinctement le régime fiscal de telles souscriptions.

La souscription par une société civile professionnelle d'un contrat d'assurance en cas de décès sur la tête de ses associés au bénéfice des associés survivants s'analyse, selon une jurisprudence constante (2), comme une opération de caractère privé et non professionnel. Cette analyse conduit naturellement à rejeter la déduction des primes d'assurances correspondantes pour la détermination des bénéfices non commerciaux.

A l'inverse, il était possible (3) de s'interroger sur la déductibilité, toujours en BNC, des primes d'assurances versées par une SCP afférente à une police garantissant le versement à cette SCP d'un capital en cas de décès ou d'incapacité permanente totale d'un de ses associés.

Mais une telle déductibilité emporterait l'imposition des prestations correspondantes. Or, il n'apparaît pas souhaitable

> *"que le juge fiscal bouleverse la conception qu'il a jusqu'à présent adoptée des rapports entre les SCP et leurs associés, ni davantage qu'il abandonne sa jurisprudence sur le caractère non imposable des indemnités d'assurance facultative, d'autant plus que, sur ces points, la jurisprudence et la doctrine administrative concordent.*

---

(1) Cf : *"Les impôts en France"*, par Claude Gambier, Editions Francis Lefebvre, 18e édition 1986, n° 50.

(2) CE 27 février 1985, req n° 43241, RJF 1985 n° 4 n° 566, concl. O Fouquet et CE 7 novembre 1986, req n° 49800, RJF 1987, n° 38.

(3) Cf conclusion de M. Fouquet CE 7e et 8e s-sections, 19 décembre 1986, req n° 55323 et 56093 in la Semaine juridique, Ed E, n° 13, 26 mars 1987.

S'il fallait adopter un autre système, il devrait l'être à notre sens par le législateur, après concertation avec les professions qui devraient peser soigneusement, en ce qui les concerne, les avantages et les inconvénients d'un système où les primes d'assurance facultative seraient déductibles, mais le montant des indemnités imposable" (1).

La Haute Assemblée devait, en ce sens, décider :

"que les primes versées par une SCP (fût-ce à son profit) au titre d'une assurance facultative contre les risques de décès, d'invalidité ou de maladie de l'un de ses associés ne peuvent être regardées comme constitutives d'une dépense nécessitée par l'exercice de la profession au sens des dispositions du I de l'article 93 du CGI... qu'elles ne sont pas davantage des dépenses effectuées en vue de l'acquisition et de la conservation du revenu au sens de l'article 13 du même code ; que c'est, dès lors, à bon droit, que l'Administration a refusé d'admettre ces primes en déduction du montant des recettes de la société" (2).

2. CONTRATS SOUSCRITS À L'OCCASION D'UN EMPRUNT

Afin de supprimer tout risque consécutif à des opérations de crédit à des PME-PMI, les banques conditionnent souvent l'octroi de prêts soit à l'inscription d'hypothèques sur les actifs immobiliers propres aux dirigeants sociaux soit, en l'absence de patrimoines significatifs, à la souscription d'une assurance vie sur la tête desdits dirigeants.

L'importance de tels contrats d'assurance pour le développement du crédit aux PME-PMI conduit à étudier le régime fiscal des primes versées à ce titre.

LA DOCTRINE ADMINISTRATIVE

Diverses réponses administratives – confirmées par des arrêts du Conseil d'Etat – ont arrêté les limites de déductibilité du bénéfice imposable de telles primes.

Dans un premier temps (3), l'Administration a précisé que de telles primes *"n'ayant pas pour objet de couvrir une diminution de l'actif des entreprises et... devant, en fait, être considérées comme un placement de fonds en vue de*

---

(1) Cf conclusion de M. Fouquet CE 7e et 8e s-sections, 19 décembre 1986, req n° 55323 et 56093 in la Semaine juridique, Ed E, n° 13, 26 mars 1987.

(2) CE 19 décembre 1986, req n° 55323 et 56093.

(3) Note du 24 août 1961, BOCD 1961 II-1662.

constituer, sous condition, des capitaux supplémentaires" n'étaient pas déductibles des bénéfices des exercices au cours desquels elles étaient acquittées.

L'Administration ne devait pas cependant maintenir cette doctrine et dès 1966 (1) admettait la déduction, au même titre que les intérêts, des primes d'un contrat d'assurance vie souscrit par un prêteur sur la tête d'un commerçant en garantie de remboursement d'un prêt contracté par celui-ci pour les besoins de son exploitation.

L'Administration précisait ultérieurement (2) que

> "*la même solution s'applique lorsqu'à la demande du prêteur le contrat est souscrit et les primes payées directement par l'emprunteur dans la mesure où, bien entendu, la dette a été contractée pour les besoins de l'exploitation*".

Inversement et selon une doctrine constante de l'Administration (3), une police d'assurance librement consentie par une entreprise en vue de garantir le remboursement d'un prêt en cas de décès de son dirigeant s'analysera comme une opération de placement et les primes correspondantes ne seront déductibles que de l'exercice en cours à la date d'exécution ou d'expiration du contrat.

LA JURISPRUDENCE DU CONSEIL D'ETAT

Cette doctrine devait être confirmée par le Conseil d'Etat (4) :

> "*considérant que, lorsqu'une banque n'accepte de consentir à une société un prêt ou quelque autre concours financier qu'à la double condition qu'une personne physique, en particulier un dirigeant de la société, fournisse sa garantie personnelle et "délègue" à la banque une police d'assurance sur la vie à concurrence d'un montant déterminé, la société, si le concours de la banque lui est nécessaire pour les besoins de son exploitation, n'excède pas les limites d'une gestion commerciale normale en prenant à sa charge les primes de cette assurance, lesquelles sont dès lors, déductibles du bénéfice net au même titre que les autres frais occasionnés par le concours demandé à la banque*".

---

(1) Rep Naveau, Sénat 3 février 1966, n° 5486 p. 19 ; BOCD 1966-II-3217.
(2) Rep Ribes, AN 13 janvier 1973, n° 26290, p. 76.
(3) Rep Michel, AN 3 août 1974, n° 7820, p. 3971 ; BODGI 4 C-15-74.
(4) CE 7e et 8e sous-sections, 17 décembre 1980, req n° 16696 ; RJF n° 3 1981, n° 184. BO 4C-7-81.

En effet, si les primes d'assurances souscrites, non au bénéfice de la société, mais en faveur de l'épouse de son Président ne sont pas déductibles même si le capital perçu devait permettre au conjoint survivant de payer les dettes de l'entreprise (1),

> *"en revanche, si le prêteur a imposé la souscription de l'assurance comme condition à l'octroi du prêt, les primes correspondantes sont des charges liées à l'emprunt puisque celui-ci n'aurait pu être obtenu sans la souscription de l'assurance ; les dépenses correspondantes n'ont pas le caractère de placement de fonds, mais de dépenses exposées dans l'intérêt de l'exploitation, en vue d'obtenir un prêt nécessaire à celle-ci et qui sont par conséquent immédiatement déductibles des résultats"* (2).

La Haute Assemblée admet donc la déductibilité des *"primes supportées par une société pour l'assurance sur la vie contractée sur la tête d'un dirigeant dans des hypothèses où la société a besoin de concours financiers et où le prêteur éventuel exige la souscription d'une telle assurance ainsi que la délégation de la police à son profit"* (3).

Si les deux dernières conditions ainsi posées à la déductibilité des primes ne soulèvent guère de difficultés, il en va autrement de la première. Comment déterminer, en effet, si la *"société a besoin de concours financier"*. *"Cette dernière réserve, qui figure dans l'arrêt du 14 mars 1984, semble devoir permettre à l'administration fiscale de discuter de l'opportunité, ou mieux de la nécessité de l'emprunt... (or) à pousser trop loin ce raisonnement, on aboutirait à reconnaître à l'Administration un certain droit d'immixtion dans la gestion de l'entreprise"* (4).

Le commentaire de la revue Droit Fiscal suggère alors de distinguer différentes hypothèses:

- Si une société considérée est manifestement à cours de trésorerie et a besoin, pour passer un cap difficile, d'argent frais qui ne peut lui être fourni que par sa banque et cela sous l'exigence précitée, alors la déductibilité des primes prises en charge par la société ne ferait aucune difficulté.
- Inversement, si l'emprunt est sollicité et obtenu, dans les mêmes conditions par une société dont la trésorerie est pléthorique. Il conviendrait alors de distinguer plusieurs hypothèses où la société veut être

(1) CE 25 juillet 1975, req 94844 et 96449, Droit fiscal 1975 n° 45, comm 1457.

(2) In conclusions de M. le Commissaire du Gouvernement Schricke ; CE 17 décembre 1980 susvisé ; Droit fiscal 9 mars 1981, p. 366.

(3) Conclusions de M. le Commissaire du Gouvernement Racine, CE 9e et 7e sous-sections, 14 mars 1984, req n° 38870, RJF n° 5, 1984 n° 585.

(4) Droit fiscal 1984, comm 1339.

financièrement à l'aise pour se constituer des réserves ou faire des spéculations financières sans lien avec son exploitation proprement dite et, éventuellement, grâce à ces facilités financières, accorder à ses dirigeants des avantages particuliers, ou, au contraire, elle opère pour assurer, dans l'avenir, le développement de sa propre exploitation. Dans le premier cas, les primes d'assurance vie garantissant l'emprunt ne seraient pas déductibles car l'emprunt lui-meme n'aura pas été fait dans l'intérêt de l'exploitation. Dans le second cas, au contraire, elles pourraient être déclarées telles.

Il reste que cette condition posée à la déductibilité des primes d'assurance souscrites à l'occasion d'un emprunt est particulièrement critiquable. Il en découle, en effet, d'une part une nouvelle incertitude pour les sociétés, d'autre part une éventuelle et absurde opposition de traitement fiscal entre les intérêts de l'emprunt qui resteraient déductibles et les primes d'assurance, dont la déductibilité serait contestée alors même que ces deux charges sont intimement liées.

Enfin et surtout, cette condition se heurte au principe de non immixtion du fisc dans la gestion des entreprises. En effet, "l'Administration n'a pas à critiquer une gestion qu'elle estime ou trop prudente ou trop aventurée. Spécialement, elle doit se garder de juger la politique financière suivie, de reprocher par exemple aux dirigeants d'avoir eu recours à l'emprunt alors que les fonds propres auraient été suffisants" (1).

3. LES CONTRATS EN "SURSALAIRE"

Les directions de personnel disposent de divers moyens de gratifier les salariés, sans procéder directement à des augmentations salariales (intéressement des salariés à l'entreprise, participation des salariés aux résultats de l'entreprise, plans d'épargne d'entreprise, options de souscription ou d'achat d'actions...).

Cependant, la souscription sur la tête d'un salarié, d'un contrat d'assurance-vie à son profit, ou au profit de bénéficiaires librement désignés, reste un moyen particulièrement souple et adapté à une gestion individualisée du personnel. Cette caractéristique explique en partie le succès de cette formule (*supra* p. 153) qui a conduit l'Administration à poser une limite de fond et une règle de forme à la déductibilité des primes d'assurance, dites en *"sursalaire"*, du bénéfice imposable des sociétés.

---

(1) *"La théorie de l'acte anormal de gestion"* par M. Cozian in *"les Grands principes de la fiscalité des entreprises"* chez Litec (en ce sens : CE 8e s-section, 7 juillet 1958, req 35977 ; Dupont 1958, p. 575).

Au fond, l'entreprise ne pourra déduire de telles primes d'assurance que dans la mesure où, compte tenu desdites primes, la rémunération globale du bénéficiaire n'est pas exagérée eu égard à l'importance du service rendu par ce dernier (1).

L'Administration a précisé, à cet égard, que *"le point de savoir si cette condition est remplie dans chaque cas particulier dépend, exclusivement, des circonstances de fait"* (2).

Elle posait ainsi le meilleur argument à l'encontre de sa prétention ultérieure (*supra* p. 171) à arrêter une limite mathématique, opposable à tous les salariés quant au montant des versements constitutifs d'une retraite.

La règle pragmatique alors retenue ne devait, de plus, soulever aucune difficulté contentieuse spécifique (3) – à l'inverse de la règle dite des 19 % – et démontrait ainsi sa supériorité.

Dans la forme, il appartiendra à l'entreprise souscriptrice de faire figurer distinctement la prime considérée dans le décompte de la rétribution du bénéficiaire qu'elle doit déclarer annuellement, en vertu de l'article 87 du CGI.

De plus, si le bénéficiaire desdites primes est un dirigeant de la société, elles doivent "faire l'objet des inscriptions et déclarations prévues aux articles 54bis, 39.5 et 54 quater du CGI" (4).

En effet, les primes versées en sursalaire, par une entreprise pourront être considérées comme une dépense d'exploitation que si elles constituent un accessoire à la rémunération des intéressés (5) et sont comprises dans les bases d'imposition sur le revenu dû par ces salariés (6).

SECTION II
Les assurances de groupe

De nombreuses sociétés s'engagent auprès de leurs salariés à leur verser soit des indemnités de départ à la retraite soit des compléments de retraite. Le développement considérable de tels engagements conduit à s'interroger sur

---

(1) Rep Gadoin, CR 7 novembre 1951, p. 2610.

(2) Rep Chaban-Delmas, AN 27 avril 1950, p. 2947.

(3) Sur le problème du caractère excessif de certaines rémunérations cf. l'étude de la direction des affaires fiscales du CNPF du 14 février 1986, C/3/86.

(4) CE 9e et 7e sous-sections, 14 mars 1984, req n° 38870 - RJF n° 5 1984, n° 585 .

(5) BOCD 1941-II n° 9.

(6) Rep Gadoin, CR 7 novembre 1951, JO p. 261O et Rep Boscary-Monsservin, AN 20 juillet 1955, JO p. 3941.

la possibilité pour les entreprises de les provisionner (1) et sur la déductibilité des sommes versées à ce titre (2).

1. LES PROVISIONS POUR CHARGES DE RETRAITE

Par définition les engagements des entreprises en matière de retraite se dénouent durant des exercices postérieurs à l'acquisition des droits correspondant par les salariés et parfois même de très nombreuses années plus tard. Ces engagements semblent donc appeler la constitution de provisions.

L'étude du régime fiscal de ces provisions (1.2) nécessite d'en analyser préalablement le traitement comptable (1.1).

1.1 - *LA RÉGLEMENTATION COMPTABLE*

La parfaite compréhension de la réglementation actuelle (1.1.2) nécessite un rapide rappel de l'évolution récente de la doctrine comptable sur la constitution de provisions pour charges de retraite (1.1.1).

1.1.1 - L'évolution récente de la doctrine comptable

La doctrine comptable européenne

L'article 43 de la IVème directive européenne du 25 juillet 1978 offrait aux Etats membres de la Communauté une alternative quant au traitement comptable des engagements des entreprises en matière de retraite au bénéfice de leurs salariés. Les réglementations nationales pouvaient :

– soit obliger les entreprises à inscrire de tels engagements au passif de leur bilan ;

– soit leur laisser le choix entre une telle inscription et une simple indication en annexe du bilan.

Le plan comptable général, arrêté le 27 avril 1982 prévoit simplement à cet égard qu'un compte 153 enregistre les *"provisions pour pensions et obligations similaires"* et précise que celles-ci sont *"relatives aux charges que peuvent engendrer des obligations légales ou contractuelles conférant au personnel des droits à la retraite"*.

L'annexe aux comptes annuels prévus par ce même plan comptable doit contenir :

• dans la mesure où il est utile à l'appréciation de la situation financière, le montant global des engagements financiers qui ne figurent pas au bilan, avec indication distincte de ceux pris :

– à l'égard d'entreprises liées ;

– en matière de pensions ou d'indemnités assimilées ;

- et encore le montant global, pour chaque catégorie, des rémunérations allouées pendant l'exercice aux membres des organes d'administration, de direction, de surveillance, ainsi que le montant des engagements pour pensions et retraites à leur profit.

La doctrine comptable internationale

En juin de la même année, l'International Accounting Standards Committee (IASC) (1) approuvait la norme comptable internationale n° 19, traitant de la comptabilisation des engagements en matière de retraite dans les états financiers de l'employeur et s'appliquant aux exercices ouverts à compter du 1er janvier 1985.

L'IASC posait alors l'obligation de provisionner les engagements de retraite dès l'entrée du salarié dans l'entreprise.

Il était, en effet, observé :

> *"pour l'employeur, le coût des engagements en matière de retraite résulte des services qu'il reçoit des salariés ayant droit à ces avantages. Par conséquent, on cherche à imputer à chaque exercice le coût des engagements correspondant aux services rendus au cours de l'exercice. Le fait de ne comptabiliser le coût des engagements qu'au moment du paiement des prestations ou de la liquidation de la retraite ne permettrait pas, en effet, la répartition des charges entre les exercices au cours desquels les services correspondant à ces charges ont été rendus".*

L'article 24.16 du décret n° 83.1020 du 29 novembre 1983 arrêtait simplement, à cet égard, une obligation d'indiquer dans l'annexe s'ils sont significatifs, *"le montant des engagements pris en matière de pensions, compléments de retraite et indemnités assimilées en distinguant d'une part, ceux qui ont fait l'objet de provisions et d'autre part, ceux qui ont été contractés au profit des dirigeants".*

---

(1) Cet organisme ayant pour objet *"d'élaborer et de publier, dans l'intérêt du public, des normes comptables internationales qui devront être respectées lors de la présentation des comptes annuels et des états financiers, ainsi que d'assurer l'acceptation et l'application de ces normes à l'échelon mondial"* (charte IASC) (cf. *Mémento pratique Francis Lefebvre*, Comptable n° 252 s).

Le rejet des normes comptables internationales par la France

Dans ces conditions le Gouvernement devait proposer au Parlement de modifier la rédaction de l'article 9 du Code de commerce en le complétant par la phrase suivante :

> *"Pour faire face aux charges liées aux obligations contractuelles de verser aux salariés prenant leur retraite des compléments de retraite, l'entreprise ne peut constituer des provisions que pour faire face au paiement des charges futures et probables correspondant à leurs engagements, à compter de l'exercice du départ à la retraite des salariés".*

Le rapporteur de la commission des finances justifiait cette modification en ces termes .

> *"l'évolution de la doctrine comptable tendrait à obliger les entreprises à constituer des provisions (pour retraite) soit avec rattrapage brutal du passé, soit avec étalement, correspondant aux droits acquis par des salariés à un complément de retraite lors des exercices antérieurs. L'actif net des entreprises concernées en serait trop affecté"* (1).

Ce texte avait, semble-t-il, été adopté, à la demande du groupe "Thomson" afin de rendre inapplicable en France la norme susvisée n° 19 de l'IASC et lui permettre ainsi de présenter des comptes équilibrés.

Les réactions provoquées par les nouvelles normes comptables françaises

L'adoption de cet amendement sous l'article 87 de la loi de finances pour 1985 aboutissait, en effet, à obliger les entreprises françaises à ne pas comptabiliser des engagements réels, à majorer ainsi de façon fictive leurs résultats et remettait donc en cause **"l'image fidèle"** des comptes de ces sociétés.

La vivacité exceptionnelle des réactions de la Commission des opérations de Bourse (COB) et de l'Ordre des experts comptables et des comptables agréés (OECCA) devait, cependant, conduire le gouvernement à proposer une nouvelle modification de l'article 9 du Code de commerce respectant mieux l'orthodoxie comptable.

LA COB soulignait (2), en effet, qu'après l'adoption de cette disposition *"les sociétés (françaises) qui ont à présenter leurs comptes sur des places*

---

(1) AN Débat, 18 décembre 1984, JO p. 7186.

(2) Bulletin de la COB, n° 180, avril 1985 p. 4.

financières étrangères, notamment New-York et Londres, devraient les modifier pour les rendre conformes sur ce point, aux principes comptables internationaux et comparables à ceux des sociétés de ces pays".

De même, l'OECCA s'opposait aux nouvelles dispositions législatives, en posant dans une recommandation de janvier 1985 (1) :

> *"l'engagement au titre des services rendus est traduit au passif du bilan par une provision. Celle-ci correspond au total des engagements à l'égard des allocataires du régime et du personnel actif pour les services rendus antérieurement à la date de la clôture, compte tenu des éventualités de réversion et des charges annexes".*

Enfin, la Commission des communautés européennes par une lettre, en date du 29 mai 1985, adressée à M. Dailly, confirmait (2) au vice président du Sénat que l'interdiction de provisionner les engagements de retraite *"constituait une violation formelle de la IVème directive et remettait en cause l'image fidèle de la situation et du résultat de l'entreprise".*

Le Gouvernement était ainsi conduit, dès l'été 1985, à faire abroger l'article 87 de la loi de finances pour 1985 et à soumettre au Parlement une nouvelle rédaction de l'article 9 du Code du commerce.

1.1.2 - La réglementation comptable actuelle

L'article 35 de la loi n 85.695 du 11 juillet 1985 abrogeait la loi de finances pour 1985 et modifiait, à nouveau, la rédaction de l'article 9 du Code de commerce en disposant que :

> *"le montant des engagements de l'entreprise en matière de pensions, de compléments de retraite, d'indemnités et d'allocations en raison du départ à la retraite ou avantages similaires des membres ou associés de son personnel et de ses mandataires sociaux est indiqué dans l'annexe. Par ailleurs, les entreprises peuvent décider d'inscrire au bilan, sous forme de provision, le montant correspondant à tout ou partie de ces engagements"* .

Cette *"solution de compromis"* (3) laisse donc aux entreprises le choix entre constituer ou non des provisions, la mention en annexe étant de toute façon obligatoire.

---

(1) Selon M. Pierret, rapporteur de la Commission des Finances, débats AN 20 juin 1985, JO p. 1834.

(2) In *Principes comptables* n° 16, p. 9.

(3) Cf débats Sénat, JO du 14 juin 1985, p. 1239.

Mais cette alternative, toujours critiquée, proposée aux entreprises n'est pas la seule modification apportée à la rédaction de l'article 9 du Code du commerce.

L'article 87 de la loi des finances pour 1985 interdisait de constituer des provisions jusqu'au départ à la retraite. Il en découlait, a contrario, l'obligation de provisionner après ce départ. Dorénavant, le choix laissé à l'entreprise de provisionner ou non porte sur tous ses engagements antérieurs ou postérieurs au départ à la retraite de ses collaborateurs.

Cependant pour *"la majorité des membres de la Commission juridique du Conseil national de la comptabilité, cet article s'applique jusqu'au départ à la retraite du salarié. Au-delà, il ne s'agit plus d'un engagement mais d'une dette provisionnée"* (1). De même pour la COB *"les engagements envers des personnes déjà admises à la retraite doivent nécessairement être provisionnés pour le montant total"* (2).

La nouvelle rédaction de l'article 9 du Code de commerce s'accompagne également d'un élargissement de son objet. L'article 87 de la loi de finances pour 1985 ne portait que sur les compléments de retraite. Désormais, tous les engagements sont visés : pensions, compléments de retraite, indemnités de départ à la retraite, qu'ils concernent le personnel ou les mandataires sociaux.

A cet égard, le Conseil national des commissaires aux comptes souligne (3) combien l'information relative à la multiplicité de ces engagements pose de délicats problèmes méthodologiques (4) en raison, d'une part, de l'avenir incertain non totalement *"probabilisable"* dans lequel elle se situe, d'autre part, de la variété extrême des régimes, conventions collectives, contrats, ... dont découlent les droits des salariés.

De plus, la nouvelle rédaction de l'article 9 du Code de commerce ne précise pas le mode de calcul du montant des engagements à provisionner ou à inscrire en annexe du bilan.

Selon l'OECCA (recueil n° 16 opus cite) et la COB (bulletin n° 180, avril 1985, opus cite) :

> *"Les charges résultant des obligations contractuelles des sociétés à l'égard de leurs salariés en matière de retraite sont nées et doivent par conséquent, être calculées avant le départ à la retraite des intéressés et dès la conclusion de leur contrat de travail, ce calcul étant effectué suivant les données statistiques habituelles"*.

---

(1) Bulletin de la CNCC n° 65, 4ème trimestre 1985.
(2) Bulletin de la COB n° 189, février 1986.
(3) Cf. Bulletin du CNCC de juin 1986, p. 2201.
(4) Cf. *"Retraites"* aux éditions Francis Lefebvre, opus cite, n° 510s.

Aussi un calcul des engagements considérés uniquement à partir du jour du départ en retraite n'est pas satisfaisant.

C'est donc le montant ainsi déterminé qui devra être au minimum inscrit en annexe.

Inversement si le choix de constituer une provision est retenu, que faut-il entendre par provision correspondant à **"tout ou partie"** du montant des engagements (selon la formule du nouvel article 9 du Code de commerce) ?

Selon l'OECCA *"tout ou partie"* devrait être entendu au sens de **"prise en compte progressive dans le bilan"**.

En pratique :

Afin d'éviter une fluctuation trop importante de la provision à chaque exercice ou une réduction sensible du résultat, les incidences financières peuvent ne pas être prises en compte pour leur totalité l'exercice où elles surviennent, mais être réparties sur les exercices à venir, selon une durée ne pouvant excéder la durée résiduelle moyenne d'activité des employés concernés.

Il s'agit des cas suivants :

- révision des méthodes et des hypothèses retenues pour l'évaluation statistique
- signature d'avenants (à d'anciens régimes)
- mise en place d'un nouveau régime.

De même, afin de ne pas affecter brutalement les comptes des entreprises, pour la première constitution d'une provision pour retraites (dispositions transitoires), la constatation de cet engagement dans les comptes pourra faire l'objet :

- soit d'un prélèvement sur la situation nette pour constituer la provision (la COB a également préconisé cette solution) ;
- soit d'un étalement sur une durée ne pouvant excéder la durée résiduelle moyenne de vie active des employés concernés.

Mais sur cette interprétation de la formule "tout ou partie" la doctrine comptable n'apparaît pas unanime (1).

---

(1) Cf *Mémento comptable Francis Lefebvre*, n° 947-1, qui expose trois interprétations possibles.

Ces difficultés à appréhender comptablement la réalité des engagements des entreprises en matière de retraite devaient conforter l'administration fiscale dans son refus d'accepter la déductibilité de toute provision constituée pour une société en vue de faire face au versement d'allocations en raison du départ à la retraite ou préretraite des membres de son personnel.

1.2 - *LE TRAITEMENT FISCAL DES PROVISIONS POUR RETRAITE*

Si le Conseil d'Etat a reconnu le caractère déductible, au regard de l'article 39.I.5 du CGI, de provisions pour retraite calculées de manière statistique (1.2.1), le législateur, dans un souci de rendement de l'impôt sur les sociétés, a fait échec à cette jurisprudence en posant le principe de la non déductibilité de telles provisions (1.2.2) et ce, de manière rétroactive.

1.2.1 - La jurisprudence du Conseil d'Etat

Depuis 1979 et à plusieurs reprises, la Haute Assemblée a posé le principe du caractère déductible des provisions pour retraite (1).

La première espèce intéressait le problème des provisions pour indemnités de fin de carrière, pour en admettre la déductibilité (2) :

> *"Considérant que les sommes litigieuses sont des indemnités que la société requérante sera tenue de verser en vertu de l'accord interprofessionnel susmentionné et auxquelles ses locataires-gérants acquièrent droit année par année au-delà de la troisième année de leur contrat, au fur et à mesure des périodes annuelles définies par l'accord ; qu'elles constituent donc une charge de l'entreprise qui doit être rattachée aux opérations de toute nature effectuées par celle-ci au cours des mêmes périodes, et dont le paiement est seulement différé par l'effet de cet accord ; qu'il suit de là qu'elles sont des charges nettement precisées quant à leur nature et dont le montant peut être évalué avec une approximation suffisante ; que, bien que les droits reconnus aux locataires-gérants par l'accord interprofessionnel n'eussent pas le caractère de créances exigibles à la date de clôture de l'exercice, la charge correspondante pouvait être tenue pour quasi certaine dès cette date ; qu'ainsi, se trouvaient réunies toutes les conditions justifiant légalement la constitution de provisions en vertu de l'article 39.1.5 précité du CGI ..."*

---

(1) Pour une étude de la jurisprudence antérieure à 1979 : cf. Juris-classeur fiscal, fascicule 241-12, n° 24 s.

(2) CE, 7e et 9e sous-sections, 4 mai 1979, req n° 10727 ; DF 1979 n° 39, Comm 1813.

Cet arrêt reprenait en fait la jurisprudence du Conseil d'Etat en matière d'indemnité pour congés payés (1), rendue caduque (déjà pour des motifs budgétaires) par l'article 25 de la loi n° 70.601 du 9 juillet 1970. Dans ses conclusions (2) M. Martin Laprade soulignait, du reste, la grande similitude entre les indemnités pour congés payés et les indemnités de fin de carrière qui "*s'acquièrent au fur et à mesure que s'écoule le temps. Par suite, l'événement déjà survenu à la clôture de l'exercice, qui rend probable le paiement de la charge future et justifie la provision, ce n'est pas, comme le pense le service, une circonstance qui rendrait plus ou moins proche le paiement de l'indemnité; c'est seulement le fait que se soit écoulée, au cours de l'exercice, une période de temps ouvrant droit, pour un tiers, à une créance certaine, mais exigible dans le futur*".

Le Conseil d'Etat devait confirmer cette jurisprudence en matière de provisions pour compléments de retraite (3) :

> "*Considérant qu'il est constant que les engagements pris par la société requérante à partir de 1962 (de verser aux retraités de 60 ans au moins et justifiant selon les cas de 15 ou 25 ans de service dans l'entreprise un* "complément de retraite"*) étaient irrévocables ; qu'ils ont fait naître à la charge de la société et en faveur de l'ensemble du personnel concerné des obligations contractuelles dont l'exécution était destinée de manière certaine à grever les résultats des exercices postérieurs aux départs en retraite et qui se rattachent aux opérations faites auparavant en employant ce personnel ; qu'en ce qui concerne le montant de la provision constituée, à la clôture de chaque exercice, pour y faire face, d'une part il découlait de la nature même de l'obligation contractée que ce montant fût calculé par une méthode statistique, d'autre part la méthode employée, se référant à des barèmes utilisés par la Caisse des dépôts et consignations, ne prête pas à critique ; que, s'il est vrai qu'après la clôture de chaque exercice, le montant des "compléments de retraite" dus aux intéressés par la société pouvait varier en fonction notamment des variations dans les sommes auxquelles les régimes de retraite de droit commun leur ouvraient droit, cette circonstance ne fait pas obstacle à ce que les provisions litigieuses soient tenues pour justifiées à la date à laquelle elles ont été constituées dès lors que la société a calculé chacune des provisions en prenant en compte, comme elle y était tenue, les "événements en cours", c'est-à-dire l'étendue de ses obligations d'après la situation de fait et de droit existant à la date de clôture de l'exercice ; considérant, qu'il résulte de ce qui précède que les provisions litigieuses remplissent toutes les conditions requises pour être déductibles...*".

---

(1) CE, 7e, 8e et 9e sous-sections réunies, 29 mai 1970, req n° 74232, DF 1970 n° 48 comm. 1369, concl. Dufour.

(2) DF 1980 n° 7.

(3) CE 8e et 9e sous-sections, 2 février 1983, req n° 29069, DF 1983 n° 28.

Cette décision, rendue conformément aux conclusions du commissaire du gouvernement Bissara, offrait donc aux entreprises la possibilité de provisionner tous leurs engagements irrévocables, au bénéfice de leurs salariés. En effet, les droits des retraités naissant au fur et à mesure de leur activité salariée *"les charges qui en résultent pour l'entreprise ne se rattachent (donc) pas aux services de paiements, mais aux opérations des exercices pendant lesquels l'activité génératrice a été exercée et dont elles constituent un supplément de coût"* (1).

1.2.2 - Le principe de non déductibilité des provisions pour retraite

Aux termes de l'article 86 de la loi de finances pour 1985 (2)

> *"ne sont pas déductibles les provisions que constitue une entreprise en vue de faire face au versement d'allocations en raison du départ à la retraite ou préretraite des membres ou anciens membres de son personnel ou de ses mandataires sociaux".*

Cette nouvelle rédaction de l 'article 39.1.5 du CGI correspond, mot pour mot, au texte de l'amendement gouvernemental présenté à l'Assemblée Nationale, le 15 novembre 1984 (2), dont l'exposé des motifs précisait qu'il avait pour objet : *"de rappeler la doctrine constante de l'Administration selon laquelle les entreprises ne peuvent déduire par anticipation sous forme de provisions les dépenses qu'elles exposent en vue d'assurer le versement d'allocations en raison du départ à la retraite ou préretraite de membres de leur personnel".*

En réalité, faisant fi de la jurisprudence du Conseil d'Etat susvisée – comme en 1971 en matière de provisions pour congés payés – le législateur a exclusivement entendu, en adoptant cette nouvelle rédaction de l'article 39.1.5 du CGI, éviter toute perte de recette pour le Trésor, comme le déclarait, explicitement, le rapporteur général de la commission des finances, M. Pierret :

> *"jusqu'à présent, il faut bien le reconnaître, les entreprises se sont presque toutes abstenues de constituer des provisions à ce titre. Leur comportement, après l'arrêt du Conseil d'Etat (du 2 février 1983) risque d'évoluer, donc de provoquer un problème, mineur d'ailleurs, pour les finances publiques.*
>
> *L'amendement du Gouvernement tend donc à prévenir, à arrêter cette évolution dommageable pour les finances publiques, quand*

(1) Conclusions Bissara, RJF 1983 n° 4, p. 211.
(2) Loi n° 84.1208 du 29 décembre 1984.

bien même cette situation aurait été profitable au confortement du cash-flow des entreprises" (1).

Ces nouvelles dispositions devaient être commentées par l'Administration dans une instruction du 5 avril 1985 (BODGI 4 E-2-85) empreinte de la plus extrême sévérité.

Selon l'Administration l'article 86 de la loi de finances pour 1985 concerne toutes les provisions constituées en vue de faire face au versement de toute allocation en raison du départ à la retraite ou préretraite, que son bénéficiaire potentiel soit encore en activité ou non, et quels que soient son statut juridique, ainsi que la nature de l'engagement pris à son égard par l'entreprise.

Nature des allocations

L'article 86 dispose que *"ne sont pas déductibles les provisions que constitue une entreprise en vue de faire face au versement d'allocations en raison du départ à la retraite ou préretraite".*

L'interdiction porte donc sur les provisions relatives à tous les versements ainsi effectués, quelle que soit leur nature ou leur périodicité (sommes versées lors du départ à la retraite ou préretraite, ou pendant la durée de celle-ci).

A titre indicatif, sont notamment concernées les allocations suivantes :

– indemnités de départ à la retraite (fixes ou variables) ;

– allocations de préretraite ;

– pensions et compléments de retraite.

Bénéficiaires des allocations

L'article 86 se réfère aux allocations versées par une entreprise en raison du départ des *"membres ou anciens membres de son personnel ou de ses mandataires sociaux".*

Il s'agit donc de tous les bénéficiaires des allocations définies précédemment, quel que soit leur statut juridique :

– salariés ou anciens salariés ;

– mandataires sociaux n'ayant pas la qualité de salariés au sens du Code du travail : présidents-directeurs généraux, directeurs généraux, membres du directoire pour des sociétés anonymes, gérants de SARL ...." (2).

---

(1) Débat AN, 3ème séance du 15 novembre 1984, JO p. 6134.
(2) Instruction du 5 avril 1985, n° 3 à 6.

Critique de la doctrine administrative

Cette instruction apparaît discutable, d'une part en ce qu'elle s'avère plus restrictive que la doctrine administrative antérieure, d'autre part parce qu'elle n'effectue aucune distinction entre les provisions constituées en vue de futurs départs en retraite de collaborateurs et celles constituées après cet événement.

Si la nouvelle rédaction de l'article 39.1.5° du CGI était censée simplement "*rappeler la doctrine constante de l'Administration*" (1), cette dernière semble en profiter pour revenir sur plusieurs de ses réponses antérieures qui reconnaissaient, dans certaines hypothèses, le caractère déductible de provisions pour retraite, par suite du caractère de quasi certitude de la dépense correspondante.

Ainsi les réponses ministérielles Rufenacht et Longuet (2) concluaient à la non déductibilité des provisions pour indemnités de départ en retraite, en exceptant le cas où un événement survenu avant la clôture de l'exercice rendait probable à cette date le départ à la retraite.

De même, la réponse ministérielle Chapuis (3) précisait que

> "*les allocations servies par les entreprises – en vertu d'accords particuliers ou de conventions collectives – à leurs salariés qui acceptent de cesser leur activité avant l'âge normal de la retraite constituent une charge normalement déductible à compter de l'exercice au cours duquel les salariés, admis au régime de préretraite, détiennent une créance sur l'entreprise*".

Quant au refus de l'Administration d'admettre la déductibilité des provisions constituées après le départ à la retraite de collaborateurs, il apparaît contraire tant à sa doctrine antérieure susvisée, qu'à la lettre du texte de loi qui n'interdit que les provisions constituées en raison du départ à la retraite (ou préretraite) et non postérieurement.

De plus, sur le plan comptable (*supra* p. 223) l'article 87 de la même loi de finances autorisait la constitution de provisions pour charges de retraite à compter de l'exercice de départ en retraite. Or, il apparaîtrait absurde de nier le lien naturel entre deux articles consécutifs d'une même loi de finances adoptés, de plus, sans modification par le législateur.

Enfin, dans une note interne, la Direction des vérifications nationales et internationales aurait précisé que la provision constituée par une entreprise

---

(1) In exposé des motifs, opus cite.

(2) 18 mai 1981, AN, JO n° 21 849 et 42755.

(3) 27 décembre 1982, AN, JO n° 8133.

pour faire face aux engagements résultant des mises en préretraite – en application des conventions passées avec le Fonds National pour l'Emploi – en instance à la clôture d'un exercice reste fiscalement déductible en dépit de l'interdiction énoncée par le nouvel article 39.1.5 du CGI.

La doctrine administrative, niant la déductibilité de provisions constituées par une entreprise après le départ à la retraite ou préretraite d'un de ses salariés apparaît donc fragile en cas de contentieux.

2. LA DÉDUCTIBILITÉ DES VERSEMENTS POUR RETRAITE

Une entreprise peut parfaitement s'engager à verser à ses anciens salariés ou dirigeants sociaux des pensions de retraite, avec préfinancement, comme dans les systèmes de fonds de pensions, ou simplement en charges annuelles, les pensions étant versées aux bénéficiaires lorsqu'ils prennent leur retraite sans versement préalable de cotisations (1).

L'administration fiscale tend, cependant, à limiter les possibilités pour des entreprises de créer des systèmes internes de retraite en particulier dans un souci de sécurité des retraités afin de dissocier le sort des fonds affectés à la retraite du personnel du sort de l'entreprise elle même.

Deux dispositions conduisent en particulier a limiter ce mode de constitution de retraite par suite du surcoût financier en découlant : d'une part dans l'hypothèse du système de retraite avec versement de cotisations par les salariés, celles-ci ne seront pas exonérées d'impôt sur le revenu contrairement aux cotisations versées à des organismes extérieurs (*supra* p. 181) ; d'autre part il a déjà été indiqué (*supra* p. 223) que lorsque des provisions pour charges de retraite sont constituées sur le plan comptable, leur déduction fiscale est refusée.

Si le versement direct de pensions de retraite par une entreprise à d'anciens salariés est donc pénalisé fiscalement

> *"les dépenses exposées par les entreprises en vue d'assurer le service d'allocations de retraite à leurs anciens dirigeants ou salariés constituent, en principe, des charges déductibles pour la détermination du résultat imposable de l'exercice au cours duquel elles sont effectivement engagées.*

---

(1) Cass. com. 3 mars 1987, Gaz. Pal.du 7 mai 1987, p. 7, note Hatoux, au sujet des retraites versées à d'anciens dirigeants sociaux : cf. *"La nature juridique de la retraite allouée par la société anonyme à son ancien président"* par Laurence Boy in Droit social, juillet 1980 p. 4131 et Bull. COB n° 142, novembre 1981, p. 10.

Les dépenses dont il s'agit revêtent le caractère :

- *soit de cotisations de Sécurité sociale ou de cotisations versées à des caisses de retraite ;*

- *soit de primes versées à des compagnies d'assurances en vue de garantir au personnel l'allocation d'indemnités de départ à la retraite ou de pensions de retraite. Pour être déductibles sur le plan fiscal, ces primes doivent satisfaire aux conditions générales de déductibilité des charges ..."* (1).

L'étude des modalités de financement par une entreprise de retraites supplémentaires au bénéfice de ses salariés nécessite donc d'analyser les limites posées à la déduction des versements directs par l'entreprise à d'anciens collaborateurs (2.1) et de préciser les conditions de prise en compte des versements à une compagnie d'assurances (2.2) étant rappelé que les financements considérés doivent correspondre à la constitution du régime de retraite (*supra* p. 185s) et ne pas conduire en particulier les bénéficiaires à percevoir des revenus excessifs.

2.1 - *LE VERSEMENT DIRECT PAR UNE ENTREPRISE D'UNE PENSION*

Les limites et conditions de la déductibilité éventuelle du versement par une entreprise d'une pension à d'anciens dirigeants n'intéressent que les entreprises soumises à l'impôt sur les sociétés : les rentes constituées par d'autres entreprises s'analyseraient, en effet, nécessairement comme des libéralités non déductibles (CE 28 juillet 1947).

Or, traditionnellement (2) le Conseil d'Etat admettait la déductibilité des pensions versées par une entreprise, soumise à l'impôt sur les sociétés, à ses anciens salariés ou dirigeants sous réserve du respect de certaines conditions

- l'octroi de la pension devait découler d'une obligation préalable contractée par l'entreprise afin de ne pas avoir le caractère d'un emploi du bénéfice imposable.

- le montant de la pension devait être proportionné à l'importance des fonctions exercées par le bénéficiaire et à leur durée.

- la pension octroyée ne devait pas cacher une distribution faite au bénéficiaire en considération de sa position d'associé prédominant.

---

(1) Instruction du 5 avril 1985, opus cite, n° 12 et 13.

(2) CE 9 mars 1965, req. n° 60852, concl. Poussière : DF, 1965 p. 434 ; Cf. sur l'ancienne jurisprudence : Juris-classeur fiscal, fascicule 236-4 n°23.

Le Conseil d'Etat considérait alors, en particulier, que le montant des autres ressources du bénéficiaire de la pension était sans influence sur les déductibilités de ladite pension du bénéfice imposable de l'entreprise versante.

En application de cette jurisprudence, sous réserve d'abus de droit, les pensions de retraite servies directement par une entreprise à d'anciens collaborateurs s'analysaient comme des dépenses de personnel déductibles en application des dispositions combinées des articles 39.1.1 et 209 du CGI.

A la suite d'un revirement de sa jurisprudence, le Conseil d'Etat devait décider en 1975 (1)

> *"que si les cotisations versées par les entreprises au titre du régime de retraites .... (qui) s'appliquent statutairement à l'ensemble du personnel salarié ou à certaines catégories de celui-ci, doivent être regardées comme exposées dans l'intérêt de l'entreprise, en revanche les pensions ou avantages particuliers que les entreprises s'engagent à allouer à un ancien salarié ne sont déductibles pour l'assiette de l'impôt, que dans des cas exceptionnels ..."*.

Cette nouvelle jurisprudence conduit à distinguer le régime de déductibilité d'une part, des pensions attribuées à titre particulier (2.1.1), d'autre part, des pensions bénéficiant à une catégorie de personnel (2.1.2).

2.1.1 - Les pensions attribuées à titre particulier

Si une société peut s'engager à verser à d'anciens salariés ou dirigeants sociaux des pensions et ce par des mesures personnalisées, arrêtées soit pas l'assemblée des actionnaires soit par son conseil d'administration (2), la question reste de savoir si de tels versements sont déductibles du bénéfice imposable au titre de charge de personnel.

L'Administration cherchait sur ce point, à infléchir la jurisprudence du Conseil d'Etat susvisée, quant aux conditions de prise en compte des revenus du bénéficiaire, pour déterminer le caractère déductible ou non d'une pension.

Dans ses conclusions précitées, sous l'arrêt du 9 mars 1965, M. le Commissaire du Gouvernement Poussière justifiait le fait de ne tenir aucun compte des autres revenus du bénéficiaire d'une rente pour en apprécier la déductibilité : d'une part, il serait illogique, selon lui, de prendre en considération les autres ressources du bénéficiaire puisque la justification juridique de la déductibilité de la pension se trouve dans l'idée qu'elle est le prolongement de

---

(1) CE, sect. 31 octobre 1975, req n° 94157, concl. Mme Latournerie, DF 1976 n° 3, p. 82.
(2) En dernier lieu Cass. com. 3 mars 1987, opus cite.

la rémunération de la période d'activité du bénéficiaire, autrement dit qu'elle est la contrepartie de l'activité professionnelle passée du bénéficiaire ; d'autre part, la prise en considération des ressources personnelles de l'intéressé soulèverait de délicates questions de procédure du fait qu'il s'agit d'un contribuable différent de celui dont on examine le droit à déduction.

A l'opposé de cette thèse, selon l'Administration il ne serait pas possible, pour apprécier la déductibilité d'une pension versée par une entreprise à l'un de ses anciens dirigeants, de faire abstraction des diverses pensions ou allocations perçues par le bénéficiaire en fonction de son activité professionnelle passée, parce qu'elles ont la même cause juridique que la pension complémentaire que l'entreprise décide de lui verser, à savoir son activité professionnelle passée.

Il revenait donc au Conseil d'Etat de préciser sa jurisprudence sur ce point (1). Contrairement au principe, au demeurant relatif, de l'autonomie du droit fiscal (2), le Commissaire du gouvernement, Mme Latournerie, suggérait alors à la Haute Assemblée de refuser la déductibilité des pensions versées par une entreprise à titre individuel à d'anciens collaborateurs au motif

> *"que, pour qualifier une dépense de dépense de personnel au sens de la loi fiscale, le juge de l'impôt doit se référer au droit social applicable dans l'entreprise, tel qu'il résulte d'une part des lois, réglements et conventions collectives, d'autre part des contrats individuels auxquels l'entreprise est partie ainsi que des règles générales et impersonnelles auxquelles elle entend se soumettre d'elle même et qui, dans cette mesure, créent des droits pour son personnel".*

Le Conseil d'Etat ne devait en pratique ne retenir aucune des suggestions qui lui étaient faites si bien, comme le souligne le commentaire de la revue Droit fiscal qu'il est possible de s'interroger à la lecture d'un arrêt qui autorise deux conclusions (3) :

→ "**la première** serait qu'une pension individuelle accordée spécialement à l'un de ses anciens serviteurs par une société ne peut être considérée comme déductible qu'à la condition que ladite pension puisse être regardée comme un secours rendu, comme dit le Code Civil, *"à proportion des besoins de celui qui le reçoit"*, et cela compte tenu de la situation de fortune de l'intéressé, tous revenus confondus, qu'il s'agisse de ceux du patrimoine, du travail ou de retraites cumulées ;

---

(1) CE, section du contentieux, 31 octobre 1975, opus cite.

(2) Sur la portée réelle de ce principe cf. M. Cozian : *"Propos désobligeants sur une "tarte à la crème"* : l'autonomie et le réalisme du droit fiscal", JCP, 1981, II, 13394.

(3) Droit fiscal n° 3, 1976, Comm. 52 p. 94.

→ **la seconde** serait que la déductibilité d'une telle pension devrait, en tout état de cause, être écartée lorsque son bénéficiaire perçoit, par ailleurs, en raison des mêmes services rendus à la société, une pension de retraite obligatoire ou contractuelle dont le montant global n'est pas anormalement inférieur au montant de la dernière rémunération d'activité de l'intéressé".

En pratique, aux termes de la jurisprudence la plus récente du Conseil d'Etat, la notion de "besoin" du bénéficiaire s'appréciera au regard non du seul montant des pensions qu'il perçoit, mais sur l'essentiel de ses ressources (1).

La déductibilité de telles pensions ne s'avèrera donc possible à l'avenir qu'en présence de circonstances exceptionnelles (2).

Désormais donc, en application d'une jurisprudence constante (3) "une pension versée par une entreprise à un ancien collaborateur, en application d'une décision nominative de l'assemblée générale de la société ou de son conseil d'administration, ne sera déductible que si cette pension (a) eu pour objet d'accorder à l'intéressé une aide correspondant à ses besoins (4).

2.1.2 - Les pensions versées à titre collectif

La nouvelle rédaction de l'article 39.1.5° du CGI qui supprime la déductibilité des provisions pour charge de retraite, confirme, à contrario, la déductibilité, dans certaines hypothèses, des versements de pensions à d'anciens salariés par une entreprise. En effet,

> *"il est clair que le texte en cause, d'origine gouvernementale, aurait aussi bien pu viser les pensions et non seulement les provisions, si telle avait été l'intention de ses auteurs. La non déductibilité des pensions aurait en effet entraîné, ipso facto, celle des provisions s'y rapportant"* (5).

La Haute Assemblée a cependant posé des critères pour caractériser un "véritable régime de retraite" liés d'une part au nombre de bénéficiaires et d'autre part aux modalités de financement desdites pensions.

(1) CE 5 octobre 1988, n° 59028, RJF II/88 p. 677.

(2) A titre d'exemple : CE 25 juillet 1980, req. n° 10939 et 11902, RJF p. 459.

(3) CE 31 janvier 1979, req. n° 10320, RJF p. 85 ; CE 24 juillet 1981, req. n° 23444, RJF p. 519.

(4) CE 18 mars 1985, req. n° 39556, RJF n° 5 1985 p. 365 ; RM Mauger, AN 19 septembre 1988, p. 2594, n° 404.

(5) DF 1985, commentaire n° 1815 p. 1247.

Le nombre de bénéficiaires

Le nombre de bénéficiaires (*supra* p. 189) n'apparaît pas, en effet, indifférent à la qualification de pensions de retraite des versements considérés.

Dans sa décision du 31 octobre 1975 – opus cite – le Conseil d'Etat souligne que pour les régimes de retraite institués par l'employeur lui-même *"dès lors qu'ils s'appliquent statutairement à l'ensemble du personnel salarié ou à certaines catégories de celui-ci, les dépenses correspondantes doivent être regardées comme exposées dans l'intérêt de l'entreprise"*.

A défaut de précision particulière quant à la notion de *"certaines catégories"* de personnel, dans la décision elle-même, il y a lieu de se reporter aux conclusions du commissaire du gouvernement Mme Latournerie – opus cite – qui visent *"une pension de retraite à certaines catégories de son personnel et, notamment à la catégorie de ses cadres supérieurs et de ses dirigeants"*.

Selon Mme Latournerie les cadres dirigeants ou supérieurs d'une entreprise constituent donc une catégorie de personnel sous réserve naturellement d'un abus de droit dans le cadre de petites entreprises.

La jurisprudence la plus récente du Conseil d'Etat (1) admet la déductibilité des pensions versées au titre du régime qui *"s'applique statutairement à l'ensemble du personnel salarié ou à certaines catégories de celui-ci"* et la refuse aux pensions bénéficiant *"à une catégorie restreinte d'anciens salariés"*.

Pour certains *"le débat n'est pas clos et en fait, l'argument retenu dans le cas d'espèce par la haute assemblée sur la proposition de M. le Commissaire du Gouvernement – argument selon lequel les mesures prises par la société requérante en matière de retraites*, ne devant "bénéficier qu'à un petit nombre de (ses) salariés", *ne pouvaient être regardées* "comme ayant ... institué un régime de retraite complémentaire en faveur desdits salariés" – *procède d'une simple affirmation"* (2).

Il reste donc au Conseil d'Etat à arrêter la frontière entre les régimes souscrits au bénéfice *"d'un petit nombre de salariés"* et ceux souscrits au profit *"des cadres supérieurs ou dirigeants d'une entreprise"*.

A cet égard, si certaines décisions relèvent que le système en cause ne bénéficie qu'à un petit nombre de salariés (cf, en ce sens, CE 20 juillet 1988, n° 51 301 ; RJF 10/88), le commentateur de ce dernier arrêt considère justement que ce n'est pas le nombre de bénéficiaires – question de pur fait – qui est déterminant : la seule question de droit reste de savoir si le régime

---

(1) Arrêt du 18 mars 1985, opus cite.
(2) JCP Entreprise 1986, n° 8, p. 135.

s'applique – ou pas – à une catégorie juridiquement identifiée du personnel. En ce sens, M. Racine, dans ses conclusions précitées sous la décision du 17 juin 1985, soulignait déjà qu'un régime qui, parvenu quasiment à son terme, ne fonctionnerait plus que pour une personne, pourrait parfaitement n'en demeurer pas moins *"un véritable régime de retraite"*.

Selon la même logique, M. Turot, dans sa chronique susvisée (RJF ; II/88) précise, à juste titre

> *"Il faut que le règlement du régime en désigne les bénéficiaires par des critères généraux et impersonnels. Dans de moyennes ou petites entreprises, leur nombre sera évidemment modeste par comparaison avec les grandes sociétés françaises, mais il serait paradoxal d'interdire aux PME de faire* "du social" *alors que c'est parmi elles que se comptent les entreprises les plus performantes. Est à cet égard en irréprochable harmonie avec le principe de la décision d'Assemblée la décision récente du 5 octob re 1988 (n° 59027, 59029 et 59030, 9e et 7e s-s ; RJF II/88), qui ne recherche pas le nombre des bénéficiaires, mais fait grief au régime de ne viser que les dirigeants et cadres actuellement en service, c'est-à-dire de ne s'appliquer qu'à* "certains membres d'une catégorie" *de salariés"*.

Le versement de cotisations par les salariés

Le Conseil d'Etat exprime dans le considérant suivant une certaine réticence à accepter la déduction par une entreprise de pensions qui n'auraient pas été financées, pour partie, par leurs bénéficiaires :

> *"La délibération susmentionnée du Conseil d'administration qui n'implique le versement par les salariés de l'entreprise d'aucune cotisation, ne repose ni sur un système de répartition, ni sur un système de capitalisation et ne devait bénéficier qu'à un petit nombre de ces salariés, ... elle ne saurait, dès lors, être regardée comme ayant, en réalité, institué un régime de retraite complémentaire en faveur desdits salariés ; ... il suit de là que les charges résultant pour l'entreprise du versement ... dont il s'agit"* (1) *ne sont pas déductibles.*

En pratique, toutefois, il paraît difficile de mettre sur le même plan les systèmes qui garantissent à coup sûr aux salariés une pension lorsqu'ils arriveront en fin de carrière (qui appellent donc une participation des salariés à leur financement, par analogie avec les régimes obligatoires) et ceux qui réservent ses avantages aux seuls salariés qui auront poursuivi leur carrière dans l'entreprise jusqu'à l'âge de la retraite.

(1) CE 18 mars 1985, opus cite.

Si la jurisprudence susvisée n'apparaît guère critiquable pour les premiers encore qu'elle ne soit pas appliquée par l'Administration (*supra* p. 187) il en va différemment en matière de régimes dits de *"retraite chapeau"*.

Il a déjà été observé que les systèmes de "retraite à prestations définies" ou encore appelés "retraite chapeau" sont destinés à garantir à tout ou partie du personnel un complément différentiel entre un pourcentage déterminé du dernier salaire d'activité et l'ensemble des pensions que percevront les salariés *"affiliés"* au titre des divers régimes obligatoires applicables dans l'entreprise en question, le bénéfice de ce régime étant subordonné à diverses conditions dont la présence des salariés *"affiliés"* au sein de l'entreprise au moment de la liquidation de leur retraite.

Les versements effectués en application de tels contrats ne confèrent donc pas aux salariés de droits certains, dès lors est-il logique que l'employeur assume seul le financement du régime.

Du reste, le développement récent de tels systèmes provient pour partie du fait que les cotisations versées dans ce cadre n'ont pas à être prises en considération pour déterminer la limite d'application de la règle dite des 19 %.

Il reste à s'interroger sur la déductibilité des versements considérés du bénéfice imposable à l'impôt sur les sociétés.

Plusieurs éléments peuvent conduire à douter d'une telle déductibilité.

En premier lieu, il est clair que le Service de la législation fiscale entend ne plus s'intéresser au niveau des prestations de retraite versées mais seulement au respect de la règle dite des 19 %.

Or, le récent développement des régimes dits "retraite chapeau" qui est de nature à tourner cette règle, ne saurait être accueilli sans des réactions hostiles de la part de cette administration.

En second lieu, dans sa décision du 18 mars 1985 susvisée, le Conseil d'Etat dans sa tentative de définition d'un versement de retraite, vise clairement l'existence de cotisations versées par les salariés. Or, les régimes dits *"chapeau"* ne prévoient habituellement pas une participation des salariés au financement du système.

Mais inversement, il apparaît parfaitement fondé de soutenir qu'en application du droit commun, les primes considérées seront déductibles dès lors que leur versement entraînera une variation négative de l'actif net et qu'il aura été effectué dans l'intérêt de l'entreprise.

Naturellement, cette dernière condition ne pourrait être considérée comme satisfaite si une entreprise, au travers de ce type de contrat, ne cotisait en réalité que pour quelques *"salariés dirigeants"*, catégorie qui se dégagerait très aisément d'une catégorie de personnel définie trop étroitement.

C'est, sans doute, ce dernier motif qui aura conduit le Conseil d'Etat, dans sa décision du 18 mars 1985, a estimé que le système mis en place – ne profitant qu'à un "petit nombre de salariés" – ne correspondait pas à un véritable régime de retraite et que cela faisait obstacle à ce que les dépenses corrélatives puissent être considérées comme ayant été engagées dans l'intérêt de l'entreprise.

La jurisprudence du 18 mars 1985 apparaît donc essentiellement sanctionner un système de retraite faussement collectif et en réalité individuel, eu égard au petit nombre de salariés bénéficiaires.

Dès lors, la déductibilité des cotisations à des systèmes de *"retraite chapeau"* ne tombant pas sous le coup de la critique sus-mentionnée devrait être utilement soutenue, en l'absence même d'un quelconque financement par les salariés.

Il convient, à cet égard, de souligner que différents redressements ont d'ores et déjà été notifiés à ce motif, le Conseil d'Etat ne devrait donc pas tarder à préciser, sur ce point, sa jurisprudence.

2.2 - *LE VERSEMENT DE COTISATIONS À UNE COMPAGNIE D'ASSURANCES*

Aux termes de l'instruction du 5 avril 1985 *"les dépenses exposées par les entreprises en vue d'assurer le service d'allocations de retraite à leurs anciens salariés constituent, en principe, des charges déductibles ..."*.

L'Administration, dans la même instruction précise que

"les dépenses dont il s'agit revêtent le caractère :

- *soit de cotisations de Sécurité sociale ou de cotisations à des caisses de retraite ;*

- *soit de primes versées à des compagnies d'assurance en vue de garantir au personnel l'allocation d'indemnités de départ à la retraite ou de pensions de retraite. Pour être déductibles sur le plan fiscal, ces primes doivent satisfaire aux conditions générales de déductibilité des charges et, notamment, entraîner une diminution de l'actif net de l'entreprise versante. Cette dernière condition n'est susceptible d'être remplie que si l'entreprise versante perd définitivement la propriété et la disposition des sommes versées"*.

Le recours à un organisme extérieur pour constituer des retraites devrait du reste devenir la règle générale. Deux dispositions récentes viennent conforter cette évolution : d'une part, l'article 17 de la loi du 11 juillet 1985 qui a modifié la rédaction de l'article 83 du CGI, pose comme principe que le recours à des *"organismes de retraite"* est nécessaire pour permettre aux salariés de bénéficier de l'exonération de l'impôt sur le revenu à raison des cotisations considérées ; d'autre part, depuis l'interdiction de constituer des provisions pour charges de retraite, le versement de cotisations à des organismes tiers devient le seul moyen à la disposition des entreprises pour étaler leur effort financier sur l'ensemble des exercices couverts par la carrière du bénéficiaire et non sur le seul exercice de départ à la retraite.

Sous réserve naturellement de ne pas bénéficier à une seule sous-catégorie de personnel et de leurs modalités de financement les primes versées par des entreprises à des compagnies d'assurances en vue d'assurer des pensions de retraite à leur anciens salariés seront déductibles si elles entraînent une diminution de l'actif net de l'entreprise versante.

Cette condition suppose à l'évidence que le contrat prévoit, en cas de résiliation, la poursuite des engagements de la compagnie grâce aux fonds qu'elle a déjà recueillis, sans possibilité de restitution au profit de l'entreprise versante.

Il reste à s'interroger sur la déductibilité des primes versées au titre d'un contrat qui prévoirait une possibilité de restitution des primes dans des cas exceptionnels et indépendants de la volonté de l'entreprise tels que, par exemple, l'extinction chez celle-ci de l'obligation assurée par le contrat ou encore la cessation de son activité.

En pratique, un éventuel refus de l'Administration conduirait simplement les compagnies d'assurance à signer – en cas de faillite par exemple de l'entreprise cliente – un avenant au contrat permettant le reversement à l'entreprise cliente des fonds détenus. Ainsi les primes correspondantes auraient elles été initialement déductibles et leur réintégration éventuelle les années précédant immédiatement la cessation d'activité de l'entreprise cliente n'emportera, le plus souvent, aucune conséquence par suite des déficits fiscaux que n'aura pas manqué d'accumuler, dans cette hypothèse, l'entreprise considérée.

Sous réserve de l'hypothèse précédente, le contrat devra stipuler que la société cliente ne peut se faire avancer une partie quelconque des provisions constituées par l'assureur.

Si l'entreprise ne doit donc à aucun moment retrouver la disposition des sommes versées, cette interdiction n'empêche pas pour autant la compagnie d'assurance de faire participer l'entreprise aux bénéfices financiers comme le prévoit d'ailleurs l'article L 132.29 du Code des assurances, cette participation pouvant revêtir la forme d'une réduction des primes ultérieures.

Enfin, dans l'hypothèse où l'assureur règle à l'entreprise certaines sommes pour permettre à cette dernière de verser par exemple une prime de départ à un salarié (1) et l'intégrer par suite éventuellement dans l'assiette des cotisations sociales – l'Administration ne semble pas entendre contester la déductibilité initiale des primes – au motif que l'entreprise n'en aurait pas perdu la disposition – sauf si l'entreprise profitait de ce mécanisme pour conforter sa trésorerie. L'Administration exige donc simplement, dans ce cas de figure, une parfaite concomitance entre le versement des sommes considérées par l'assureur à l'entreprise et leur versement par cette dernière aux salariés.

---

(1) Pour le cas des indemnités de congédiement ou de départ à la retraite, cf. la note de l'administration fiscale du 12 avril 1972.

DEUXIÈME PARTIE

LE DÉNOUEMENT DU CONTRAT

L'étude de la fiscalité relative au dénouement d'une opération d'assurance de personnes ou d'un contrat de capitalisation nécessite de distinguer les problèmes consécutifs à l'attribution des prestations à un tiers (Titre I) des modalités d'imposition des sommes perçues par le souscripteur lui-même (Titre II).

TITRE I

L'attribution du bénéfice des prestations

L'étude des modalités d'imposition des capitaux transmis par l'intermédiaire de contrats d'assurance de personnes ou de bons de capitalisation nécessite, après le rappel de quelques généralités (Chapitre I), de distinguer d'une part les contrats d'assurance comportant une garantie en cas de décès (Chapitre II) d'autre part les contrats d'assurance comportant une garantie en cas de vie (Chapitre III) et enfin les bons de capitalisation (Chapitre IV). Par ailleurs, il conviendra de préciser les conséquences fiscales de la souscription de contrats d'assurance vie à l'occasion de prêts bancaires

CHAPITRE I

Généralités

Le mode actuel d'assujettissement au droit d'enregistrement des sommes reçues par le bénéficiaire à titre gratuit d'une assurance de personnes (section II) ne peut se comprendre qu'au regard de son évolution historique (section I) tandis que l'étude de la fiscalité des opérations d'assurances dans différents pays européens (section III) conduit à s'interroger sur sa pérennité.

SECTION I
Évolution des modalités d'imposition des prestations

L'ancien article 765 du CGI prévoyait que

> *"toutes les sommes, rentes ou émoluments quelconques dus par un assureur, à raison ou à l'occasion du décès de l'assuré, c'est-à-dire de la personne sur la tête de laquelle l'assurance a été contractée, donnent ouverture, sous réserve, le cas échéant, des droits de la communauté, aux droits de mutation par décès suivant le degré de parenté existant entre le bénéficiaire à titre gratuit et l'assuré, alors même que ce dernier n'aurait pas, personnellement et directement, contracté l'assurance et n'en aurait pas acquitté les primes..."*

Afin de favoriser le développement de l'assurance vie en France, l'article 59 de la loi N° 59.1472 portant réforme fiscale du 28 décembre 1959 (1) abrogeait purement et simplement la disposition susvisée. Il découlait de cette abrogation un retour aux règles du droit civil, en ce qui concerne l'imposition aux droits de mutation par décès, des sommes versées au titre d'assurances sur la vie.

(1) JO du 29 décembre 1959.

Pour parfaitement appréhender les conséquences réelles de la loi susvisée, il apparaît nécessaire de rappeler les analyses antinomiques faites, durant près d'un siècle, de l'assurance vie d'une part en droit civil (§ 1.) d'autre part en droit d'enregistrement (§ 2.).

L'étude des principes posés tant par la doctrine que par la jurisprudence fiscale quant à la nature des opérations d'assurance de personnes au regard des droits de mutation ne relève pas d'un simple intérêt historique. Elle permettra, en effet, d'une part de mieux expliciter le régime fiscal actuel des sommes versées par les compagnies d'assurance vie au terme d'un contrat – et non à l'occasion du décès de la tête assurée – et d'autre part de remémorer une jurisprudence de la Cour de cassation, posée au cours des années 1870, qui pourrait demain être à nouveau d'actualité si l'Administration entendait mettre fin au non assujettissement aux droits de mutation dont bénéficient, pour l'essentiel, les capitaux versés par une compagnie d'assurance à la suite du décès de la tête assurée. Une telle mesure n'apparaît pas, en effet, tout à fait improbable et s'inscrirait parfaitement dans la politique fiscale actuelle – illustrée par le régime fiscal des plans d'épargne en vue de la retraite (1) – d'un alignement du traitement des différents modes d'épargne mobilière.

1. L'APPLICATION DE LA "STIPULATION POUR AUTRUI" À L'ASSURANCE VIE

Sans naturellement traiter du mécanisme de la stipulation pour autrui en droit civil (2), il s'agira simplement ici de retracer succintemement les étapes de l'application à l'assurance vie de cette théorie *"qui fut à cette occasion, dégagée, développée et précisée"* (3).

Le bénéficiaire d'un contrat d'assurance vie, quoique non partie du contrat, dispose d'un droit personnel contre l'assureur. *"Pour expliquer ce droit, doctrine et jurisprudence, après avoir fait appel à la théorie de l'offre et à celle de la gestion d'affaires qui se révélaient imparfaites, invoquèrent la notion de stipulation pour autrui"* (4).

LA THÉORIE DE L'OFFRE

Selon la théorie de l'offre, il convenait de décomposer une assurance vie en deux actes : *"d'une part, le souscripteur contracte avec l'assureur et acquiert*

---

(1) En ce sens, les premières réflexions du SLF non concrétisées par la suite, tendaient à l'assujettissement aux droits de mutation des capitaux versés au titre de contrats d'assurance-vie souscrits dans le cadre d'un PER.

(2) Cf à ce sujet les articles de MM. Christian Larroumet et André Ponsard respectivement à l'Encyclopédie Dalloz et au Juris-classeur civil et les bibliographies citées par ces auteurs.

(3) *"Les assurances terrestres"*, par Picard et Besson, opus cite, tome 1er, p. 801.

(4) Picard et Besson, opus cite, tome 1er, n° 513.

en sa personne, contre ce dernier, le droit de créance résultant du contrat ; puis, par un acte distinct, il offre au tiers bénéficiaire de lui transmettre ce droit, qui, par l'acceptation, est transféré de sa tête sur celle du bénéficiaire" (1).

Ce système, adopté un temps par la jurisprudence (2), fut condamné en 1888 par la Cour de cassation qui déclara alors inapplicables en la matière *"les principes généraux régissant la formation des contrats par l'acceptation d'une offre"* (3).

LA THÉORIE DE LA GESTION D'AFFAIRES

Le professeur Labé présentait, dans le même temps, une théorie faisant appel à la notion de gestion d'affaires :

> *"Il faut faire du tiers appelé au bénéficie du contrat le véritable assuré, celui au nom de qui l'assurance a été contractée, et faire du stipulant un simple gérant d'affaires. Alors, l'adhésion qu'exprime le tiers est une ratification qui rétroagit au jour du contrat. Le tiers qui a ratifié est créancier direct de l'assureur, comme s'il avait contracté lui-même. Le capital de l'assurance n'a jamais fait partie du patrimoine du stipulant ; il ne doit, à la mort de ce dernier, ni être complété pour le calcul de la réserve, ni servir de gage aux créanciers héréditaires. L'effet est radical ; l'assurance sauvegarde véritablement l'intérêt personnel qu'avait le tiers désigné, conjoint ou enfant, à la prolongation de la vie du stipulant... Dans cette conception de l'assurance pour autrui, l'adhésion du tiers peut intervenir valablement après la mort du stipulant. C'est la règle de la ratification en matière de gestion d'affaires. Cela est sans inconvénient, parce que le gérant d'affaires ne peut pas révoquer la proposition qu'il a faite au tiers de profiter de l'assurance ; il a parlé au nom d'autrui ; il ne peut, par un changement de volonté, mettre obstacle à la ratification. Il n'a donc pas à sa disposition le capital de l'assurance. Ses créanciers ne doivent pas compter sur cette valeur. Dans cette manière de voir, il y a aussi une donation ; ce qui est donné, c'est, non pas le capital assuré, mais le montant des primes payées par le stipulant. La ratification du contrat d'assurance par le tiers embrasse acceptation de cette libéralité accessoire. Cette donation du montant des primes est, nous le croyons, révocable jusqu'à l'acceptation quoique la gestion d'affaires ne le soit pas"* (4).

---

(1) Picard et Besson: *"Traité général des assurances terrestres"*, opus cite, tome IV, p. 491.
(2) Par exemple : Rouen, 6 février 1878, S 1878-2-272.
(3) Civ., 8 février 1888, S 1888-1-121.
(4) Sirey, 1877-1-393.

En pratique, cette irrévocabilité du droit du bénéficiaire conduisait les tribunaux à ne retenir que fort rarement cette théorie (1).

LA STIPULATION POUR AUTRUI

La nécessité, pour assurer le développement de l'assurance vie, de faire échapper l'indemnité d'assurance aux prétentions des créanciers et des héritiers de l'assuré – à laquelle ne répondaient pas pleinement les deux théories susvisées – conduisait alors la Cour de cassation à porter son attention sur l'article 1121 du Code civil. *"La stipulation pour autrui constitue (ainsi) sans aucun doute, un des cas les plus typiques de formation jurisprudentielle du droit sous l'influence des besoins de la pratique"* (2).

Il apparaissait alors clairement que la désignation d'un bénéficiaire particulier constituait au profit de ce dernier une donation. La difficulté était donc évidente : dès lors qu'une personne ne peut donner que ce qu'elle possède, il faut nécessairement que le stipulant acquiert, dans un premier temps, le droit au capital assuré, puis, qu'il le transmette, à titre de libéralité, au bénéficiaire.

Ce raisonnement retenu jusqu'en 1884 par la Cour de cassation, devait être écarté lors d'un arrêt du 2 juillet 1884 (3). Il était alors jugé que la créance contre la compagnie ne prend naissance que par le fait même du décès du stipulant et n'a jamais été dans son patrimoine. Il en découlait nécessairement que le stipulant n'avait rien acquis pour lui-même.

Cet arrêt marquait clairement une première étape vers l'adoption de la théorie de la stipulation pour autrui. La Cour de cassation admettait alors en effet que le contractant d'une assurance vie a pu valablement souscrire une assurance au profit de ses enfants, bénéficiaires désignés dans la police, sans avoir rien stipulé pour lui-même.

L'année 1888 devait voir l'aboutissement de cette évolution.

La Cour posait alors, en termes particulièrement explicites, le principe de la stipulation pour autrui, comme mécanisme de l'assurance vie, permettant de justifier le droit du bénéficiaire

> *"attendu que le contrat d'assurance sur la vie, lorsque le bénéfice de l'assurance est stipulé au profit d'une personne déterminée, comporte essentiellement l'application de l'article 1121 du Code civil, c'est-à-dire des règles qui régissent la stipulation pour autrui"* (§ 1.).

---

(1) *Contra* Aix, 24 mars 1886, S 1887-2-214.

(2) C. Larroumet : *Encyclopédie Dalloz*, opus cite, n° 4.

(3) Civ. 16 janvier 1888, DP 1888, I, 77 sur les arrêts de 1888 ; cf. Flurer, Revue critique, 1889, 314.

Cette analyse du contrat d'assurance sur la vie au profit d'un tiers admise par la doctrine et la jurisprudence, (fut) consacrée par la loi du 13 juillet 1930 (1) dont l'article 67 (codifié sous l'article L 132.12 du Code des assurances) dispose que *"le capital ou la rente stipulé payable lors du décès de l'assuré à un bénéficiaire déterminé ou à ses héritiers ne fait pas partie de la succession de l'assuré. Le bénéficiaire, quelles que soient la forme et la date de sa désignation, est réputé y avoir seul droit à partir du jour du contrat même si son acceptation est postérieure à la mort de l'assuré".*

Une telle analyse emporte, naturellement, de nombreuses conséquences sur le plan du droit civil quant aux droits du bénéficiaire déterminé d'une assurance vie (2) mais, sur le seul plan fiscal, l'Administration a longtemps refusé d'appliquer la théorie du droit direct dégagé par la jurisprudence civil (3).

2. ÉVOLUTION DU TRAITEMENT EN DROIT D'ENREGISTREMENT DE L'ASSURANCE VIE

"Si l'on considère que les droits d'enregistrement sont nés avec la loi du 22 frimaire an VII, c'est à une époque assez tardive que l'Administration a été appelée à se prononcer sur l'exigibilité des droits de mutation par décès auxquels peuvent donner ouverture les assurances sur la vie" (4).

Dès 1864, cependant, M. Garnier émettait une opinion sur le problème en établissant la distinction toujours valable entre l'assurance contractée au profit de personnes indéterminées et celle souscrite au profit de bénéficiaires déterminés (5).

LE CAS DES ASSURANCES SANS BÉNÉFICIAIRE DÉSIGNÉ

Lorsque l'assurance a été contractée au profit des héritiers, ceux-ci en recueillent le bénéfice au même titre que les autres biens de la succession : ils doivent donc le droit de mutation par décès sur la somme ou la rente due par l'assureur.

"Vainement objecterait-on, dit-il, que les héritiers tiennent leurs droits de la police d'assurance, qu'ils sont les créanciers personnels de l'assureur et que la somme ou la rente due par celui-ci ne fait pas partie de sa succession, mais leur est dévolue directement.

---

(1) Henri Capitant, RGAT 1930, p. 797.

(2) Cf. à ce sujet, Picard et Besson, opus cite, tome 1er, n° 523 s.

(3) Sol 11 janvier 1868, DP.1868-3-71.

(4) *"Les assurances en cas de décès au regard des droits de mutation par décès"*, Thèse de doctorat (Université de Paris) par Jacques Breval (1950), p. 15.

(5) Rép. périodique, n° 1921.

"On peut, il est vrai, aux termes de l'article 1121, stipuler pour autrui ; mais à la condition que le tiers pour lequel on stipule soit existant et connu à l'époque de la stipulation. Or, au moment où l'assurance a été contractée, la succession de l'assuré n'étant pas ouverte, il n'avait pas d'héritiers et ne pouvait en conséquence stipuler pour eux directement ; ou, du moins, la stipulation faite à leur profit dans le contrat d'assurance n'était qu'une expression inutile de la stipulation tacite et de plein droit qui existe dans tous les contrats aux termes de l'article 1122. Cela revenait à dire que la somme ou la rente assurée serait payable au décès du stipulant.

"L'objet de l'assurance fait donc partie de la succession au même titre que les autres biens du défunt ; les héritiers le recueillent jure hoereditario et non jure proprio ; ils doivent donc le droit de mutation par décès".

L'Administration devait faire sienne une théorie – bénéfique à ses intérêts – consacrée par la Cour de cassation dès 1872 (1).

LE CAS DES ASSURANCES AVEC BÉNÉFICIAIRE DÉSIGNÉ

A l'inverse, quand l'assurance avait été contractée en faveur d'un tiers désigné, M. Garnier estimait qu'elle ne dépendait pas de la succession de l'assuré, en vertu des règles ordinaires du droit civil, et qu'ainsi, aucun droit de mutation n'était exigible.

"Toutefois, l'assurance au profit d'un tiers implique une libéralité, c'est incontestable. Mais cette libéralité n'a pas pour objet l'indemnité payée par l'assureur, indemnité qui n'est pas sortie du patrimoine du défunt, elle porte uniquement sur l'ensemble des primes payées par ce dernier. Le tiers étant comme nous l'avons dit, l'assuré réel, c'était lui qui naturellement devait payer les primes et si un autre les a payées pour lui, c'est en cela, en cela seulement, que consiste la libéralité".

Il découlait de ce raisonnement que le seul droit exigible était un droit de donation entre vifs sur les primes pour le cas où les parties soumettraient ou seraient obligées de soumettre la police d'assurance à la formalité de l'enregistrement.

L'administration de l'enregistrement n'entendait pas appliquer cette théorie, contraire à ses intérêts immédiats. Elle considérait alors que l'émolument de l'assurance revenant à un bénéficiaire devait être assujetti au droit proportion-

(1) 7 février 1872, D.P. 72.I.209

nel lors du décès de l'assuré (1) dès lors que la réalisation de cet événement conditionnait le versement du capital par la compagnie d'assurance.

> *"Cette thèse, après quelques hésitations de la jurisprudence des tribunaux inférieurs, triompha devant la Cour de cassation, consacrant ainsi le divorce entre le droit civil et le droit fiscal"* (2).

Antérieurement même à l'arrêt Hillekamp (3) rendu en sa faveur le 10 mai 1876, l'Administration, sans doute incertaine de l'issue du débat judiciaire, avait provoqué l'intervention du législateur et lui soumettait un projet de loi disposant que :

> *"sont considérés, pour la perception du droit de mutation par décès, comme faisant partie de la succession d'un assuré, les sommes, rentes ou émoluments quelconques, dus par l'assureur à raison du décès de l'assuré"*.

Ce projet de loi, légèrement amendé devait être adopté sous l'article 6 de la loi du 21 juin 1875. Dès lors

> *"sont considérés, pour la perception du droit de mutation par décès, comme faisant partie de la succession d'un assuré, sous la réserve des droits de communauté, s'il en existe une, les sommes, rentes ou émoluments quelconques dus par l'assureur, à raison du décès de l'assuré"*.

> *"Il résulte de cette formule, intentionnellement compréhensive, que le droit fiscal, à la différence du droit civil ne distingue pas suivant que le bénéficiaire appelé à bénéficier de l'assurance la recueille à titre de droit propre, né en sa personne, ou à titre de droit héréditaire ; dans les deux cas, au point de vue fiscal, le bénéfice est censé recueilli dans la succession de l'assuré, et il donne lieu à la perception de la taxe de mutation par décès, quand elle est due, sans qu'ici le droit fiscal n'ait aucune répercussion sur le droit civil ou réciproquement"* (4).

Si ce texte – codifié ultérieurement sous l'article 765 du CGI – devait être modifié à plusieurs reprises pour l'adopter tant aux contraintes internationales (5) qu'à l'évolution des techniques de l'assurance vie (6), son principe restait applicable jusqu'au 1er janvier 1960.

---

(1) Solution du 11 janvier 1868, opus cite.

(2) Picard et Besson, tome 4, opus cite, p. 607.

(3) D.P. 1876-I-448

(4) In L'Assurance-vie par P. Dupuich, librairie Dalloz 1922, p. 669.

(5) Article 15 de la loi du 25 février 1901.

(6) Article 6 de la loi de finances pour 1943 du 31 décembre 1942 (RE, 1943, II 758 P. 8) : à ce sujet cf. *"Réforme du régime des droits de mutation applicables aux assurances sur la vie"* par A. Besson in RGAT 1944, p. 209s.

A cette date, le législateur décidait *"d'exclure de l'actif successoral, conformément aux règles du droit civil, les assurances vie contractées par le défunt. (Afin de) favoriser l'essor de cette branche d'activité et de permettre, en outre, d'alléger les formalités imposées aux assureurs"* (1).

L'article 59 II de la loi n° 59.1472 du 28 décembre 1959 – opus cite – abrogeait donc, entre autres, l'article 765 du CGI. Il en découlait *"le retour pur et simple aux règles de droit civil en ce qui concerne la taxation des assurances vie"* (2).

Dès lors – sous réserve de l'exception apportée au régime de 1959, par la loi de finances pour 1980 intéressant les seuls contrats souscrits sur des têtes assurées âgées de plus de 66 ans (*infra* p. 266) – conformément aux termes de l'article L 132.12 du Code des assurances, lorsqu'une assurance aura été souscrite au profit d'un bénéficiaire déterminé (héritier de l'assuré ou tiers quelconque), les sommes reçues par ce dernier ne feront pas partie de la succession de l'assuré et échapperont à tous droits de mutation par décès.

Inversement, lorsque l'assurance aura été souscrite sans bénéficiaire déterminé conformément aux dispositions de l'article L 132.11 du Code des assurances, les sommes assurées feront partie de la succession de l'assuré (3).

Naturellement ces dispositions n'intéressent que les capitaux versés à un bénéficiciare de contrats d'assurance vie désigné à titre gratuit, les sommes perçues par un bénéficiaire à titre onéreux ne rélevant pas de la fiscalité des mutations à titre gratuit.

SECTION II
La notion de bénéficiaire à titre gratuit

> *"La stipulation pour autrui, acte neutre, peut entrer entièrement dans le cadre de contrats à titre onéreux. Mais il est assez fréquent qu'elle ait pour but de gratifier le tiers bénéficiaire"* (4).

Aussi est-il impossible de poser en thèse générale que l'assurance sur la vie constitue ou ne constitue pas une libéralité au profit du tiers qui en bénéficie, le caractère gratuit ou onéreux de l'attribution dépendant des circonstances de chaque espèce.

---

(1) Exposé des motifs du projet de loi portant réforme fiscale in documents de l'Assemblée Nationale, session 1959-1960, n° 24, p. 331.

(2) In rapport de P. Arrighi, sur le projet de loi, Assemblée Nationale session 1959-1960, document n° 301, p. 468.

(3) Civ., 1er, 16 février 1983, DF 1983, 46-47 2192.

(4) P. Malaurie : *"Répertoire de Droit civil Dalloz"*, Donation, n° 418.

Dès lors que *"la stipulation pour autrui apparaît comme un mécanisme neutre qui ne permet pas de qualifier sa nature juridique dans les rapports existants entre le stipulant et le bénéficiaire"* (1), la Cour de cassation a arrêté, par le considérant suivant, que le juge du fond apprécie souverainement s'il y a ou non libéralité :

> *"Attendu qu'il a été souverainement reconnu en fait par l'arrêt attaqué que la convention en vertu de laquelle (le bénéficiaire) a reçu de la compagnie la somme de.... stipulée en sa faveur par (l'assuré) avait à son égard le caractère d'une pure libéralité"* (2).

Or, les règles dégagées dans la section précédente n'intéressent, naturellement, que les bénéficiaires à titre gratuit. Inversement, les capitaux versés à des bénéficiaires à titre onéreux de contrats d'assurance-vie ne sauraient relever de la législation sur les mutations à titre gratuit. Cette proposition résultait avec la dernière évidence de la rédaction du premier alinéa de l'ancien article 765 du CGI qui ne visait que les bénéficiaires **"à titre gratuit"** et ressort aujourd'hui des termes de l'article 757 B du CGI.

Il est dès lors nécessaire pour statuer sur l'exigibilité éventuelle de droit de mutation par décès – dû aujourd'hui dans certaines hypothèses pour les contrats souscrits sur des têtes assurées de plus de 66 ans (*infra* p. 266) et éventuellement demain sur d'autres contrats – de déterminer si le bénéficiaire a ou non été désigné à titre onéreux, étant observé qu'à cet égard les tribunaux disposent d'un pouvoir d'appréciation très étendu (3).

A ce sujet, l'article 6 de la loi du 21 juin 1875 paraissait renfermer une présomption légale de gratuité.

En effet,

> *"en considérant le montant de l'assurance comme faisant partie de la succession de l'assuré, c'est-à-dire d'un ensemble de biens transmis à titre gratuit, (cette loi) a présumé, en thèse générale, que la dévolution du bénéfice du contrat s'opère gratuitement.*
>
> *Ainsi que l'Administration le constate dans une instruction du 20 juin 1881, ... c'est là une présomption légale de gratuité ; mais il s'agit évidemment ici d'une présomption simple, susceptible d'être combattue par la preuve contraire"* (4).

---

(1) *"Attribution à titre gratuit du bénéfice de l'assurance sur la vie et droit des libéralités"* par T. Milcamps et F. Berdot in Etudes, offertes au professeur Besson, 1976, LGDJ, p. 237.

(2) Req. 21 juin 1876 ; DP 78, 1, 429 et 9 mai 1881 ; DP 82, 1, 97.

(3) En ce sens Cass., 17 juin 1889 ; JE 23241.

(4) Ch. Dumaine, opus cite, p. 189.

Si une telle présomption semble avoir disparu de notre législation (1), il appartient donc à l'Administration, demanderesse pour le recouvrement de l'impôt (2), d'établir les conditions d'application de l'article 757 B du CGI et donc d'apporter la preuve du caractère gratuit de la désignation du bénéficiaire.

En pratique, la grande majorité des désignations des bénéficicaires d'assurance vie est effectuée à titre gratuit. Quant aux désignations à titre onéreux, elles se rencontrent, essentiellement, dans trois hypothèses : soit le bénéficiaire était le créancier de l'assuré ; soit encore le bénéficiaire a, en fait, payé les primes ; soit enfin en cas d'assurance réciproques.

DÉSIGNATION D'UN CRÉANCIER COMME BÉNÉFICIAIRE

La désignation d'un créancier comme bénéficiaire d'une assurance vie est un acte de plus en plus habituel. A cet égard les banques lient même systématiquement l'octroi de prêts immobiliers par exemple, à la souscription par l'emprunteur d'assurance vie dont elles seront les bénéficiaires, la souscription se faisant le plus souvent sous la forme d'une assurance de groupe.

Naturellement

> "*lorsque le bénéfice de l'assurance a été attribué à un créancier pour le remplir du montant de sa créance et que le capital assuré est supérieur, le droit de mutation par décès est évidemment (éventuellement) exigible sur le reliquat qui se trouve dévolu aux héritiers de l'assuré*" (3).

PAIEMENT DES PRIMES PAR LE BÉNÉFICIAIRE

"*Il y a également attribution à titre onéreux au cas de primes payées par le bénéficiaire*" (4). Cette solution découlait directement de la rédaction de l'ancien article 765 du CGI qui précisait "*toutefois, l'impôt n'atteint pas la fraction des sommes versées par l'assureur correspondant aux primes que le bénéficiaire a personnellement acquittés*".

Les droits de mutation ne sauraient donc être dus lorsque le paiement des primes a été effectué par le bénéficiaire sauf le cas toutefois où ce paiement aurait eu lieu après entente entre l'assuré et le bénéficiaire et sous la réserve par ce dernier du droit de réclamer à l'assuré le remboursement des primes acquittées (5).

---

(1) *Contra* Picard et Besson, opus cite, tome 1er, n° 502.
(2) Cf C. Gour, J. Molinier, G. Tournie, opus cite, p. 305s.
(3) Maguero, opus cite, Succession n° 480.
(4) Picard et Besson, tome IV, opus cite, p. 625.
(5) Cf solution 19 août 1878 ; JE 21.723 et Civ., 31 décembre 1919 RE, 1920, 7114.

SOUSCRIPTION D'ASSURANCES RÉCIPROQUES

La dernière hypothèse de désignation d'un bénéficiaire à titre onéreux – beaucoup plus rare en pratique – se rencontre en cas de souscription d'assurances réciproques. En effet,

> *"la police par laquelle plusieurs individus contractent conjointement une assurance au profit du survivant présente les caractères d'un pacte aléatoire, commutatif et à titre onéreux. Chaque contractant, en stipulant au profit du survivant, renonce à la part devant revenir à sa succession pour avoir lui-même la chance de recueillir l'entier capital assuré en cas de survie. D'où il suit que c'est en vertu de sa propre stipulation et non en vertu d'une libéralité de la part de ses cocontractants, que le survivant recueille le bénéfice de l'assurance"* (1).

La dévolution du capital, procédant dans cette hypothèse d'un contrat à titre onéreux, n'est en aucun cas passible des droits de mutation à titre gratuit. Cette solution d'abord énoncée en cas de police unique (2) a été par la suite, admise même en cas de polices distinctes souscrites à des dates différentes (3) il apparaît, en effet, indifférent que les contractants aient rédigé plusieurs polices, si en pratique chacun a stipulé pour lui-même et sans intention de faire une libéralité aux autres.

SECTION III
Comparaison internationale

L'étude succinte du régime fiscal de la transmission de capitaux d'un patrimoine à un autre à l'occasion d'opérations d'assurance vie dans divers pays européens conduira à s'interroger sur la perennité de l'exonération dont elle profite – pour l'essentiel – en France.

En effet, dès 1978 le rapport de la commission d'étude d'un prélèvement sur la fortune (4) soulignait que

> *"la plupart des pays membres de l'OCDE imposent les capitaux versés aux bénéficiaires de l'assurance souscrite par le défunt.*
>
> *Quatre pays – Danemark, Espagne, Suède, Japon – accordent un abattement peu élevé sur le montant du capital reçu à ce titre. En dehors de la France, seuls cinq pays sur vingt-deux – Italie, Fin-*

---

(1) Maguero, opus cite, Succession p. 103.

(2) Cass. 16 décembre 1867 ; S 68-1-118.

(3) Trib. Verdun, 1er juin 1894, JE 24.548.

(4) Rapport Ventejol-Blot-Meraud, La Documentation Française 1979, p. 98.

lande, Portugal, Royaume-Uni, Etats-Unis – exonèrent totalement cette catégorie d'actifs. Encore convient-il de souligner qu'il existe, dans les deux derniers pays cités, des conditions restrictives pour éviter une évasion fiscale par le biais des assurances en cas de décès :

– Aux Etats-Unis, le défunt ne doit avoir eu à aucun moment des droits sur le capital ainsi constitué ;

– En Grande-Bretagne, l'administration fiscale vérifie que les primes versées pendant l'existence du défunt n'ont pas affecté son train de vie, afin d'éviter que l'assuré ne diminue son capital pour payer les primes et n'opère de la sorte un transfert échappant à toute imposition" (1).

Ces premières observations appellent quelques précisions.

Comme en France, le droit fiscal des pays européens est rarement parfaitement homogène avec leur droit civil (2).

Certes, là où le droit civil considère le bénéficiaire comme un héritier, il y a prélèvement de droits de succession. Mais, à ce principe les législations anglaise, norvégienne et néerlandaise posent une exception au bénéfice du conjoint survivant.

Inversement, là où le droit civil donne au bénéficiaire un droit direct, le droit fiscal réintègre parfois – comme en Belgique ou en République Fédérale d'Allemagne – la prestation d'assurance dans l'actif soumis aux droits de succession.

Concrètement la législation italienne s'avère être la seule – d'un pays européen important autre que la France – à prévoir l'exonération pure et simple de droits de succession des capitaux versés au titre d'une assurance décès à un bénéficiaire désigné.

LEÇONS D'UNE COMPARAISON DES FISCALITÉS EUROPÉENNES

La spécificité de notre législation fiscale est donc très claire (3) et pourrait ne pas résister au succès de l'intégration européenne.

Ainsi, les prémisses de l'alignement de notre fiscalité sur une *"norme"* européenne s'observent au regard d'une part des nouvelles dispositions de

---

(1) Rapport Ventejol-Blot-Meraud, La Documentation Française 1979, p. 98.

(2) Cf. Les travaux de la sous commission "assurance-vie" du comité européen d'assurance.

(3) Cf. Rapport Ventejol-Blot-Meraud, opus cite, p. 99.

l'article 757.B du CGI, pour les contrats souscrits sur des assurés âgés de plus de 66 ans, (*infra* p. 268s) d'autre part, des conclusions du rapport Dautresme (1). En effet, "la commission a estimé que les capitaux versés en cas de décès devaient cesser d'être exonérés de l'impôt sur les successions et y être assujettis, selon la pratique observée dans la plupart des pays (Annexe 76). Mais la charge fiscale appliquée à ces capitaux devrait être inférieure à celle qui résulte des barèmes actuellement applicable aux mutations par décès.

C'est pourquoi la Commission dans sa majorité a estimé qu'à défaut d'un système d'impôt sur les successions qui tienne compte des charges de famille et de l'âge du bénéficiaire, il était nécessaire de prévoir, pour les capitaux versés en cas de décès, une franchise spécifique qui tienne compte de ces critères".

Sur le plan de la politique fiscale, la motivation de l'exonération de droit de mutation à titre gratuit dont bénéficie, pour l'essentiel, en France les capitaux versés à l'occasion du décès d'un assuré, s'avère, au demeurant, de moins en moins évidente.

L'exonération du droit de succession lors de la transmission de capitaux constitués au terme d'une opération d'épargne apparaît, en effet, anachronique au regard du décloisonnement en cours des circuits de collecte de l'épargne et du crédit en France (2) qui appelle à l'évidence un alignement de la fiscalité des divers modes d'épargne.

Son ultime justification réside, sans doute, dans l'existence de la taxe spéciale sur les conventions d'assurance (*supra* 1ère partie Titre I) et pourrait disparaître avec cette dernière.

Or, la disparition concomitante de ces deux dispositions correspondrait à une certaine forme de justice fiscale puisqu'en effet si la taxe unique est due par tout souscripteur d'assurance vie, même le plus modeste, les droits de mutation à titre gratuit ne frappent que les successions les plus importantes par suite de l'existence d'abattements élevés au bénéfice du conjoint survivant ou des enfants du *de cujus*.

L'adoption d'une telle mesure conduirait, de plus, à un allègement significatif de la fiscalité pesant sur l'assurance vie comme le démontre M. Jacques-Henri Gougenheim (3) :

> *"En Grande Branche, 26 196 sinistres ont, en 1979, représenté un total de 734 millions F, soit, en moyenne, 28 000 F par sinistre.*

---

(1) Rapport Dautresme, opus cite, p. 384.
(2) Cf. Rapport Ventejol-Blot-Meraud, opus cite, p. 99.
(3) Rapport Dautresme, opus cité, p. 384.

Dans la mesure où les capitaux versés le sont, dans leur très grande majorité, à l'époux survivant ou aux enfants, la recette qui proviendrait d'une fiscalité qui les soumettrait aux droits de la succession, compte tenu des abattements applicables en la matière n'atteindrait sans doute pas 5 % du total versé aux ayants-droit, soit 37 millions F.

Or, le produit de la taxe unique sur le chiffre d'affaires de la Grande Branche eut été, à son taux de 1981, de 384 millions F."

Le coût budgétaire de l'adoption d'une telle réforme apparaît ainsi la seule explication de la pérennité du système actuel d'imposition des opérations d'assurance vie.

A terme, il reste qu'il apparaîtrait logique de maintenir l'exonération des droits de mutation à titre gratuit existante au seul bénéfice des capitaux versés au titre d'une assurance temporaire qui "n'est aucunement une opération d'épargne" (1) mais relève de la prévoyance.

---

(1) Picard et Besson, opus cite, tome 1, n° 451.

CHAPITRE II

Les contrats d'assurance en cas de décès

Le régime fiscal des capitaux versés par une compagnie d'assurances à l'occasion du décès d'un assuré variera selon que le contrat d'assurance vie considéré aura été souscrit sans désignation d'un bénéficiaire (Section I) ou avec désignation d'un bénéficiaire déterminé (Section II), de tels versements de capitaux s'accompagnant, par ailleurs, d'obligations déclaratives (Section III).

SECTION I
Contrat souscrit sans désignation d'un bénéficiaire

Le principe de l'imposition des capitaux décès versés au titre d'un contrat d'assurance vie souscrit sans bénéficiaire déterminé (**1.**) conduit à préciser d'une part la notion de **"bénéficiaire désigné"** (**2.**), d'autre part le montant du capital imposable et son taux d'imposition (**3.**).

1. LE PRINCIPE D'IMPOSITION

Conformément aux termes de l'article L 132.11 du Code des assurances, les sommes versées en vertu d'un contrat d'assurance en cas de décès conclu sans désignation d'un bénéficiaire font partie de la succession de l'assuré et sont donc imposables aux droits de succession, au même titre que les autres biens successoraux.

L'absence de bénéficiaire déterminé ou déterminable au jour du décès de l'assuré se présente *"non seulement lorsque le contractant n'a pas désigné de bénéficiaire au sens de l'article L 132-8 du Code des assurances, mais encore lorsque la désignation par lui faite est frappée de nullité* (1) *ou de caducité* (2) *ou a été révoquée régulièrement ou a été refusée par le bénéficiaire"* (3).

Les héritiers recueillent, dans cette hypothèse le capital assuré jure hereditario donc proportionnellement à leurs droits respectifs dans la succession et non en vertu d'un droit propre contre l'assureur. En effet, le contractant est alors censé avoir stipulé dans les termes de l'article 1122 du Code civil, c'est-à-dire pour lui-même et pour ses héritiers : la somme assurée fait donc partie de son actif successoral.

2. LA NOTION DE BÉNÉFICIAIRE DÉTERMINÉ

En application des dispositions de l'article L 132.8 du Code des assurances, un contrat sera considéré comme fait au profit d'un bénéficiaire déterminé non seulement lorsqu'il est conclu au profit d'une personne nommément désignée, mais encore s'il contient une stipulation par laquelle le contractant attribue le bénéfice de l'assurance soit à son conjoint sans indication de nom, soit à ses enfants et descendants nés ou à naître, soit à ses héritiers sans qu'il soit nécessaire d'inscrire leurs noms dans la police ou dans tout autre acte ultérieur contenant l'attribution du capital assuré.

La notion de bénéficiaire déterminé qui a fait l'objet, sur le plan civil, de nombreuses décisions judiciaires (4), semble être entendue largement par l'administration fiscale et n'apparaît donc pas de nature à soulever des difficultés particulières.

Ainsi l'administration accepte de considérer une police souscrite au profit des *"ayants droit"* de l'assuré comme bénéficiant à des personnes déterminées (5).

De même, seront considérés comme stipulés au profit d'un bénéficiaire déterminé – et donc susceptibles d'échapper aux droits de mutation à titre gratuit – les contrats aux termes desquels certains membres d'une société mutualiste dépourvues de famille et désireux de s'assurer des obsèques décentes désignent une entreprise de pompes funèbres comme bénéficiaire de l'assurance en cas de décès qu'ils souscrivent par l'intermédiaire de la société (6).

---

(1) Rennes, 5 décembre, 1899 D 1903.2.377.

(2) Notamment, au cas d'attribution à titre gratuit si le bénéficiaire décède avant l'échéance sauf stipulation contraire de la police.

(3) Besson et Picard, opus cite, tome I n° 501.

(4) Cf. à ce sujet Picard et Besson, opus cite, tome 1, n° 504.

(5) Solution 27 juillet 1960, BOED 1961, 8365, II, A.

(6) Solution 12 septembre 1960, BOED 1961, 8365, II, B.

Quant aux contrats stipulant, sans autre précision que les capitaux garantis sotn affectés au paiement des droits de mutation par décès, l'Administration accepte de les considérer comme souscrits au profit des successibles de l'assuré et donc de **"bénéficiaires déterminés"** (1).

En cas de difficulté pour déterminer si une police a, ou non, été souscrite au profit d'un bénéficiaire déterminé, il reviendra aux tribunaux, dans chaque cas d'espèce, d'apprécier souverainement si les capitaux considérés doivent, ou non, être intégrés dans la succession de l'assuré (2).

3. LE CAPITAL IMPOSABLE ET LE TAUX D'IMPOSITION

En principe, le capital imposable est *"le montant de la somme due par la compagnie d'assurances en vertu du contrat"* (3) ou encore *"les sommes, rentes ou valeurs quelconques dues directement ou indirectement par un assureur, à raison du décès de l'assuré..."* (4).

Si la détermination du capital dû par l'assureur ne relève pas du droit fiscal et ne soulève, du reste, guère de difficulté théorique, il reste à préciser le taux d'imposition du capital considéré.

Ce taux dépendra naturellement du montant du capital transmis mais surtout du degré de parenté existant entre le bénéficiaire à titre gratuit et l'assuré.

La logique de cette solution n'est pas évidente dans l'hypothèse où le souscripteur et la tête assurée sont deux personnes distinctes. En effet, dans ce cas, c'est le souscripteur seul qui, en payant les primes, s'est effectivement appauvri avec une intention libérale. Il apparaîtrait, dès lors, logique de calculer les droits de mutation selon le degré de parenté existant entre le bénéficiaire et son donateur véritable.

Le fisc a cependant retenu la solution inverse.

Déjà, l'article 6 de la loi du 21 juin 1875 (*supra* p. 253s) assujettissait aux droits de mutation

> *"les sommes, rentes ou émoluments quelconques dus par l'assureur, à raison du décès de l'assuré. Le bénéficiaire, à titre gratuit de ces sommes, rentes ou émoluments, était soumis aux droits de mutation, suivant la nature de leurs titres et leurs relations avec le défunt, conformément au droit commun"*.

---

(1) Solution 6 août 1960, BOED 1961, 8365, II, C.
(2) Civ. 1er, 16 février 1983, arrêt n° 140, Dame Lopez (BODGI 7 G-7-83).
(3) JCP Enregistrement, Fascicule 48, Successions, n° 8.
(4) Article 757-B du CGI.

Cette disposition, sous l'empire de la loi de 1875, n'emportait cependant aucune conséquence. En effet : d'une part, il ressort des travaux préparatoires et notamment des explications fournies par le rapporteur que la qualité "d'assuré" appartenait, à l'époque, uniquement à celui qui souscrivait la police et contractait envers l'assureur l'obligation de payer les primes et non à la personne sur la tête de laquelle l'assurance était contractée par un tiers ; d'autre part, cette loi ne visait que les assurances souscrites par un individu sur sa propre tête et exonérait les autres assurances. Il était donc parfaitement naturel d'appliquer le tarif suivant les relations entre le bénéficiaire et le souscripteur/assuré défunt.

Cependant, en 1942 (1), les droits de mutation devenaient exigibles aussi bien en cas d'assurance sur la tête d'autrui qu'en cas d'assurance sur sa propre tête *"suivant le degré de parenté existant entre le bénéficiaire à titre gratuit et l'assuré, alors même que ce dernier n'aurait pas, personnellement et directement contracté l'assurance et n'en aurait pas acquitté les primes"* (2). Ainsi, l'assuré était donc, de façon irréfragable présumé, par son décès, avoir transmis gratuitement au bénéficiaire le profit du contrat.

> *"Cette solution a été admise spécialement pour couper court aux évasions fiscales auxquelles donnaient lieu les assurances de groupe : on pouvait légitimement penser que, au cas d'assurance souscrite par un employeur sur la tête de ses employés, les primes payées par le premier étaient en somme un complément de salaires et que les droits de mutation devaient être acquittés comme si c'étaient les seconds qui avaient souscrit et alimenté l'assurance. Mais la réforme est réalisée en termes généraux et s'applique en tout état de cause, quelles que soient les raisons pour lesquelles le contrat a été souscrit et assumé par un autre que l'assuré. Par là même, la règle nouvelle peut donner naissance à des évasions fiscales"* (3).

Sous cette législation, le plus simple pour gratifier un étranger consistait donc à souscrire une assurance vie sur la tête du père ou de la mère de ce dernier afin de bénéficier des taux exceptionnellement bas en France d'imposition des dévolutions successorales en ligne directe.

Malgré les critiques qu'appelaient donc, antérieurement à 1960, le mode de calcul des droits de succession sur une assurance vie, l'administration fiscale l'a restauré en 1980 en prévoyant l'assujettissement aux droits de succession des sommes, dues au titre de certains contrats par un assureur, à raison du décès de l'assuré et ce *"suivant le degré de parenté existant entre le bénéficiaire à titre gratuit et l'assuré"* (4).

---

(1) Article 6 de la loi de finances 1943 du 31 décembre 1942.

(2) Ancien article 765 du CGI.

(3) A. Besson *"la réforme du régime des droits de mutation applicable aux assurances en cas de décès"*, opus cite, in RGAT 1944 p. 218 et 219.

(4) Article 757 B du CGI.

Consciente des limites de ce principe, elle assortissait cependant cette restauration d'une réserve – dont la mise en oeuvre s'avèrera à l'évidence fort contestable – en soulignant que *"s'il était constaté que le défunt a souscrit sur la tête d'un tiers peu de temps avant son décès, un contrat d'assurance en cas de vie, et en a acquitté les primes, il conviendrait, le cas échéant, de remettre en cause la véritable nature dudit contrat, afin de réintégrer dans l'actif successoral le capital en cause"* (1).

SECTION II

Le contrat souscrit avec un bénéficiaire déterminé

Le principe de non assujettissement aux droits de mutation des capitaux versés à un bénéficiaire déterminé à la suite du décès d'un assuré sur la vie se prêtait à certains abus difficilement réprimables (§ 1.). Aussi, l'Administration fut-elle conduite à lui apporter une exception (§ 2.).

1. LES RISQUES D'ABUS

Afin d'éluder des droits de succession particulièrement élevés, surtout entre collatéraux ou étrangers (2), il était tentant pour une personne proche de sa mort de souscrire une assurance vie sur sa tête.

Cette souscription offrait un double avantage : d'une part, offrir au souscripteur, au regard du droit civil, une plus grande liberté pour organiser sa succession ; d'autre part, éviter à son bénéficiaire le paiement des droits de mutation par décès.

Cette tentation était d'autant plus forte que les représentants des compagnies d'assurances omettaient souvent, dans la présentation de l'opération proposée, de diminuer l'économie fiscale en droit d'enregistrement qu'elle permettait de son coût consécutif au paiement, d'une part de la taxe d'assurance, au taux de 5,15 % et d'autre part, des frais de production, très variables cependant selon les compagnies et les contrats proposés, mais toujours significatifs.

LES TENTATIVES DE RÉACTION DE L'ADMINISTRATION

Il reste qu'au cours des années soixante-dix, ce type de souscription se multipliait. L'Administration réagissait alors à ce mode d'évasion fiscale selon deux voies distinctes dont aucune ne devait s'avérer efficace : d'une part, elle

---

(1) Instruction du 20 août 1981, BODGI 7 G-9-81.

(2) Cf rapport de la commission d'étude d'un prélèvement sur les fortunes (dit rapport Ventejol-Blot-Méraud), La Documentation Française, 1979, p. 179.

appelait les assureurs à la raison ; d'autre part, elle cherchait à obtenir la condamnation sur le plan judiciaire de bénéficiaires de tels contrats.

Par une lettre en date du 2 mars 1979, adressée au président de la réunion des sociétés d'assurances sur la vie, l'Administration proposait aux assureurs une sorte de code de bonne conduite et leur suggérait de limiter à un million de F le montant maximal de souscription pour de tels contrats, sauf autorisation signée par le président de la compagnie, et d'informer les souscripteurs potentiels de ce que l'article L 64 du LPF – ancien article 1649 quinquies du CGI – permet à l'administration fiscale de rechercher si la souscription de tels contrats ne constitue pas une donation déguisée rapportable à l'actif successoral.

Le directeur des assurances écrivait alors :

> *"L'attention du Gouvernement a été appelée sur certaines pratiques permettant d'utiliser abusivement les dispositions de l'article L 132-12 du code des assurances qui exonère des droits de succession les bénéficiaires de contrats d'assurance sur la vie.*
>
> *Il est apparu en effet à plusieurs reprises que des assureurs ou leurs mandants avaient proposé ou accepté de garantir, notamment par le moyen de contrats à prime unique, des personnes, parfois extrêmement avancées en âge et dont l'état de santé ne laissait que peu de doute sur leur chance de survie jusqu'au terme du contrat, dans le but évident d'éviter au bénéficiaire désigné d'avoir à supporter le moment venu les droits de succession. Je rappelle que les dispositions légales en cause ont été prises en vue d'inciter à l'épargne, à une époque où les opérations d'assurance sur la vie comportaient le versement de primes périodiques échelonnées sur une période assez longue, ce qui implique un effort d'épargne soutenu et non une opération de placement d'une épargne déjà constituée.*
>
> *Les excès dont il s'agit sont donc tout à fait regrettables et la Direction Générale des Impôts, qui dispose des moyens lui permettant de s'opposer à l'abus de droit qu'ils représentent, ne manquera pas de recourir chaque fois que cela lui paraîtra souhaitable à l'application des dispositions de l'article 1649 quinquies du CGI.*
>
> *Il me paraît indispensable que la profession dont les efforts de production sont soutenus par des mesures d'incitation non négligeables participe aussi à la lutte contre cet abus et je sais que nos préoccupations en la matière sont convergentes".*

Le directeur des assurances soulignait enfin *"le fait que, si malgré ces dispositions, la pratique dénoncée se perpétuait, le Gouvernement serait conduit à reconsidérer les mesures fiscales dont bénéficient ces produits".*

LE RECOURS AUX TRIBUNAUX

En parallèle à cette opération, l'administration fiscale tentera d'obtenir la condamnation par les tribunaux, au titre de l'abus de droit, de cette pratique.

Divers redressements étaient alors notifiés.

Une affaire portée à la connaissance du tribunal de Nanterre apparaît exemplaire des difficultés rencontrées à ce sujet par l'Administration et de l'impossibilité, malgré une espèce s'apparentant à un cas d'école, pour cette dernière d'obtenir des condamnations.

Mme Dupont, alors âgée de plus de 87 ans avait souscrit d'octobre 1975 à février 1977 des contrats d'assurance vie, au bénéfice de personnes étrangères à sa famille pour un montant supérieur à 5 millions de F, soit l'essentiel de son patrimoine.

Il ressortait clairement des circonstances de l'affaire que les protagonistes avaient pour objectif d'éviter le paiement de droits de mutation par décès au taux de 60 % : d'une part les souscriptions avaient été financées grâce à la vente de deux immeubles de rapport ; d'autre part, Mme Dupont avait souscrit le dernier contrat moins de sept mois avant son décès.

Ces circonstances autorisaient donc l'Administration à espérer la condamnation des bénéficiaires des contrats considérés. Le tribunal de Nanterre devait cependant rejeter la thèse de l'Administration :

> *"Attendu que la loi du 28 décembre 1959 abrogeait à dater du 1er janvier 1960 l'ancien article 765 du CGI qui assujettissait aux droits de succession toutes les sommes dues par l'assureur à raison ou à l'occasion du décès de l'assuré. Attendu que c'était ainsi reconnaître totalement le jeu en cette matière de l'article L 132-12 du Code des assurances qui prévoyait que les sommes stipulées payables lors du décès de l'assuré à ses héritiers ou à un bénéficiaire déterminé autre que l'assuré lui-même ne font pas partie de la succession de l'assuré ;*
>
> *Attendu que l'Administration ... soutient que l'opération combinée par Mme Dupont tombe sous le coup de l'article 1649 quinquiès B du CGI relatif à l'abus de droit, c'est-à-dire à la dissimulation de la portée véritable d'un contrat sous l'apparence d'un autre ;*
>
> *Attendu que l'Administration qui a la charge de la preuve pour faire cette démonstration, s'attache à l'âge du signataire, à la désignation comme bénéficiaire de personnes étrangères à la famille, à l'importance de l'intérêt fiscal en jeu et à l'absence du moindre*

intérêt à l'opération, tant pour l'acquisition de revenus que pour la conservation du capital ;

Attendu qu'il est bien exact que le placement ainsi effectué par Mme Dupont ne pouvait lui procurer des revenus plus importants que ceux que lui rapportaient ses immeubles, mais que le capital de la somme assurée étant représenté par un ensemble de valeurs mobilières SICAV dont les dividences se trouvaient réinvestis chaque année, le souscripteur pouvait espérer que la valeur de celui-ci serait avantageusement conservée malgré l'érosion monétaire ;

Attendu qu'il n'y a donc pas en l'espèce d'élément suffisant pour que le tribunal puisse dire qu'il y a eu abus de droit ou dissimulation, et que bien au contraire, les parties n'ont fait que profiter habilement des possibilités que leur offrait la loi fiscale applicable au moment des faits et d'ailleurs modifiée depuis lors en raison de cette situation, si elle favorisait la pratique des assurances vie, permettait une certaine évasion fiscale" (1).

Consciente de l'échec de sa stratégie tendant à limiter la souscription du contrat d'assurance vie par des grabataires, à la seule fin d'éluder les droits de mutation par décès, l'Administration demanda au législateur d'insérer de nouvelles dispositions au Code Général des Impôts.

2. L'EXCEPTION AU PRINCIPE DE NON ASSUJETTISSEMENT AUX DROITS DE MUTATION POUR LES PERSONNES ASSURÉES ÂGÉES DE PLUS DE 66 ANS

Le rapport Ventejol-Blot-Meraud, opus cite, soulignait au sujet du capital souscrit au bénéfice des héritiers dans le cadre d'une assurance vie

"de plus cette exonération ouvre des possibilités d'évasion importante : dans les contrats à prime unique, l'assuré peut souscrire un contrat dont le capital est presque égal à la prime ; tout se passe alors comme si la notion d'assurance n'était plus qu'un paravent juridique pour transmettre son patrimoine sans payer de droits de succession ; or, il n'y a de limite ni quant à l'âge ni quant au montant de la prime et donc du capital. Des produits sophistiqués ont même été élaborés par certaines compagnies d'assurances : la prime versée en une seule fois peut être représentée par des parts de sociétés civiles immobilières ; le montant du capital garanti est égal à la valeur des parts, augmentés des plus-values des immeubles et des revenus fonciers y afférents qui sont capitalisés ; les plus-

(1) TGI de Nanterre, 2e chambre, 23 février 1982. Affaire Mme Pourteau, Mme Guignard, M. Juy contre le Directeur des services fiscaux des Hauts-de-Seine *(non publié)*.

values et les revenus fonciers ne sont pas imposés et l'ensemble est transmis à l'hériter sans droit de succession au moment du décès du souscripteur. Dans ce cas, tout s'est donc passé comme si l'on avait transmis un immeuble à ses héritiers sans payer de droits de succession" (1).

Le raport Ventejol suggérait donc le *"réexamen des contrats d'assurance à prime unique"* (2).

Le gouvernement fit adopter, dans cette optique sous l'article 68 de la loi de finances pour 1980 (3) une nouvelle disposition – codifiée sous l'article 757 B du CGI – assujettissant au paiement des droits de succession certaines sommes perçues au titre de contrats d'assurance vie. Dès lors :

"Pour leur montant qui excède 100 000 F en capital, les sommes, rentes ou valeurs quelconques dues directement ou indirectement par un assureur, à raison du décès de l'assuré, donnent ouverture aux droits de mutation par décès suivant le degré de parenté existant entre le bénéficiaire à titre gratuit et l'assuré lorsque les conditions suivantes se trouent simultanément réunies :

a) Le montant total des primes prévues pour une période maximum de quatre ans à compter de la conclusion du contrat, donnant ouverture aux droits de mutation par décès en application du présent article, représente les trois quarts au moins du capital assuré au titre dudit contrat ;

b) L'assuré est âgé de soixante-six ans au moins au jour de la conclusion du contrat.

Lorsque plusieurs contrats sont conclus par un même assuré âgé de soixante-six ans au moins ou lorsque la garantie en cas de vie et la garantie en cas de décès résultent de contrats distincts, ces contrats sont considérés comme constituant un seul contrat pour l'application du présent article.

Les conditions d'application du présent article, et notamment les obligations concernant les informations à fournir par les contribuables et les assureurs, sont déterminées par décret en Conseil d'Etat".

L'exposé des motifs du projet de loi était bref :

"L'article L 132.12 du Code des assurances prévoit que les sommes stipulées payables lors du décès de l'assuré à un bénéficiaire

(1) P. 36, tome 1.
(2) P. 182, tome 1.
(3) Loi n° 80.30 du 18 janvier 1980, BODGI I A-2-80.

déterminé ou à ses héritiers ne font pas partie de la succession de l'assuré. Ces sommes échappent donc au paiement des droits de succession.

Il apparaît que cette disposition est détournée de son véritable objet et utilisée comme un moyen d'évasion fiscale.

Pour mettre fin à de telles pratiques, il est proposé d'assujettir ces sommes aux droits de mutation par décès lorsque les contrats sont conclus dans certaines conditions permettant de favoriser cette évasion fiscale".

Au cours des débats parlementaires, le ministre du budget précisait que cet article visait seulement à taxer :

"les contrats à caractère abusif. Il ne touche pas les contrats normaux.

Ces contrats abusifs, quels sont-ils ? Un contrat peut être considéré comme abusif quand le souscripteur verse la totalité du capital, capital qui sera ensuite reversé aux héritiers" (1).

L'Administration devait très longuement commenter ce nouvel article dans une instruction (2) faisant, selon les termes même de son rédacteur, trop appel à la notion d'abus de droit et dont il conviendra de relever les propositions contestables.

Le nouvel article 757.B du CGI subordonne l'exigibilité des droits de succession des sommes versées au titre d'un contrat d'assurance vie à des bénéficiaires déterminés à diverses conditions. Il faut que :

2.1 – *les sommes, rentes ou émoluments quelconques dont le paiement incombe à l'assureur soient dus au titre de contrat souscrit alors que l'assuré était âgé de 66 ans au moins au jour de la souscription du contrat ;*

2.2 – *le bénéfice du contrat soit recueilli à titre gratuit ;*

2.3 – *les sommes, rentes ou émoluments soient dus à raison ou à l'occasion du décès de l'assuré ;*

2.4 – *les primes prévues pour les quatre années à compter de la conclusion du contrat représentent les trois quarts au moins du capital assuré en cas de décès ;*

2.5 – *les sommes versées au titre du contrat soient supérieures à 100 000 F.*

---

(1) Assemblée Nationale, 1ère séance du 17 novembre 1979, JO p. 10255.
(2) Instruction du 20 août 1981, BODGI 7 G-9-81.

2.1 - *AGE DE L'ASSURÉ*

Au regard de la première condition susvisée, l'Administration souligne que

> *"les sommes doivent être versées au titre d'un contrat d'assurance décès souscrit alors que l'assuré était âgé de 66 ans révolus au jour de la conclusion du contrat. Lorsque l'assuré et le souscripteur du contrat sont des personnes distinctes, seul est à prendre en considération l'âge de l'assuré au jour du contrat. Les capitaux versés en exécution d'un contrat comportant une clause de reconduction n'entrent dans le champ d'application de l'article 68 de la loi de finances pour 1980 que si l'assuré avait plus de 66 ans lors de son adhésion à ce contrat.*
>
> *Toutefois, des modifications de nature à transformer l'économie même du contrat apportées après 66 ans à un contrat souscrit avant que l'assuré n'ait atteint cet âge, que ces modifications résultent de clauses prévues dès la souscription du contrat ou d'un avenant, peuvent avoir pour conséquence de rendre ces contrats taxables.*
>
> *Tous les contrats d'assurance en cas de décès ou en cas de vie entrent dans le champ d'application de l'article 68, quelle que soit leur dénomination (mixte, vie entière, etc.).*
>
> *Les reversions de rente viagère entre parents en ligne directe et au profit du conjoint survivant n'entrent pas dans le champ d'application de l'article 68 de la loi de finances pour 1980. Elles continuent à bénéficier de l'exonération de droits de mutation à titre gratuit prévue à l'article 793.5° du Code général des impôts".*

Il reste à souligner l'imprécision de la formule de l'Administration quant *"aux modifications de nature à transformer l'économie même du contrat"*. Il est fort dommageable, au regard des conséquences qui peuvent en découler, que l'Administration – à défaut d'arrêter une limite précise des transformations *"acceptables"* – n'ait pas, pour le moins, proposé divers exemples permettant de comprendre sa préoccupation véritable.

2.2 - *TRANSMISSION À TITRE GRATUIT*

Le commentaire administratif de la seconde condition, liée au caractère non onéreux de la désignation du bénéficiaire (*supra* p. 254s), n'appelle aucune réserve particulière, il précise simplement :

> *"d'une manière générale les assurances sur la vie contractées dans les conditions ordinaires entrent dans la catégorie des stipulations*

à titre gratuit. Il peut arriver cependant qu'elles revêtent le caractère de contrats à titre onéreux. Dans ce cas, elles ne sont pas susceptibles de donner ouverture aux droits de mutation par décès. Il en sera ainsi, par exemple, si l'assurance a été contractée par un débiteur au profit d'un créancier en paiement de sa dette. Entrent notamment dans cette catégorie les assurances garantissant le paiement des annuités d'un prêt immobilier dans la mesure où l'indemnité est versée à l'organisme prêteur.

L'attention est appelée toutefois sur le fait que si un contrat d'assurance avait été souscrit pour garantir une dette de défunt à l'égard d'un successible et que cette dette n'était pas susceptible d'être admise en déduction en application des dispositions de l'article 773 du CGI, la somme due au titre du contrat d'assurance devrait être considérée comme faisant partie de la succession, les autres conditions étant supposées remplies".

2.3 - *DÉCÈS DE L'ASSURÉ*

Pour être éventuellement imposables, les sommes dues par l'assureur doivent être versées à l'occasion du décès de l'assuré. Aussi, l'Administration précise-t-elle l'identité de l'assuré :

"L'assuré est la personne dont le décès ou la survie conditionne le paiement des garanties prévues au contrat. Les qualités de souscripteur et d'assuré peuvent appartenir à des personnes différentes. Les sommes versées par les assureurs au titre de tels contrats n'en sont pas moins taxables, mais c'est au décès de l'assuré, et non du souscripteur de la police, que se trouve subordonnée la perception de l'impôt de mutation par décès.

Par ailleurs, s'il était constaté que le défunt a souscrit sur la tête d'un tiers peu de temps avant son décès, un contrat d'assurance en cas de vie, et en a acquitté les primes, il conviendrait, le cas échéant, de remettre en cause la véritable nature dudit contrat, afin de réintégrer dans l'actif successif le capital en cause".

L'Administration rejette ainsi certains commentaires selon lesquels *"l'imposition frappe les seuls contrats dans lesquels le contractant, âgé d'au moins 66 ans, a stipulé sur sa propre tête au profit d'un tiers qui n'est pas le payeur des primes"* (1).

---

(1) Revue notariale de l'assurance vie, 1981, n° 70, p. 586.

L'ambiguïté reste cependant grande quant à l'âge du souscripteur. Le projet de loi, en effet, visait les contrats *"souscrits par une personne âgée de soixante cinq ans au moins au jour de sa conclusion"*.

Cette rédaction a été modifiée à la suggestion du rapporteur général du texte au terme de l'argumentation suivante :

> *"Puisqu'il s'agit ici de combattre la fraude, nous devons bien prendre conscience que cette rédaction permet la souscription du contrat par un tiers. Il me paraît donc utile de préciser que c'est l'âge de l'assuré qui constitue la limite au-delà de laquelle l'exonération ne peut jouer"*.

Or cette nouvelle rédaction, reprenant la formule retenue par le législateur de 1942 (*supra* p. 264) autorise justement la fraude la plus simple. Elle consistera pour une personne âgée qui souhaite transmettre tout ou partie de sa fortune, à souscrire un contrat d'assurance vie au profit d'un bénéficiaire déterminé sur la tête d'un ascendant ou d'un descendant de ce dernier.

L'Administration, consciente de ce risque d'évasion fiscale, souligne, par avance qu'elle tentera de requalifier un tel contrat pour réintégrer dans l'actif successoral le capital en cause.

Il reste qu'une telle requalification ne devrait pas aisément être acceptée par les tribunaux au regard d'une rédaction parfaitement claire de l'article 757 B du CGI et de débats parlementaires qui n'autorisent d'imposer les seules sommes dues par un assureur à la suite du décès d'un assuré. Les services du contentieux de la Direction générale des impôts apparaissent, du reste, parfaitement conscients de la difficulté croissante de mettre en oeuvre la théorie de l'abus du droit (1). D'autant qu'en l'espèce, il serait aisé pour le bénéficiaire de démontrer que la prétendue *"inversion"* du souscripteur et de la tête assurée n'avait pas pour unique objectif d'éluder les droits de mutation à titre gratuit mais permettait, par exemple, de bénéficier d'une réduction du montant des primes dues. L'application des termes de l'instruction susvisée devrait donc s'avérer rare.

2.4 - *POURCENTAGE DES PRIMES PAR RAPPORT AU CAPITAL*

Pour qu'un contrat d'assurance entre dans le champ d'application de l'article 757 B du CGI, il faut en outre que le montant total des primes (non compris la taxe sur les conventions d'assurance) prévues pour une période de quatre ans à compter de la conclusion du contrat représente les trois quarts au moins du capital assuré en cas de décès au titre dudit contrat.

---

(1) Cf M. COZIAN : *"Les grands principes de la fiscalité des entreprises"*, opus cite, document n° 3.

L'Administration a fort longuement commenté cette condition dont l'obscurité avait été soulignée pendant les travaux parlementaires par M. Bonnet : *"en outre, le texte initial comporte des imperfections techniques, je pense notamment à la règle arbitraire des trois quarts du capital assuré au titre du contrat"* (1).

Selon l'Administration, le premier terme de la comparaison est constitué par le montant des quatre premières primes prévues à compter de la conclusion du contrat, le second terme, sous réserve de l'hypothèse des contrats dont les primes et/ou les garanties évoluent, par le capital versé par l'assureur.

En ce qui concerne le premier terme de la comparaison, plusieurs hypothèses sont analysées par l'Administration dans son instruction susvisée.

Hypothèse de contrats multiples

Aux termes du II de l'article 68 de la loi de finances pour 1980 lorsque plusieurs contrats sont conclus par un même assuré âgé de 66 ans au moins ou lorsque la garantie en cas de vie et la garantie en cas de décès résultent de contrats distincts, ces contrats sont considérés comme constituant une seule opération d'assurance.

En application de ces dispositions, si le défunt est assuré par plusieurs contrats en cas de vie ou en cas de décès souscrits après 66 ans, les quatre premières primes des différents contrats doivent être additionnées pour être comparées au capital versé par le ou les assureurs en cas de décès.

En cas de contrat assurant le décès et la vie, il convient de comparer au capital versé la prime, qui couvre à la fois l'assurance vie et l'assurance décès, prévue pour les quatre années suivant la conclusion du contrat.

Hypothèse de contrats successifs

Si le défunt a été assuré au cours des quatre années qui ont précédé le décès par des contrats successifs souscrits alors qu'il était âgé d'au moins 66 ans, il convient d'additionner les quatre primes correspondantes, le dénominateur étant constitué par le capital garanti par le dernier contrat.

Hypothèse de bénéficiaires multiples

Lorsque l'indemnité est recueillie par plusieurs bénéficiaires, il convient de comparer la fraction de capital recueillie par chacun à la même fraction des quatre premières primes.

(1) AN, 1ère séance du 17 novembre 1979, JO p. 10254.

Hypothèse de contrats dont les primes et/ou les garanties évoluent

Le premier terme de la comparaison est alors constitué, selon l'Administration, par le total des primes payables pendant les quatre années suivant la signature du contrat, actualisées à leur date d'échéance, le second terme étant constitué par le capital assuré au jour de la souscription du contrat.

Pour la détermination des primes payables, il convient d'additionner toutes les primes effectivement acquittées pendant les quatre années en cause lorsque le décès intervient après cette période.

Lorsque le décès intervient avant l'expiration de celle-ci, il convient d'ajouter au montant des primes payées celui des primes à échoir jusqu'à la fin de la période de quatre ans, celles-ci étant calculées en leur faisant application de l'indice retenu par l'assureur pour déterminer le capital payé à la suite du décès.

Pour les contrats libellés en unités de compte (par exemple les contrats libellés en pats de SICAV ou en parts de SCI) il convient de comparer les primes et le capital dans la même monnaie, c'est-à-dire exprimés en nombre d'unités de compte.

Enfin, il n'y a pas lieu de prendre en considération les augmentations de capital provenant d'une simple revalorisation par attribution de bénéfices.

Obscurité de la doctrine administrative

Dans l'hypothèse de contrats dont les primes et/ou les garanties évoluent, le premier terme de la comparaison est donc, pour l'Administration, constitué par le montant des primes prévues pour les quatre premières années, à compter de la conclusion du contrat, actualisées à leur date d'échéance.

Cette précision ne semble pas en pratique soulever de difficultés particulières.

Quant au second terme de la comparaison, il s'agirait, selon l'Administration, du *"capital assuré au jour de la souscription du contrat"*.

Or, l'instruction du 20 août 1981 a fait l'objet de nombreuses discussions entre les organisations professionnelles et la Direction des assurances par suite d'une rédaction incertaine.

Malheureusement, le Service de la législation fiscale, seul compétent pour engager l'Administration sur le plan fiscal, n'a pas, pour l'instant, apporté de précisions quant à l'interprétation qu'il convenait de donner à l'instruction alors même qu'aucun contentieux ne permettait de connaître la position des tribunaux.

L'expression *"capital assuré au jour de la souscription du contrat"* peut s'entendre en différentes acceptions.

Doctrine de la Réunion Vie

La commission juridique de la Réunion vie propose de considérer que "le capital versé est bien le capital assuré, puisqu'il résulte des stipulations du contrat" (extrait du compte rendu de la commission juridique du 14 septembre 1981). Une telle interprétation paraît extrêmement favorable dès lors qu'elle conduira à exonérer la plupart des contrats qui ne se dénoueraient pas dans les toutes premières années (sauf naturellement à ce que la crise d'octobre 1987 ne marque le début d'une nouvelle période déflationniste). Mais cette théorie contredit à l'évidence les termes explicites de l'instruction fiscale du 20 août 1981 qui refuse de considérer pour la comparaison visée l'évolution de la valeur des unités de compte ou encore les revalorisations par attribution de bénéfices et pourrait donc déboucher sur un contentieux.

Les travaux parlementaires

Dans cette hypothèse, avant d'interpréter un texte à l'évidence obscur, la Cour de cassation pourrait être conduite à étudier les travaux parlementaires pour chercher à déterminer la volonté du législateur.

Or, le Ministre du budget déclarait lors des débats sans être contredit par les députés (AN 17 novembre 1979, p. 10255) :

> *"ce n'est qu'au moment de la conclusion du contrat que l'on peut déterminer, en fonction de son contenu, le caractère éventuellement abusif (d'un contrat). Inversement, l'appréciation de ce caractère ne saurait être liée à la date du décès puisque celle-ci est par nature incertaine".*

Le Ministre proposait même la définition suivante des contrats abusifs qui devraient être taxés :

> *"un contrat peut être considéré comme abusif quand le souscripteur verse la totalité du capital, capital qui sera ensuite reversé aux héritiers... Contrat abusif aussi celui qui prévoit le versement annuel de primes dans des conditions assimilables au cas précédent, c'est-à-dire le contrat souscrit pour une période de quatre ans comportant le paiement d'une prime annuelle de 25 % alors que le taux de l'assurance décès est inférieur".*

Dès lors, l'instruction fiscale semble traduire relativement fidèlement le souhait du législateur en refusant de considérer une évolution du *"capital assuré"* liée à la durée de survie de la tête assurée.

La Cour de cassation, si elle devait être conduite à trancher ce différend, pourrait donc faire sienne cette doctrine et entendre par "capital assuré" le capital que l'assureur contractuellement s'engage à verser aux bénéficiaires dès le jour de la signature donc sans considération des augmentations d'unité de compte ou encore des participations bénéficiaires qui au demeurant ne correspondent pas à un engagement définitif de l'assureur mais dépendent des résultats financiers de ses placements.

Une telle disposition s'avère donc extrêmement dommageable pour les assureurs alors même qu'une demande solvable importante pour ce genre de contrat est constatée sur le marché.

Solutions proposées par des assureurs

Afin de satisfaire à la demande de leurs clients, certaines compagnies commercialisent des contrats en prime unique *"assurant"* le jour même de la signature un capital de 134 pour une prime, hors taxe, de 100. Elles satisfont, ainsi, aux dispositions légales pour exonérer le droit de mutation à titre gratuit les capitaux versés au titre desdits contrats.

D'autre sociétés proposent à leurs clients âgés de plus de 66 ans, soit des contrats à primes successives, soit des contrats à prime unique auxquels sont adjoints, pendant les quatre premières années, des contrats temporaires tels que dans l'hypothèse d'un décès de l'assuré survenant durant ces années, le montant total des primes (prime unique + temporaire) soit inférieur à 3/4 du capital assuré au titre desdits contrats.

Il reste que l'incertitude du régime fiscal de tels contrats tend à en limiter les productions mais n'était-ce pas justement l'objectif de l'Administration ?

En pratique, une enquête interne à l'Administration, diligentée à la suite du 8ème rapport du Conseil des impôts (1), démontrait l'extrême rareté des contrôles effectués, à ce sujet, par les services des impôts.

Cette rareté serait consécutive, d'une part, aux difficultés rencontrées par ces services pour comprendre la portée exacte de l'instruction susvisée du 20 août 1981 et son articulation par rapport aux termes de l'article 757 B du CGI, d'autre part, à une certaine *"réticence"* des compagnies d'assurances à porter à la connaissance del'Administration les capitaux versés au titre du contrats souscrits sur des personnes assurées âgées de plus de 66 ans.

(1) P. 46.

L'importance pratique des dispositions de l'article 757 B du CGI apparaît donc, pour l'instant, relativement limitée, mais cette situation ne peut manquer d'évoluer à l'avenir. Il est, en effet, clair que les contentieux devraient demain se multiplier – sauf modification de la législation.

Vers une évolution de la doctrine administrative

Afin de pallier ces difficultés, l'Administration cherche, par ailleurs, à expliciter sa propre doctrine afin de permettre, éventuellement, à ses collaborateurs de mettre enfin en oeuvre les dispositions de l'article 757 B du CGI.

En particulier, une réponse ministérielle – à la question déjà relativement ancienne de M. le Député Serge Charles (n° 11456 du 3 novembre 1986) – serait en préparation pour préciser la notion de "*capital assuré*".

L'Administration tendrait, pour la détermination du respect de la règle dite des 3/4, à majorer le capital assuré, le jour même de la souscription du contrat, du montant du taux minimum garanti par la compagnie d'assurances.

Cette disposition, si elle devait être confirmée lors de la publication de la réponse ministérielle considérée, aurait pour conséquence d'exclure du champ d'application de l'article 757 B du CGI les contrats dont les têtes assurées survivent, en pratique, plus de 5 à 7 ans, selon le montant du taux minimum garanti.

Cette doctrine administrative tendrait donc à réserver l'application des dispositions de l'article 757 B du CGI aux seuls contrats souscrits en prime unique et dont les têtes assurées viennent à décéder rapidement. Elle répondrait, ainsi parfaitement aux voeux exprimés par le rapport Ventejol-Blot-Méraud, opus cite, et par le ministre lors du débat parlementaire (*supra* p. 276).

2.5 - *SOMMES TAXABLES*

Aux termes de l'article 757 B du CGI seule la fraction supérieure à 100 000 F du capital versé par l'assureur en cas de décès est taxable.

L'Administration précise, à cet égard, sans qu'une telle proposition appelle de réserve que "*cet abattement est global quel que soit le nombre des bénéficiaires du ou des contrats. Il est applicable sur la part de chaque bénéficiaire au prorata du capital lui revenant aux termes du contrat. A défaut d'attribution précise, l'abattement se divise entre les bénéficiaires proportionnellement à leur part héréditaire*".

Cas des contrats souscrits avant 1980

Au cours des débats parlementaires, M. Bonnet suggérait vainement d'appliquer ces nouvelles dispositions aux seuls "contrats d'assurance sur la vie souscrits postérieurement à la date d'application de la présente loi" (1).

Contrairement à cette proposition, les dispositions de l'article 757 B du CGI sont applicables aux successions ouvertes à compter de la date d'entrée en vigueur de la loi de finances pour 1980 (2) quelle que soit la date de souscription des contrats.

L'Administration admet cependant

"que les dispositions de l'article 68 de la loi de finances pour 1980 ne s'appliquent pas aux contrats en cours à cette date :

- qui ne peuvent faire l'objet d'un rachat anticipé. Cette exception ne concerne en pratique que les contrats d'assurance temporaire en cas de décès visés à l'article L 132 23 du code des assurances ;

- ou qui portent sur un capital inférieur à 300 000 F" (3).

SECTION III
Obligations déclaratives

"Par une disposition exceptionnelle, la loi du 25 février 1901, dans le but de déjouer les fraudes, a institué les compagnies d'assurances auxiliaires du fisc pour la perception régulière des droits" (4). *En effet, l'article 15 de cette loi, modifié par l'article 13 de la loi de finances du 31 mars 1931 "prescrit que les compagnies françaises d'assurances sur la vie et les succursales établies en France des compagnies étrangères ne pourront se libérer des sommes, rentes ou émoluments quelconques dus par elles à raison du décès de l'assuré, à des bénéficiaires autres que le conjoint survivant ou les successibles en ligne directe, si ce n'est sur la présentation d'un certificat délivré sans frais par le receveur de l'enregistrement, dans la forme légale, et constatant soit l'acquittement, soit la non exigibilité de l'impôt de mutation par décès"* (5).

(1) AN séance du 17 novembre 1979, JO p. 10254.

(2) Cf l'Instruction du 5 février 1980, BODGI 7G-3-80

(3) Instruction du 20 août 1981, opus cite.

(4) Dupuich, opus cite, p. 670.

(5) *"Traité théorique et pratique des assurances terrestres et des opérations de capitalisation et d'épargne"* par Paul Sumien, Librairie Dalloz, 1937, p. 360.

Ces dispositions, fort anciennes, qui avaient beaucoup perdu de leur portée à partir de 1960, par la suite de l'abrogation de l'ancien article 765 du CGI, furent naturellement réactualisées par l'adoption du nouvel article 757 B du CGI. Il en découle des obligations déclaratives tant pour les compagnies d'assurances (§ 1.) que pour les bénéficiaires du contrat d'assurance vie (§ 2.).

1. LES OBLIGATIONS DÉCLARATIVES DES COMPAGNIES D'ASSURANCE

Les compagnies d'assurance vie sont, aux termes de l'article 806 du CGI, soumises à deux dispositions tendant à prévenir l'évasion fiscale en contrôlant les déclarations de succession : d'une part l'article 806 I du CGI dispose que les Administrations publiques, les établissements ou organismes quelconques soumis au contrôle de l'autorité administrative, les sociétés ou compagnies, agents de change, changeurs, banquiers, escompteurs, officiers publics ou ministériels ou agents d'affaires qui seraient dépositaires, détenteurs ou débiteurs de titres, sommes ou valeurs dépendant d'une succession qu'ils sauraient ouverte, doivent adresser, soit avant le paiement, la remise ou le transfert, soit dans la quinzaine qui suit ces opérations, aux directeurs des services fiscaux du département de leur résidence, la liste de ces titres, sommes ou valeurs ; d'autre part, aux termes de l'article 806 III du CGI, les assureurs ne peuvent, en principe, se libérer des sommes dues par eux à l'occasion du décès de l'assuré que sur la présentation d'un certificat délivré par les comptables des impôts et constatant soit l'acquittement, soit la non exigibilité de l'impôt de mutation par décès.

En pratique, les obligations déclaratives des compagnies d'assurance ont été allégées par diverses mesures libérales prises postérieurement à 1960. Alors que la quasi totalité des capitaux réglés par des assureurs était exonérée de droit de mutation par décès, le vote de l'article 68 de la loi de finances pour 1980 conduisait l'Administration à revenir partiellement sur cette évolution. L'étude des obligations déclaratives des assureurs nécessite donc de distinguer les contrats visés par l'article 757 B du CGI (1.2) des contrats qui restent, en dehors du champ d'application de cet article (1.1.).

1.1 - *LES CONTRATS SOUSCRITS SUR DES TÊTES ASSURÉES ÂGÉES DE MOINS DE 66 ANS*

Il convient de distinguer d'une part l'immense majorité des cas ou les capitaux sont versés par la compagnie d'assurances à un bénéficiaire déterminé, au sens de l'article L 132.8 du Code des assurances, d'autre part les rares hypothèses où le bénéficiaire reste *"indéterminé"*.

Si les capitaux reviennent à un bénéficiaire déterminé il a été observé (*supra* p. 265) qu'ils ne sont pas imposables au titre des droits de mutation par décès. Dans cette hypothèse, les dispositions de l'article 806 III se trouvent sans objet. Aussi l'Administration a-t-elle décidé (1) que, dans ce cas, les assureurs n'ont pas à demander la production d'un certificat d'acquit des droits, ni d'ailleurs à adresser aux fisc l'avis prévu à l'article 806 I du CGI.

Inversement, si les sommes, rentes ou émoluments reviennent à un bénéficiaire indéterminé, les dispositions de l'article 806-III du CGI restent, en principe, sujettes à interprétation stricte. C'est-à-dire qu'à l'égard de tout bénéficiaire, domicilié en France ou à l'étranger, l'assureur ne peut se dessaisir s'il ne lui est pas présenté un certificat établi par le comptable chargé de recevoir la déclaration de succession et attestant soit l'acquit soit la non exigibilité de l'impôt. S'ils le préfèrent, les bénéficiaires peuvent autoriser l'assureur à verser en leur nom à la recette des impôts, en acquit des droits de succession, tout ou partie des sommes leur revenant.

La loi prévoit, cependant, qu'au dessous de 50 000 F, les assureurs peuvent se libérer des sommes revenant au conjoint survivant ou aux successibles en ligne directe s'ils ne sont pas domiciliés à l'étranger, sans avoir à se conformer aux prescriptions des deux premiers alinéas de l'article 806 III du CGI.

Le plafond de 50 000 F concerne l'ensemble des sommes, rentes ou émoluments dus aux bénéficiaires susvisé par un ou plusieurs assureurs, à raison ou à l'occasion du décès de l'assuré. L'application du texte est, en conséquence, subordonnée à la condition que le bénéficiaire de l'assurance adresse à l'assureur une demande écrite renfermant la déclaration que l'ensemble desdites indemnités n'excède pas 50 000 F.

Par ailleurs, l'Administration a écarté (2) l'application de l'ensemble des dispositions de l'article 806 du CGI toutes les fois que les indemnités sont d'un montant inférieur à 2 000 F pour une succession dévolue à des collatéraux ou à des parents et à 10 000 F pour les successions revenant à des héritiers en ligne directe ou au conjoint survivant.

Pour l'application des dispositions susvisées de l'article 806 III du CGI l'Administration a précisé (3) qu'il convenait de considérer comme pays étranger les territoires ou Etats autres que :

– les départements européens de la République française (France continentale et Corse) ;

– les départements d'outre-mer : Guadeloupe, Martinique, Guyane, Réunion, Saint-Pierre-et-Miquelon ;

(1) BOE 1960 - 8049
(2) BOED 1965 - 9417 et note du 19 décembre 1974 (BODGI 7G-13-74).
(3) Instruction du 11 mai 1982, BODGI 13 K-I-82.

– les territoires d'outre-mer : Nouvelle-Calédonie, Polynésie française, Iles Wallis et Futuna, Terres australes et antarctiques ;

– la collectivité territoriale de Mayotte.

1.2 - *LES CONTRATS VISÉS PAR L'ARTICLE 757 B DU CGI*

En application des dispositions de l'article 2 du décret n° 80.895 du 13 novembre 1980, l'Administration a rappelé qu'un assureur ne pouvait régler le capital dû en cas de décès d'un assuré, âgé de 66 ans au moins au jour de la souscription du contrat que dans les conditions prévues à l'article 806 III du CGI, c'est-à-dire :

> – *"soit sur présentation d'un certificat délivré sans frais par le comptable des impôts constatant soit l'acquittement, soit la non exigibilité de l'impôt de mutation par décès ;*
>
> – *soit en versant, sur la demande écrite des bénéficiaires, tout ou partie des sommes dues par eux en l'acquit des droits de mutation ;*
>
> – *soit lorsque les conditions prévues à l'article 806-III dernier alinéa sont réunies (sommes à payer par l'assureur n'excédant pas 50 000 F revenant au conjoint survivant ou à des successibles en ligne directe n'ayant pas à l'étranger leur domicile de fait ou de droit et demande écrite du bénéficiaire déclarant que l'ensemble des indemnités n'excède pas 50 000 F), sur la production d'un certificat délivré par le receveur des impôts compétent attestant le dépôt d'une déclaration contenant les références du ou des contrats ainsi que des renseignements énumérés à l'article 1er du décret du 13 novembre 1980.*
>
> *Le receveur des impôts compétent pour délivrer les certificats susvisés est celui du bureau où la déclaration de succession doit être souscrite. Dans le but de ne pas retarder le règlement des indemnités aux bénéficiaires, le certificat d'acquit des droits est délivré le cas échéant au vu d'une déclaration de succession partielle ne comprenant que l'indemnité, le paiement étant provisoirement limité aux droits dus sur le montant de l'indemnité"* (1).

Il reste à souligner qu'en pratique ces dispositions semblent peu et mal appliquées par les compagnies d'assurances, malgré les pénalités encourues aux termes de l'article 1832 du CGI. Cette difficulté d'application s'explique par l'extrême rareté des contrats sans bénéficiaire déterminé d'une part et la

---

(1) Instruction du 20 août 1981, opus cite.

relative nouveauté des dispositions de l'article 757 B qui trouvent encore peu à jouer, d'autre part.

2. - LES OBLIGATIONS DÉCLARATIVES DES BÉNÉFICIAIRES

Des obligations spécifiques aux assurances vie n'existent que pour les bénéficiaires de contrats souscrits alors que l'assuré était âgé de 66 ans au moins au jour de leur souscription. Ces obligations posées par le décret n° 80-895 du 13 novembre 1980 furent explicitées par l'Administration dans son instruction du 20 août 1981 :

Tous les contrats (considérés) doivent être déclarés, quel que soit le montant du capital assuré et des primes prévues.

Si le bénéficiaire du contrat a la qualité d'héritier, de légataire ou de donataire, ces indications doivent figurer sur la déclaration qu'il est appelé à souscrire en application des dispositions de l'article 800 du CGI pour l'ensemble des biens héréditaires qu'il recueille.

Si le bénéficiaire du contrat n'est pas héritier, donataire ou légataire du défunt, il doit souscrire, en application des dispositions de l'article 1er du décret (du 13 novembre 1980) une déclaration de succession n° 2705 dans les conditions et délais de droit commun.

La déclaration doit préciser, pour chaque contrat, le montant des primes prévues pour chacune des quatre années à compter de sa conclusion et le capital assuré.

Les assureurs sont tenus de communiquer ces informations aux bénéficiaires des contrats qui en feront la demande.

En pratique cette information ne soulève pas de problème pratique sauf éventuellement quant à la définition de la notion de *"capital assuré"*, (*supra* p. 275).

CHAPITRE III

Hypothèse de la survie de l'assuré au terme d'un contrat mixte

En cas de survie de l'assuré au terme d'un contrat d'assurance mixte, seul le contrat d'assurance en cas de vie produit ses effets (1). La survie de la tête assurée conduit alors la compagnie d'assurances à verser un capital – plus rarement une rente - au bénéficiaire.

Dans l'immense majorité des cas, le souscripteur d'un tel contrat est également son bénéficiaire. L'opération s'analyse alors comme un placement. L'imposition éventuelle des produits perçus à cette occassion relève donc du seul impôt sur le revenu (infra Titre II) et n'intéresse en rien les droits d'enregistrement, en l'absence de transfert d'un capital d'un patrimoine à un autre.

Inversement, il peut arriver – encore que cette situation reste rare – que le bénéficiaire d'un contrat d'assurance en cas de vie soit distinct de son souscripteur. Une telle désignation apparaît certes contraire à l'objet habituel de tels contrats – la constitution d'une épargne ou la préparation de la retraite – mais reste parfaitement légale. Aussi convient-il d'en analyser le régime fiscal.

---

(1) Sur le mécanisme des contrats d'assurance miste, cf : Picard et Besson, opus cite, tome 1er, n° 454 ; Civ. 6 février 1888 D, 1888, I, 193.

L'étude du traitement fiscal des capitaux perçus par un bénéficiaire, distinct de son souscripteur, d'un contrat d'assurance en cas de vie nécessite de préciser la nature de l'opération (Section I) et ses modalités actuelles d'imposition (Section II).

SECTION I

Une donation indirecte : la souscription d'une assurance en cas de vie au profit d'un tiers

"L'exigibilité et le montant des droits (d'enregistrement) découlent directement de la nature juridique des opérations accomplies, laquelle est détérminée par le droit privé : (il découle) de ce fait (d'une part) un caractère subordonné du droit d'enregistrement par rapport au droit privé et (d'autre part) un caractère juridique accentué par rapport aux impôts directs ou à la taxe sur la valeur ajoutée" (1).

Ces caractéristiques des droits d'enregistrement nécessitent donc de rappeler la nature en droit civil de la désignation d'un bénéficiaire déterminé d'une assurance en cas de vie, de préciser les modalités d'application de cette analyse en droit fiscal et l'objet exact de la donation ainsi réalisée.

LA DÉSIGNATION BÉNÉFICIAIRE EN DROIT CIVIL

En droit civil *"l'assurance sur la vie constitue une libéralité indirecte"* (2) il s'agit même *"d'un cas d'application particulièrement courante de la libéralité indirecte sous forme de stipulation pour autrui"* (3).

Cette analyse emporte de nombreuses conséquences sur le plan civil (4)

"dès lors que l'attribution à titre gratuit du bénéfice d'une assurance sur la vie constitue une libéralité, on devrait appliquer à celle-ci les règles régissant les donations entre vifs dans la mesure du moins où des dérogations ne seraient pas prévues en faveur de ce type original de libéralité. Il est certain, en effet, que l'attribution à titre gratuit du bénéfice d'une assurance sur la vie ne constitue pas une donation ordinaire, mais une donation indirecte, comme cela est

---

(1) In *"Droit de l'enregistrement et taxe de publicité foncière"* par Cyrille David, Collection Dalloz, p. 12.

(2) Mazeaud, p. 848.

(3) JCP Civil, Donation entre vifs, Fascicule A n° 269.

(4) Sur ces conséquences : cf Picard et Besson, opus cite, tome 1 p. 782 s.

d'ailleurs souligné dans le "Traité de Droit Civil" *de MM. Planiol et Ripert (Edition Boulanger), les* "Leçons de Droit Civil" *de MM. Mazeaud (tome IV, n° 1475) et même dans le* "Cours élémentaire de Droit Civil" *de MM A. Colin et H. Capitant (Edition Juliot de la Morandière, tome III p. 874)"* (1).

LA DÉSIGNATION BÉNÉFICIAIRE EN DROIT DE L'ASSURANCE

Mais justement la loi du 13 juillet 1930 a soumis l'assurance vie à diverses dispositions spécifiques, écartant à son sujet certaines règles de fond des donations. Ainsi : non seulement le capital de l'assurance n'est pas soumis au rapport, ni à la réduction du fait qu'il n'est pas sorti du patrimoine de l'assuré, mais les primes elles-mêmes, qui pourtant représentent un appauvrissement de ce patrimoine, ne sont rapportables et réductibles que si elles ont été manifestement excessives eu égard aux ressources de l'assuré.

En particulier, il a été observé qu'aux termes de l'article 67 de cette loi – codifié sous l'article L 132-12 du Code des assurances : **"le capital ou la rente stipulés payables lors du décès de l'assuré à un bénéficiaire déterminé, ou à ses héritiers ne font pas partie de la succession"**.

Il apparaît essentiel de préciser la portée exacte de cette disposition.

A ce sujet, les professeurs Picard et Besson ont, très clairement, posé les principes d'interprétation de la loi de 1930 "*en dehors des solutions légales expresses, l'attribution à titre gratuit du bénéfice d'une assurance sur la vie constitue, dans les rapports entre le stipulant et le bénéficiaire, une libéralité soumise comme telle au droit commun*" (2) car "*si le législateur avait entendu écarter toute idée de libéralité, il aurait, dans un article unique, posé un principe général et non pas édicté, de façons d'ailleurs diverses, des solutions propres à telle ou telle question ; l'existence de ces règles propres est la preuve que, en dehors de leur domaine strict d'application, l'assurance à titre gratuit reste une libéralité*" (3).

Or, l'exception susvisée posée par le législateur vise les seuls capitaux payables lors du décès de l'assuré et n'intéresse donc en rien les assurances en cas de vie.

Il appert donc que les capitaux versés au titre de tels contrats sont assujettis au droit commun des donations et ne bénéficient pas de l'exception de l'article L 132.12 du Code des assurances.

---

(1) T. Milcamps et F. Berdot in Etudes Besson, opus cite, p. 238.
(2) Opus cite, tome IV, p. 494.
(3) Opus cite, note sous Bordeaux, 12 novembre 1946.

Cette analyse a été, de longue date, admise en droit fiscal pour lequel *"l'assurance gratuitement contractée au profit d'un tiers constitue... une donation conditionnelle assujettie au droit fixe..., sauf répétition, lors du paiement de l'indemnité, du complément du droit proportionnel"* (1). Aussi, *"le droit de donation doit être exigé, en cas d'enregistrement de la police ou de l'avenant, si ces contrats contiennent l'acceptation de la stipulation faite à son profit par le tiers désigné comme bénéficiaire à titre gratuit de la somme ou de la rente promise par l'assureur* (Instruction 3.554 § 5)" (2).

La désignation d'un tiers comme bénéficiaire d'une assurance en cas de vie constitue donc une donation imposable. Il reste à préciser l'assiette des droits de mutation à titre gratuit.

OBJET DE LA DONATION

L'objet réel de la donation consiste dans les primes payées par l'assuré et non dans le capital que la compagnie versera au bénéficiaire (3).

En effet *"du patrimoine du contractant est (seulement) sorti le montant des primes"* (4) et si la désignation du bénéficiaire est motivée par une intention libérale, l'appauvrissement du souscripteur est égal au montant des primes payées. L'enrichissement du bénéficiaire, nécessairement du même montant, correspond, quand à lui, au droit de créance conditionnel dont il disposera à l'encontre de l'assureur.

MM. Milcamps et Berdot proposent une illustration parfaite de ce mécanisme :

> *"Si une personne achète un billet de Loterie Nationale et le remet à un tiers, personne ne conteste qu'il s'agit d'une donation si cette remise a été faite avec une intention libérale mais ce qu'a donné le donateur, ce n'est pas le prix du billet. Celui-ci n'est pas entré dans le patrimoine du donataire s'il est bien sorti du patrimoine du donateur. Le bénéficiaire de la libéralité est entré en possession d'un droit de créance conditionnelle contre la Loterie Nationale et si la chance lui sourit, il recevra en toute propriété une somme d'argent qui n'a jamais appartenu au donateur.*
>
> *Cet exemple permet de comprendre la différence qui existe entre l'objet donné : le droit de créance et la valeur de la donation : le prix*

---

(1) Maguero, opus cite, Donation n° 567.

(2) Idem, Assurance n° 142.

(3) Cass. civ. 29 juin 1986 ; REI 333.

(4) Travaux préparatoires de la loi de 1930, JO, Doc Parl, chambre 1925, p. 649.

du billet. En cas d'attribution à titre gratuit du bénéfice d'un contrat d'assurance, la situation est analogue ; la libéralité porte sur une créance contre l'assureur et non sur la prestation assurée qui ne sera peut-être jamais payée. La valeur de cette libéralité est constituée par le cumul des primes payées par le stipulant à l'assureur" (1).

SECTION II

Les modalités actuelles d'imposition des assurances en cas de vie souscrites au profit d'un tiers

Les assurances en cas de vie souscrites au bénéfice d'un tiers apparaissent suffisamment rares pour ne pas avoir retenu l'attention de l'Administration qui semble ignorer cette forme de donation dans ses instructions et n'attire pas l'attention de ses collaborateurs à ce sujet, à l'exception de l'assurance dotale, analysée comme une donation entre vifs (2). Pourtant *"lorsqu'une assurance sur la vie est contractée au profit d'une personne qui n'en verse pas les primes, il y a donation au profit de cette personne"* (3).

Or, les capitaux versés à ce motif n'appellent aucune déclaration au titre des droits d'enregistrement de la part de la compagnie d'assurance ou de leurs bénéficiaires (*supra* p. 279s) et bénéficient ainsi d'une certaine forme de *"confidentialité"*.

Il y a cependant lieu de rappeler, à cet égard, que l'obligation faite aux compagnies de déclarer annuellement à l'administration fiscale les produits versés au titre des contrats souscrits depuis le 1er janvier 1983, paraît à terme de nature à supprimer cette "confidentialité".

Sous réserve de cette dernière observation qui n'intéresse pas les contrats souscrits antérieurement au 1er janvier 1983 et sauf décès du souscripteur dans l'année de signature du contrat, l'Administration a une faible probabilité de pouvoir prendre connaissance de l'existence de tels contrats au niveau de leurs souscripteurs.

De la conjonction de ces caractéristiques, il découle, en pratique, dans une très large mesure, une non imposition des capitaux versés au terme des contrats d'assurance en cas de vie au bénéfice de tiers quelconques mais, à l'évidence, si les souscriptions de tels contrats devaient, à l'avenir, se multiplier, leur traitement fiscal ne manquerait pas d'évoluer.

---

(1) Etudes Besson, opus cite, p. 238.
(2) RMF 11 mars 1932 et RMF 24 avril 1936.
(3) Dictionnaire des droits d'enregistrement, opus cite, n° 1750.

CHAPITRE IV

La transmission à titre gratuit de bons de capitalisation

"Le contrat de capitalisation peut être nominatif ou au porteur" (1). Dans leur grande majorité les bons de capitalisation sont au porteur. Cette caractéristique permet, à tout moment, aux détenteurs de tels bons de les transmettre, à titre gratuit ou à titre onéreux, à un tiers, sans formalité ni frais, par une simple remise de la main à la main.

Seule la transmission à titre gratuit de tels bons appelle une interrogation complémentaire quant à l'imposition éventuelle de l'opération au titre des droits de mutation.

Cette interrogation conduit à préciser l'analyse de l'opération considérée en droit civil (section I) et ses conséquences en droit d'enregistrement (section II).

(1) *'Traité des sociétés de capitalisation'* de A. Weber, opus cite, p. 211.

SECTION I

Le don manuel de bons de capitalisation en droit civil

Une étude exhaustive du don manuel en droit civil ne relève naturellement pas de la présente étude. Il conviendra simplement ici de rappeler les caractéristiques et les conditions de validité d'un don manuel en droit civil afin de vérifier la justesse de l'application de cette notion aux bons de capitalisation.

Traditionnellement le droit civil pose trois conditions à la validité d'un don manuel.

"Tout d'abord, cette libéralité suppose une remise de la chose, une tradition réelle, et non pas – Daguesseau le soulignait – *une tradition fictive, telle que le constitut possessoire"* (1). En effet, le don manuel est *"la donation d'un meuble corporel réalisée par simple tradition. De là le nom de ce genre de donation. L'élément spécifique du don manuel est (donc) la tradition réelle opérant le transfert de propriété à titre de don"* (2).

La seconde condition de validité d'un don manuel en droit civil est la conséquence directe de la première *"la chose donnée par don manuel devait, jusqu'à une époque récente* (des assouplissements ayant été progressivement admis par la Cour de cassation à ce sujet) *être susceptible d'une tradition réelle, c'est-à-dire une remise matérielle de la main à la main. Seuls, par conséquent, les meubles corporels et les titres au porteur qui leur sont assimilés* (la remise du titre couronnant la donation de la créance elle-même) *pouvaient faire l'objet d'un don manuel"* (3)

La troisième condition de validité d'un don manuel est liée à l'absence d'écrit

> *"dans l'opinion de Daguesseau, il n'y a don manuel que s'il n'existait aucun écrit. En effet, ou bien l'écrit était un acte authentique et, la donation était valable, la tradition n'y ajoutait rien, ou bien la donation était nulle de nullité absolue parce que l'écrit était sous seing privé, et il eût été inadmissible que l'exécution d'un acte nul, réalisée par la tradition, pût confirmer cet acte. A ce raisonnement purement juridique on oppose avec raison un argument tiré de la protection de la famille : un écrit constituera le seul moyen pour les héritiers de prouver le don manuel lorsqu'ils demanderont la réduction ou le rapport ; au lieu d'empêcher les parties de rédiger*

---

(1) *"Leçons de Droit civil"*, de Henri, Léon et Jean Mazeaud, tome IV, par André Breton, Succession et Libéralités, n° 1462.

(2) *"Traité pratique de droit civil français"* de Planiol et Ripert, tome V, par A. Trasbot et Y. Loussouarn, Donation et Testament, n° 379.

(3) *"Leçons de Droit civil"*, par MM. Mazeaud, opus cite, n° 1463.

> *un écrit en les menaçant d'une sanction, il est donc opportun de les inciter à établir une preuve écrite du don manuel.*
>
> *La jurisprudence s'est alors efforcée de réduire la portée de cette condition en tenant compte du but du législateur.*
>
> *Lorsque l'acte sous seing privé est postérieur au don manuel, lorsqu'il est seulement énonciatif d'un* "don préexistant et consommé", *ce don manuel est valable...*" (1).

Cette dernière condition n'est naturellement en rien spécifique au don manuel de bons de capitalisation et sera, ou non, satisfaite selon les circonstances de chaque espèce.

Quant aux deux premières conditions, elles sont parfaitement satisfaites dans l'hypothèse de la remise de la main à la main de bons de capitalisation, titres au porteur. "*En effet, le mode de transmission de ces titres est la remise de la main à la main. L'article 2279 du Code civil leur est applicable, ils sont donc susceptible de don manuel*" (2).

La validité, comme don manuel, de la remise de la main à la main de bons de capitalisation étant acquise, il convient d'en étudier le régime fiscal.

SECTION II
Le don manuel de bons de capitalisation en droit d'enregistrement

LA FISCALITÉ TRADITIONNELLE DU DON MANUEL

La loi du 22 frimaire an VII ne contenant aucune disposition relative aux dons manuels, ces dons étaient, au point de vue de la perception, traités comme les donations ordinaires.

Cette lacune de la législation faisait subir au Trésor un grave préjudice (3), aussi l'article 6 de la loi du 18 mai 1850 – codifié sous l'article 757 du CGI – a disposé que :

> "*les actes renfermant, soit la déclaration par le donataire ou ses représentants, soit la reconnaissance judiciaire d'un don manuel, seront sujet au droit de donation*".

---

(1) "*Leçons de Droit civil*", par MM. Mazeaud, opus cite, n° 1464.
(2) "*Traité pratique de droit civil français*", par Planiol et Ripert, opus cite, n° 385.
(3) Cf Maguero, opus cite, Don manuel, n° 39.

L'adoption de cette disposition conduit à préciser d'une part les cas d'exigibilité des droits de mutation lors de dons manuels de bons de capitalisation et d'autre part les risques de redressements éventuellement encourus par les donataires.

Un don manuel pourra donner lieu à l'exigibilité des droits de mutation à titre gratuit en application soit de l'article 757 du CGI, soit de l'article 784 du même code.

En application de l'article 757 du CGI, les actes renfermant soit la déclaration par le donataire ou ses représentants (1), soit la reconnaissance judiciaire d'un don manuel (2), sont assujettis au droit de donation.

Ainsi, la *"loi fonde la perception du droit non sur le fait du don manuel qui, isolé de ce qui le constate, en serait affranchi, mais sur le fait distinct et bien caractérisé de la déclaration de ce don faite par le donataire ou ses représentants ou de sa reconnaissance dans un jugement"* (3).

En fait ces hypothèses se rencontrent peu fréquemment (4).

Le texte de l'article 757 du CGI ne visant que les reconnaissances de dons manuels effectués dans des actes, il semble donc que les droits de donation ne puissent pas être exigés à défaut d'acte, même dans l'hypothèse où le donataire et le donateur reconnaissent tous deux le don manuel, par exemple, dans le cadre d'une réponse aux demandes d'éclaircissements présentées par l'Administration en matière d'impôt sur le revenu (*infra* p. 483). Une telle réponse ne constitue pas, en effet, un acte au sens de l'article 757 susvisé.

Lorsqu'ils n'ont pas fait l'objet d'une telle reconnaissance, les dons manuels, en particulier de bons de capitalisation, sont également imposables lors d'une donation ultérieure constatée par un acte et intervenue entre les mêmes personnes ou lors du décès du donateur, si le donataire figure parmi ses héritiers.

L'article 784 du CGI dispose, en effet, que les parties sont tenues de faire connaître dans tout acte constatant une transmission à titre gratuit entre vifs et dans toute déclaration de succession, s'il existe ou non des donations antérieures ou consenties à un titre ou sous une forme quelconque par le donateur ou le défunt aux donataires, héritiers ou légataires et, dans l'affirmative, le montantde ces donations, le nom de l'officier ministériel qui a reçu l'acte et la date de son enregistrement. La perception est effectuée en ajoutant à la valeur des biens compris dans la donation ou la déclaration successorale celle des biens qui ont fait l'objet des donations antérieures.

---

(1) Circulaire du 23 mars 1896, R.E. art. 1130.
(2) Req. 4 novembre 1891, R.E. art. 4.
(3) *Documentation de base Francis Lefebvre*, Série Enregistrement - X - 14650.
(4) Cf Maguero, opus cite, Don manuel, n° 87 à 136.

Ces dispositions visent notamment les dons manuels.

Il reste que l'obligation de déclaration du don manuel de bons de capitalisation à l'occasion d'une donation ultérieure ou dans la cadre d'une succession peut-être considérée comme relativement théorique, surtout s'il y a accord entre les héritiers. De nombreux contribuables sont donc incités à utiliser cette forme de transmission des patrimoines.

LES RISQUES DE REDRESSEMENTS ENCOURUS PAR LE DONATAIRE

L'Administration disposait jusqu'à présent, en dehors de ses moyens traditionnels de recoupement, d'une *"arme"* non négligeable (1) qui consistait à utiliser à l'encontre des parties à des dons manuels, les possibilités de taxation d'office prévues en matière d'impôt sur le revenu. A cet égard, l'abrogation de la procédure d'imposition d'après les dépenses personnelles ostensibles ou notoires (2) (article L 71 du LPF) par l'article 82 II de la loi de finances pour 1987 a sensiblement diminué les risques encourus par le bénéficiaire de dons manuels de bons de capitalisations.

En effet, le risque encouru par le bénéficiaire d'un don manuel de bons de capitalisation était, lors du règlement desdits bons par la société de capitalisation – fut-ce sous le bénéfice de l'anonymat – lié à l'usage des sommes ainsi perçues. L'acquisition d'un immeuble ou simplement le dépôt des fonds considérés sur un compte bancaire autorisait l'Administration à taxer sur le montant de *"ces dépenses"*, au sens de l'ancien article L 71 du LPF, le contribuable bénéficiaire dudit don manuel.

Aujourd'hui, le bénéficiaire d'un don manuel de bons de capitalisation n'encourt plus aucun risque à ce niveau dès lors qu'il n'existe plus de procédure de taxation d'après les dépenses effectuées.

Il reste donc à l'Administration seulement deux moyens pour taxer un contribuable :

- la procédure de l'article L 69 du LPF pour défaut de réponse à une demande de justification portant sur l'origine des fonds utilisés ou déposés sur des comptes ;
- la taxation d'après les signes extérieurs de richesse dans la seule mesure où l'utilisation des fonds provenant des bons de capitalisation

(1) En ce sens 8ème rapport du Conseil des impôts relatif à l'imposition du capital, p.47.
(2) Sur l'application de cette procédure cf : *"La vérification fiscale"* par Philippe Colin chez Economica, p. 87.

reçus contribuerait à l'amélioration du train de vie du contribuable considéré.

A l'évidence, ces deux dernières procédures sont loin d'être aussi sévères que celle qui vient d'être supprimée. Il reste cependant à préciser la situation du bénéficiaire d'un don manuel de bons de capitalisation au regard des dispositions combinées des articles L 16 et L 69 du LPF. Cette situation variera selon que le don manuel considéré sera imposable aux droits de mutation (**1**.) ou non assujetti aux dits droits (**2**.).

1. LA SITUATION DU BÉNÉFICIAIRE D'UN DON MANUEL IMPOSABLE

Dans les rares cas où les dons manuels de bons de capitalisation sont assujettis aux droits de mutation, le règlement desdits droits permet de percevoir un capital dont seuls les produits ultérieurs à la donation pourront être éventuellement assujettis à l'impôt sur le revenu entre les mains de leur bénéficiaire. Dans cette hypothèse, le bénéficiaire d'un don manuel de bons de capitalisation ne connaît donc aucun problème en matière d'impôt sur le revenu.

Inversement, dans l'hypothèse où le bénéficiaire d'un don manuel de contrats de capitalisation imposable, par exemple au titre de l'article 784 du CGI, aurait profité du caractère confidentiel de ce type de don pour éluder les droits d'enregistrement dus, il doit prendre garde aux redressements encourus en matière d'impôt sur le revenu.

En effet, si le montant d'un don manuel de bons de capitalisation est élevé, compte tenu de la situation patrimoniale du donataire et, si ce dernier utilise les fonds donnés pour réaliser un investissement, tel que l'achat d'un immeuble, l'Administration peut être conduite à lui demander l'origine des fonds ainsi investis en vue de l'établissement de l'impôt sur le revenu. Dans cette hypothèse, l'administration fiscale utilisera la procédure prévue à l'article L 16 du LPF selon laquelle l'Administration peut demander des éclaircissements au contribuable ou même des justifications lorsqu'elle a réuni des éléments permettant d'établir que l'intéressé peut avoir des revenus plus importants que ceux qu'il a déclarés. A défaut de réponse, ou lorsque la réponse est jugée évasive ou incomplète et équivaut à un refus de répondre, le contribuable peut faire l'objet d'une taxation d'office en l'application de l'article L 69 du LPF.

Dans cette hypothèse, le contribuable pourra se trouver devant le dilemne suivant : soit accepter le redressement notifié en matière d'impôt sur le revenu ; soit indiquer à l'Administration fiscale l'origine des fonds et encourir un rappel en matière de droit de mutation sauf si la prescription lui est acquise.

2. LA SITUATION DU BÉNÉFICIAIRE D'UN DON MANUEL NON IMPOSABLE

Le bénéficiaire d'un don manuel de bons de capitalisation exonéré de droits d'enregistrement aura toujours intérêt lors du remboursement à déclarer son identité (**2.1**) en cas d'option pour l'anonymat sa situation serait, en effet, plus délicate (**2.2**).

2.1 - *HYPOTHÈSE OÙ LE DONATAIRE A OPTÉ POUR L'ANONYMAT LORS DU REMBOURSEMENT DES BONS*

Si le donataire ayant opté pour l'anonymat veut éviter la taxation d'office, il lui appartient d'autoriser l'organisme émetteur ou l'intermédiaire à lever cet anonymat afin d'être à même de produire les justifications utiles. En effet, l'anonymat qui n'est pas d'ordre public, peut être levé à la demande du client (1). Il reste à observer, même si l'anonymat s'apprécie seulement au regard de l'administration fiscale et non dans les rapports entre le souscripteur ou le porteur et l'organisme émetteur ou l'intermédiaire, qu'en pratique ces derniers se trouveront souvent, en application de leurs procédures internes, dans l'impossibilité de fournir une telle attestation à leurs clients, qui, dans un premier temps, auront souhaité bénéficier de l'anonymat fiscal.

En tout état de cause, les attestations nominatives à produire par le contribuable doivent établir que l'origine de propriété des titres est, le cas échéant, antérieure à la période contrôlée et que leur cession ou leur dénouement a été réalisé au cours de la période contrôlée (2). A cette fin, elles doivent comporter suivant les cas (3) :

– le nom de l'acquéreur, par don manuel en l'espèce, du bénéficiaire du remboursement ;

– la nature de l'opération ;

– la qualité et la quantité des titres concernés ;

– la date de l'opération, son montant et son mode de règlement ;

– la référence aux documents tenus par l'émetteur ou l'intermédiaire au vu desquels l'attestation est établie ;

– le nom et la qualité du signataire de l'attestation.

---

(1) CE 5 avril 1978, req no 3011, BODGI 5 B-13-79.

(2) Cf CE 7 décembre 1983, n° 46393 : RJF 1984 n° 2, p. 60 ; CE 25 janvier 1985, n° 38.221, 7e et 9e sous-sections : RJF 1985 n° 3, p. 200.

(3) Instruction du 5 octobre 1984, BODGI 5 B-27-84.

La situation des bénéficiaires de don manuel de bons de capitalisation ayant opté pour l'anonymat lors du dénouement desdits bons, décrite ci-dessus a été sensiblement aggravée par la loi de finances pour 1985 (1). En effet, en application de l'article 95 de la loi susvisée – codifiée sous l'article L 16 du LPF – pour faire état des remboursements intervenus à compter du 1er janvier 1985 le contribuable devra avoir indiqué son identité et son domicile fiscal lors du paiement des intérêts quelle que soit la date de souscription des bons.

Afin d'apporter la preuve de la déclaration de son identité et de son domicile fiscal, le contribuable devrait donc, désormais, transmettre à l'Administration un document établi par l'émetteur ou l'intermédiaire précisant que ces éléments ont effectivement été relevés pour les bons en cause.

En pratique, un contribuable pourra cependant dans de telles circonstances arguer de la rédaction actuelle de *"la charte du contribuable"*.

L'article 8 de la loi no 87.502 du 8 juillet 1987, modifiant les procédures fiscales et douanières (JO du 9 juillet 1987) prévoit, en effet,

> *"qu'avant l'engagement d'une des vérifications prévue aux articles L 12 et L 13 du livre des procédures fiscales, l'administration des impôts remet au contribuable la charte des droits et obligations du contribuable vérifié ; les dispositions contenues dans la charte sont opposables à l'administration"*.

Or, à la question "dans quelles conditions pouvez-vous en réponse à une demande de justifications, faire état d'opérations couvertes par l'anonymat ?" la charte susvisée répond (p. 13) "si des rentrées d'argent correspondent à des ventes d'or, de bons ou titres ou à des remboursements de ces derniers, vous pourrez en faire état dans votre réponse même si ces opérations ont été couvertes par l'anonymat à condition que vous soyez en mesure de fournir :

- une attestation précise de l'intermédiaire qui est intervenu dans la transaction ou toute autre justification tirée de la comptabilité de celui-ci ;

- et des éléments de preuve sur l'acquisition de ces différentes valeurs".

Ainsi, en pratique – et sous réserve de l'absence de modification de la rédaction actuelle de la *"charte du contribuable"* – le contribuable qui aura opté pour l'anonymat lors du remboursement de bons de capitalisation se retrouve-t-il dans la situation (décrite ci-dessus) qui était la sienne antérieurement à l'adoption de la loi de finance pour 1985.

---

(1) Loi n° 84.1208 du 29 décembre 1984 étendant aux bons de capitalisation les dispositions de l'article 95 de la loi de finances n° 81.1160 du 30 décembre 1981.

2.2 - *HYPOTHÈSE OÙ LE DONATAIRE N'A PAS OPTÉ POUR L'ANONYMAT LORS DU REMBOURSEMENT DES BONS*

Quant au bénéficiaire d'un don manuel non imposable de bons de capitalisation ayant décliné son identité lors du remboursement desdits bons, il lui suffira, s'il fait l'objet d'une procédure d'office en application des articles L 16 et L 69 du LPF, de transmettre à l'Administration les attestations établies par les sociétés de capitalisation pour justifier de l'origine de ses revenus.

LA SITUATION DU DONATEUR EN MATIÈRE D'IMPÔT SUR LE REVENU

Lorsqu'en réponse à une demande d'éclaircissements émanant du fisc, le donataire fait état d'un don manuel, l'Administration peut se retourner contre le donateur désigné dans la réponse pour lui demander d'apporter à son tour des justifications sur la souscription des bons de capitalisation considérés, objet du don manuel, et sur l'origine des fonds ayant servi à cette souscription. A défaut d'attestation et de justifications sur l'origine desdits fonds suffisamment probantes, le don manuel pourrait donc avoir des conséquences au niveau du contrôle des revenus du donateur (1) sauf naturellement si la prescription lui est acquise, ce qui sera très généralement le cas.

ASSIETTE DES DROITS ÉVENTUELLEMENT DUS

En cas d'exigibilité des droits, les dons manuels sont soumis aux droits prévus pour les donations.

"La valeur imposable du bien donné est celle au jour où d'après les parties le don a été fait" (2).

Le tarif applicable est celui en vigueur au moment du fait générateur de l'impôt, c'est-à-dire :

– soit la date du jugement contenant reconnaissance du don manuel ;

– soit la date de l'acte contenant déclaration du don manuel, s'il s'agit d'un acte soumis à l'enregistrement dans un délai ou à la date de la présentation à la formalité dans le cas contraire. Cependant, si le don a acquis date certaine, par le décès du donateur ou autrement, avant la naissance d'un des faits générateurs indiqués ci-dessus, le tarif applicable est celui en vigueur au jour où le don a acquis date certaine (3).

---

(1) RM Authié, Sénat 29 novembre 1984, n° 16354, JO p. 1897.
(2) Droit d'enregistrement par Cyrille David, Memento Dalloz, p. 188.
(3) Autun, 13 juin 1876 ; J.E. 20134 - La Rochelle, 12 novembre 1903 ; J.E. 26714.

RÈGLE DE PRESCRIPTION

Quant à la prescription deux hypothèses sont à distinguer :

- *"la prescription décennale à compter de la date de l'acte est applicable lorsque la déclaration ou la reconnaissance est contenue dans un acte assujetti à l'enregistrement dans un délai et ayant date certaine"* (1).
- Inversement à défaut d'un acte soumis à l'enregistrement, les droits dus ne peuvent être éteints par la prescription puisque seule la présentation à la formalité rend les droits exigibles.

Ainsi, la date à laquelle le don manuel a été fait est sans influence sur la prescription du droit de donation. Il a été jugé en ce sens que la prescription n'est opposable à la réclamation du droit de don manuel qu'à partir de la présentation à la formalité de l'acte ou du jugement contenant la déclaration ou la reconnaissance du don, quelle que soit l'époque à laquelle remonte la donation elle-même, et encore bien qu'elle aurait, depuis longtemps, acquis date certaine par suite du décès du donateur (2).

Par contre, dans l'hypothèse où le donataire se trouve être un héritier du donateur, il y aura, conformément aux dispositions de l'article L 186 du LPF, prescription de l'action de l'Administration après dix ans du jour du décès du donateur.

---

(1) Dictionnaire des droits d'enregistrement, Fiscalité immobilière et publicité foncière, par D. Castellani n° 1794.

(2) Charleville, 15 juillet 1897 ; R.E. 1.526 ; Annecy, 25 juin 1902 ; R.P. 10.318.

Chapitre V

L'assurance Vie et les prêts bancaires

Dans un nombre croissant de cas, lorsqu'une société emprunte auprès d'un organisme bancaire une somme significative, il est demandé à son dirigeant de souscrire sur sa tête une assurance en cas de décès au profit de la banque. Cette pratique revêt même un caractère systématique dans l'hypothèse où un particulier entend financer par un emprunt une acquisition immobilière. Il convient donc d'étudier les conséquences fiscales d'une telle souscription dans l'hypothèse du décès de la tête assurée.

UN SCHÉMA FAVORABLE AUX BANQUES

Cette exigence des banques prêteuses s'explique aisément. En effet, le décès de leur dirigeant conduit toujours les petites et moyennes entreprises à rencontrer des difficultés sérieuses et aboutit même parfois à leur fermeture (1).

La souscription d'une assurance en cas de décès au bénéfice de la banque permet alors à cette dernière de ne pas partager les risques de l'exploitation. De plus, elle simplifie la gestion du prêt en supprimant toutes les difficultés liées habituellement au recouvrement de créances.

Les mêmes préoccupations conduisent les banques à assortir les prêts immobiliers à des particuliers de l'obligation pour l'emprunteur de souscrire

(1) A ce sujet cf :
- *'La transmission de l'entreprise en cas de succession'*. Avis du Conseil économique et social, année 1984, n° 20.
- *'La transmission d'entreprise'* (Lille, 26 octobre 1982), colloque organisé par la Chambre Régionale du Commerce Nord-Pas de Calais, publié par la Direction Générale pour les relations avec le public du Ministère des Finances.

une assurance en cas de décès, tant il est constant que de la disparition du chef de famille découle, dans la majorité des cas, l'impossibilité pour ses héritiers de poursuivre le remboursement tant des intérêts que du capital emprunté.

L'objectif des banques est donc double : d'une part, éviter tout risque de recouvrement des sommes prêtées à la suite du décès de l'emprunteur ou de son dirigeant social dans le cas d'entreprise ; d'autre part, simplifier la gestion de leurs prêts.

Le recours au mécanisme de l'assurance permet de satisfaire pleinement à ces deux objectifs.

Le mécanisme retenu est fort simple. L'emprunteur souscrit une assurance en cas de décès sur sa tête – celle de son dirigeant dans l'hypothèse de PME/PMI – au bénéfice de la banque qui l'accepte.

En cas de réalisation du sinistre, la banque, bénéficiaire à titre onéreux, perçoit donc un capital du montant du principal et des intérêts restant dus et se trouve ainsi pleinement désintéressée sans que quiconque puisse utilement s'opposer à ce paiement.

La technique retenue assure donc à la banque une parfaite sécurité juridique et une grande simplicité de gestion.

Si le mécanisme retenu donne toute satisfaction à l'organisme prêteur, il peut en découler pour l'emprunteur une importante pénalisation fiscale (1).

LE COÛT FISCAL DU MÉCANISME D'ASSURANCE

L'exemple d'une société anonyme finançant l'acquisition d'un immeuble à l'aide d'un emprunt, assorti d'une assurance en cas de décès sur la tête de son Président et principal actionnaire par ailleurs, au bénéfice de la banque prêteuse, permettra de préciser le coût fiscal du mécanisme d'assurance retenu.

En cas de disparition du dirigeant social, la première pénalisation fiscale tient au supplément d'impôt sur la société dû par la société anonyme considérée à raison de la disparition à son passif de sa dette envers la banque.

La seconde pénalisation intéresse les droits de succession. En effet, la disparition d'une ligne du passif de la société anonyme a pour conséquence – compensée seulement partiellement par le supplément d'impôt direct éven-

(1) Cf Maurice Cozian : *Etude de cas n° 5, Entreprise René Daubignon*, in Vingt études de cas de fiscalité, chez Litec (8ème édition).

tuellement dû – d'augmenter l'actif net de la société et donc l'actif successoral imposable entre les mains des héritiers de l'entreprise considérée.

La doctrine administrative est très claire sur ce point et non utilement contestable. L'Administration considère en effet, à juste titre qu'au décès de l'assuré, la dette qu'il avait contractée se trouvant éteinte par le versement au prêteur du capital décès, cette dette n'est pas déductible de l'actif héréditaire pour la liquidation des droits de succession (1).

Corrélativement, dans le cadre d'une exploitation commerciale, l'Administration a précisé que conformément à la définition du bénéfice net telle qu'elle figure à l'article 38-2 du CGI, l'annulation de la dette de l'exploitant emprunteur constituait, pour celui-ci, un profit imposable (2).

A cet égard, l'Administration a même précisé, à juste titre, que les solutions susvisées n'entraînaient pas une double taxation puisqu'il s'agit d'impôts différents exigibles à l'occasion de faits juridiques distincts : la cessation d'une activité commerciale et la dévolution d'une succession (3).

UN SCHÉMA FISCALEMENT AMÉLIORÉ EN 1988

L'Administration était parfaitement consciente du risque pour la pérennité de l'entreprise de l'imposition immédiate du "bénéfice" d'une entreprise consécutif au remboursement d'un emprunt bancaire par une compagnie d'assurances, en application du contrat d'assurance en cas de décès souscrit sur la tête de son dirigeant.

Aussi, le gouvernement devait-il amender (4) son projet de loi de finances pour 1988 afin de régler cette difficulté.

Dès lors

> *"lorsqu'un contrat d'assurance sur la vie a été souscrit par une entreprise, sur la tête d'un dirigeant, en vue de garantir le remboursement d'un prêt contracté pour les besoins de l'exploitation, le profit qui résulte de l'annulation de la dette de l'entreprise emprunteuse du fait de l'indemnisation du prêteur par la compagnie d'assurances peut être réparti par parts égales sur l'année de sa*

---

(1) Rep. Vendroux, AN 24 août 1963, n° 2365. Rep. Toraille, AN 4 mars 1972, p. 491 et 492.
(2) Réponse Ribes, AN 1er avril 1973, n° 28483.
(3) Rep. Ribes, AN 21 décembre 1977, n° 36802.
(4) AN 3ème séance du 15 octobre 1987, JO p. 4445.
Cf pour son avis favorable :
- Le rapport général fait au nom de la commission des finances et des comptes économiques de la nation sur le projet de la loi de finances pour 1988 (n° 93), tome II, p. 98 s.
- L'article 32 de la loi de finances pour 1988, n° 87.106 ; JO du 30 décembre 1988.

réalisation et sur les quatre années suivantes. Dans ce cas, l'entreprise échelonne, par parts égales sur les mêmes années, la déduction du montant global des primes qu'elle a acquittées en exécution de ces contrats et qui n'ont pas été précédemment déduites des résultats imposables de l'entreprise.

Les sommes dont l'imposition a été différée en application de l'alinéa précédent sont rapportées au bénéfice imposable de l'exercice de la cession ou de la cessation de l'entreprise.

Les dispositions du présent article sont applicables pour la détermination des résultats des exercices ouverts après le 31 décembre 1987" (1).

Il reste, malgré cet aménagement, que le mécanisme d'assurance en cas de décès actuellement retenu à la demande des banques pour assurer la sécurité de leurs prêts appelle sur le seul plan fiscal, diverses critiques :

"L'on peut même se demander, à une époque où la responsabilité du banquier est si facilement recherchée, si un jour des héritiers ne reprocheront pas au banquier d'avoir imposé à l'emprunteur la souscription d'une assurance, ruineuse par ses implications fiscales" (2).

UNE SOLUTION FINANCIÈREMENT TROP LOURDE

Le professeur Cozian suggère

"au lieu de souscrire une assurance décès en garantie de l'emprunt contracté, (la souscription par l'entrepreneur) dans le cadre de sa gestion familiale, d'un contrat d'assurance mixte de la durée (de l'emprunt) et prévoyant notamment le versement à ses héritiers d'un capital le jour où il décèderait de façon accidentelle" (3).

"Les primes d'une telle assurance mixte ne seraient évidemment pas déductibles des résultats imposables de l'entreprise... La perception du capital de l'assurance par les héritiers échappe aux droits de succession ce qui est un avantage appréciable. Comme, par ailleurs, le passif subsiste au bilan de l'entreprise et continue de bénéficier de l'échéancier initial, il n'y a aucune pénalisation au niveau de l'impôt sur le revenu. Tout au contraire, ce passif s'imputera sur la base de calcul des droits de succession et

---

(1) Cf les instructions du 6 mai 1988 (BOI A-8-88), et du 17 août 1988 (BOI 5 E-10-88)
(2) Maurice Cozian : *"Vingt études de cas de fiscalité"*, opus cite, p. 36.
(3) Idem, p. 32.

entraînera une diminution sensible de ceux-ci. Par ailleurs, le capital perçu représentera une masse de trésorerie qui devrait permettre le paiement des frais occasionnés par le décès de l'exploitant et assurer la difficile transition de l'ancienne à la nouvelle exploitation" (1).

Cette solution, pleinement satisfaisante sur le plan fiscal, souffre cependant de deux handicaps rédhibitoires.

Son coût s'avèrerait en premier lieu relativement élevé. En effet, elle appelle la souscription d'une assurance mixte dont le montant des primes est nettement plus élevé que celui d'une assurance temporaire. De plus, il a été observé (*supra* p. 210) que les primes d'une assurance mixte ne sont pas déductibles du bénéfice imposable d'une entreprise contrairement aux primes d'une assurance temporaire (*supra* p. 215) exigée par le prêteur et souscrite au bénéfice de ce dernier.

Mais surtout elle ne répond pas à la préoccupation de sécurité et de simplicité des organismes bancaires. En effet, dans l'hypothèse où un tel schéma serait appliqué, rien n'assure la banque prêteuse que les bénéficiaires des capitaux décès pourront ou même souhaiteront rembourser immédiatement l'emprunt contracté.

UNE SOLUTION JURIDIQUEMENT INCERTAINE

Pour répondre aux interrogations qu'appelaient donc ce premier schéma

"des notaires et des assureurs ont proposé la formule suivante :

– l'assurance vie est contractée non plus au bénéfice de l'établissement financier, mais à celui de l'épouse ou des descendants (de l'entrepreneur) ;

– nantissement sur ce contrat est consenti au profit de l'établissement prêteur et accepté par celui-ci.

Si le risque se produit l'indemnité d'assurance sera encore perçue par le prêteur en raison du nantissement : en cas de difficulté, il pourrait toujours se faire attribuer judiciairement le gage.

Dans cette solution, la dette n'est pas éteinte. L'entreprise est bien libérée vis-à-vis de l'établissement financier, mais elle reste débitrice de la même somme vis-à-vis des bénéficiaires de l'assurance. Il n'y a pas de "profit", *pas d'incidence fiscale"* (2).

---

(1) Maurice Cozian : *"Vingt études de cas de fiscalité"*, opus cite, p. 37.
(2) Chronique notariale, JCP (N) 1981, Pratique, n° 7969.

La solution ainsi esquissée en matière de prêts souscrits par une entreprise apparaît parfaitement transposable au bénéfice des particuliers qui financent par un emprunt une acquisition immobilière. Elle n'apparaît cependant pas exempte de critiques.

En effet, cette solution est intéressante sur le plan fiscal au seul motif, que le bénéficiaire de l'assurance en cas de décès n'est pas la banque, mais les héritiers de la tête assurée et elle apparaît praticable en raison de l'intervention d'un nantissement du contrat d'assurance qui garantit la sécurité de la banque.

Il reste cependant à vérifier que le nantissement de la police ne puisse pas s'analyser comme un changement de bénéficiaire qui aurait pour conséquence immédiate de supprimer tout l'intérêt de la solution ainsi présentée.

Il importe donc

"du point de vue de l'analyse juridique, de préciser le mécanisme de l'opération (de mise en gage d'une police d'assurance) qui n'a pas été suffisamment mis en lumière.

> *Conformément aux principes de la stipulation pour autrui, la désignation du bénéficiaire lui a fait acquérir, dès le jour même, un droit direct à la créance contre la compagnie. Puisqu'on ne peut pas conférer un gage sur un droit dont on n'est pas titulaire, la validité du contrat de garantie conclue ensuite par le souscripteur suppose que celui-ci a, d'abord fait passer cette créance, du patrimoine du bénéficiaire dans le sien propre.* **Dès lors, il faut décider que la constitution du gage, parce qu'elle n'est possible qu'à cette condition, entraîne révocation de la désignation du bénéficiaire.** *C'est ainsi seulement qu'on peut rendre compte de l'opération, du point de vue de la technique juridique.*
>
> *Sans doute, objectera-t-on que cette analyse est contraire à la volonté des parties. Celles-ci n'entendent pas supprimer définitivement le droit du bénéficiaire ; elles veulent que le capital lui revienne, en tout ou en partie, s'il n'est pas nécessaire au remboursement du gagiste et le plus souvent, elle le déclarent expressément dans les clauses mêmes du contrat.*
>
> *Mais il suffit, pour rendre possible ce résultat, d'admettre que la révocation, incluse dans la constitution du gage, est affectée d'une condition résolutoire. Elle tombe si le paiement du créancier gagiste intervient indépendamment de l'assurance. Pareillement, le droit du bénéficiaire réapparaît, diminué seulement de son montant, sur l'excédent libre qui peut rester du capital après paiement du gagiste. S'il y a révocation de la désignation du*

bénéficiaire, c'est dans la mesure seulement où elle est nécessaire à l'exercice des droits du créancier" (1).

Si cette analyse devait être retenue tant par la Cour de cassation que par le Conseil d'Etat, la solution consistant à désigner les héritiers de l'emprunteur – ou de son dirigeant social dans l'hypothèse de PME-PMI – comme bénéficiaires de l'assurance puis de mettre celle-ci en gage, en garantie, auprès de la banque s'avèrerait donc inadéquate.

Il reste que *"les droits du créancier gagiste sont assez incertains"*(2) et que, jusqu'à présent, l'administration fiscale n'a pas encore fait sienne cette analyse.

UNE SOLUTION ENVISAGEABLE

Une dernière solution peut alors être envisagée. Le contrat d'assurance en cas de décès est souscrit par l'entreprise sur la tête de son dirigeant au profit de la banque, ce qui autorise, dans un premier temps, la déduction des primes versées . "Ultérieurement", par un avenant, son conjoint, ou ses héritiers sont désignés comme nouveaux bénéficiaires.

Ce schéma apparaît, en pratique, particulièrement satisfaisant sur le plan fiscal. Sa mise en œuvre dépendra cependant du bon vouloir de la banque et de sa politique quant à la sécurité et surtout la simplicité de la gestion de ses prêts.

Mais ne revient-il pas aux banques de faire preuve d'imagination et à leurs clients de faire jouer la concurrence, non plus seulement sur les taux du crédit, mais aussi, et de plus en plus, sur la qualité du conseil.

---

(1) *"La mise en gage des polices d'assurance sur la vie"*, par Jacques Flour in RGAT 1935, p. 705 et 706.

(2) M. Picard et A. Besson, opus cite, n° 500.

TITRE II

Paiement des prestations

Les prestations versées par les compagnies d'assurances vie ou de capitalisation prennent la forme soit d'un capital (Chapitre I) soit d'une rente (Chapitre II), chaque type de prestations relevant d'un régime fiscal propre.

CHAPITRE I

Le paiement des prestations sous forme d'un capital

La souscription de contrats d'assurances de personnes peut relever de deux optiques fort différentes. La première qui correspond à la souscription d'un contrat d'assurance en cas de vie ou de bons de capitalisation, s'analyse comme une simple opération d'épargne. La seconde découle du souhait du souscripteur de se garantir en considération d'événements mettant en jeu la personne assurée (décès, accident, invalidité, chômage...). La variété de ces motifs de souscription n'est naturellement pas étrangère aux modalités d'imposition des prestations versées.

Les sommes versées aux souscripteurs de contrats de capitalisation et d'assurance en cas de vie bénéficient, en effet, traditionnellement d'une exonération de toute taxation du produit des capitaux considérés au titre de l'impôt sur le revenu (Section I). A cette exonération de principe, deux exceptions ont été récemment apportées : la première par l'article 4 de la loi de finances pour 1983 (Section II) ; la seconde pour les produits perçus au titre de contrats souscrits dans le cadre d'un plan d'épargne en vue de la retraite (Section III) ; cette exonération n'avait au demeurant jamais bénéficié aux produits perçus par des personnes morales assujetties à l'impôt sur les sociétés (Section IV). Quant aux sommes versées au titre de contrats de prévoyance, elles seront éventuellement assujetties à l'impôt sur le revenu selon des dispositions spécifiques (Section V).

SECTION I

Le principe de non imposition des produits des contrats de capitalisation et des assurances de cas de vie à l'impôt sur le revenu.

L'étude de ce principe nécessite de préciser d'une part sa portée (**1.**) et d'autre part de rappeler succintement les modalités d'imposition de tels produits à l'étranger (**2.**).

1. LA PORTÉE DU PRINCIPE

La souscription de contrats d'assurance en cas de vie ou de bons de capitalisation relève d'une pure optique d'épargne, le souscripteur entendant, au terme de l'opération, d'une part récupérer le montant de ses versements antérieurs et d'autre part percevoir les fruits de son épargne et éventuellement un gain lié à la condition, pour l'assuré, d'être vivant au terme du contrat (gain de mortalité).

Ces fruits, encore appelés *"produits"* pour ce genre d'opération, correspondent simplement à la différence positive entre le capital réglé au terme de l'opération par la compagnie d'assurances ou la société de capitalisation au souscripteur et le montant des primes que ce dernier a antérieurement versées.

La société d'assurance ou de capitalisation restitue ainsi au souscripteur, au terme de l'opération, les sommes nominales versées par celui-ci, augmentées d'une part *"des intérêts capitalisés – en effet les revenus issus des versements des clients sont réinvestis et par conséquent eux-mêmes productifs d'intérêts – d'autre part .... sa participation aux résultats techniques et financiers de l'entreprise"* (1).

Dans cette hypothèse et à la différence des autres modes traditionnels d'épargne (obligations classiques, actions...) l'épargnant ne perçoit donc aucun revenu pendant toute la durée de l'opération.

Cette particularité a conduit le législateur, jusqu'à une date récente (*infra* section II) à ne pas assujettir à l'impôt sur le revenu les produits des opérations considérées, lesdits produits s'apparentant à la fois à des intérêts et à des plus values, ce caractère hybride en rendant l'éventuelle imposition, en toute hypothèse délicate.

---

(1) *Annuaire Vie/Capitalisation 1985*, l'Assurance Française.

Le non assujettissement des produits considérés à l'impôt sur le revenu apparaissait donc naturel et ne devait pas, du reste, être analysé en 1979 par le Conseil des Impôts (1) comme une mesure dérogatoire pouvant être qualifiée de dépenses fiscales.

De principe, les sommes versées au terme d'une assurance en cas de vie ou de contrats de capitalisation n'entrent pas dans l'assiette de l'impôt sur le revenu.

MOTIFS DE LA NON IMPOSITION TRADITIONNELLE DES PRODUITS DE LA "CAPITALISATION"

Cette spécificité compensait partiellement

> *"le coût de la collecte de l'épargne par l'assurance vie (qui) est relativement élevé"* (2) *alors même qu'elle apparaît véritablement créatrice d'épargne longue et donc particulièrement bénéfique au financement de l'économie nationale. En effet : "indépendamment de la comparaison de la durée des placements, et de la continuité de l'effort" qui en général est favorable à l'assurance vie au regard des objectifs de stabilité de l'épargne, on peut, sans grand risque d'erreur, considérer que , s'ils n'avaient pas été sollicités par des démarcheurs, un nombre élevé de ménages n'aurait souscrit aucun contrat d'assurance vie, et aurait, sans doute, opéré un arbitrage de l'emploi de leurs revenus, sinon en faveur de la consommation au moins en faveur d'une épargne liquide"* (3).

Le non assujettissement à l'impôt sur le revenu de cette forme d'épargne – fut-ce indépendamment de sa durée effective – venait donc compenser ses handicaps naturels au niveau de la distribution et conforter son rôle de collecteur d'une épargne longue.

Cette disposition apparaissait d'autant moins critiquable que *"la médiocrité des produits traditionnels d'assurance vie distribués par les sociétés d'assurances"* (4) semblait en rendre le coût pour le Trésor fort limité, surtout au regard des services rendus à l'économie nationale par cette forme de collecte de l'épargne.

---

(1) 4ème rapport relatif à l'impôt sur le revenu, p. 122.
(2) Rapport Cortesse, opus cite, p. 77.
(3) Idem, p. 81.
(4) Idem, p. 74.

LES CAUSES D'UN ASSUJETTISSEMENT PARTIEL À L'IMPÔT DES PRODUITS DE LA CAPITALISATION

Les motifs susmentionnés perdirent de leur pertinence au début des années 1980.

En effet : d'une part les banques se mirent alors à distribuer à leur clientèle – dans le cadre de leur réseaux d'agences et donc sans démarchage – des produits d'assurance vie ou des contrats de capitalisation (1) ; d'autre part, la rentabilité financière des opérations de capitalisation s'améliora sensiblement, sous l'effet d'une concurrence exacerbée et de la distribution d'une nouvelle génération de produits. Par suite, le coût de l'éxonération fiscale considéré croissait significativement ; enfin de nouveaux produits d'épargne (par exemple les obligations à coupons capitalisés dites *"obligations à coupon zéro")* banalisaient une caractéristique antérieurement propre aux seuls bons de capitalisation – l'absence de rémunération de l'épargne constituée jusqu'au terme de l'opération – dès lors, la justification de l'existence d'une fiscalité spécifique aux opérations de capitalisation tendait à s'estomper. Le législateur de 1982 devait donc pérenniser le non assujettissement à l'impôt sur le revenu des produits de la capitalisation (*infra* Section II) pour les seules opérations d'épargne longue soit, en principe, pour celles se dénouant plus de 6 années après leur commencement.

2. COMPARAISON INTERNATIONALE

Le traitement des prestations en capital versées au titre de contrats d'assurance vie, en matière d'impôt sur le revenu apparaît très variable dans les différents pays européens.

Ces diverses modalités d'imposition furent l'objet d'une étude approfondie, en 1985 – dont s'inspireront très largement les développements ci-après (2) – par la délégation allemande au Comité européen des assurances (CEA).

Les travaux de cette délégation allemande au Comité européen des assurances démontrent clairement la très grande diversité des modalités d'imposition des produits d'assurance vie dans les différents pays européens.

La présentation, en de courts paragraphes, des modalités d'imposition des prestations d'assurance-vie chez nos seuls principaux partenaires au sein de la Communauté économique européenne – soit la Belgique, la République Fédérale Allemande, la Grande-Bretagne et les Pays-Bas – permettra de mieux appréhender encore leur très grande diversité, le régime fiscal italien n'appe-

---

(1) Cf. *"la banque en Europe, les dix prochaines années"*, par C. Rémy et B. Sergent, in Revue Banque janvier 1986, n° 457 p. 37s.

(2) Ainsi que des travaux du Conseil National du Crédit.

lant aucun développement puisqu'il prévoit l'exonération pure et simple des prestations d'assurance vie en capital.

LA BELGIQUE

En Belgique, les travaux du Comité européen des assurances précisent que le régime fiscal des prestations provenant d'assurance vie dépend de la nature du contrat. Si les primes peuvent, de par la nature du contrat, être déduites du revenu professionnel imposable et si le preneur d'assurance procède à cette déduction pendant le financement – fut-ce pour une seule prime – les prestations seront assujetties à l'impôt.

La déductibilité des primes du revenu professionnel est, entre autres, subordonnée à une durée minimum du contrat de 10 ans et varie en fonction de l'âge du preneur d'assurance en cas de vie. Lorsque les primes sont ainsi déduites, la prestation d'assurance est imposée selon des dispositions fiscales particulières par conversion en rente viagère fictive, les parts de bénéfices n'étant pas reprises dans la détermination de la rente. Cette part fictive de rente viagère est chaque année assujettie à l'impôt jusqu'au décès du bénéficiaire.

Inversement les prestations d'assurances vie en capital sont exonérées lorsque les primes ne peuvent être déduites à partir des critères précités ou lorsque le preneur d'assurance renonce à leur déduction.

RÉPUBLIQUE FÉDÉRALE D'ALLEMAGNE

En République Fédérale d'Allemagne, le régime fiscal des prestations dépendra pour l'essentiel de la nature du contrat.

Les prestations des assurances vie en capital conclues en primes périodiques régulières pour au moins 12 ans ne seront pas assujetties à l'impôt.

Cependant, dans l'hypothèse où des prestations contractuelles sont versées au cours de la durée minimum de 12 ans du contrat – hormis en cas de sinistre – elles seront imposées.

De même sont imposables les prestations des assurances conclues en prime unique, avec une durée contractuelle de moins de 12 ans ou en primes périodiques très variables.

Lorsque les prestations des assurances vie de capital sont imposables, la fraction imposable est déterminée par les intérêts servis sur les parts d'épargne. En toute hypothèse, les bénéfices découlant des frais de contrat ou de la prime de risque ne sont pas assujettis à l'impôt.

LE ROYAUME UNI

En Grande-Bretagne, le régime fiscal des prestations dépendra, à l'image du mécanisme retenu en République Fédérale d'Allemagne, de la nature du contrat mais également de celle du droit à la prestation.

Les prestations provenant de contrats d'assurance vie en capital jouissant d'un régime fiscal de faveur sont exonérées.

Pour donner lieu à un traitement fiscal de faveur, les contrats doivent entre autres, prévoir une durée du versement des primes d'au moins 10 ans et être conclus sur la tête de l'assuré ou de son conjoint.

LE LUXEMBOURG

La législation fiscale luxembourgeoise prévoit l'assujettissement des rentes versées au terme d'un contrat d'assurance vie à l'impôt sur le revenu selon le barême de droit commun. Inversement, le capital versé au titre de tels contrats bénéficie d'une exonération de l'impôt sur le revenu.

LES PAYS-BAS

Enfin, aux Pays-Bas le régime fiscal de la prestation dépendra exclusivement de la nature du contrat et de la durée de versement des primes. Les prestations des assurances vie en capital sont exonérées lorsque celles-ci englobent un risque de décès et ont été conclues en primes périodiques versées pendant au moins 12 ans, comme en République Fédérale d'Allemagne.

Inversement, les assurances en prime unique et celles en primes périodiques très variables sont imposables, la partie imposable de la prestation étant fonction de l'excédent de la prestation par rapport aux primes versées.

SECTION II
L'exception au principe de non imposition

L'assujettissement des produits de bons de capitalisation et de placements de même nature à l'impôt sur le revenu entre les mains de leurs bénéficiaires s'effectue selon des modalités particulières (**2.**) dont il convient de rappeler l'origine (**1.**).

1. L'ORIGINE DE CETTE EXCEPTION

L'article 10.4 du projet de loi de finances pour 1983 disposait que :

> *"Les produits attachés aux bons ou contrats de capitalisation ainsi qu'aux placements de même nature sont, lors du dénouement du contrat, soumis à l'impôt sur le revenu. Ces dispositions sont applicables aux bons, contrats ou placements souscrits à compter du 1er janvier 1983"*

Pour justifier cette mesure, l'exposé des motifs du projet de loi de finances précisait :

> *"actuellement, les revenus de certains produits placés par les compagnies d'assurances ne sont pas imposés. Afin d'éviter des distorsions de concurrence injustifiées, il est proposé de les taxer dans les mêmes conditions que les autres formes d'épargne dans la mesure où la durée du contrat est inférieure ou égale à 10 ans"*,

cette durée minimum exigée du contrat pour en exonérer les produits correspondant à une sorte de norme européenne (*supra* Section I).

Cet objectif devait être confirmé lors des débats parlementaires :

> *"sur le fond, la taxation des produits de capitalisation (et) de l'assurance en cas de vie répond à un souci de normalisation du régime fiscal de ces produits, actuellement plus favorable que les autres formes d'épargne, notamment les placements longs - exonération de l'impôt sur le revenu, exonération des droits de succession, déduction des primes de revenu imposable"* (1).

Sur le plan de la technique fiscale, la logique du projet de loi était parfaitement claire. Il s'agissait d'aligner les modalités d'imposition des produits des *"contrats ou bons de capitalisation et ... des placements de même nature"* – cette dernière formule visant, en pratique, les contrats d'assurance en cas de vie – sur le régime applicable :

- aux bons anonymes pour les produits dont le bénéficiaire ne révèle ni son identité ni son domicile fiscal ;

- aux bons à moyen terme, pour les produits *"non anonymes"*, lorsque la durée du contrat a été inférieure à 5 ans ;

- aux obligations, pour les produits *"non anonymes"*, lorsque la durée du contrat a été comprise entre 5 et 10 ans.

---

(1) M. le Ministre chargé du budget, AN, 3ème séance du 28 octobre 1982, JO p. 6453.

Cette logique ne devait pas emporter l'adhésion de la commission des Finances de l'Economie générale et du Plan de l'Assemblée Nationale. Aussi, dans son rapport, M. Pierret observait :

"Il est certain que la taxation à 50 % des produits anonymes doit être approuvée.

En revanche, pour les autres placements, le texte tel qu'il est proposé paraît de nature à décourager certaines formes d'épargne stable dont la commission Dautresme a pourtant souhaité le développement. Si les contrats dont la durée est inférieure à 6 ans ne paraissent pas devoir, dans une perspective économique, continuer à bénéficier de l'actuelle exonération, il n'en va pas de même pour les contrats dont la durée est plus longue et qui contribuent à une stabilisation de l'épargne, car la volonté de constituer, par exemple, une retraite complémentaire constitue un ressort profond de l'épargne à long terme. Il paraît en outre nécessaire de moduler dans d'autres conditions le taux du prélèvement, afin d'inciter davantage les souscripteurs à allonger la durée de leur épargne.

Il y a lieu d'observer en outre que les modalités retenues pour apprécier la durée des contrats à primes périodiques (durée moyenne pondérée) conduisent à une durée effective très supérieure aux 5 ans ou 10 ans prévus par le texte : un contrat à primes périodiques dont la durée moyenne pondérée est de 10 ans a en effet une durée de vie effective de l'ordre de 17 ans".

La commission des finances adoptait alors un amendement présenté par son rapporteur général (1) ajustant la modulation des taux d'impostion des produits de bons de capitalisation et des placements de même nature en fonction de la durée effective des contrats et maintenant l'exonération pour les contrats dont la durée est supérieure à 6 ans.

Par ailleurs, le Gouvernement devait amender son propre texte (amendement n° 203) afin d'exonérer les produits en cours lorsque les contrats se dénouent *"du fait de la mise à la retraite anticipée du bénéficiaire des produits,de son licenciement ..."* (2).

L'adoption de telles exonérations liées à la situation du bénéficiaire des produits apparaissait d'autant plus logique que des dispositions équivalentes étaient retenues, dans le même temps, en matière de compte d'épargne en actions (CEA) (3).

---

(1) Communiqué à la presse n° 50, séance du mercredi 20 octobre 1982.

(2) M. le Ministre du Budget, AN 2ème séance du 28 octobre 1982, JO p. 6458.

(3) Loi n° 82.1126 du 29 décembre 1982, a 2-VIII-1 et 66.4, codifiés sous l'article 199 *quinquies* B du CGI.

2. LES MODALITÉS D'IMPOSITION DES PRODUITS

L'étude des modalités d'imposition des produits, des bons ou contrats de capitalisation et des placements de même nature nécessite, après avoir rappelé les diverses exonérations prévues (2.1), de préciser le fait générateur de l'impôt (2.2), son assiette (2.3), son taux (2.4) et les obligations mises à la charge des établisssements payeurs (2.5) sans omettre d'exposer les critiques qu'appelent les modalités d'imposition retenues par le législateur de 1982 (2.6).

2.1 - *LES EXONÉRATIONS*

L'exonération des produits des bons ou contrats de capitalisation et des placements de même nature peut découler soit de la date de souscription desdits contrats (**2.1.1**), soit de la durée de l'épargne considérée (**2.1.2**), soit encore être liée à des circonstances personnelles aux bénéficiaires lors du dénouement de l'opération (**2.1.3**), soit du choix du bénéficiaire de percevoir non un capital mais une rente viagère (**2.1.4**)

2.1.1 - L'exonération liée à la date de souscription

L'article 14.1.4 de la loi de finances pour 1983 prévoit, sous certaines conditions lors du dénouement du contrat, l'assujettissement à l'impôt sur le revenu des produits attachés aux bons ou contrats de capitalisation mais précise à ce sujet *"ces dispositions sont applicables aux bons, contrats ou placements souscrits à compter du 1er janvier 1983"*.

A cet égard, le Ministre délégué pouvait donc préciser au Sénat *"le régime proposé... n'a... aucun caractère rétroactif puisqu'il s'applique aux contrats souscrits à compter du 1er janvier"* (1).

Le Ministre suggérait ainsi, involontairement, une nouvelle définition de la rétroactivité d'un texte de loi en droit fiscal. Traditionnellement, sans pour autant être considérée comme rétroactive, *"en matière d'impôts sur les revenus, une modification législative intervenue en cours d'année peut s'appliquer aux revenus de toute la période en cours en raison du principe d'application immédiate, elle ne peut en revanche affecter l'imposition des revenus de la période précédente"* (2).

A l'inverse de cette définition, le Ministre soulignait que pour n'être pas ressentie comme rétroactive, une nouvelle loi fiscale ne devrait s'appliquer qu'aux contrats passés postérieurement à sa publication.

---

(1) Sénat, séance du 24 novembre 1982, JO p. 5744.

(2) *Science et technique fiscale* par L. Mehl et R. Beltrame, opus cite, p. 610.

Malheureusement, une telle proposition est fort rarement retenue par le législateur.

Ainsi, lors du débat sur le Plan d'Épargne en vue de la Retraite (PER) le rapporteur du projet de la loi au Sénat, M. Jean Cluzel, suggérait vainement : *"que le système d'imputation de l'assurance vie sur le plan d'épargne en vue de la retraite (n'entre) en vigueur que pour les contrats d'assurances vie souscrits après le 30 mars 1987"* (c'est-à-dire, après la première date initialement prévue pour l'entrée en application du PER) (1).

Le risque encouru constamment par l'épargnant français de voir aggravé le traitement fiscal de son investissement (2) devrait donc l'inciter, à l'avenir, à se méfier des modes d'épargne dont l'intérêt sur une longue période apparaît exclusivement lié à un régime fiscal privilégié.

Seul un échec relatif du plan d'épargne en vue de la retraite démontrerait demain une éventuelle prise de conscience par le grand public de la pérennité relative des *"engagements fiscaux"* de l'État.

Le souhait du Ministre de ne donner aucun

> *"caractère rétroactif à l'assujettissement à l'impôt sur le revenu des produits des bons de capitalisation à compter de 1983 s'explique, par ailleurs, par le faible montant présumé de la "dépense fiscale" correspondante. En effet, le rapport Sermain concluait, à ce sujet, que si l'avantage résultant de ces dispositions n'a jamais été chiffré, il n'est actuellement sans doute pas très élevé, dans la mesure où les produits qui arrivent actuellement à échéance sont des produits anciens à rendement généralement faible (au moins quand on rapporte le capital au total des primes versées et non à la part d'épargne qu'elle contenaient" (p. 70).*

2.1.2 - L'exonération liée à la durée du contrat

Les produits des bons ou contrats de capitalisation et des placements de même nature souscrits à compter du 1er janvier 1983 restent exonérés de l'impôt sur le revenu lorsque la durée de ces contrats est au moins égale à six ans, à conditon toutefois que le bénéficiaire renonce à l'anonymat. *"L'imposition est ainsi liée à la durée du placement, sans considération du montant des cessions"* (3).

---

(1) Sénat, séance du 13 mai 1987, JO p. 898.

(2) Pour un exemple particulier : cf. l'article 5 de la loi n°84.1209 du 29 décembre 1984, qui a modifié le régime fiscal des intérêts de l'emprunt "Giscard" 7 % 1973-1988.

(3) 8ème rapport du Conseil des impôts, opus cite, p. 236.

La détermination de la durée du contrat est donc essentielle puisqu'en dépendent d'une part une éventuelle exonération des produits – si elle s'avère supérieure à 6 ans –, d'autre part le taux du prélèvement libératoire dont peuvent bénéficier les produits considérés perçus avant 6 ans. Ainsi, a-t-elle fait l'objet d'un important commentaire de l'Administration qui, conformément aux dispositions de l'article 125 O A du CGI, distingue les contrats à prime unique ou à primes régulièrement échelonnées (2.1.2.1) des contrats à primes irrégulièrement échelonnées (2.1.2.2) et propose, pour expliciter sa doctrine, plusieurs exemples de calcul (2.1.2.3).

2.1.2.1 - Les contrats à prime unique ou à primes régulièrement échelonnées

Pour l'Administration (1), la durée à prendre en considération s'entend, pour les contrats à prime unique et ceux qui comportent le versement de primes périodiques régulièrement échelonnées, de la durée effective du contrat. Celle-ci correspond à la période comprise entre la date de souscription du contrat et la date de son dénouement, ou, s'il y a lieu, du rachat partiel.

L'Administration considère les primes comme régulièrement échelonnées lorsqu'elles sont versées à intervalles égaux pour un même montant ou lorsque les primes versées sont en augmentation par suite d'une revalorisation prévue ou non dans le contrat d'origine, destiné à maintenir la garantie initiale.

De même, le versement est réputé être régulièrement échelonné, dès lors que l'augmentation annuelle de la prime résulte de l'application d'un indice licite, prévu au contrat et non modifié au cours de son déroulement. A cet égard, l'Administration ne contestera pas le caractère régulier du versement si la revalorisation afférente à plusieurs années est cumulée sur un seul exercice.

Par ailleurs, dans certains contrats d'assurance vie, la garantie et la prime sont exprimées non pas en francs, mais en unités de compte constituées de valeurs mobilières ou d'actifs figurant sur la liste dressé par un décret. Ce sont généralement des actions de SICAV ou des parts de sociétés immobilières qui servent d'unités de compte.

Dans de tels contrats, l'Administration considère que les primes sont régulièrement échelonnées dès lors que l'augmentation des unités de compte résulte d'une revalorisation en vue du maintien de la garantie initiale.

Cette doctrine administrative apparaît conforme à la rédaction de l'article 125 O A du CGI et ne soulève guère en pratique de difficulté particulière.

---

(1) Instruction du 31 décembre 1984, BODGI 5 I-3-84.

2.1.2.2 - Les contrats à primes irrégulièrement échelonnées

L'article 125 O A du GCI prévoit, dans l'hypothèse de contrats ne comportant pas le versement de prime unique ou de primes périodiques régulièrement échelonnées, que la durée à prendre en considération – soit pour exonérer les produits, soit pour déterminer le taux du prélèvement libératoire dont ils peuvent bénéficier – est la *"durée moyenne pondérée"*.

L'Administration (1) a en effet entendu que les souscripteurs de contrats à primes périodiques irrégulièrement échelonnées ne bénéficient pas indûment pour les produits perçus de l'exonération de l'impôt sur le revenu ou même d'un taux de prélèvement réduit en versant en début de contrat des primes faibles et en fin de contrat des primes élevées.

A l'insistance de l'Administration sur ce point (*infra* p. 354s) s'oppose curieusement la position qu'elle arrêtera ultérieurement, en matière du plan d'épargne en vue de la retraite. En effet, la durée de tels plans – essentielle à la détermination de leur économie fiscale – est simplement définie comme le délai écoulé entre l'ouverture du plan – fût-ce par un versement symbolique – et le premier retrait réalisé.

L'extrême simplicité du PER – sur ce point – met plus encore en évidence la complexité du mécanisme de la *"durée moyenne pondérée"* retenu par le législateur de 1982 qui en interdit pratiquement la compréhension par des contribuables non professionnels de l'assurance.

L'Administration entend cependant appliquer la notion de durée moyenne pondérée dans la seule hypothèse où la régularité de l'échelonnement du paiement des primes est rompue par une ou plusieurs augmentations de primes.

> *"Dans ce cas, en effet, les produits sont en grande partie afférents à une épargne qui a été en fait constituée sur une période plus courte que la durée effective du contrat.*
>
> *En revanche, cette situation ne se retrouve pas lorsque le souscripteur réduit le montant de ses versements, qui, à l'origine étaient régulièrement échelonnés.*
>
> *C'est pourquoi, lorsque la régularité de l'échelonnement est rompue par une ou plusieurs réductions de primes, la durée moyenne pondérée est écartée ; dans ce cas seule la durée effective du contrat est retenue"* (2).

---

(1) Instruction du 31 décembre 1984.

(2) Instruction du 31 décembre 1984, opus cite.

Cette dernière proposition n'apparaît pas pleinement conforme à la lettre de l'article 125 O A du CGI. Ce dernier ne distingue pas, en effet, quant à l'application de la "durée moyenne pondérée" entre les contrats à primes irrégulièrement échelonnées et les contrats à primes régulièrement échelonnées.

Cependant, une interprétation de l'article 125 O A du CGI conduirait à exonérer de l'impôt sur le revenu les produits de certains contrats, dont les primes iraient décroissant, alors même qu'ils auraient une durée effective inférieure à 6 ans. Un tel résultat serait à l'évidence contraire aux vœux du législateur.

Malgré une rédaction impropre de l'article 125 O A du CGI, il convient donc de considérer que la doctrine administrative sus-rappelée est conforme à la logique du texte de loi.

Consciente de la mauvaise rédaction de l'article 125 O A du CGI, l'Administration précise à ce sujet que

> *"la référence de la loi à la durée moyenne a pour objet d'éviter un abus possible et non de placer les souscripteurs des contrats soumis à cette règle dans une situation plus favorable que ceux qui effectuent des versements régulièrement échelonnées, c'est pourquoi, d'une manière générale, lorsque la durée moyenne pondérée... est inférieure à la durée effective du contrat, seule la durée effective doit être retenue"* (1).

Il reste que si le Ministère des Finances et de l'Économie enjoint, à juste titre, les compagnies d'assurances de simplifier la rédaction de leurs contrats, il s'avère, par ailleurs, incapable, de poser des règles simples et compréhensibles pour l'imposition des produits d'assurance.

En effet, les dispositions de l'article 125 O A du CGI se révèlent incompréhensibles tant par le commun des contribuables que par les spécialistes du Services de la législation fiscale en charge pourtant de les expliciter.

L'illustration parfaite de cette proposition reste la formule de calcul de la *"durée moyenne pondérée"* présentée par l'Administration en annexe à l'instruction susvisée du 31 décembre 1984 qui était erronée !

Aussi, l'Administration sera-t-elle contrainte de publier un rectificatif à sa première instruction (1) aux termes duquel la durée moyenne pondérée d'un contrat se calcule selon la formule suivante :

---

(1) BODGI 5, I-3-85.

$$\frac{1}{\frac{(m+n)}{2}} \times \frac{(V1 \times m1) + (V2 \times m2) + (V3 \times m3) + \ldots}{\frac{V}{m}}$$

soit encore :

$$\frac{2\,m}{m+n} \times \frac{(V1 \times m1) + (V2 \times m2) + (V3 \times m3) + \ldots}{V}$$

OBSERVATION :

m : nombre de mois écoulés entre le versement de la première prime et le dénouement du contrat (durée effective).
n : nombre de mois écoulés entre le versement de la dernière prime et le dénouement du contrat.
V1, V2 : montant du versement de la première prime, de la deuxième prime ...
m1, m2 : nombre de mois pendant lesquels a été placée la première prime, la deuxième prime ...
V : total des primes versées.

Pour le décompte du nombre de mois correspondant à la durée effective du contrat, l'Administration admet de négliger le nombre de jours ne correspondant pas à un mois entier. Ainsi, pour un contrat qui se dénoue vingt-six mois et seize jours après sa souscription, la durée effective retenue sera de vingt-six mois.

Les produits dégagées par des contrats qui obtiennent en application de la formule survisée un chiffre supérieur à 72 (soit 6 x 12) seront donc exonérés d'impôt sur le revenu.

La complexité extrême de cette formule est à souligner et interdit, en pratique, à l'immense majorité des épargnants de déterminer par eux-mêmes le caractère imposable ou non de leur épargne. Elle devrait donc rester, à l'avenir, un modèle à ne pas suivre.

2.1.2.3 - Exemples de calcul

Le problème du calcul de la durée moyenne pondérée ne se pose naturellement que pour les contrats dont les primes ont été effectivement irrégulièrement échelonnées.

---

(1) BODGI 5, 1-3-85.

Ainsi, certains contrats dits à versements libres comportent le versement de primes périodiques d'un montant variable au gré du client.

Ces primes étant en principe irrégulièrement échelonnées, le système de la durée moyenne pondérée leur est applicable. L'Administration souligne cependant à ce sujet (1) que *"si malgré la liberté laissée au client, celui-ci effectuait en fait des versements régulièrement échelonnés quant à leur montant et leur périodicité, seul le critère de la durée effective serait pris en compte"*.

La parfaite compréhension du mécanisme du calcul de la *"durée moyenne pondérée"* d'un contrat appelle des exemples qui seront la simple reprise des exemples rectifiés proposés par l'Administration (les diverses erreurs matérielles qu'ils contenaient, ayant été corrigées).

• Exemple n° 1 :

Un contrat d'assurance vie de quinze ans à primes périodiques a été conclu le 1er janvier 1983. Le montant annuel de la prime est de 5 000 F payable au 1er janvier de chaque année.

Par avenant signé le 1er janvier 1985, le montant de la prime est porté à 15 000 F. Le contrat fait l'objet d'un rachat le 1er janvier 1987.

ANNÉE DE PAIEMENT DE LA PRIME	MONTANT DE LA PRIME	DURÉE DE PLACEMENT DE LA PRIME			
		1983	1984	1985	1986
1er janvier 1983	5 000 F	12	12	12	12
1er janvier 1984	5 000 F		12	12	12
1er janvier 1985	15 000 F			12	12
1er janvier 1986	15 000 F				12
Total des primes versées	40 000 F				

La durée effective du contrat est de quatre ans, soit quarante-huit mois. La durée moyenne pondérée sera, en application de la formule précédente, égale à :

$$\frac{2 \times 48}{48 + 12} \times \frac{(5\,000 \times 48) + (5\,000 \times 36) + (15\,000 \times 24) + (15\,000 \times 12)}{40\,000} = 38{,}4 \text{ mois}$$

$$38{,}4 : 12 = 3 \text{ ans et } 2 \text{ mois}$$

(1) Instruction du 31 décembre 1984, opus cite.

Ainsi, alors que le contrat a couru du 1er janvier 1983 au 1er janvier 1987 soit quatre ans, la durée moyenne pondérée n'est que de 3 ans et 2 mois. En cas d'option pour le prélèvement, le taux applicable sera de 27 %.

• **Exemple n° 2 :**

Un contrat d'assurance vie à versements libres a été conclu le 1er juin 1983 pour dix ans. Le montant de la prime est versé le 1er juin de chaque année.

DATE DE VERSEMENT DE LA PRIME	MONTANT DE LA PRIME	DURÉE DE PLACEMENT DE LA PRIME *(en mois)* JUSQU'AU 1/12/1990
1er juin 1983	100 F	90
1er juin 1984	800 F	78
1er juin 1985	-	-
1er juin 1986	2 500 F	54
1er juin 1987	-	-
1er juin 1988	-	-
1er juin 1989	5 000 F	18
1er juin 1990	600 F	6
Total des primes versées	9 000 F	

La durée effective du contrat a été de sept ans et six mois, soit quatre-vingt-dix mois.

La durée moyenne pondérée de ce contrat est de :

$$\frac{2 \times 90}{90+6} \times \frac{(100 \times 90) + (800 \times 78) + (2\,500 \times 54) + (5\,000 \times 18) + (600 \times 6)}{9\,000} = 62{,}5 \text{ mois}$$

$$62{,}5 : 12 = 5 \text{ ans et } 2 \text{ mois}$$

Ainsi, bien que le contrat ait couru pendant une période supérieure à six ans, la durée moyenne pondérée est inférieure et les produits versés ne peuvent bénéficier de l'exonération. Cette durée étant comprise entre quatre et six ans, le taux du prélèvement applicable est de 17 %.

2.1.3 - L'exonération liée à la situation du bénéficiaire

A l'image de l'article 199 quinquies B du CGI en matière de *"comptes d'épargne en actions"* (CEA), l'article 125 0 A du CGI prévoit une exonération des produits des bons ou contrats de capitalisation ou placement de même nature *"quelle que soit la durée du contrat lorsque ce dénouement résulte du licenciement du bénéficiaire des produits ou de sa mise à la retraite anticipée ou de son invalidité ou de celle de son conjoint correspondant au classement dans la deuxième ou troisième catégorie prévue à l'article L 341.4 du Code de la Sécurité sociale".*

Au regard du caractère social de ces exonérations, l'administration fiscale les a interprétées de manière fort libérale.

En application de la doctrine administrative exprimée par l'instruction susvisée du 31 décembre 1984, les produits des contrats considérés souscrits à compter du 1er janvier 1983 seront exonérés d'impôt sur le revenu lorsque le dénouement du contrat résulte :

- **du licenciement du bénéficiaire**

L'exonération ne s'applique que si le contribuable s'est trouvé privé d'emploi pour une raison indépendante de sa volonté et a été inscrit comme demandeur d'emploi à l'Agence nationale pour l'emploi ;

- **de sa mise à la retraite anticipée**

Bien que les exonérations susvisées soient normalement liées – au terme des dispositions de l'article 125 0 A du CGI – à la situation personnelle du bénéficiaire des produits, l'administration accepte d'accorder le bénéfice de cette exonération si le conjoint du bénéficiaire fait lui-même l'objet d'un licenciement ou d'une mise à la retraite anticipée ;

- **de son invalidité ou de celle de son conjoint**

correspondant au classement dans la deuxième ou troisième catégorie prévue par l'article L 310 du Code de la Sécurité sociale (invalides absolument incapables d'exercer une profession quelconque et qui sont, en outre, dans l'obligation d'avoir recours à l'assistance d'une tierce personne pour effectuer les actes ordinaires de la vie) ;

L'Administration précise enfin que les exonérations considérées s'appliquent aux produits de bons de capitalisation perçus jusqu'à la fin de l'année qui suit la réalisation de l'un de ces événements. Lorsqu'ils peuvent en bénéficier, les contribuables doivent naturellement s'abstenir de demander à l'établissement payeur d'effectuer le prélèvement libératoire de l'impôt sur le revenu.

2.1.4 - L'exonération liée aux modalités de règlement

Les produits versés au titre de contrats ou bons de capitalisation ou de placements de même nature seront exonérés d'impôt sur le revenu lors de leur versement si ce dernier prend la forme d'une rente viagère ou est consécutif au décès de la tête assurée dans l'hypothèse naturellement des contrats d'assurance vie.

Contrat se dénouant par le versement d'une rente viagère

L'article 125 0 A du CGI prévoit expressément l'exonération des produits considérés *"quelle que soit la durée du contrat lorsque celui-ci se dénoue par le versement d'une rente viagère..."*. Cette disposition a simplement pour objet d'éviter une double imposition qui résulterait de la taxation des produits en cause en vertu de l'article 125 0 A du CGI et de celle des arrérages de la rente qui demeurent imposables selon les règles générales pour une fraction de leur montant selon les dispositions de l'article 158.6 du CGI.

A cet égard, l'Administration a précisé logiquement que (1)

> *"cette exonération ne vaut que pour les produits des contrats qui se dénouent directement par le versement d'une rente viagère. En revanche, elle ne vaut pas pour les contrats qui se dénouent par le versement d'un capital ultérieurement converti en rente viagère même si cette conversion intervient à brève échéance. L'option pour la conversion en rente viagère doit être prévue dans le contrat initial et être exercée au plus tard à la date d'échéance de ce contrat"*.

Contrat se dénouant par le décès de la tête assurée

Lorsqu'un contrat d'assurance en cas de vie, mixte ou assorti d'une contre assurance décès est dénoué par le décès de l'assuré, les capitaux versés à ce titre au bénéficiaire ne constituent pas des produits de capitalisation des sommes versées. Ces capitaux demeurent donc hors du champ d'application de l'impôt sur le revenu quel que soit le délai écoulé lors de leur versement depuis la souscription du contrat.

2.2 - *LE FAIT GÉNÉRATEUR DE L'IMPÔT*

Si *"on peut dire que le fait générateur de l'impôt sur le revenu est l'acquisition d'un revenu au cours d'une période donnée"* (2) il s'agira, en l'espèce, de la mise à la disposition du contribuable des produits considérés.

Par suite de la capitalisation systématique du "produit annuel" des bons ou contrats de capitalisation et placements de même nature cette mise à

---

(1) Instruction du 31 décembre 1984, opus cite.

(2) *Science et technique fiscales*, par L. Mehl et P. Beltrame, opus cite, p. 91.

disposition n'aura lieu, contrairement à la généralité des autres types de placement en valeurs mobilières que lors du dénouement des contrats ou de leur rachat partiel.

L'Administration est donc fondée à écrire que *"le fait de l'impôt est constitué par le dénouement du contrat ou son rachat partiel. Le dénouement peut intervenir :*

- à l'échéance prévue au contrat ;

- par suite d'un remboursement anticipé ;

- par tirage au sort (pour bons de capitalisation)" (1).

2.3 - *L'ASSIETTE DE L'IMPÔT*

Aux termes de l'article 125 0 A du CGI les produits attachés aux bons ou contrats de capitalisation ainsi qu'aux placements de même nature *"sont constitués par la différence entre les sommes remboursées au bénéficiaire et le montant des primes versées"*. Le législateur posait ainsi le principe de l'assiette de l'imposition (2.3.1) qui sera appliqué en cas de rachat partiel (2.3.2), d'avances (2.3.3), de transformation de contrat (2.3.4), ou encore de tirage au sort (2.3.5).

2.3.1 - Le principe de l'assiette d'imposition

L'article 125 0 A du CGI qui prévoit l'assujettissement à l'impôt sur le revenu des produits attachés aux bons de capitalisation et aux placements de même nature précise que "les produits en cause sont constitués par la différence entre les sommes remboursées au bénéficiaire et le montant des primes versées".

L'Administration a explicité les expressions de **"sommes remboursées"** et de **"primes versées"** ; les définitions ainsi posées n'appellent aucune réserve particulière :

> *"Les sommes remboursées sont les sommes perçues par le bénéficiaire, lors du dénouement du contrat ou à l'occasion d'un rachat partiel. Elles s'entendent en principe avant déduction du remboursement des avances qui ont pu être consenties antérieurement. Les primes versées sont les sommes réellement versées par le souscripteur, ou l'adhérent, s'il s'agit d'un contrat de groupe. Ces sommes comprennent donc les frais ou chargements rému-*

(1) Instruction du 31 décembre 1984, opus cite.

nérant l'émetteur du contrat. Il est, par ailleurs, admis, dans le cas des contrats d'assurance vie, que les primes versées englobent le montant de la taxe sur les conventions d'assurances prévue à l'article 1001.4 du Code général des Impôts dont le taux est actuellement de 5,15 %" (1).

Cette dernière précision découle de la réponse positive du Ministre délégué au budget à l'interpellation du Sénateur Croze lors des débats parlementaires :

"La différence entre les sommes payées par l'assureur et les primes payées par l'assuré est-elle calculée sur les primes hors taxes ou sur les primes taxes comprises ? La logique voudrait qu'on prenne en compte les primes taxes comprises, pour ne pas aboutir au paradoxe consistant à faire payer l'impôt sur le revenu sur le montant de la taxe appliquée aux primes.

Je souhaiterais simplement, Monsieur le Ministre, que vous confirmiez qu'il sera enfin tenu compte des primes taxes comprises" (2).

Par ailleurs, pour éviter tout risque de double imposition lors du dénouement de contrats qui ont fait l'objet de rachats partiels ou d'avance, l'Administration a précisé fort logiquement :

"Lorsque le contrat a fait l'objet antérieurement d'un rachat partiel ou que des avances ont été consenties, une partie des primes a déjà été prise en compte pour l'imposition du rachat ou de l'avance. En conséquence, pour la détermination ultérieure de l'assiette, seul le solde des primes versées est déduit des sommes remboursées" (3).

Dans l'hypothèse où le montant des primes versées s'avèrerait supérieur à celui des sommes remboursées lors du dénouement du contrat "la base d'imposition est naturellement nulle" (4).

2.3.2 - Cas du rachat partiel

"Lorsque l'assuré cesse le paiement des primes, il est, on le sait, créancier d'une somme réduite, équivalente au montant de sa provision individuelle. Si le contrat ne présente plus pour lui l'intérêt, il peut demander à l'assureur d'y mettre fin et de lui verser immédiatement le montant de sa créance : telle est l'opération

---

(1) Instruction du 31 décembre 1984.

(2) Sénat, séance du 24 novembre 1982, JO p. 5744.

(3) Instruction du 31 décembre 1984.

(4) Instruction du 31 décembre 1984.

qualifiée de rachat, parce que, sur la demande de l'assuré, l'assureur transforme l'obligation conditionnelle ou à terme dont il était tenu en une obligation pure et simple à échéance immédiate, c'est à dire rachète sa dette. Le rachat s'analyse en un paiement anticipé de la provision" (1).

La somme qui sera versée par la compagnie d'assurances dans l'hypothèse d'un rachat (valeur de rachat) dépendra entre autres de la nature de la garantie, du nombre de primes stipulées au contrat et du nombre de primes effectivement payées. Compte tenu des frais engagés par la société d'assurances, du prix des risques couverts pendant la période où le contrat a été en cours et du fait que cette opération constitue une rupture des engagements de la part du contractant, cette somme peut s'avérer inférieure au montant des primes payées. Elle est naturellement d'autant plus élevée que le contrat est plus proche de son terme.

Techniquement et légalement, certains types de garanties ne peuvent donner lieu à l'opération de rachat. Ce sont :

- les garanties principales de type "temporaire en cas de décès",
- les garanties principales de type "capitaux en cas de vie sans remboursement en cas de décès", (dans tous les cas),
- les garanties principales de type "rentes viagères immédiates" (dans la plupart des cas),
- les garanties annexes (dans la plupart des cas),
- les garanties complémentaires (dans tous les cas).

Le rachat partiel de son contrat permet donc au souscripteur de percevoir une partie de son épargne moyennant une réduction du capital garanti au terme du contrat. Sur le plan fiscal, la nature des sommes versées, dans cette hypothèse, par la compagnie d'assurances est hybride. Il s'agit d'une part, du remboursement d'une fraction du capital et d'autre part, d'un règlement partiel du produit de l'épargne constituée. Or, la perception de tels produits appelle leur assujettissement à l'impôt sur le revenu dans les conditions prévues à l'article 125 0 A du CGI.

En cas de rachat partiel, l'Administration a donc, à juste titre, prévu que (2) :

"Pour la détermination de l'assiette de l'impôt, les primes versées ne sont retenues qu'au prorata des sommes remboursées au titre du rachat partiel sur la valeur de rachat de la totalité du contrat à la même date".

---

(1) Picard et Besson, tome 1, opus cite, n° 495.

(2) Instruction du 31 décembre 1984.

Le produit imposable est donc déterminé selon la formule :

$$\text{Montant du rachat partiel} - \text{total des primes versées à la date du rachat partiel} \times \frac{\text{montant du rachat partiel}}{\text{valeur de rachat totale à la date du rachat partiel}}$$

Pour déterminer si le produit est imposable et, dans l'affirmative, fixer le taux de l'imposition, la durée du contrat à la date du rachat partiel est appréciée dans les conditions étudiées au 2.1.2 ci-dessus, selon que les versements des primes, entre la date de conclusion du contrat et celle du rachat partiel, ont été régulièrement échelonnés ou non.

2.3.3 - Cas des avances

"Le rachat qui permet à l'assuré de toucher immédiatement une somme correspondant à une part importante de sa provision, présente pour lui l'inconvénient de mettre définitivement fin au contrat ; il est également préjudiciable aux intérêts de l'assureur en compromettant la stabilité de son portefeuille. Aussi, depuis longtemps, la pratique a-t-elle imaginé un système plus favorable aux deux parties : ce sont les avances sur police, opération par laquelle l'assureur accepte de faire à l'assuré une avance d'argent imputable sur la provision mathématique" (1).

La loi a consacré cette pratique, en disposant que *"dans la limite de la valeur de rachat, l'assureur peut consentir des avances au contractant"* (article 132.22 du Code des assurances).

En pratique, lorsque le contractant doit faire face à des difficultés financières passagères tout en voulant conserver son contrat, il peut donc sous certaines conditions, demander une avance sur le règlement de celui-ci.

Dans ce cas, la société d'assurances lui prêtera une somme égale à une fraction de la valeur de rachat (90 % en général).

En contre partie, le contractant devra payer des primes supplémentaires jusqu'à ce qu'il rembourse l'avance sur règlement qui lui a été consentie. Leur montant est inclus dans chaque quittance relative au contrat. Ces primes supplémentaires ne comprennent pas le remboursement de l'avance effectuée.

---

(1) Picard et Besson, opus cite, tome 1er, n° 497.

Un contrat sur lequel a été consentie une avance sur règlement continue de bénéficier, pour la totalité des montants des garanties et des primes, des mécanismes prévus aux conditions générales. En conséquence, le montant à rembourser au titre de l'avance sur règlement d'un contrat doit également, du moins pour certains d'entre eux (réévaluables et en unités de compte) suivre la même évolution que le montant des garanties.

Une avance sur règlement peut être remboursée à toute époque (de préférence aux anniversaires de la date d'effet), en totalité ou partiellement. Si un règlement intervient, il est alors tenu compte du montant de l'avance sur règlement non encore remboursée.

Sur le plan fiscal l'instruction du 31 décembre 1984 souligne que :

> *"La perception d'avances peut permettre dans certains cas d'obtenir la disposition de sommes équivalentes au rachat total ou partiel du contrat, tout en laissant subsister celui-ci au-delà de six ans ou jusqu'à une période où le taux de prélèvement est plus faible.*
>
> *L'Administration dispose cependant de la possibilité de démontrer que, sous couvert d'avances, le contribuable a entendu disposer définitivement de toute partie de la valeur de rachat en échappant à la taxation ou en bénéficiant d'une taxation réduite.*
>
> *Toutefois, l'avance n'est pas réputée versée au titre d'un rachat lorsque celle-ci est effectuée automatiquement par l'assureur à la suite du défaut de paiement de la prime"* (1).

Cette doctrine administrative n'apparaît guère critiquable. Il est cependant intéressant de relever que certaines compagnies d'assurances n'attendent même pas une demande de l'Administration pour taxer les avances comme des rachats partiels. Lesdites compagnies observent, en effet, que la grande majorité des avances ne fait pas l'objet d'un remboursement et les traitent, par conséquent, comme des rachats. Une telle pratique reste critiquable en ce qu'elle s'avère contraire à l'intérêt évident des souscripteurs considérés, d'autant plus que l'Administration a modifié sur ce point son instruction dont le projet initial tendait justement à assimiler fiscalement à un rachat, toute avance dépassant 30 % de la valeur du rachat.

2.3.4 - Cas de transformation du contrat

Après sa souscription, un contrat peut évoluer en fonction de mécanismes prévus initialement ou encore de demandes du souscripteur acceptées par la compagnie d'assurances.

---

(1) Instruction du 31 décembre 1984.

Ainsi, en cours de contrat, le contractant peut demander : l'adjonction ou la suppression d'une ou de plusieurs garanties ; souhaiter l'augmentation de la durée de son contrat ou le rapprochement de son terme ; désirer payer des primes moins élevées, l'abaissement d'une ou plusieurs garanties ou à l'inverse l'augmentation desdites garanties... Or, sur le plan fiscal, l'exonération des produits d'un contrat de capitalisation ou de placement de même nature aux termes de l'article 125 0 A du CGI, lorsque la condition de durée est remplie, est attachée à un contrat déterminé. Il est donc essentiel qu'une fois cette exonération acquise, aucune novation ne soit apportée au contrat qui permette de considérer qu'un nouveau contrat s'est substitué au premier, novation qui pourrait conduire à la déchéance de l'exonération considérée.

2.3.5 - Cas de tirage au sort

Certains contrats de capitalisation, conformément aux dispositions de l'article R 150.1 du Code des assurances, sont assortis d'une clause de tirage au sort au terme de laquelle, si le bon est tiré au sort, un capital est immédiatement versé et le contrat prend fin *"il est certain que pour les clients, dont les titres sont tirés au sort, la rentabilité devient considérable, comme dans toutes les opérations aléatoires assimilables aux jeux et aux paris"* (1).

Pour ne pas enlever tout intérêt au mécanisme du tirage, prévu par le Code des assurances, en imposant l'intégralité du *"produit"* alors perçu par l'épargnant, il revenait à l'Administration de distinguer le produit de l'épargne, éventuellement imposable selon les dispositions de l'article 125 0 A du CGI et le gain réalisé à l'occasion de la participation – fut-elle habituelle – à un jeu de hasard qui ne constitue pas, sauf circonstances exceptionnelles, un revenu imposable (2).

A cet égard, l'instruction susvisée du 31 décembre 1984 prévoit, fort judicieusement :

> "Afin de ne pas pénaliser les porteurs de bons tirés au sort, le dénouement du contrat ne dépendant pas de leur volonté, il est admis de limiter l'assiette de l'impôt à la différence entre :
>
> – d'une part, le montant du capital qui aurait été versé au porteur à la date du tirage au sort en cas de remboursement anticipé effectué sur sa demande ;
>
> – d'autre part, le montant des primes versées.
>
> L'excédent est assimilé à un gain de loterie, et en tant que tel, exonéré".

---

(1) *Annuaire vie/capitalisation (1985)*, L'Assurance Française.

(2) Rep. Crepeau, AN 3 octobre 1979, n° 16515.

• Exemple

Pour expliciter sa proposition, l'Administration propose un exemple fort clair :

> **Soit un contrat de capitalisation à primes périodiques souscrit le 1er juin 1983 pour trente ans. Le capital garanti en fin de contrat est de 50 000 F. Le montant annuel des primes est de 1 000 F ; il est versé en une seule fois, le 1er juin de chaque année. Le bon est tiré au sort le 1 octobre 1987. Sa durée effective aura donc été de quatre ans et quatre mois. Le montant des primes versées au moment du dénouement est de 5 000 F, celui des sommes effectivement remboursées est de 50 000 F. Le montant des sommes qui auraient été remboursées en cas de dénonciation anticipée du contrat par le porteur, se serait élevé par exemple à 5 800 F. L'assiette de l'impôt sur le revenu sera limitée à 5 800 F – 5 000 F = 800 F.**

2.4 - *LE TAUX D'IMPOSITION*

Aux termes de l'article 125 0 A du CGI, les produits attachés aux contrats de capitalisation et aux placements de même nature seront soumis, sauf à bénéficier des exonérations susvisées, à l'impôt sur le revenu.

La législation prévoit cependant la possibilité pour le bénéficiaire de tels produits d'opter pour un prélèvement libératoire de l'impôt sur le revenu.

Il s'ensuit que les revenus pour lesquels l'option a été exercée n'entrent plus en ligne de compte pour la détermination du revenu net global du bénéficiaire. Ils n'ont pas, en particulier, à être compris par ce dernier dans sa déclaration au titre de l'impôt sue le revenu.

Pour apprécier s'il aura ou non intérêt à exercer l'option pour l'application du prélèvement libératoire, chaque contribuable se trouve amené à rechercher si, dans son cas personnel, la charge représentée par ce prélèvement sera ou non inférieure à celle qu'il supporterait à raison des revenus en cause, compte tenu de l'importance de ses autres revenus et de sa situation familiale, au titre de l'impôt progressif sur le revenu.

En pratique cette option ne s'avère intéressante que si le taux d'imposition marginale du bénéficiaire à l'impôt sur le revenu est supérieur au taux du prélèvement libératoire applicable.

Cette option, aux termes de l'article 41 duodecies E de l'annexe III au CGI est irrévocable et doit être exercée au plus tard lors de l'encaissement des revenus par le bénéficiaire.

Aucune forme particulière n'est exigée pour cette option, il n'en demeure pas moins que pour être valable celle-ci doit être exprimée de manière suffisamment claire et explicite. Quant au droit d'opter pour le prélèvement, il ressortit à celui qui, à défaut, serait passible de l'impôt sur le revenu dans les conditions de droit commun à raison des produits considérés.

Le taux applicable, dans l'hypothèse d'une option pour le prélèvement libératoire, variera sensiblement selon que le bénéficiaire révèle son identité (2.4.1) ou opte pour l'anonymat (2.4.2). Par ailleurs, il conviendra de préciser les modalités d'imposition des bons de capitalisation qui sont encaissés par des personnes n'ayant pas en France leur domicile fiscal (2.4.3).

2.4.1 - Cas où le bénéficiaire révèle son identité

Dans cette hypothèse, le taux du prélèvement applicable a été initialement fixé à :

– 45 % si la durée du contrat est inférieure à deux ans ;

– 25 % si elle est égale ou supérieure à deux ans et inférieure à quatre ans ;

– 15 % si elle est égale ou supérieure à quatre ans et inférieure à 6 ans.

(étant rappelé que si la durée du contrat atteint ou dépasse six ans, les produits bénéficient d'une exonération totale).

Le taux de ce prélèvement fut progressivement augmenté de deux points.

• Le 1 % pour la Caisse nationale des Allocations familiales

Dans un premier temps, en application de l'article 115 de la loi de finances pour 1984 (n° 83.1179 du 29 décembre 1983) une contribution de 1 % – au bénéfice de la Caisse nationale des Allocations familiales – fut instaurée sur les produits des placements à revenu fixe soumis au prélèvement libératoire de l'impôt sur le revenu perçus en 1984 (1).

Cette contribution, initialement temporaire, fut reconduite à titre définitif par l'article 106 de la loi de finances pour 1985 (n° 84.1208 du 29 décembre 1984) (2).

Elle vise en particulier les bons ou contrats de capitalisation, ainsi que les placements de même nature souscrits depuis le 1er janvier 1983 et d'une

---

(1) Cf Instruction du 29 février 1984, BODGI 5 L.3.84.
(2) Cf Instruction du 24 janvier 1985, BODGI 5 L.2.85.

durée inférieure à 6 ans. Elle est due, en principe, par toutes les personnes physiques ou morales qui perçoivent des produits de placements à revenu fixe lorsque ceux-ci sont soumis au prélèvement prévu à l'article 125 A du CGI.

La loi ne place en effet en dehors du champ d'application de la contribution que les personnes physiques ou morales n'ayant pas leur domicile fiscal ou leur siège en France.

Toutefois, compte tenu des objectifs de la mesure, l'Administration a admis que seules les personnes physiques soient soumises à la contribution de 1 % à raison des produits de placements à revenu fixe. Mais cette mesure de tempérament ne peut trouver à s'appliquer lorsque le bénéficiaire des produits se place sous le régime de l'anonymat ; dans ce cas, la contribution de 1 % est due sur tous les produits soumis au prélèvement prévu à l'article 125 A du CGI puisqu'il n'est pas possible, par hypothèse, de déterminer si l'intéressé est une personne physique ou morale et si son domicile ou son siège est situé ou non en France (1).

• Le 1 % pour la caisse nationale d'assurance vieillesse

Dans un deuxième temps, l'article 2 de la loi n° 87.516 du 10 juillet 1987 a institué au profit de la Caisse nationale d'assurance vieillesse des travailleurs salariés un prélèvement social exceptionnel au taux de 1 % sur les produits de placement soumis du 1er août au 31 juillet 1988 au prélèvement prévu à l'article 125 A du CGI sauf s'ils bénéficient à des personnes n'ayant pas en France leur domicile fiscal (2). En pratique, ce prélèvement a été prorogé jusqu'au 31 décembre 1989 (3)(4).

Le taux du prélèvement libératoire sur les produits attachés aux contrats de capitalisation et les produits des contrats d'assurance vie s'élève donc à :

- **47 % pour les bons ou contrats dont la durée a été inférieure à deux ans ;**
- **27 % pour les bons ou contrats dont la durée a été comprise entre deux et quatre ans ;**
- **17 % pour les bons ou contrats dont la durée a été comprise entre quatre et six ans.**

---

(1) Cf Instruction du 24 janvier 1985.
(2) Cf Instruction du 10 septembre 1987, BOI 12 B.3.87.
(3) Article n° 2 de la loi n° 88.810 du 12 juillet 1988 (JO du 14 juillet).
(4) Cf Instruction du 13 septembre 1988, BOI 5 L.6.88.

2.4.2 - Cas où le bénéficiaire opte pour l'anonymat

Dans la seule hypothèse de la souscription de bons de capitalisation – l'assurance vie n'autorisant pas l'anonymat (article L 132.6 al. 1er du Code des assurances) – les produits peuvent être perçus sous le bénéfice de l'anonymat.

L'option pour l'anonymat emportera l'application de deux prélèvements, le premier sur les produits des bons considérés (2.4.2.1), le second sur leur nominal (2.4.2.2). L'importance des prélèvements applicables en cas d'option pour l'anonymat conduira à réfléchir aux possibilité pour l'épargnant – tout en se prévalant de la prescription fiscale – de déclarer son identité lors du rachat des contrats de capitalisation (2.4.2.3).

2.4.2.1 - Prélèvement sur le produit des bons de capitalisation anonymes

Lorsque le bénéficaire de bons de capitalisation ne communique pas son identité et son domicile fiscal à la société de capitalisation payeur, l'article 125 0 A du CGI a prévu l'application aux produits perçus d'un prélèvement au taux de 50 % qui doit être effectué d'office par l'établissement payeur.

En pratique, le taux de ce prélèvement s'élève à 52 % en application des dispositions de l'article 2 de la loi n° 87.516 du 10 juillet 1987 et de l'article 106 de la loi n° 84.1208 du 29 décembre 1984 (*supra* p. 336).

Ce prélèvement devra être opéré quelle que soit la durée du contrat et donc même si celle-ci atteint ou dépasse six ans pour autant que le contrat ait été souscrit postérieurement au 1er janvier 1983.

Naturellement le contribuable qui entend conserver l'anonymat ne saurait se prévaloir des exonérations prévues lorsque le dénouement du contrat est consécutif au licenciement du bénéficiaire des produits, à sa mise à la retraite anticipée ou à son invalidité, à défaut de pouvoir apporter la preuve qu'il se trouve dans une de ces situations.

2.4.2.2 - Prélèvement sur le nominal des bons de capitalisation anonymes

En application des dispositions des articles 990 A, 990 B et 990 C du CGI, les bons de capitalisation dont le détenteur opte pour l'anonymat, au moment de son remboursement, sont soumis à un prélèvement spécifique dont il convient d'étudier l'économie.

Origine du prélèvement sur le nominal des bons

L'Administration a fort clairement expliqué le motif de la création de ce prélèvement par l'article 10 de la loi de finances n° 81.1160 du 30 décembre 1981 (JO du 31 décembre 1981) :

> *"Certains placements financiers réalisés sous la forme de souscription de bons offrent la possibilité aux porteurs de détenir des avoirs qui peuvent demeurer anonymes vis-à-vis de l'administration fiscale.*
>
> *Afin de ne pas priver l'économie française d'une source de financement non inflationniste importante et de ne pas inciter certains porteurs à convertir leurs avoirs dans des placements économiques stériles, il a été décidé de ne pas remettre en cause cette faculté. Toutefois, afin d'en limiter l'usage et d'éviter que les redevables de l'impôts sur les grandes fortunes n'y recourent pour échapper à cet impôt, l'article 10 de la loi de finances pour 1982 les soumet à un prélèvement d'office de 1,50 % sur leur valeur capital. Ce prélèvement cependant n'a pas un caractère obligatoire. En effet, les porteurs de bons peuvent, en tout état de cause, en éviter l'application à la condition de faire connaître leur identité et leur domicile fiscal à l'établissement payeur chargé du versement des intérêts ou du remboursement, cet établissement étant alors tenu de communiquer ces renseignements à l'Administration. Le prélèvement n'est donc dû que lorsque le détenteur des bons ou titres entend conserver l'anonymat vis-à-vis de l'Administration"* (1).

Motif du maintien du prélèvement sur le nominal des bons

Ce prélèvement trouvait donc sa justification initiale dans la création de l'impôt sur les grandes fortunes (IGF), aussi aurait-il pu logiquement être abrogé en même temps que ce dernier impôt. Le législateur devait, cependant, en décider autrement et l'article 24 de la loi de finances rectificative pour 1986 arrêtait d'une part la suppression à compter du 1er janvier 1987 de l'IGF et d'autre part le maintien du prélèvement sur les bons anonymes.

Cet illogisme apparent s'explique par le rendement de ce prélèvement sur les bons anonymes qui rapportait, en 1985, 1 596 millions de F contre seulement 3 917 pour l'impôt sur les grandes fortunes (2) alors que le coût de gestion de ce prélèvement est pratiquement négligeable (3) et sa charge émotionnelle nulle – à l'inverse de l'IGF.

---

(1) Note du 21 octobre 1982, BODGI 7 R.3.82.
(2) Source 8ème rapport du Conseil des Impôts, p. 101s.
(3) En ce sens 8ème rapport du Conseil des Impôts, p. 130.

Définition de l'anonymat

Aux termes de l'article 990 A du CGI, les bons de capitalisation dont le détenteur opte pour l'anonymat, sont donc soumis d'office à un prélèvement assis sur leur montant nominal.

L'Administration considère comme anonymes les bons de capitalisation dont le détenteur ne communique pas à l'établissement payeur son identité et son domicile fiscal au moment du remboursement.

Ce défaut de communication est en effet considéré comme manifestant la volonté du détenteur de ne pas révéler au fisc que cette valeur entre dans la composition de son patrimoine (1).

Si l'option effectuée par le détenteur d'un bon de capitalisation pour conserver l'anonymat ou au contraire pour dévoiler son identité au regard du prélèvement considéré est en principe distincte de celle, néanmoins tout à fait similaire, que l'intéressé doit exercer au regard de l'impôt sur le revenu en application de l'article 125 O A du CGI, lorsque le bon a été émis postérieurement au 1er janvier 1983 (*supra* p. 336) l'Administration observe que la logique doit normalement conduire le détenteur d'un bon de capitalisation à arrêter la même option (2).

Il reste à préciser le fait générateur du prélèvement et ses modalités de liquidation.

Le fait générateur du prélèvement

A cet égard, l'Administration devait indiquer que :

> *"le prélèvement est dû autant de fois que le 1er janvier d'une année se trouve compris dans la période allant de l'émission d'un bon, ou, si l'émisson est antérieure au 1er janvier 1982, de cette dernière date inclusivement, au remboursement du bon"* (note du 21 octobre 1982).

Afin de ne pas conférer un caractère rétroactif à la loi de finances pour 1982 qui a instauré le prélèvement considéré, celui-ci n'est donc dû, pour les bons émis avant le 1er janvier 1982, qu'à compter de cette date. Celle-ci devant s'entendre inclusivement, en conséquence, tous les bons de capitalisation qui ont été émis avant le 1er janvier 1982 à 0 heure et qui n'étaient pas remboursés à cette date seront soumis au prélèvement et pour la première fois à raison de ce 1er janvier 1982.

---

(1) Note du 21 octobre 1982.
(2) Note du 21 octobre 1982.

Quant à la date du remboursement elle doit s'entendre de celle du remboursement effectif et non de la date d'échéance. Ainsi, dans l'hypothèse ou par suite de la négligence du porteur ou pour tout autre cause, le bon serait remboursé postérieurement à l'échéance et ou la période allant de l'échéance au remboursement comprend un ou plusieurs 1er janvier, le prélèvement serait dû à raison de ce ou de ces faits générateurs, bien que le bon ait cessé de porter intérêts (1).

Si la période allant de l'émission au remboursement du bon est inférieure à un an et si elle ne comprend pas un 1er janvier, le prélèvement est calculé en proportion de la durée du bon par rapport à une année entière.

L'Administration a précisé que ce prorata est calculé de quantième en quantième en fonction du nombre de jours de détention – pour le calcul de ce dernier il devra être tenu compte du jour d'émission mais non de celui du remboursement – et sur la base de trois cent soixante cinq jours (2).

Le taux du prélèvement

Le taux de ce prélèvement initialement fixé à 1,5 % a été porté à 2 % à compter du 1er janvier 1984. Le fait générateur du prélèvement étant le passage d'un 1er janvier au cours de la durée de vie d'un bon, le taux de 2 % est applicable à raison du 1er janvier de l'année 1984 et de chacune des années ultérieures.

Les bons émis avant le 1er janvier 1984 resteront, s'il y a lieu, soumis au prélèvement au taux de 1,5 % à raison du 1er janvier 1982 et du 1er janvier 1983 (3).

Modalités de liquidation du prélèvement

Quant aux modalités de liquidation de ce prélèvement sur les bons de capitalisation, au regard de la spécificité de tels bons, elles ont fait l'objet d'un long et très complet commentaire de l'administration fiscale dans sa note du 21 octobre 1982.

L'Administration a précisé que :

- pour les contrats de capitalisation à prime unique, l'assiette du prélèvement est constituée par le montant de la prime versée et non par le montant effectivement remboursé puisque celui-ci tient compte des intérêts capitalisés ;

---

(1) Note du 21 octobre 1982.
(2) Idem.
(3) Note du 31 janvier 1984, 7 R.3.84.

• pour les contrats de capitalisation à primes périodiques, le prélèvement est calculé distinctement pour chaque 1er janvier compris entre la date de souscription du bon et celle de son remboursement effectif. Le prélèvement est appliqué chaque fois au total des primes versées antérieurement au 1er janvier au titre duquel il est dû.

La somme des résultats partiels ainsi constitue le montant du prélèvement qui devra être en définitive opéré au moment du remboursement.

• *Exemple 1*

Pour expliciter sa doctrine, l'administration fiscale a proposé l'exemple suivant : soit un bon de capitalisation émis pour dix ans souscrit le 1er mars 1982 à primes périodiques d'un montant de 1 000 F que l'on suppose constantes, versées semestriellement au mois de mars et septembre. Le remboursement a lieu le 1er janvier 1986.

Le prélèvement sera calculé de la manière suivante :

– 01.01.1983 (1 000 + 1 000)	= 2 000 x 1,5 % =	30 F
– 01.01.1984 (2 000 + 2 000)	= 4 000 x 2 % =	80 F
– 01.01.1985 (2 000 + 2 000 + 2 000)	= 6 000 x 2 % =	120 F
– 01.01.1986 (2 000 + 2 000 + 2 000 + 2 000)	= 8 000 x 2 % =	160 F

Total des sommes versées : 8 000 F.

Montant du prélèvement = 390 F

• *Exemple 2*

L'Administration observe justement qu'en pratique des contrats de capitalisation (essentiellement à primes périodiques) prévoient parfois une valeur de remboursement dont le montant est inférieur pendant quelques années au montant des sommes versées.

Dans cette hypothèse l'application de la règle susvisée conduirait le porteur de tels bons à supporter le prélèvement sur des sommes qui seraient supérieures à celles qu'il recevrait effectivement.

L'administration fiscale admet donc dans le cas où le montant du remboursement est inférieur au total des primes versées que le calcul précédent soit effectué sur la base d'une prime annuelle fictivement reconstituée en divisant la somme remboursée par le nombre d'années de versements écoulées.

L'Administration a proposé un second exemple pour illustrer cette hypothèse : soit un bon de capitalisation émis le 30 septembre 1981 pour une durée de 24 ans moyennant le versement annuel d'une prime annuelle de 2 600 F, aux conditions suivantes :

	VALEUR DE RACHAT	TOTAL CUMULÉ DES PRIMES VERSÉES
Au bout d'un an		2 600 F
Au bout de deux ans	2 640 F	5 200 F
Au bout de trois ans	4 470 F	7 800 F
Au bout de quatre ans	6 700 F	10 400 F

Le bon est remboursé à titre anticipé le 30 septembre 1984, soit trois ans après l'émission.

Le montant du remboursement étant inférieur au total cumulé des primes versées, le prélèvement est calculé de la manière suivante :

– prime annuelle reconstituée : 4 470 F : 3 = 1 490 F

Montant à prévoir :

– au titre du 1er janvier 1982   1 490   x 1,5 % = 22,35 F

– au titre du 1er janvier 1983   (1 490 x 2) x 1,5 % = 44,70 F

– au titre du 1er janvier 1984   (1 490 x 3) x 2 % = 89,40 F

Total du prélèvement   156,45 F

L'option pour l'anonymat lors du remboursement de bons de capitalisation s'avèrera donc particulièrement coûteuse de par l'addition d'un prélèvement à un taux élevé sur les produits et une imposition annuelle du capital – ce coût allant croissant avec la durée des bons surtout s'ils ont été souscrits postérieurement au 1er janvier 1982. L'anonymat ne devra donc être demandé que si le porteur se trouve dans l'impossibilité absolue de justifier de l'origine des fonds utilisés pour l'acquisition desdits bons.

2.4.2.3 - **Prescription et contrats de capitalisation**

Les porteurs de bons de capitalisations optent souvent pour l'anonymat – malgré son coût fiscal – lors du rachat de leurs contrats parce qu'ils seraient, dans l'hypothèse d'un contrôle, dans l'incapacité d'expliquer la provenance des fonds qui leur ont permis de financer l'acquisition des bons considérés.

Or, dans certaines hypothèses, cette solution parait inutilement coûteuse. En effet, sous réserve de respecter diverses conditions, ces épargnants pourraient tenter d'opposer à l'administration fiscale le bénéfice de la prescription.

Ainsi, un contribuable faisant l'objet d'une demande de justification (en application des dispositions de l'article L 16 du LPF) sur l'origine de revenus dont il a disposé au cours de la période contrôlée peut parfaitement faire état de la réalisation d'avoirs antérieurs.

Toutefois, l'article L 16 du LPF précise que

> *"le contribuable ne peut pas alléguer la vente ou le remboursement de bons mentionnés au 2 du III bis de l'article 125 A du CGI ou de titres de même nature (en particulier des contrats de capitalisation), quelle que soit leur date d'émission lorsqu'il n'avait pas communiqué son identité et son domicile fiscal à l'établissement payeur..."* (1).

Il découle a contrario de cet article qu'un contribuable pourra utilement justifier de l'importance de ses revenus au cours de la période contrôlée en démontrant d'une part qu'il a racheté – au cours de cette période (2) et sans demander à bénéficier de l'anonymat – des contrats de capitalisation et d'autre part qu'il avait acquis ces contrats antérieurement à la période vérifiée (étant rappelé que le délai de reprise de l'Administration expire, en principe, à la fin de la troisième année suivante celle au titre de laquelle l'imposition est due en application des articles L 169 et 1 du LPF).

En pratique, en réponse à une demande de justifications de l'administration fiscale, un contribuable pourra tenter d'arguer du rachat de contrats de capitalisation sous deux conditions.

• **1ère condition**

Apporter la preuve de l'acquisition des contrats de capitalisation au cours d'une période prescrite (sans même – et cela est essentiel – avoir alors à

---

(1) Sur cet article, *supra* p. 291 et la chronique au Bulletin fiscal (4/88 p. 209s) sur *"Actifs couverts par l'anonymat et demandes de justifications"* par J.Ch. Duchon-Doris.

(2) CE 4 février 1985, n°s 33150 et 34106 : RJF 4/85 n° 528.

justifier de l'origine des fonds lui ayant permis à l'époque de financer cette épargne).

Pour ce faire, l'épargnant aura dû, lors de l'achat des contrats de capitalisation, exiger l'établissement par l'intermédiaire d'une attestation de souscription précisant :

– les noms, prénoms et adresse de l'acquéreur,

– la nature de l'opération,

– les montants et numéros des bons souscrits,

– la date de l'opération et son mode de règlement,

– la référence aux documents tenus par l'émetteur ou l'intermédiaire au vu desquels l'attestation est établie,

– le nom et la qualité du signataire de l'attestation (1).

• **2ème condition**

Obtenir la même attestation lors du rachat des contrats de capitalisation qui aura été effectué sans demander le bénéfice de l'anonymat donc sous le mode déclaratif.

Ces attestations seront naturellement précieusement conservées par le contribuable qui aura à les présenter seulement dans l'hypothèse d'une demande de justification émanant de l'administration fiscale.

La conservation des contrats de capitalisation pendant une durée supérieure à six ans apparaît ainsi de nature à permettre à un contribuable – sous réserve d'un respect scrupuleux des conditions susvisées – d'une part de percevoir un produit exonéré de l'impôt sur le revenu et d'autre part de ne plus avoir à justifier auprès de l'Administration fiscale de l'origine des fonds lui ayant permis initialement de constituer son épargne.

Ce schéma ne saurait cependant être proposé sans souligner ses limites. En effet, les décisions du Conseil d'Etat – aux termes desquelles une "attestation de souscription" délivrée par un intermédiaire financier constitue une preuve – ont été rendues dans des circonstances très particulières.

Il n'est donc pas définitivement acquis que la Haute Assemblée considère de telles "attestations de souscription" comme des preuves suffisantes de la

---

(1) Cf :
- – CE 5 avril 1978, n° 3011 ; RJF 6/78 n° 287.
- – CE 7 décembre 1983, n° 46393 ; RJF n° 2, p. 60.
- – CE 25 janvier 1985, n° 38221 ; RJF 1985 n° 3, p. 200.
- – Instruction du 5 octobre 1984, BODGI 5 B-27-84.

constitution par le contribuable d'une épargne au cours d'une période prescrite.

Par ailleurs, en toute hypothèse et naturellement, "*la sincérité admise, a priori de l'attestation établie par l'intermédiaire n'interdit pas, a posteriori, à l'Administration d'en démontrer le caractère de complaisance ou de souligner les erreurs qu'aurait pu avoir commises son auteur*" (1).

L'instruction du 5 octobre 1984 encourage, en ce sens, les vérificateurs en commentant les dispositions applicables aux cessions intervenues avant le 1er janvier 1982 "*à contrôler la portée réelle des attestations même formellement correctes... (à) examiner, notamment en exerçant le droit de communication, si les précisions figurant sur l'attestation constituent bien la transcription de données figurant dans les documents comptables ou extra-comptables détenus par l'établissement financiers ou l'intermédiaire*".

2.4.3 - Cas où le bénéficiaire réside hors de France

Les modalités d'imposition des produits de bons de capitalisation versés à des personnes (morales ou physiques) domiciliées hors de France dépendront des dispositions de la convention fiscale liant la France et le pays de résidence du porteur desdits bons.

A défaut, soit de convention, soit de disposition spécifique à ce type de revenus dans la convention applicable, soit encore dans l'hypothèse où le porteur des bons ne demande pas l'application desdites dispositions pour préserver la confidentialité de son placement, il conviendra d'appliquer du côté français le droit interne, dont il apparaît nécessaire d'exposer les dispositions.

Aux termes de l'article 125 0 A du CGI :

> "*... les dipositions de l'article 125 A, à l'exception du IV de cet article, sont applicables aux produits prévus au 1. Le taux du prélèvement est fixé : 1°...*"

Or, selon les dispositions du III de l'article 125 A :

> "*... III - Le prélèvement est obligatoirement applicable aux revenus visés ci-dessus qui sont encaissés par des personnes n'ayant pas en France leur domicile fiscal ; la même disposition s'applique aux revenus qui sont payés hors de France ou qui sont encaissés par des personnes morales n'ayant pas leur siège social en France...*"

Aussi, les dispositions de l'article 125 0 A qui prévoient l'exigibilité d'un prélèvement sur les produits de bons ou contrats de capitalisation ont-elles

---

(1) Chronique, opus cite de J. Ch. Duchon-Doris, BF 4/88 p. 209s.

vocation à s'appliquer dès lors que ces produits sont réputés versés hors de France indifféremement à une personne physique ou à une personne morale (les tarifs du prélèvement obligatoire étant ceux visés au 6 II de l'article 125 O A) (*supra* p. 333). Cette conséquence peut apparaître curieuse puisqu'ainsi les dispositions de l'article 125 0 A du CGI qui intéressent le seul impôt sur le revenu, conduisent indirectement, par un jeu de textes, à instituer un prélèvement sur les produits de bons de capitalisation perçus par des personnes morales assujetties à l'impôt sur les sociétés.

Il reste enfin à souligner que les produits de ces bons n'entrent pas dans le champs d'application de la retenue à la source prévues pour les revenus d'obligations par l'article 119 bis 1 du CGI (1).

2.5 - *LES OBLIGATIONS DES ÉTABLISSEMENTS PAYEURS*

Les obligations déclaratives des établissements qui assurent le versement de produits de bons de capitalisation ou de placements de même nature différent selon que leur bénéficiaire décline son identité (2.5.1) ou opte pour l'anonymat (2.5.2). Quant aux modalités de recouvrement des prélèvements encourus (2.5.3) et aux sanctions applicables en cas de non respect des obligations déclaratives considérées (2.5.4), elles apparaissent similaires dans les deux hypothèses.

2.5.1 - Obligations déclaratives au cas où le bénéficiaire décline son identité

Les obligations des établissements qui versent des produits de bons de capitalisation ou de placements de même nature différent selon que le bénéficiaire opte ou non pour l'application d'un prélèvement libératoire sur lesdits produits. La déclaration des opérations effectuées au cours d'une année civile doit être, en toute hypothèse, produite avant le 16 février de l'année suivante auprès de la direction des services fiscaux dont dépend le lieu du principal établissement du déclarant.

En effet, dans la seconde hypothèse l'établissement payeur devra simplement porter à la connaissance de l'Administration le montant des produits versés au bénéficiaire au cours de l'exercice tandis que dans la première hypothèse il devra de plus effectuer le prélèvement libératoire sur lesdits produits.

A cet égard, l'article 125 0 A du CGI dispose que le prélèvement libératoire de l'impôt sur le revenu sur les produits de contrats de capitalisation et de

(1) En ce sens Rep Allouche, 2 janvier 1986, JO n° 23029.

placements de même nature est – comme les contributions qui s'y ajoutent (1) – "établi, liquidé et recouvré sous les mêmes garanties et sanctions, que celui mentionné à l'article 125 A du CGI".

Par ailleurs, les dispositions des articles 242 ter I, 1764 et 1768 bis du CGI sont applicables au prélèvement considéré, l'article 242 ter I susvisé disposant que "*les personnes qui assurent le paiement... des produits des bons ou contrats de capitalisation et placements de même nature sont tenues de déclarer l'identité et l'adresse des bénéficiaires... le revenu brut soumis à un prélèvement libératoire et le montant dudit prélèvement et le montant des revenus exonérés...*"

Les obligations mises à la charge des compagnies d'assurances apparaissent particulièrement complexes de l'aveu même de l'administration fiscale (2).

L'instruction du 19 avril 1985 a consacré à ces obligations déclaratives un long développement et précisé les types de contrats concernés le montant des revenus à déclarer et le montant du capital à déclarer.

Les contrats concernés

Les contrats concernés sont définis par renvoi à l'instruction susmentionnée du 31 décembre 1984 (BODGI 5 I.3.94).

Il s'agit donc en pratique d'une part des bons ou contrats de capitalisation proprement dits, à prime unique ou à primes périodiques, d'autre part des placements de même nature, c'est-à-dire des contrats d'assurance sur la vie qui comportent une valeur de rachat ou la garantie du paiement d'un capital à leur terme.

Le montant des revenus à déclarer

Les produits des opérations susvisées à déclarer par les sociétés de capitalisation ou les compagnies d'assurances sur le formulaire 2561 concernent naturellement les seuls contrats souscrits depuis le 1er janvier 1983 et on été répartis par l'Administration en trois catégories.

1. "*Dans la rubrique des revenus exonérés : contrats d'une durée au moins égale à six ans ou qui se dénouent directement par le versement d'une rente viagère.*

---

(1) Cf Instruction du du 24 janvier 1985 ; Article 2-II de la loi n° 87.516 du 10 juillet 1987.

(2) Cf lettre de la DGI, en date du 30 novembre 1984, au Groupement technique des branches vie et capitalisation. Instruction du 19 avril 1985 (BODGI 5 A.1.85).

2. *Dans la rubrique des revenus soumis au prélèvement libératoire : les produits pour lesquels le bénéficiaire a opté pour le prélèvement prévu à l'article 125 0 A II.1 du CGI.*

3. *Dans la rubrique des revenus de créances : le revenu imposable lorsque le bénéficiaire n'a pas opté pour le prélèvement libératoire, qu'il s'agisse de revenus imposables proprement dits ou de revenus exonérés à raison de la situation personnelle du bénéficiaire (licenciement, mise à la retraite, invalidité)"* (1).

L'inscription des versements afférents à des contrats se dénouant directement par le versement d'une rente viagère dans la rubrique des revenus exonérés devait rapidement s'avérer aux yeux mêmes de l'Administration, sans objet.

Cette inscription était apparue dans un premier temps logique puisque l'instruction susvisée du 31 décembre 1984 avait rangé les produits des contrats se dénouants directement par le versement d'une rente viagère dans la catégorie des revenus mobiliers exonérés. L'Administration, dans son instruction du 19 avril 1985 prévoyait donc la déclaration des sommes en cause dans la rubrique des revenus exonérés. Finalement, l'Administration devait considérer que *"ces produits étant placés directement sous le régime fiscal des rentes viagères, il a paru possible de dispenser les payeurs de les déclarer également dans le cadre de l'article 242 ter 1 du CGI"* (2).

Les Sociétés d'assurance étaient ainsi dispensées d'une formalité qui n'apportait, au demeurant, aucune information supplémentaire à l'Administration pour son activité de contrôle.

Le montant du capital à déclarer

Quant au montant du capital à déclarer sur le formulaire 2561, il a été clairement précisé dans l'instruction susvisée du 19 avril 1985 :

> *"Cette déclaration doit être produite pour tous les bons* (3) *remboursés, à l'échéance ou par anticipation, quelle que soit la date de signature du contrat, dès lors que le bénéficiaire a fait connaître son identité et son adresse.*

---

(1) Instruction du 19 avril 1985.

(2) Instruction du 3 décembre 1986.

(3) Si, dans un premier temps, le SLF avait envisagé d'appliquer l'obligation de déclarer également aux contrats d'assurance vie et non aux seuls contrats de capitalisation, la FFSA a su démontrer à l'Administration *"que les contrats d'assurance sur la vie n'étaient pas visés par la déclaration des contrats de prêt"* (lettre de la DGI au Délégué général de la FFSA, en date du 11 avril 1985).

Le capital à déclarer, dans la colonne "Capital remboursé" *correspond normalement à la différence entre le montant des sommes versées et celles qui ont le caractère d'intérêts.*

La détermination de ce montant ne posera pas de problème lorsque le montant des intérêts aura été calculé en raison de son caractère imposable. Dans le cas contraire, la déclaration suppose que la société continue de gérer pendant toute la durée du bon le total des sommes versées".

L'Administration admet à titre de règle pratique, que le total du remboursement (capital + intérêts) soit porté dans la colonne *"Capital remboursé"* lorsque les intérêts auraient dû figurer dans la rubrique *"Revenus exonérés"* (bons postérieurs au 1er janvier 1983 et hors du champ d'application de l'impôt sur le revenu en raison de leur durée).

En pratique, pour les bons de capitalisation – à la différence des bons de caisse par exemple – seule la rubrique *"capital remboursé"* est à remplir par le déclarant (1). L'Administration consciente des difficultés encourues par les compagnies d'assurances pour satisfaire à ces nouvelles obligations déclaratives a prévu des périodes transitoires d'adaptation.

En particulier *"jusqu'en 1989 (opérations de 1988) plusieurs déclarations au nom d'un même client pourront être déposées pour les opérations n'ayant pu faire l'objet d'un regroupement"* (2).

Certaines compagnies d'assurances ou sociétés de capitalisation devraient, en pratique, rencontrer de graves difficultés pour satisfaire cette demande. En effet les programmes informatiques de ces sociétés ont souvent été construits autour de la notion du contrat et ne permettront pas toujours aisément de regrouper lesdits contrats par souscripteur et moins encore par bénéficiaire.

2.5.2 - Les obligations déclaratives des sociétés en cas d'option pour l'anonymat

Ces obligations s'avèrent en pratique plus simples que dans l'hypothèse où le bénéficiaire des produits considérés décline son identité. Elle consistent en effet, simplement à effectuer les prélèvements visés aux articles 125 0 A du CGI et 999 A et suivants du CGI et à reverser le montant de ces prélèvements au Trésor, aucune déclaration nominative n'étant, par essence, à effectuer.

---

(1) Cf Instruction du 3 décembre 1986.
(2) Instruction du 3 décembre 1986.

2.5.3 - Les modalités de recouvrement des prélèvements considérés

L'article 125 0 A du CGI dispose que *"les dispositions de l'article 125 A (du même code) à l'exception du IV de cet article sont applicables"* au prélèvement instauré sur les produits de bons de capitalisation et aux placements de même nature. Il n'y aura donc pas lieu, dans le cadre de la présente étude, de développer longuement ces modalités de recouvrement.

Il reste simplement à souligner que les modalités de recouvrement des prélèvements prévus à l'article 125 0 A du CGI sont strictement similaire – seuls leurs taux variant – que le bénéficiaire ait entendu conserver l'anonymat ou à l'inverse décliner son identité (pour autant naturellement qu'il n'ait pas opté pour l'assujettissement desdits produits à l'impôt sur le revenu en application du droit commun).

Le prélèvement, au titre de l'article 125 0 A du CGI, doit être effectué

> *"par l'établissement payeur au moment du versement des produits imposables.*
>
> *Cet étabissement est, en général, l'entreprise de capitalisation ou d'assurance vie qui établit le contrat, mais peut être également toute personne physique ou morale qui assure le paiement des produits en qualité d'intermédiaire.*
>
> *Les établissements payeurs ne peuvent prendre à leur charge le prélèvement qui doit donc obligatoirement être imputé sur les sommes versées au bénéficiaire"* (1).

Après avoir effectué ce prélèvement, l'établissement payeur doit naturellement *"reverser au Trésor, dans le mois suivant, les sommes retenues à ce titre. Ce versement est effectué à la recette des impôts du lieu de l'établissement payeur ; il doit être accompagné d'une déclaration établie en un seul exemplaire sur une formule délivrée par l'Administration"* (2).

Dans le même esprit le prélèvement applicable au titre des articles 990 A et suivants du CGI sur les bons de capitalisation dont le bénéficiaire a entendu conserver l'anonymat doit être opéré par l'établissement payeur, c'est-à-dire la société de capitalisation ou la compagnie d'assurance vie qui procède au remboursement de ces bons.

Lorsque le prélèvement a été ainsi opéré *"les sommes retenues à ce titre au cours de chaque mois par l'établissement payeur devront être versées au Trésor dans le mois suivant, à la recette des impôts du lieu de l'établissement*

---

(1) Instruction du 31 décembre 1984.

(2) Idem.

payeur. Ce versement doit être accompagné d'une déclaration établie sur un imprimé dont le modèle est fixé par l'Administration" (1).

2.5.4 - Les sanctions encourues

Les articles 125 0 A et 990 C du CGI étendent aux prélèvements qu'ils règlementent les pénalités applicables en matière de prélèvement sur les produits de placement à revenu fixe mentionnés à l'article 125 du même code.

A cet égard, l'Administration a précisé que

"les infractions relevées donnent donc lieu à l'application :

- *de l'indemnité de retard prévue à l'article 1727 du CGI en cas de défaut de paiement dans le délai légal de tout ou partie de l'impôt exigible ;*
- *des amendes de 25 F ou 200 F prévues aux articles 1725 et 1726 du CGI en cas de défaut de souscription ou de production tardive de la déclaration spéciale accompagnant le versement ou en cas d'irrégularités relevées dans cette déclaration. Ces amendes ne sont pas réclamées lorsque l'indemnité de retard est également exigible du fait de l'infraction commise ;*
- *de l'amende de 10 F prévue à l'article 1765 bis du CGI pour tous les autres manquements aux obligations incombant aux établissements payeurs.*

De plus et indépendamment des sanctions fiscales mentionnées ci-dessus, les infractions correspondantes peuvent donner lieu à l'engagement de poursuites correctionnelles et sont passibles de peines prévues à l'article 1783.A du CGI.

Par ailleurs, la loi a rendu applicables au prélèvement les dispositions des articles 1764 et 1768 bis du CGI.

Il en résulte que les établissements payeurs qui enfreignent l'interdiction qui leur est faite de prendre à leur charge le montant du prélèvement sont passibles d'une amende fiscale de 1 000 F à 10 000 F.

Ces mêmes établissements lorsqu'ils ne se conforment pas à l'obligation déclarative à laquelle ils sont tenus en cas de renoncia-

(1) Instruction du 21 octobre 1982.

tion à l'anonymat sont personnellement redevables d'une amende fiscale égale au double du montant des sommes non déclarées"(1).

2.6 - *CRITIQUES DES MODALITÉS ACTUELLES D'IMPOSITION DES PRODUITS CONSIDÉRÉS*

Les modalités arrêtées par le législateur de 1982 pour l'imposition des produits attachés aux bons ou contrats de capitalisation ainsi qu'aux produits de même nature souscrits à compter du 1er janvier 1983 ont nécessité la mise en place d'obligations déclaratives extrêmement lourdes au niveau des sociétés de capitalisation et des compagnies d'assurance vie (*supra* p. 347) et de mécanismes, à l'exemple de la *"durée moyenne pondérée"*, incompréhensibles à la quasi-intégralité des épargnants/contribuables concernés (*supra* p. 320).

Les dispositions de l'article 125 0 A du CGI ne sauraient donc être considérées comme satisfaisantes du point de vue des entreprises d'assurances ou de leurs clients, elles appellent de plus diverses réserves sur le plan de la politique de la fiscalité de l'épargne.

En premier lieu, il est intéressant d'observer que cette imposition partielle de produits des bons de capitalisation et de l'assurance vie n'était pas suggérée par le rapport Dautresme pourtant en charge d'une réflexion d'ensemble sur la fiscalité de l'épargne en France et dont de nombreuses propositions devaient êtres adoptées par le législateur de l'époque (à l'exemple du remplacement de la déduction des primes d'assurance vie par un mécanisme de réduction d'impôt (*supra* p. 138).

Par ailleurs, si l'objet de l'assujettissement des produits de bons de capitalisation et des placements de même nature à l'impôt sur le revenu était d'aligner la fiscalité de ce mode d'épargne sur celle des autres formes d'épargne à moyen et long terme, il n'aura pas été atteint. Mais pouvait-il l'être ?

En effet

> *"la volonté de favoriser l'épargne longue a conduit à instaurer une échelle de taux très spécifique par rapport aux modalités d'imposition applicable aux cessions de valeurs mobilières et qui rompent l'unité. L'imposition est ainsi liée à la durée du placement, sans considération du montant des cessions. En outre, la hiérarchie des taux prévus censée reproduire la fiscalité applicable à des produits comparables, n'a de réelle justification que pour les produits dont*

(1) Instruction du 31 décembre 1984 et Instruction du 21 octobre 1982.

le bénéficiaire reste anonyme. Dans les autres cas, on ne voit pas ce qui permet d'identifier le produit d'un bon détenu plus de deux ans et moins de quatre ans avec un revenu d'obligation, ou le produit d'un contrat racheté entre quatre et six ans avec un gain net sur cession de valeurs mobilières, et on ne distingue pas non plus la justification d'une exonération au-delà de six ans, si ce n'est comme encouragement à une épargne longue effectivement bloquée.

Ce régime autonome de taxation, qui n'assimile pas totalement les produits considérés à des produits de cessions de valeurs mobilières, reflète l'hétérogénéité fondamentale de dispositions qui visent, sans pouvoir les distinguer, à la fois des revenus et des plus-values. La confusion entre revenus entièrement capitalisés et plus-values réalisées est, en effet, inhérente à ce type de produits. Les modalités d'imposition applicables illustrent, ainsi, sous un autre aspect, les difficultés dues aux différences de traitement fiscal existant entre les revenus de valeurs mobilières et les plus-values de cession" (1).

Le seul aspect positif de la réforme de 1983 reste *"que l'épargne la plus longue est la plus favorisée. Cela résulte à la fois de l'exonération des revenus au-delà de la sixième année et des conditions de durée des contrats mises pour obtenir la réduction d'impôt"* (2). Mais, pour atteindre cet objectif, la simplicité comme la logique de notre législation fiscale auront été mises à mal.

Section III

Les modalités d'imposition des opérations souscrites dans le cadre d'un Plan d'Epargne en vue de la Retraite (PER)

Pour l'essentiel, le régime fiscal applicable aux sommes retirées d'un plan d'épargne en vue de la retraite apparaît indifférent au mode de placement arrêté par l'épargnant (actions, obligations, contrats d'assurance vie, bons de capitalisation...).

Les modalités d'imposition des sommes retirées d'un PER seront donc objet d'un simple rappel (1) complété d'une étude plus approfondie des dispositions spécifiques à l'assurance vie (2).

---

(1) 8ème rapport du Conseil des Impôts, opus cite, p. 236 et 237.
(2) Rapport Sermain, opus cite, p 73.

1. RAPPEL DU RÉGIME FISCAL DES SOMMES RETIRÉES OU DES PENSIONS PERÇUES AU TITRE D'UN PER

Le projet de loi sur l'épargne (1) prévoyait une stricte similitude "entre la fiscalité applicable aux sommes retirées du PER et celle applicable aux pensions" (2).

Le Gouvernement devait cependant amender son texte sur ce point et offrir aux épargnants la possibilité d'opter lors des retraits pour l'application d'un prélèvement libératoire. Le gouvernement a "en effet été très sensible à l'argument selon lequel, pour placer ce produit commercial, il était souhaitable de donner à l'épargnant une idée aussi précise que possible du régime fiscal de sortie. S'il est vrai qu'à vingt ou vingt cinq ans de distance, il est malaisé de prendre des engagements précis quant au barème de l'impôt sur le revenu, il est possible, en revanche, d'écrire dans la loi qu'un prélèvement libératoire optionnel sera ouvert, lors du retrait des fonds, aux titulaires d'un plan d'épargne en vue de la retraite. **C'est une sorte de contrat entre l'épargnant et l'Etat** qui introduit un élément de sécurité assez fort" (3).

S'il apparaît possible de s'interroger sur la nature réelle d'une telle "sorte de contrat" qui doit, en réalité, s'analyser comme un simple vœu pieux, cet amendement du Gouvernement appelle d'autres interrogations.

Cette option ainsi offerte aux épargnants pour l'application d'un prélèvement libératoire lors de leurs retraits témoigne, en effet, de l'incertitude qui subsiste quant à la logique même du PER. Le régime fiscal du PER est présenté comme suivant *"aussi fidèlement que possible le régime fiscal applicable aux pensions de retraite par répartition"* (4). Or, une telle proposition apparait contradictoire avec la possibilité laissée aux épargnants d'une sortie en capital qui nécessite, à l'évidence, sauf à aboutir fatalement à des taux très élevés d'imposition à l'impôt sur le revenu, de prévoir d'une part l'application du mécanisme du quotient et d'autre part un prélèvement libératoire.

En pratique, le Gouvernement n'a donc pas réellement respecté la logique de son projet consistant à établir un parallèle entre la fiscalité des régimes obligatoires de retraite et celle du PER.

Dès lors, la fiscalité des retraits d'un PER ne pouvait que s'avérer fort complexe en tentant de traduire des souhaits contradictoires du Gouvernement : autorisation d'effectuer des retraits avant le soixantième anniversaire du contribuable, possibilité de sortie en capital, bonifications pour sorties tardives...

---

(1) Cf Annexe au procès verbal de la séance du 12 novembre 1986, AN n° 443.

(2) Rapport (n° 621) de la commission de l'Economie générale et du plan sur le projet de loi (n°443) sur l'épargne, AN annexe au procès verbal de la séance du 2 avril 1987, p.71.

(3) M. Juppe, AN 1ère séance du 21 avril 1987, JO p. 469.

(4) M. Juppe, AN 1ère séance du 21 avril 1987, JO p. 470.

Une analyse exhaustive de la fiscalité de ces retraits – non spécifique aux assurances de personnes – ne relève pas de la présente étude qui rappellera simplement sommairement le traitement en matière d'impôt sur le revenu des retraits effectués par un contribuable sur son PER avant son soixantième anniversaire (1.1) après son soixantième anniversaire (1.2) et les obligations déclaratives des différentes parties au PER (1.3).

1.1 - *RÉGIME DES RETRAITS EFFECTUÉS SUR UN PER AVANT LE SOIXANTIÈME ANNIVERSAIRE DU CONTRIBUABLE*

L'objet du PER est de favoriser la constitution de revenus complèmentaires en vue de la période de retraite de l'épargnant. Tout retrait antérieur au soixantième anniversaire du contribuable contrecarre donc l'objectif du législateur, aussi ce dernier a-t-il prévu dans cette hypothèse l'application de pénalités.

Les articles 7 et 8 de la loi sur l'épargne prévoient, en ce sens, qu'en cas de retrait avant le soixième anniversaire du contribuable, ou du plus âgé des époux soumis à imposition commune, l'organisme qui assure le paiement du retrait ou des arrérages de pension doit effectuer un prélèvement à la source.

Le taux du prélèvement considéré dépend de la durée écoulée entre la date d'ouverture du plan et la date du retrait. Il s'élève à 10 % du montant retiré si le plan est ouvert depuis moins de 10 ans et à 5 % si le plan est ouvert depuis 10 ans ou plus au jour du retrait considéré.

Le montant net effectivement perçu par le contribuable est ensuite assujetti à l'impôt sur le revenu entre ses mains selon le régime des pensions.

En cas de retrait ou de perception de pension avant 60 ans, les abattements de 10 % et 20 % propres à l'imposition des pensions (article 158.5 du CGI) ne s'appliquent cependant qu'à l'excédent des sommes retirées ou des arrérages de pension perçus au cours de l'année sur le total des versements effectués sur le PER au cours de la même année et de l'année précédente. Aussi, le législateur a-t-il prévu, dans l'hypothèse ou une partie du retrait ou de l'arrérage de pension considéré ne bénéficierait pas des abattements de 10 % et 20 % que le prélèvement s'y rapportant ne serait pas porté en déduction de la base d'imposition correspondante, mais constituerait un crédit d'impôt régi par des dispositions des deux derniers alinéas de l'article 158 bis du CGI. Il serait donc reçu en paiement de l'impôt sur le revenu et, le cas échéant, restitué si son montant excède celui de l'impôt dont le contribuable est redevable. Ce dispositif permet d'éviter qu'un même retrait ou un même arrérage de pension ne donne lieu cumulativement à prélèvement et à suppression des abattements de 10 % et 20 %. Seule la suppression des abattements trouve à s'appliquer dès lors que le prélèvement initialement opéré vaut crédit d'impôt.

L'article 9 de la loi du 17 juin 1987 prévoit que le prélèvement à la source susvisé de 10 % ou 5 % ne s'applique pas en cas de survenance d'un des événements suivants :

– Décès du contribuable ou de l'un des époux à imposition commune ;

– Invalitité du contribuable ou de l'un des époux soumis à imposition commune, correspondant au classement dans la deuxième ou la troisième des catégories prévues à l'article L 341.4 du Code de la Sécurité sociale ;

– Licenciement du contribuable ou de l'un des époux soumis à l'imposition commune lorsque celui-ci a plus de 55 ans et a épuisé ses droits aux allocations d'assurance mentionnées dans le Code du travail ;

– Cessation de l'activité non salariée excercée par le contribuable ou l'un des époux soumis à impositon commune, qui a fait l'objet, après l'âge de 55 ans, d'un jugement de liquidation judiciaire en application des dispositions de la loi n° 85.98 du 25 janvier 1985.

La non application du prélèvement à la source, dans les hypothèses susvisées, sur les retraits effectués antérieurement au soixantième anniversaire du contribuable apparaît parfaitement logique.

En effet : d'une part cette disposition s'apparente à celle posée par l'article 125 0 A du CGI en matière d'imposition des produits de contrats de capitalisation (*supra* p. 457s) et correspond donc à une logique d'harmonisation des modalités d'imposition des divers modes d'épargne ; d'autre part, le prélèvement considéré n'a pas pour objectif d'interdire les retraits antérieurs au soixantième anniversaire du contribuable mais simplement d'en rendre l'économie fiscale inintéressante. Ce prélèvement n'apparaît donc plus justifié, dès lors que les retraits sont consécutifs, non à l'application d'une *"stratégie fiscale"*, mais à des événements malheureux subis par le contribuable de nature à le contraindre, quel qu'en soit le coût fiscal, à consommer l'épargne constituée au sein de son PER.

A cet égard, l'administration fiscale souligne à juste titre que

> *"pour être pris en considération, les événements mentionnés ci-dessus doivent s'être produits après la date d'ouverture du PER. Sous cette réserve, la dispense de prélèvement à la source sur les retraits ou arrérages de pension s'applique à compter de la date de survenance de ces évènements et tant que ceux-ci produisent effet. Il s'ensuit que la dispense de prélèvement ne trouve plus à s'appliquer en cas de modification de la situation du contribuable : par exemple, remariage d'une personne veuve ou reprise d'une activité professionnelle par une personne privée d'emploi. Les*

retraits ou les versements d'arrérages de pension, qui sont effectués après cette modification de situation, doivent être soumis au prélèvement à la source si le contribuable ou le plus âgé des époux a moins de 60 ans" (1).

1.2 - *RÉGIME DES RETRAITS EFFECTUÉS SUR UN PER POSTÉRIEUREMENT AU SOIXANTIÈME ANNIVERSAIRE DU CONTRIBUABLE*

Les retraits effectués sur un PER après le soixantième anniversaire du contribuable correspondent parfaitement aux vœux du législateur de voir les français "compléter par (leur) travail et (leur) épargne le montant de (leur) retraite" (2).

Aussi, à partir du soixantième anniversaire du contribuable ou le plus âgé des époux soumis à imposition commune, les retraits ou les versements d'arrérages de pension ne sont-ils plus soumis au prélèvement à la source de 10 % ou 5 %. Lesdits retraits, éventuellement majorés par un crédit d'impôt sont alors normalement imposés selon le régime des pension dans les conditions de droit commun, mais ils peuvent également, sur option du contribuable, faire l'objet d'un prélèvement libératoire de l'impôt sur le revenu.

L'Administration a proposé, dans une plaquette à l'attention des professionnels de la finance, un tableau synthétique de la fiscalité des retraits effectués sur un PER par un contribuable âgé de plus de soixante ans.

DURÉE DU PER AU MOMENT DU PREMIER RETRAIT	RETRAIT APRÈS 60 ANS			
	AGE DU CONTRIBUABLE AU MOMENT DU PREMIER RETRAIT	PRÉLÈVEMENT LIBÉRATOIRE TAUX	OU (1)	CRÉDIT D'IMPÔT TAUX
moins de 5 ans	quel que soit l'âge au-delà de 60 ans	36 %		0 %
de 5 à 20 ans	60-63 ans	36 %		0 %
	63-65 ans	33 %		5 %
	65-67 ans	30 %		10 %
	après 65 ans	26 %		10 %
plus de 20 ans	60-63 ans	36 %		0 %
	63-65 ans	33 %		8 %
	65-67 ans	30 %		13 %
	après 67 ans	26 %		13 %

(1) L'option pour le prélèvement libératoire est exclusive du bénéficiaire du crédit d'impôt.

NB : Après 60 ans, le régime d'imposition est déterminé par la date du premier retrait postérieur à 60 ans. De même, la date de la première liquidation de pension effectuée après 60 ans conditionne le régime d'imposition des arrérages de pension qui en résultent et des arrérages perçus au titre de liquidations ultérieures.

(1) Instruction du 19 février 1988, BOI 5 B-11-88.

(2) Exposé des motifs de la loi sur l'épargne. Annexe au procès verbal de la séance du 12 novembre 1986, AN (n° 443) p. 3.

Ce tableau ne prévoit aucune disposition spécifique aux assurances de personnes aussi n'appelle-t-il pas de longs commentaires dans le cadre de la présente étude.

Il conviendra simplement de souligner :

– d'une part, que le prélèvement libératoire est liquidé et recouvré dans les mêmes conditions et sous les mêmes garanties et sanctions que celui prévu à l'article 125 A du CGI pour les produits de placement à revenu fixe, et en particulier les contrats de capitalisation (*supra* p. 347s). Le prélèvement libératoire est donc opéré, lors du paiement du retrait ou des arrérages de pension, par l'organisme qui assure ce paiement ;

– d'autre part, que le crédit d'impôt susvisé est régi par des règles qui sont prévues à l'article 158 bis du CGI pour l'avoir fiscal (dernier alinéa de l'article 10 de la loi du 17 juin 1987). Il s'ajoute donc au montant des retraits ou arrérages de pension à soumettre à l'impôt sur le revenu. Il est imputable sur l'impôt dû par le contribuable et, le cas échéant, restituable.

Calcul de la durée d'un PER

Quant aux modalités de détermination de la durée d'un PER, essentiel comme en témoigne le tableau ci-dessus, elles s'avèrent extrêment simples (1) et se comparent donc favorablement au dispositif dit de *"la moyenne pondérée"* en matière d'imposition des *"produits"* de contrats de capitalisation dont il a déjà été souligné (*supra* p. 323s) qu'il était particulièrement abscons.

Cette durée correspond simplement au temps écoulé entre la date d'ouverture du PER et le premier retrait effectué par le contribuable sur son PER postérieurement à son soixantième anniversaire.

A cet égard, l'Administration a précisé que :

"la date d'ouverture du PER est celle du premier versement effectué sur le premier compte d'épargne retraite ouvert.

En cas de souscription d'un seul compte, la date d'ouverture du plan coïncide avec celle du compte.

En cas de souscription de plusieurs comptes, la date d'ouverture du plan est celle du compte le plus ancien. La date du premier

---

(1) Le projet de loi qui liait l'attribution de certains avantages non au seul âge du contribuable mais au fait que sa retraite principale ait été effectivement liquidé lors des retraits a été utilement amendé sur ce point.

compte ouvert détermine l'ancienneté du PER même si ce compte est ultérieurement clos. Il en est ainsi tant qu'un compte et, par suite le plan, demeure ouvert" (1).

1.3 - *LES OBLIGATIONS DÉCLARATIVES*

Les retraits effectués sur un PER appellent le respect de diverses obligations déclaratives tant pour le contribuable (1.3.1) que pour l'organisme auprès duquel un compte d'épargne retraite est ouvert (1.3.2).

1.3.1 - Obligations déclaratives du contribuable

Le titulaire d'un PER qui entend y effectuer des retraits doit transmettre diverses informations d'une part à l'administration fiscale et d'autre part à l'organisme (ou aux organismes) auprès duquel il a ouvert un compte d'épargne retraite.

Le contribuable doit indiquer sur sa déclaration de revenus annuelle le montant des sommes retirées ou des échéances de pension perçues dans le cadre de son PER sauf naturellement s'il a opté pour l'application du prélèvement libératoire. Par ailleurs, il devra transmettre à l'organisme gestionnaire de son compte d'épargne retraite, conformément aux indications de l'Administration ;

1 – la date de naissance du titulaire du compte et son conjoint s'il est marié ;

2 – la date d'ouverture du PER par la production du certificat d'ouverture du premier compte d'épargne retraite ouvert ;

3 – la date du premier retrait ou de la première liquidation de pension intervenu sur le PER à partir du soixantième anniversaire du contribuable ou du plus âgé des époux soumis à l'imposition commune ;

4 – dans les trente jours de la survenance de l'événement et en tout état de cause avant toute nouvelle opération sur le compte, la date du mariage, du divorce ou de la séparation entraînant l'imposition distincte prévue au 4 de l'article 6 du CGI et la date du décès du titulaire du compte ou de son conjoint ;

5 – le cas échéant, les documents justifiant que les conditons prévues pour bénéficier de la dispense du prélèvement à la source de 10 % ou 5 % sont remplies.

(1) Instruction du 19 février 1988, opus cite.

Pour exercer l'option pour le prélèvement libératoire, le contribuable doit avoir au préalable fourni à l'organisme chargé de la tenue de son compte d'épargne retraite les renseignements mentionnés aux 1, 2 et 3 ci-dessus.

1.3.2 - Les obligations déclaratives de l'organisme dépositaire

Tout organisme auprès duquel un compte d'épargne retraite est ouvert doit adresser à la direction des services fiscaux de sa résidence, avant le 16 février, les renseignements suivants relatifs à l'année précédente :

- le montant des retraits, y compris les donations de titres, ou arrérages de pension en distinguant selon qu'ils sont effectués ou versés avant ou à partir du soixantième anniversaire du souscripteur ou de son conjoint s'il est plus âgé. A cet égard, l'Administration a précisé (instruction opus cité) que les retraits ou arrérages antérieurs au soixantièmes anniversaire doivent être portés pour leur montant net du prélèvement à la source de 10 % ou 5 %. Quant aux retraits ou arrérages postérieurs à ce même anniversaire, ils doivent être indiqués lorsqu'ils n'ont pas été soumis au prélèvement libératoire, les arrérages versés après le soixantième anniversaire de l'intéressé étant mentionnés distinctement lorsqu'ils correspondent à une pension liquidée avant ce même anniversaire ;

- le montant et le taux du prélèvement à la source de 10 % ou 5 %, la mention du non prélèvement de cet impôt sur justification du souscripteur ainsi que les montants et les taux du crédit d'impôt ou du prélèvement libératoire en cas d'option du souscripteur.

Les renseignements susvisés devront être transmis à l'Administration sur la déclaration prévue à l'article 242 ter 1 du CGI (l'imprimé fiscal unique IFU) avant le 16 février, un duplicata de cette déclaration devant être adressé au contribuable.

En pratique, les compagnies d'assurances ne devraient pas rencontrer de difficultés particulières à respecter ces diverses obligations qui ne diffèrent guère de leurs obligations en matière de règlement de bons de capitalisation d'autant que l'administration fiscale conscient de la spécificité des systèmes informatiques de nombreuses sociétés d'assurance, les a autorisées à rédiger un IFU, non par client, mais par contrat.

2. DISPOSITIONS SPÉCIFIQUES À L'ASSURANCE VIE

La logique du PER est d'offir aux contribuables français un avantage fiscal incitatif à la constitution d'une épargne à long terme, dont le mécanisme ne varie en rien selon le mode de placement des versements effectués.

Le PER va donc fonctionner comme un creuset fiscal dans lequel les divers produits d'épargne qui peuvent y être inscrits aux termes de l'article 4 de la loi sur l'épargne, vont perdre leurs spécificités fiscales, tout au moins en matière d'impôt sur le revenu.

Ainsi les produits des contrats d'assurance vie ou des bons de capitalisation inscrits dans un PER ne sont plus imposés selon les modalités prévues à l'article 125 0 A du CGI (*supra* p. 316s) mais selon les seules règles posées aux articles 5 à 14 de la loi sur l'épargne (il en ira naturellement de même pour les valeurs mobilières, les titres de créances négociables...).

De cette caratéristique essentielle du PER découle donc l'absence de dispositions propres à l'imposition des produits de contrats d'assurance vie ou de bons de capitalisation inscrits dans un PER, mais il a été observé par ailleurs (*supra* p. 160s), que pour les contrats d'assurance vie seule la part de prime afférente à la garantie en cas de vie est déductible à l'entrée du PER et, par suite, seul le capital en cas de vie est soumis aux règles fiscales du PER à la sortie.

Il conviendra donc d'expliciter les conséquences de cette non éligibilité au sein d'un PER des garanties en cas de décès d'un contrat d'assurance vie (2.1). Par ailleurs, les assurances vie sont les seuls contrats éligibles dans un PER prévoyant la possiblité pour l'épargnant de percevoir des *"avances"* (2.2) et de désigner un tiers comme bénéficiaire (2.3). De ces spécificités ne pouvaient manquer de découler sur un plan fiscal l'existence de modalités particulières d'imposition.

2.1 - *L'IMPOSITION DES GARANTIES EN CAS DE DÉCÈS*

La loi sur l'épargne, à l'exception de la seule exonération de la taxe d'assurance des contrats d'assurance vie inscrits dans un PER prévu par son article 4, n'intéresse que les règles de l'impôt sur le revenu. Aussi, les capitaux versés en cas de décès au titre d'un contrat d'assurance vie souscrit dans le cadre d'un PER demeurent-ils soumis au régime fiscal de droit commun (*supra* p. 247s) et à ce titre continuent de bénéficier d'un non assujettissement aux droits de mutation, sous réserve des dispositions de l'article 757 B du CGI.

Il reste à analyser les conséquences du décès du contribuable en matière d'impôt sur le revenu.

Le décès du détenteur d'un PER emporte fermeture du plan et par suite retrait des sommes ou titres figurant sur les comptes d'épargne retraite du défunt. Ces sommes ou titres pour leur valeur à la date du décès doivent alors être soumis à l'impôt sur le revenu au nom du défunt et ajouter à cette fin aux revenus dont il a déposé pendant l'année de son décès (article 204 du CGI).

Pour éviter cette conséquence, l'article 12 de la loi sur l'épargne offre la possibilité aux héritiers du de cujus d'affecter l'ensemble des sommes qui figurent sur ces comptes, soit à un nouveau PER s'il n'en ont pas ouvert antérieurement, soit à leur propre PER dans le cas contraire (cette opération de transfert devant avoir lieu au plus tard six mois après le décès).

L'obligation ainsi faite aux héritiers du de cujus pour éviter le paiement de l'impôt sur le revenu de transférer les sommes ou titres inscrits sur le PER de ce dernier sur leur propre PER – afin de bénéficier non d'une exonération d'impositon mais d'un simple différé, l'impôt restant exigible lorsqu'eux-mêmes retireront les sommes considérées de leur propre PER – ne s'applique pas dans l'hypothèse ou l'épargne a été placé en assurance vie. En effet, dans cette hypothèse, les compagnies d'assurance auront proposé à leurs clients la souscription de capitaux différés assortie d'une contre-assurance, les primes afférentes à cette dernière n'étant pas éligibles au PER.

Aussi, lorsque cette contre-assurance joue, les sommes versées par la compagnie d'assurance le sont au titre de primes n'ayant jamais été inscrites dans le PER du défunt. Par conséquent *"les capitaux versés à ce titre ne constituent pas un retrait du compte d'épargne retraite"* (1). Aucun impôt surle revenu n'est donc dû sur ces sommes, que soit au titre du défunt ou par ses héritiers.

Quant au contrat de capitaux différés inscrit dans le PER, par suite du décès du contribuable, l'assureur se trouve libéré de tout paiement à ce titre. La fermeture du PER considéré, à la suite du décès de son titulaire, ne s'accompagne dès lors d'aucun retrait, aucune créance à l'encontre de l'assureur n'y étant plus inscrite. Par suite, aucun impôt sur le revenu ne sera dû à ce titre au nom du de cujus sans que les héritiers ne soient dans l'obligation de reverser les sommes considérées dans un nouveau PER.

2.2 - *L'IMPOSITION DES AVANCES*

Selon l'administration fiscale, les avances sur polices, *"opération par laquelle l'assureur accepte de faire à l'assuré une avance d'argent imputable sur la provision mathématique"* (2) ne sont pas des retraits. En effet,

> *"l'avance s'analyse comme un prêt portant intéret qui, s'il est gagé sur la provision mathématique de l'assurance, ne modifie pas le montant du capital garanti. Si l'avance n'a pas été remboursée lors du dénouement de l'opération d'assurance, elle est imputée sur le montant des capitaux dus par l'assureur au titre de la garantie vie. Dans cette situation, le retrait correspond à l'intégralité des capi-*

(1) Instruction du 19 février 1988.

(2) Picard et Besson, opus cite, tome II, n° 497.

taux vie. Le rembousement, par imputation, de l'avance n'a aucune incidence à cet égard" (1).

Cette analyse permettra, en pratique, aux compagnies d'assurance d'arguer auprès de leurs clients de la souplesse relative, quant à la disponibilité de l'épargne constituée au sien d'un PER, qu'autorise la souscription de contrat d'assurance vie par rapport aux autres produits éligibles dans un PER. Cette doctrine administrative apparaît cependant curieuse à un double titre : d'une part, elle va à l'encontre de la volonté du législateur de favoriser la seule épargne longue ; d'autre part, elle contredit la logique retenue par l'Administration quant à l'impositon des avances sur contrat en application de l'article 125 0 A du CGI (*supra* p. 332s).

2.3 - *LA DÉSIGNATION D'UN TIERS COMME BÉNÉFICIAIRE*

Sur le plan juridique, la souscription d'une assurance vie autorisera de plus – contrairement à la logique même du PER qui est de favoriser la constitution d'un revenu complémentaire pour la période de retraite du contribuable, par analogie aux régimes obligatoires de retraite – de désigner comme bénéficiaire un tiers quelconque (2). Dans cette hypothèse, ce sera *"le bénéficiaire du capital en cas de vie ou de la rente au terme du contrat qui sera imposé selon le régime des pensions"*.

SECTION IV

Impositions des sommes perçues par une entreprise au titre d'une assurance de personnes

Les indemnités d'assurances de personnes perçues par une entreprise peuvent, soit s'apparenter au produit d'un simple placement financier (1), soit être consécutives au décès d'un collaborateur (2), soit enfin compenser pour tout ou partie une charge de l'entreprise (versements d'indemnités de fin de carrière aux salariés...) (3). Leur traitement fiscal variera selon ces hypothèses et dépendra également du caractère professionnel ou non professionnel de l'assurance (4).

1. LES INDEMNITÉS D'ASSURANCE COMME PRODUITS FINANCIERS

La souscription par une entreprise d'une assurance en cas de vie sur la tête d'un de ses collaborateurs ou de bons de capitalisation s'analyse comme une

---

(1) Instruction du 19 février 1988, opus cite.

(2) Réponse de l'Administration lors de la réunion de la Porte Maillot susvisée.

simple modalité particulière de placement d'une épargne disponible. Dans cette hypothèse, il a été souligné (*supra* p. 210s) que le montant des primes ne peut être admis en déduction du bénéfice de leur exercice de versement.

Inversement, le capital versé à l'entreprise constitue un profit immédiatement taxable en application des dispositions de l'article 38.2 du CGI. Naturellement les primes n'ayant pas été initialement admises en déduction, leur montant devra être imputé sur le capital perçu et seul l'excédent devra être porté à l'actif et compris dans le bénéfice imposable.

LA SOUSCRIPTION DE BONS DE CAPITALISATION PAR UNE ASSOCIATION

Quant à la fiscalité des bons de capitalisation, l'Administration a précisé (Réponse Allouche, Sénat 2 janvier 1986, JO n° 23029) :

> *"Les intérêts ou produits attachés aux bons de capitalisation versés lors du dénouement du contrat sont des revenus de capitaux mobiliers n'entrant pas dans le champ d'application de la retenue à la source prévue à l'article 119 bis 1 du CGI. Conformément aux dispositions de l'article 206-5 c du même code, ils sont donc soumis à l'impôt sur les sociétés calculé au taux de 24 p. 100 sur leur montant brut lorsqu'il sont perçus par des organismes sans but lucratif".*

Le Ministre soulignait à cette occasion que le vote de l'article 14.1.4 de la loi de finances pour 1983 soumettant à l'impôt sur le revenu les produits attachés aux bons de capitalisation et aux placements de même nature (*supra* p. 319s) n'apportait *"aucune modification"* à l'égard de l'impôt sur les sociétés. Les produits attachés aux bons ou contrats de capitalisation perçus par des entreprises passibles de l'impôt sur les sociétés (ou des organismes sans but lucratif) doivent donc être inclus dans les bases de cet impôt, quelle que soit la date de souscription desdits bons (avant ou après le 1er janvier 1983).

2. LES INDEMNITÉS D'ASSURANCE CONSÉCUTIVES AU DÉCÈS D'UN COLLABORATEUR

Il est courant qu'une entreprise entende, en contractant à son profit une assurance en cas de décès ou d'invalidité sur la tête d'un de ses collaborateurs, se prémunir contre les difficultés qui pourraient découler pour son activité de la disparition du collaborateur considéré (pour l'hypothèse particulière où le bénéficiaire du capital est une banque prêteuse, et non l'entreprise elle-même, *supra* p. 301s).

"S'il n'est pas contesté que de telles assurances correspondent à l'intérêt de l'entreprise, la théorie de l'acte anormal de gestion est donc sans prise à leur égard, l'Administration n'en rejette pas moins la déduction des primes de ce type d'assurance sous le prétexte qu'elles se rapportent à un risque dont la réalisation n'entraînera pas par lui-même la perte d'un élément actif immobilisé ou une charge d'exploitation ; le risque couvert est en réalité un manque à gagner éventuel, non susceptible de s'inscrire en pertes ou en frais dans la comptabilité" (1).

Quant au capital versé à l'entreprise en cas de réalisation du risque assuré, il constitue clairement un profit immédiatement taxable *"dans les conditions et aux taux de droit commun"* (2) en application des dispositions de l'article 38.2 du CGI,

"mais comme en vertu de l'article 13 du CGI, le revenu imposable ne peut être qu'un revenu net, l'administration est contrainte de reconnaître que les primes antérieurement versées, et qui n'avaient pas été déduites, s'imputeront sur le montant du capital assuré ; la déduction est ainsi opérée de façon rétroactive, au mépris de la règle de la spécificité des exercices. Tous ces détours bien complexes seraient évités si l'administration acceptait le principe simple et équitable de la déduction des primes d'assurance vie" (3).

Pour être parfaitement justifié, cette dernière proposition devrait cependant être explicitement réservée aux seules assurances en cas de décès. Les assurances en cas de vie s'analysant comme de simples opérations de placement, la déductibilité des primes afférentes à ces dernières ne peut être utilement défendue.

CRITIQUE DE LA DOCTRINE ADMINISTRATIVE

Le mode actuel d'imposition des prestations d'une assurance en cas de décès perçues par une entreprise s'inscrit mal dans le *"principe en vertu duquel il existe une correlation entre indemnité et préjudice"* mis en évidence par le Professeur Schmidt et Mme Benac-Schmidt (4).

Ces auteurs soulignent, en effet, que

"selon une jurisprudence bien établie du Conseil d'Etat il y a plus de trente ans (CE 16 février 1944, Gaz. Pal. 1944.1.127), toute

(1) Réponse Allainmat, AN 21 décembre 1977, JO p. 9117.
(2) *"Précis de fiscalité des entreprises"*, par M. Cozian, aux Librairies Techniques, opus cite p. 116.
(3) Idem p. 117.
(4) Cf note au Dalloz 1982-229.

indemnité reçue par une entreprise est, en principe, imposable. Mais il en est ainsi parce que le préjudice couvert par l'indemnité est généralement déductible. Et – c'est là l'essentiel – il ne s'agit pas de deux règles contradictoires, si l'on prend soin d'observer que, dans les deux cas, il existe un lien entre l'indemnité et le préjudice. Ce lien s'exprimera de la manière suivante :

– la qualification de l'indemnité est définie par celle du préjudice qu'elle répare ;

– la qualification de l'indemnité ne sera incertaine que dans la mesure où celle du préjudice est elle-même incertaine" (1).

Mais justement la nature du préjudice de l'entreprise, en cas de décès d'un de ses collaborateurs est incertaine. En effet

"*la notion de dommage est complexe, elle peut être extra-comptable, telle la conséquence du décès du président de la société... Dans ces conditions, on ne peut pas lier de façon technique la fiscalité des primes avec la fiscalité des dommages couverts par les assurances. C'est ce qui explique les hésitations de l'administration. Dans chaque cas particulier, celle-ci apprécie l'opportunité de l'assurance au regard de la bonne marche de l'entreprise. Ainsi, pour reprendre l'exemple de l'assurance vie du président ou de certains collaborateurs au profit de la société, l'Administration n'admet la déductibilité globale des primes qu'au moment du décès ou à l'expiration du contrat, mesure qui illustre bien ses hésitations*" (2).

3. LES INDEMNITÉS PERÇUES EN COMPENSATION DE CHARGES EFFECTIVES

En application de dispositions de conventions collectives, d'accords d'entreprise ou encore de décisions unilatérales de l'employeur de nombreuses entreprises doivent verser à leurs collaborateurs diverses indemnités ou compléments de rémunération (indemnités journalières en cas de maladie, indemnités de fin de carrière...).

Pour étaler le financement de ces charges sur plusieurs exercices et éviter toute difficulté de trésorerie, ces entreprises souscrivent souvent, auprès de compagnies d'assurances, des contrats d'assurance de groupe. Aux termes de ces contrats, en cas de réalisation du "*risque*" assuré (par exemple le départ

---

(1) Note au Dalloz 1982, p. 465s, de J. Schmidt et F. Benac-Schmidt, p. 466.
(2) Idem. Cf également des mêmes auteurs, notes au Dalloz 1983, p.110s et p.629s.

à la retraite d'un employé après plus de vingt années de collaboration...) l'assureur versera une somme convenue à l'entreprise cliente.

Naturellement, les versements considérés correspondent à un produit imposable au niveau de l'entreprise bénéficiaire. Cette analyse n'induit cependant aucune imposition supplémentaire. En effet, par définition, au cours du même exercice, l'entreprise considérée aura une charge déductible du même montant, correspondant au versement à son collaborateur des indemnités conventionnelles.

Dans cette hypothèse, il a déjà été observé (*supra* p. 240s) que l'Administration n'entend pas, pour autant, contester la déductibilité initiale des primes d'assurance de groupe – au motif que l'entreprise n'en aurait pas perdu définitivement la disposition – sauf si l'entreprise profitait de ce mécanisme pour conforter sa trésorerie. L'Administration exige donc simplement, dans ce cas de figure, une parfaite concomitance entre le règlement des sommes considérées par l'assureur à l'entreprise et leur versement par cette dernière aux salariés.

Cette exigence apparaît d'autant moins critiquable que le transit des fonds considérés par l'entreprise–employeur a pour seul objet de lui premettre de calculer le montant des prélèvements sociaux à effectuer éventuellement sur lesdits versements. Une entreprise quelconque ne devrait donc rencontrer aucune difficulté à reverser à ses salariés au cours du même exercice les sommes reçues de son assureur et éviter ainsi toute imposition supplémentaire.

4. CARACTÈRE PROFESSIONNEL DE L'ASSURANCE

Le capital versé au titre d'un contrat d'assurance vie ne devra être regardé comme une recette professionnelle que si l'assurance a elle-même un caractère professionnel.

En matière de bénéfices industriels et commerciaux, le Conseil d'Etat a jugé (1), à ce sujet, qu'une assurance souscrite par une société et stipulant un capital au profit de la veuve de l'administrateur ou de la famille de l'exploitant n'avait pas un caractère professionnel alors même que ce capital aurait eu pour objectif de permettre aux héritiers de payer des dettes professionnelles.

De même en matière de bénéfices non commerciaux, si les clauses d'un contrat d'assurance vie permettent d'établir que les associés d'une société civile professionnelle ont entendu par cette souscription

---

(1) CE 18 novembre 1949, n° 91849, RI 7026 ; CE 25 juillet 1975, n° 94844 et n° 96449, RJF 10/75 n° 460 ; DF 1975 n° 45, Comm. 1457.

"se prémunir, pour eux-mêmes et pour leurs ayants droit, contre les conséquences patrimoniales liées au risque de dissolution de la société, en cas de décès de l'un d'entre eux avant l'expiration du pacte social ou se procurer la disposition d'un capital au moment de la cessation éventuelle de leur activité professionnelle ... (le capital perçu) ne peut-être regardé comme une recette professionnelle imposable à l'impôt sur le revenu, par application des dispositions ... de l'article 93 du CGI" (1).

Les conclusions du Commissaire du gouvernement Fouquet, dans cette dernière espèce (2), éclaire parfaitement le caractère professionnel ou non professionnel des sommes perçues au titre d'un contrat d'assurance vie.

En l'espèce :

"l'objectif de ce contrat était, d'une part, de garantir le versement d'un capital aux assurés en cas de vie au terme probable de leur activité professionnelle et, d'autre part, de dédommager les héritiers en cas de décès de l'un d'eux de l'attribution de la totalité de l'actif professionnel au survivant.

La somme versée au terme du contrat est le produit de la capitalisation, avec participation aux bénéfices, des primes acquittées pendant vingt ans pour assurer aux deux architectes, à la fin de leur vie professionnelle, un capital.

Cette somme et la partie du contrat d'assurance à laquelle elle correspond, n'ont (donc) à l'évidence rien à voir avec l'intérêt professionnel du cabinet. Le contrat d'assurance vie proprement dit a été conclu dans l'intérêt personnel des architectes. Les primes versées constituaient des dépenses personnelles non déductibles au titre des charges professionnelles (cf pour les cotisations d'assurance vie d'un notaire : Rép. n° 22236, 5 novembre 1959, p. 2188 ; BOCD 1959-II-964). Le capital versé au terme du contrat est le résultat de l'affectation de ces dépenses personnelles et ne peut (dès lors), en aucune façon, être regardé comme une recette professionnelle".

Le commissaire Fouquet précisait par ailleurs, que la décision aurait été la même dans l'hypothèse où l'assurance en cas de décès, et non le contrat en cas de vie aurait joué. En effet, l'assurance décès *"ne paraît pas (non plus) avoir été stipulée dans l'intérêt professionnel (de la société civile d'architectes considérée). Il s'agit d'une opération purement patrimoniale destinée à dédommager les héritiers de l'assuré décédé de l'attribution à l'assuré survivant de la totalité de l'actif social qui aurait dû normalement être partagé par moitié".*

---

(1) CE 7ème et 8ème sous-sections, 27 février 1985 n° 43241 ; RJF 4/85 n° 566.
(2) Droit fiscal 1985, n° 26, p. 864s.

Il reste un élément qui pourrait inciter à imposer les capitaux considérés comme un revenu professionnel. En effet, dans la plupart des cas les primes afférentes auxdits contrats sont déduites du revenu professionnel. Il peut dès lors apparaître choquant de ne pas imposer un capital financé par des primes qui ont été effectivement déduites mais, comme le souligne le Commissaire du Gouvernement Fouquet "en décider autrement conduirait à remettre en cause la théorie des actes de gestion anormale et à regarder le choix du financement d'un contrat d'assurance comme une décision opposable à l'Administration".

C'est donc, parfaitement à juste titre que le Conseil d'Etat décidera *"que la circonstance que les primes d'assurance ont été, en fait, prises en charge par la société, n'est pas en elle-même, de nature à conférer à ladite assurance un caractère professionnel"*.

SECTION V
La fiscalité spécifique des opérations de prévoyance

Au sein des prestations versées au titre de contrats de prévoyance par des compagnies d'assurances à des personnes physiques, il convient de distinguer celles qui correspondent à des remboursements de frais (médicaux, chirurgicaux...) de celles qui s'apparentent à un revenu de substitution (indemnités journalières...). Les premières ne sont jamais imposables. Quant au traitement fiscal des secondes, il dépendra, pour l'essentiel, du caractère facultatif (1) ou obligatoire (2) de l'adhésion au contrat au titre duquel les prestations sont assurées.

1. LES CONTRATS À ADHÉSION FACULTATIVE

L'Administration a très clairement posé dans son instruction du 31 mai 1983 (BODGI 5 F-15-83) le caractère non imposable des prestations perçues au titre de contrat de prévoyance à adhésion facultative :

> *"Si un salarié – ou tout autre contribuable – souscrit un contrat d'assurance – ou adhère à un contrat d'assurance de groupe – en vue de compléter son régime légal de protection sociale (maladie, maternité, invalidité, décès), les prestations perçues en exécution de ce contrat sont exclues du champ d'application de l'impôt sur le revenu, dès lors que la souscription ou l'adhésion est facultative, et cela même dans l'hypothèse où l'opération est réalisée dans le cadre de l'exercice de la profession".*

Cette solution est, notamment,

> *"applicable aux rentes d'invalidité servies en exécution de tels contrats et sans faire de distinction selon que les prestations en cause sont temporaires ou permanentes. En effet, ces rentes ne sont versées qu'en cas de survenance d'un risque assuré et leur perception se situe dans le cadre d'une opération de prévoyance et non dans celui d'une opération de placement ; elles ne constituent donc pas des rentes viagères à titre onéreux au sens de l'article 158.6 du CGI".*

L'exonération de l'impôt sur le revenu de telles prestations découle de la non déductibilité du revenu imposable des primes correspondantes et cela même dans l'hypothèse où l'opération est réalisée dans le cadre de l'exercice d'une profession comme le précise l'Administration dans une instruction du 23 septembre 1982 (BODGI 5 G-15-82) :

> *"Dès lors que la nature des risques assurés (risques personnels et non pas professionnels) et le caractère purement facultatif des contrats interdisent la déduction des primes ou cotisations correspondantes, il a été décidé d'exclure du champ d'application de l'impôt sur le revenu les sommes servies en exécution de tels contrats quelles que soient la forme et la périodicité des versements".*

2. LES CONTRATS À ADHÉSION OBLIGATOIRE

Le principe directeur de la fiscalité des prestations servies au titre de contrats d'assurance de personnes à adhésion obligatoire est l'assujetissement à l'impôt des sommes perçues par suite du versement de cotisations obligatoires qui ont pu, par suite, être déduites du revenu imposable.

En pratique, l'exposé du régime fiscal des indemnités journalières complémentaires versées par des compagnies d'assurance en cas de maladie, accident ou maternité nécessite un rapide rappel du traitement des indemnités journalières servies dans le cadre de la Sécurité sociale.

LES INDEMNITÉS JOURNALIÈRES VERSÉES PAR LA SÉCURITÉ SOCIALE

L'article 76 de la loi de finances pour 1979, codifié sous l'article 80 *quinquies* du CGI a mis partiellement fin à l'exonération des indemnités journalières de Sécurité sociale instituée par une décision administrative de janvier 1931.

Le nouveau texte soumet, en effet, à l'impôt sur le revenu, suivant les règles applicables aux traitements et salaires, les indemnités journalières versées à compter du 1er janvier 1979 par les organismes de la Sécurité sociale et de la mutualité sociale agricole ou pour leur compte.

Toutefois, les indemnités journalières allouées aux victimes d'accidents du travail continuent à bénéficier de l'exonération édictée par l'article 81.8° du CGI ; par ailleurs, des exonérations sont instituées pour :

- les indemnités journalières de maladie versées à des personnes atteintes d'une affection comportant un traitement prolongé et une thérapeutique particulièrement coûteuse ;
- les prestations en espèces (indemnités journalières de repos) versées dans le cadre de l'assurance maternité, aux femmes bénéficiant d'un congé de maternité ;

Ces indemnités sont exonérées de plein droit d'impôt sur le revenu, quel que soit le montant des revenus de l'allocataire.

Quant au deuxième alinéa de l'article 80 *quinquies* du CGI qui exonérait d'impôt sur le revenu les indemnités journalières de maladie versées par les organismes de Sécurité sociale et de la mutualité agricole lorsque le revenu net global du foyer n'excédait pas la limite supérieure de la deuxième tranche du barème de l'impôt sur le revenu, soit 33 520,00 F pour 1986, il a été abrogé par l'article 33.I de la loi de finances pour 1987, cette mesure s'appliquant, pour la première fois, aux indemnités versées en 1986.

LES INDEMNITÉS JOURNALIÈRES COMPLÉMENTAIRES À CELLES DE LA SÉCURITÉ SOCIALE

Les sommes que les salariés perçoivent en sus des indemnités journalières de Sécurité sociale, sont assujetties à l'impôt sur le revenu. Cette règle est applicable que les indemnités soient versées directement par l'employeur ou qu'elles soient servies pour le compte de celui-ci par un organisme de retraite ou d'assurance.

A cet égard, contrairement aux dispositions de droit social (1) selon lesquelles les indemnités complémentaires versées par des organismes d'assurance ou de prévoyance ne doivent être prises en compte pour le calcul des cotisations de Sécurité sociale que dans la mesure où leur financement est assuré par l'employeur – la fraction de ces indemnités correspondant à la participation financière des salariés étant exclue – en matière fiscale le mode de financement n'emporte aucune conséquence (2).

---

(1) Cf avis du Conseil d'Etat du 10 juillet 1973 *(inédit)* et circulaire ACOSS du 15 mars 1973.
(2) Instruction du 30 novembre 1973, BODGI 5 F-23-73.

L'Administration a par ailleurs précisé (Instruction du 18 février 1972, BODGI 5 F-10-72) que "lorsque des allocations complémentaires aux indemnités journalières de sécurité sociale continuent à être versées au salarié après la rupture du contrat de travail, le régime fiscal desdites allocations doit être réglé comme suit :

- du fait de l'absence de liens entre le travailleur et l'entreprise, les sommes versées par les assureurs ou par les organismes de prévoyance perdent le caractère de traitements et salaires et ne peuvent, en conséquence, être retenues dans la base des taxes assises sur les salaires au nom de l'employeur ;

- en revanche, les sommes en cause conservent le caractère de revenu au sens de la jurisprudence du Conseil d'Etat. Elles doivent donc continuer d'être imposées au nom des bénéficiaires."

Il reste à souligner qu'il revient à l'employeur de déclarer les indemnités considérées allouées, en cas de maladie, d'accident ou de maternité, même si leur versement est effectué directement par la compagnie d'assurance. Il appartient, en effet, dans cette hypothèse à l'entreprise de prendre toutes dispositions utiles pour connaître le montant des versements ainsi effectués.

CHAPITRE II

Le règlement des prestations sous forme de rente

Le règlement des prestations dues au titre d'un contrat d'assurances de personnes peut prendre la forme du versement d'une rente viagère au bénéficiaire. Les modalités d'imposition de telles rentes viagères varieront selon qu'elles sont versées à titre onéreux (Section I) ou à titre gratuit (Section II). En toute hypothèse, il découlera des versements considérés diverses obligations pour l'organisme payeur (Section III).

SECTION I
Les rentes viagères à titre onéreux

Avant d'exposer les modalités d'imposition entre les mains de leurs bénéficiaires des rentes viagères à titre onéreux (**3.**) il apparaît nécessaire d'en préciser les caractères généraux (**1.**) afin de les distinguer de versements proches mais imposables selon des dispositions distinctes (**2.**).

1. CARACTÈRES GÉNÉRAUX

Les termes **"rentes viagères à titre onéreux"** doivent s'entendre au sens des dispositions de l'article 1968 du Code civil (1) qui dispose qu'une *"rente viagère peut-être constituée à titre onéreux, moyennant une somme d'argent, ou pour une chose mobilière appréciable ou pour un immeuble"*.

(1) Réponse Le Tac, AN 24 août 1963, JO p. 4727.

Une rente viagère est donc dite constituée à titre onéreux lorsque l'obligation contractée par le débirentier a pour contrepartie :

– soit le versement, échelonné ou non, d'un capital en argent,

– soit l'aliénation d'un bien meuble ou d'un immeuble.

Il est indifférent qu'elle soit constituée au profit d'une tierce personne qui, bénéficiant alors d'une stipulation pour autrui, la percevra pendant la durée de sa vie. Cette particularité ne modifiant pas, pour l'administration fiscale (1) le caractère de la rente qui, bien que l'aliénation des biens et du capital ait été consentie par une personne autre que le bénéficiaire de la rente, n'en aura pas moins été constituée à titre onéreux. Il s'ensuit que son bénéficiaire peut, en pareil cas, profiter également du régime spécial de taxation.

Une rente viagère à titre onéreux peut naturellement être établie sur plusieurs têtes. C'est ainsi que constitue bien une rente viagère à titre onéreux la rente annuelle reversible pour la totalité, en cas de décès, sur la tête du conjoint survivant, qu'un contribuable et sa femme se sont assurés, par contrat passé avec une société d'assurances, moyennant le versement d'un capital (2).

Le versement d'un capital en espèces – indifféremment en prime unique ou en primes périodiques – à une compagnie d'assurances peut donc parfaitement viser à la constitution d'une rente viagère à titre onéreux. Dans cette hypothèse l'Administration souligne cependant la nécessité de vérifier que de tels versements visent bien à la constitution d'une rente viagère à titre onéreux et non simplement d'une pension de retraite (3).

DIFFÉRENCE ENTRE PENSIONS DE RETRAITE ET RENTES VIAGÈRES À TITRE ONÉREUX

Il existe une différence juridique fondamentale entre les pensions de retraite et les rentes viagères : les premières résultent d'une adhésion à un régime de retraite obligatoire et sont financées par les cotisations des employeurs et des employés s'il s'agit d'un régime de salariés, par les cotisations des adhérents eux-mêmes en ce qui concerne les régimes des non-salariés. Quant aux rentes viagères à titre onéreux, elles sont constituées facultativement par les épargnants qui acceptent librement des clauses du contrat proposé par l'organisme assureur (4).

---

(1) Note du 16 avril 1963, BOCD II 2312.

(2) Cf CE 26 juin 1925, RO 5062.

(3) Rép. Dessaint Ch., 17 juillet 1931, p. 374 ; Rép. Nègre, AN 30 avril 1965, p. 1017 ; Rép. Odra, AN 14 mai 1969, p. 2383.

(4) Rép. Richard, AN 9 avril 1964, p. 681.

A cet égard, l'Administration a précisé (1) que les rentes viagères constituées à titre onéreux résultent d'un contrat librement consenti par le crédirentier, qui à volontairement accepté de se dessaisir d'un élément de son patrimoine – bien mobilier ou immobilier, somme d'argent – en contrepartie de revenus en espèces échelonnés dans le temps. C'est pourquoi la loi du 23 février 1963 – codifiée sous l'article 158.6 du CGI – a exonéré d'impôt une part des rentes correspondant au remboursement du capital initial, cette part étant, bien entendu, variable suivant l'âge du rentier.

Les pensions de retraite, en revanche, résultent généralement d'un droit acquis à raison d'une activité exercée antérieurement par leurs titulaires. Elles sont servies, dans le cadre de la profession, en contrepartie de cotisations, prélevées en franchise d'impôt, sur le revenu professionnel. Au surplus, leur montant n'est pas, en principe, en relation directe avec celui des cotisations acquittées, mais il est le plus souvent fonction des droits acquis par l'intéressé dans le régime dont il relève ou du revenu professionnel des dernières années d'activité. Ces pensions ne présentent donc à aucun titre le caractère d'un remboursement de capital.

Compte-tenu de cette différence de nature, l'Administration souligne donc à juste titre que le régime fiscal applicable aux pensions de retraite, qui bénéficient par ailleurs de l'abattement spécial de 20% prévu à l'article 158.5 du CGI, ne peut être considéré comme inéquitable par rapport à celui des rentes viagères à titre onéreux.

Conformément à cette doctrine administrative, le Conseil d'Etat a analysé (2) comme une pension de retraite et non comme une rente viagère à titre onéreux, la pension qu'une société a accepté par un contrat faisant suite à un engagement similaire de verser à un de ses anciens directeurs à compter de la cessation des ses fonctions dès lors qu'elle ne lui a pas été attribuée *"en contrepartie de l'aliénation d'un capital au profit de la société Z..., mais en raison de l'activité qu'il avait exercée pendant de nombreuses années à l'usine de ..."*.

Pour s'analyser comme une rente viagère à titre onéreux, une rente ne doit donc pas avoir été financée pour une fraction quelconque par un employeur (3) – sauf naturellement à ce que les primes aient été versées en sursalaire (*supra* p. 153s) – mais s'inscrire entièrement dans les dispositions susmentionnées de l'article 1968 du Code civil.

---

(1) Rép. Alduy, AN 30 septembre 1972, p. 3793 et Rép. de Vitton, AN 23 septembre 1972, p. 3757.

(2) CE 31 mai 1978, n° 6672, 7e et 9e s.-s. ; Droit fiscal 1978, n° 39 p. 926.

(3) En ce sens, CE 21 juillet 1972, 7e et 9e sous-sections, req. 84984 Dupont, 1972 p. 378.

2. VERSEMENTS N'AYANT PAS LE CARACTÈRE DE RENTES VIAGÈRES À TITRE ONÉREUX

Les produits d'épargne commercialisés par les compagnies d'assurance ont la spécificité, au regard des produits bancaires, de prendre en compte la durée de la vie humaine. La rente viagère à titre onéreux en apparaît ainsi l'archétype.

Aussi, les assureurs – sous la pression de leur clientèle – n'ont pas manqué d'imaginer, et par suite de commercialiser, une grande variété de types de rentes viagères (1) : rentes viagères immédiates, rentes viagères différées...

Cette multiplicité pourrait conduire à confondre avec les rentes viagères à titre onéreux d'autres types de versements qui en empruntent certaines caractéristiques mais n'en relèvent pas moins de régimes fiscaux fort différents. Il en ira ainsi d'une part des rentes temporaires (**2.1**) ou des versements afférents à des contrats de capitaux différés successifs (**2.2**).

2.1 - *RENTES TEMPORAIRES*

Par opposition aux rentes viagères, servies tant que le bénéficiaire est en vie, les rentes temporaires (par exemple les rentes d'éducation, les rentes d'orphelins ...) ne sont versées que pendant une période préalablement définie.

Le mode d'imposition des versements afférents à de telles rentes entre les mains de leurs bénéficiaires variera selon le caractère obligatoire (**2.1.1**) ou facultatif (**2.1.2**) du contrat correspondant et par suite du caractère déductible ou non déductible des primes l'ayant financé.

2.1.1 - Contrats obligatoires

> *"A l'inverse des pensions et rentes viagères qui, sous réserve de certaines exonérations légales, sont soumises à l'impôt au nom des bénéficiaires en vertu de l'article 79 du CGI, les* "rentes temporaires" *ont longtemps été considérées par l'Administration comme non imposables"* (2).

L'Administration avait, en effet, indiqué dans un premier temps que les rentes temporaires étaient exclues du champ d'application de l'impôt sur le revenu (3).

---

(1) Cf L'Assurance vie, Contrats individuels par D. et C. Collignon, opus cite, p. 23.
(2) Documentation pratique des impôts directs, Francis Lefebvre, TS.III.520.
(3) Cf. Rep. Beylot, AN 22 avril 1970, p. 1231 ; BODGI 5 F-II-70.

Cette première doctrine devait être rendue caduque par une note du 24 mai 1974 (1) commentant une décision du Conseil d'Etat (2) rendue à propos d'une pension temporaire d'orphelin.

Dès lors, seront passibles de l'impôt sur le revenu dans les conditions de droit commun :

> *"Les avantages servis par les organismes de retraite ou de prévoyance dans le cadre de contrats collectifs et obligatoires.*
>
> *Ces régimes offrent fréquemment à leurs affiliés la possibilité de s'assurer des ressources complémentaires lorsqu'ils sont victimes d'accidents professionnels ou privés. Les sommes versées à cette occasion revêtent, suivant le cas, la forme, soit d'un complément – versé, le plus souvent, jusqu'à l'âge normal d'ouverture des droits à la retraite – des prestations servies par les régimes de sécurité sociale, soit d'une bonification de la pension de vieillesse attribuée prématurément en cas d'incapacité totale à exercer les fonctions ...*
>
> *Lorsqu'il s'agit d'indemnités s'ajoutant aux indemnités journalières servies par les régimes de base, les sommes en cause sont traitées, au plan fiscal, soit comme des salaires, tant que l'intéressé demeure lié à son employeur, soit comme des pensions, lorsque la rupture du contrat de travail est intervenue (cf. instruction du 18 février 1972, BODGI 5 F-10-72).*
>
> *Quant aux sommes allouées en cas d'incapacité permanente totale ou partielle, elles doivent, dans tous les cas, être soumises à l'impôt suivant le régime des pensions, qu'il s'agisse d'une pension de retraite anticipée ou d'une allocation venant compléter la rente ou la pension servie par le régime de base au titre des accidents du travail ou de l'invalidité. Il en est ainsi également en ce qui concerne les sommes perçues par les ayants droit de l'affilié"* (3).

Les rentes temporaires versées dans le cadre d'un régime obligatoire sont donc assujetties à l'impôt sur le revenu, en application du droit commun et ne bénéficient d'aucune exonération particulière. Il en ira tout autrement des rentes temporaires versées dans le cadre d'un régime facultatif (4).

---

(1) BODGI 5 F-22-74.
(2) 30 juin 1972, req. n° 81.054, Dupont 1972, p. 342.
(3) Note du 24 mai 1974, opus cite.
(4) Rep. Hamelin, AN 9 avril 1976, n° 25787.

2.1.2 - Contrats facultatifs

L'administration fiscale a, clairement et à plusieurs reprises, posé depuis 1982 (1) le principe du non assujettissement à l'impôt sur le revenu des sommes versées par des compagnies d'assurances, en exécution de contrats à adhésion facultative souscrits en vue de compléter le régime légal de protection sociale.

Ainsi, dès lors que la nature des risques assurés (risques personnels et non pas professionnels) et le caractère purement facultatif de la souscription du contrat interdisent la déduction des primes correspondantes, l'administration fiscale a décidé d'exclure du champ d'application de l'impôt sur le revenu les sommes d'argent servies en exécution de tels contrats, quelles que soient la forme et la périodicité des versements (2).

L'Administration a précisé, à cet égard, que cette solution est applicable aux rentes d'invalidité servies en exécution de tels contrats et sans faire de distinction selon que les prestations en cause sont temporaires ou permanentes. En effet, ces rentes ne sont versées qu'en cas de survenance d'un risque assuré et leur perception se situe dans le cadre d'une opération de prévoyance et non dans celui d'une opération de placement ; elles ne constituent donc pas des rentes viagères à titre onéreux au sens de l'article 158.6 du CGI (3).

L'Administration pose ainsi une exception au principe selon lequel toutes les rentes viagères quelle que soit leur forme ou leur origine, à l'exception de celles expressément exonérées par la loi, entrent dans les prévisions de l'article 79 du CGI.

Cette dernière solution s'analyse naturellement *"comme une mesure de tempérament, puisqu'une rente permanente présente le caractère d'une rente viagère et qu'elle doit être regardée comme étant constituée à titre onéreux, dès lors que des versements ont été effectués auprès de la compagnie d'assurances qui la sert"* (4).

2.2 - *VERSEMENTS DE CAPITAUX DIFFÉRÉS*

Selon l'Administration (5) :

"les versements réguliers résultant des échéances successives d'une série de contrats de capitaux différés présentent, conformé-

---

(1) Sur la doctrine fiscale antérieure cf Jurisclasseur fiscal, fascicule 410, *"Pensions et rentes viagères"* n° 70 bis.

(2) Cf Instruction du 23 septembre 1982, BODGI 5 G-15-82.

(3) Cf Instruction du 31 mai 1983, BODGI 5 F-15-83.

(4) Jurisclasseur fiscal, fasc. 410, 70 ter (5, 1985).

(5) Note du 21 septembre 1976, 5-F-23-76.

ment à la jurisprudence du Conseil d'Etat (arrêt du 16 juillet 1947, req. n° 87.581 R.O. p. 271), le caractère d'un profit se renouvelant périodiquement et constituent un revenu passible de l'impôt. Dans ces conditions, il convient d'assimiler les versements effectués dans le cadre des contrats visés ci-dessus à des rentes viagères à titre onéreux imposables dans les conditions prévues à l'article 158.6 du CGI. L'âge à retenir pour déterminer la fraction imposable de ces rentes est, pour la totalité des versements résultant d'un tel ensemble de contrats, l'âge atteint par le crédirentier au moment du premier versement".

Cette doctrine administrative a cependant été infirmée, par un arrêt du Conseil d'Etat du 3 juillet 1985 (Req. 44392, DF 1986 n° 8, Comm 300).

En effet, aux termes de cet arrêt, les sommes versées par une compagnie d'assurances au titre de contrats de capitaux différés sans contre-assurance et non réversibles au profit d'un tiers, pendant dix ans, sauf décès avant l'expiration de cette période, ne sont pas – contrairement aux prétentions de l'administration fiscale – imposables en tant que rentes viagères à titre onéreux suivant le régime prévu à l'article 158.6 du CGI.

Pour le Conseil d'Etat, seule la partie représentative des intérêts pouvait être assujettie à l'impôt sur le revenu.

Du reste, à cet égard, le Conseil d'Etat avait déjà décidé (7 février 1944, req. 73473 Lebon 1944 p. 49) que les versements périodiques prévus par contrat, pour une durée déterminée, avec clause d'extinction en cas de décès avant le terme, n'ont pas le caractère de rente viagère si, compte tenu de l'âge du bénéficiaire au moment de la conclusion du contrat et la durée prévue des arrérages, le service de la rente est normalement appelé à prendre fin alors que le crédirentier sera encore en vie.

Sous réserve donc de respecter les conditions visées par le Conseil d'Etat dans les deux arrêts visés ci-dessus, une éventuelle imposition des capitaux différés successifs ne pourra intéresser que la partie des versements représentative des intérêts.

3. LE RÉGIME D'IMPOSITION

Les modalités d'imposition des rentes viagères à titre onéreux versées par des compagnies d'assurances n'ont rien de spécifique, aussi ne seront-elles l'objet que d'un simple rappel (1).

---

(1) Cf Juris-classeur fiscal, Impôt sur le revenu, fascicule 410, *"Pensions et rentes viagères"*; Documentation pratique des impôts directs, Francis Lefebvre, TS III n° 500s, *"Rentes viagères"*.

FRACTION DE LA RENTE IMPOSABLE

Aux termes de l'article 158.6 du CGI, les rentes viagères constituées à titre onéreux ne sont considérées comme un revenu, pour l'application de l'impôt sur le revenu dû par le crédirentier que pour une fraction de leur montant. En effet, une partie des arrérages d'une rente viagère à titre onéreux représente le remboursement du capital et en tant que tel ne saurait être assujettie à l'impôt sur le revenu (1), le complément des versements devant s'analyser comme des intérêts sur le capital considéré.

La fraction, représentative des intérêts, est déterminée forfaitairement (2) et définitivement en fonction de l'âge du crédirentier lors de l'entrée en jouissance de la rente et non de celui qu'il atteint au jour de la déclaration des revenus. Elle est arrêtée à :

– 70 %, si l'intéressé est âgé de moins de cinquante ans ;

– 50 %, s'il est âgé de cinquante à cinquante-neuf ans ;

– 40 %, s'il est âgé de soixante à soixante-neuf ans ;

– 30 %, s'il est âgé de plus de soixante-neuf ans.

Ce régime d'imposition partielle est parfois considéré comme trop favorable aux crédirentiers. En effet, à l'évidence les arrérages ont une nature hybride *"on peut évidemment les considérer comme les annuités de remboursement d'un prêt (le capital aliéné) fait à un certain taux. Chaque arrérage comprend donc une part de revenu dégressive et une fraction de capital croissante.*

Cette façon de ventiler la rente entre revenu et remboursement du capital compliquerait trop le calcul de l'impôt et serait au surplus impossible à appliquer lorsque le rentier dépasse l'âge statistique de décès (qui a justement servi à fixer la date où le "prêt" *est censé avoir été remboursé)"* (3).

Le mode actuel d'imposition des arrérages de rentes viagères à titre onéreux n'apparaissant donc pas appelé à être modifié dans un avenir proche,

---

(1) Malgré ce raisonnement, avant 1963 et l'adoption de l'article 75.1 de la loi n° 63.156 du 23 février 1963, codifié sous l'article 158.6 du CGI, les rentes viagères constituées à titre onéreux étaient assujetties à l'impôt sur le revenu pour leur montant total sous réserve seulement d'un abattement de 20 %.

(2) Sur la différence entre cette approche fiscale et l'approche actuarielle cf *"Existe t-il une équivalence entre un capital et une rente viagère"* par Pierre Laversanne, thèse d'agrégation Institut des Actuaires Français, janvier 1988, p. 29.

(3) Rapport de la Cour des comptes sur les majorations légales des rentes viagères. Document n° 1396 de l'Assemblée nationale, annexe au procès verbal de la séance du 8 novembre 1979, p. 57.

il reste à préciser les modalités actuelles de détermination, d'une part de la date d'entrée en jouissance de la rente, d'autre part de l'âge du crédirentier à cette date et enfin d'indiquer le mode d'imposition des *"intérêts"* ainsi déterminés.

DÉTERMINATION DE LA DATE D'ENTRÉE EN JOUISSANCE DE LA RENTE

L'Administration a précisé (1), à juste titre, qu'il convenait de déterminer différemment la date d'entrée en jouissance d'une rente viagère à titre onéreux selon qu'elle est à jouissance immédiate ou à jouissance différée. Ainsi, en présence d'une rente à jouissance immédiate, la date à retenir sera celle de la remise des fonds ou du capital aliéné.

Par contre, en présence d'une rente à jouissance différée, il conviendra de retenir la date d'entrée en jouissance effective de la rente. Cette date peut, en effet, être différente de celle d'entrée en jouissance théorique fixée par le contrat primitif de rente, à partir de laquelle l'organisme débiteur s'engage à servir la rente, l'entrée en jouissance n'étant pas nécessairement automatique et dépendant, notamment, de la diligence des intéressés qui sont tenus de satisfaire à certaines obligations pour obtenir de l'organisme débiteur l'établissement du titre de rente.

DÉTERMINATION DE L'ÂGE DU CRÉDIRENTIER

Quant à l'âge du crédirentier à retenir pour l'application de l'article 158.6 du CGI, c'est celui, fort logiquement, de la date d'entrée en jouissance de la rente viagère (2).

Dans l'hypothèse où une rente viagère est assortie de majorations, c'est l'âge du crédirentier, au moment de l'entrée en jouissance de la rente principale, à laquelle viennent s'ajouter les majorations, qu'il convient de retenir (3).

Dans sa note, opus cite, du 26 avril 1963, l'Administration a précisé les modalités de détermination de l'âge du crédirentier en diverses circonstances.

Naturellement, lorsque la rente est constituée au profit d'une tierce personne, c'est l'âge de cette dernière qu'il convient de retenir.

Dans l'hypothèse où la rente est établie sur la tête de deux ou plusieurs personnes se trouvant en percevoir une fraction individualisée, il conviendra,

---

(1) BOCD 1963-II-2312.
(2) Rep. Cermolacce, AN 9 novembre 1967, p. 4739.
(3) BOCD 1963 II, 2312.

qu'il y ait ou non stipulation de reversibilité en faveur des survivants, de retenir l'âge de chacun des bénéficiaires de la rente au moment de l'entrée en jouissance de la quote-part leur revenant.

Si une même rente réversible doit être perçue successivement par plusieurs personnes – le décès d'un crédirentier entraînant l'entrée en jouissance d'une autre personne – l'Administration considère, logiquement que c'est l'âge du crédirentier actuel, au moment de l'entrée en jouissance de la rente qui lui revient, que l'on doit prendre en considération.

Par ailleurs, dans le cas de rentes viagères constituées au profit d'un couple marié, avec reversibilité sur la tête du survivant, l'Administration avait prescrit à ses agents de retenir, aussi bien pendant la vie des deux époux qu'après le décès de l'un d'entre eux, l'âge qu'avait atteint le plus âgé des conjoints lors de l'entrée en jouissance de la rente réversible (1).

Malgré un arrêt contraire du Conseil d'Etat (2) qui entendait retenir, dans cette hypothèse, l'âge du plus jeune des crédirentiers, l'Administration a prescrit (3) à ses agents de continuer à faire application de la solution contenue dans la note susvisée du 26 avril 1963, dès lors que cette solution est plus favorable au contribuable.

MODALITÉ D'IMPOSITION DE LA FRACTION DE RENTE IMPOSABLE

Aux termes de l'article 158.6 du CGI, la fraction des arrérages, déterminée suivant les règles exposées ci-dessus doit être imposée sous les mêmes conditions que les revenus des créances, dépôts, cautionnements et comptes courants.

Les bénéficiaires des arrérages de rentes viagères à titre onéreux ne peuvent donc bénéficier, en vue de la détermination de leur base d'imposition de l'abattement de 20 % résultant des dispositions de l'article 158.5 du CGI réservé aux seules pensions et *"rentes viagères autres que celles mentionnées"* à l'article 158.6 du CGI.

De même, les bénéficiaires d'arrérages de rentes viagères constituées à titre onéreux ne peuvent pas bénéficier du prélèvement libératoire prévu à l'article 125 A du CGI, qui, aux termes mêmes de cet article, n'est applicable qu'aux intérêts et produits des fonds d'Etat, obligations, bons et autres titres de créances, dépôts, cautionnements et comptes courants (4).

---

(1) Rep. Peronnet, AN 17 février 1973, p. 388.
(2) 7e, 8e et 9e sous-sections réunies, 15 mai 1974, req 88924 ; Dupont 1974 p. 313.
(3) Note du 24 mars 1975, BO 5 F-13-75.
(4) Rep. Jacquet, AN 25 mars 1972, p. 686 ; 5 F-22-72.

SECTION II

Les pensions de retraite supplémentaire et les rentes viagères à titre gratuit

Le principe directeur de la fiscalité des prestations de retraite servies par des compagnies d'assurance au titre de contrats à adhésion obligatoire est l'assujettissement à l'impôt des sommes perçues par suite du versement de cotisations déductibles. Il y a donc, pour l'essentiel, exonération **"à l'entrée"** (*supra* 1ère partie) et imposition **"à la sortie"**. La souscription de tels contrats permet ainsi de bénéficier d'un différé d'imposition, étant observé, de plus, qu'en général le taux marginal d'imposition d'un contribuable pendant sa période d'inactivité sera inférieur à celui de sa période d'activité. Cette différence de taux d'imposition assure alors une économie fiscale définitive.

A cet égard, le député Rolland devait interroger (1) le Ministre des Finances afin de savoir si certaines retraites qui sont constituées pour moitié au moins par des retenues sur traitements, ce qui est le cas, par exemple, des retraites complémentaires, ne devraient pas pour partie être regardées comme des rentes viagères à titre onéreux et bénéficier de l'abattement spécial prévu pour ces dernières (*supra* p. 382).

Le Ministre ne manquait pas de rappeler, à cette occasion, que, selon une jurisprudence constante du Conseil d'Etat, les sommes versées à un ancien salarié par une caisse de retraite complémentaire et qui ont pour origine des versements effectués par le salarié et par son employeur doivent être taxées comme des pensions, ces règles étant applicables quelle que soit la proportion respective des versements effectués par l'employeur et le salarié. Au sens du droit fiscal, les prestations servies par les systêmes professionnels de retraite, qu'ils soient en répartition ou en capitalisation, sont donc considérées comme des pensions de retraite.

MODALITÉS D'IMPOSITION

Ces prestations entrent dans l'assiette de l'impôt sur le revenu des bénéficiaires dans les conditions fixées par l'article 158.5 a du CGI qui ne prévoit aucune disposition spécifique pour l'imposition des retraites versées par des compagnies d'assurance et dont les dispositions ne seront donc l'objet que d'un bref rappel. Ces prestations ouvrent droit à un abattement de 10 % dans les limites suivantes : (2)

---

(1) AN, 2 octobre 1976, p. 6241.

(2) Cf :

- Juris-classeur fiscal, fascicule 410 et s, sur l'Imposition des traitements, salaires, pensions et rentes viagères.
- *'Documentation pratique des impôts directs de Francis Lefebvre'*, série TS, Division III.

– un minimum fixé à 1 800 F par pensionné ou rentier. Ce minimum n'a pas à être réduit prorata temporis et ne peut avoir pour conséquence de créer un déficit ;

– et un plafond fixé pour l'imposition des revenus de 1988, à 26 600 F par foyer fiscal.

Après application de ce premier abattement spécial de 10 %, le montant des pensions n'est soumis à l'impôt sur le revenu qu'après application d'un deuxième abattement de 20 %.

Cet abattement est supprimé sur la fraction des pensions excédant 569 000 F pour les revenus de 1988, cette limite s'appréciant distinctement pour chaque membre de la famille.

La fiscalité des prestations de retraite versées par des compagnies d'assurances ne soulève guère en pratique de problème. Il pourrait en aller autrement à l'avenir. En effet, il a été observé que ces régimes fonctionnent sur un principe d'exonération *"à l'entrée"* et d'imposition *"à la sortie"*. Or

> *"cette logique disparaît lorsque les cotisations ne sont pas déductibles, notamment parce que, dans les régimes obligatoires, elles dépassent la limite des 19 %. Il y a alors, pour la partie de la cotisation de retraite qui dépasse le plafond, une double imposition "à l'entrée" et "à la sortie", ce qui constitue une pénalisation sévère difficile à justifier, surtout lorsque le dépassement de la limite de 19 % est rendu nécessaire par l'évolution défavorable du rapport démographique"* (1).

En pratique, il s'avérera extrêmement délicat pour les contribuables visés par cette "double imposition" de déterminer la fraction des prestations de retraite perçues ainsi financée après impôt.

Si cette difficulté pratique devait être demain tournée et dans la mesure où de telles hypothèses paraissent appelées à se multiplier, le Conseil d'Etat pourrait être saisi d'un tel différend. Il ne devrait pas manquer alors d'analyser les versements considérés commme des rentes viagères à titre onéreux – et non comme des pensions de retraite – sous réserve que les cotisations correspondantes qui auraient été à la charge de l'employeur aient été déclarées comme un avantage en nature pour les salariés considérés.

---

(1) *"Evolutions récentes de la fiscalité de la retraite"* par Jean-Pierre Moreau, Gazette du Palais des 13 et 14 août 1986, p.14.

SECTION III

Les obligations de l'organisme payeur

Un organisme payeur de rentes viagères a certaines obligations déclaratives (1) mais surtout doit assurer le versement de *"majorations légales"* (2).

1. LES OBLIGATIONS DÉCLARATIVES

Aux termes de l'article 88 du CGI, toute personne physique ou morale, payant des pensions ou rentes viagères – constituées à titre onéreux ou à titre gratuit – est tenue de fournir les indications relatives aux titulaires de ces pensions ou rentes lorsqu'elles dépassent 300 F.

Le texte légal prévoit que cette déclaration doit être produite *"dans les conditions et dans les délais prévus à l'article 87"* du CGI relatif aux déclarations de salaires.

Seules les dispositions spécifiques aux rentes viagères seront donc développées dans la présente section (1).

En pratique, la déclaration des pensions et rentes viagères versées par des compagnies d'assurances doit comporter les renseignements suivants (2) :

- l'identification du bénéficiaire de la pension (nom, prénoms, adresse au 1er janvier de l'année de la production de la déclaration ou dernière adresse connue, et le cas échéant, numéro d'immatriculation à la Sécurité sociale) ;
- le montant des arrérages de la pension ou de la rente viagère payés durant l'année au titre de laquelle la déclaration est souscrite, avant déduction, le cas échéant, des retenues pour la cotisation aux assurances sociales et après déduction de cette cotisation ;
- la nature du versement (pension de retraite, rente viagère à titre onéreux) ;
- le motif du versement (date de la décision de justice prévoyant le versement d'une pension alimentaire, par exemple) ;
- la date d'entrée en jouissance de la rente pour les rentes viagères constituées à titre onéreux ;

---

(1) Cf Pour les obligations déclaratives relatives à des salaires :
- Juris-classeur fiscal, fascicule 435, Traitements et salaires.
- Documentation pratique des impôts directs Francis Lefebvre, série TS, division VI 400s.

(2) Doc. adm. 5 A 22, du 1er octobre 1976.

• la date normale d'échéance si le paiement a été effectué postérieurement à celle-ci.

Pour les arrérages réglés à compter de 1986, cette déclaration fiscale des pensions et rentes viagères (état 2466) a été modifiée ainsi :

NOUVELLE PRÉSENTATION :

ARRÉRAGES IMPOSABLES *après déduction, le cas échéant, des retenues pour la cotisation aux assurances sociales*	
Pensions ou rentes viagères à titre gratuit	Rentes viagères à titre onéreux
5	6

SOMMES *versées au titre de l'impôt sur le revenu* (bénéficiaire domicilié hors de France) (1)	OBSERVATIONS	
	Année d'entrée en jouissance (rentes viagères à titre onéreux)	Année normale d'échéance (en cas de paiement différé)
7	8	9

PROBLÈMES SOULEVÉS PAR LA NOUVELLE PRÉSENTATION DE LA DÉCLARATION

Cette nouvelle présentation semble de nature à soulever diverses difficultés en assurances collectives. En effet dans de nombreuses hypothèses, l'assureur peut parfois ignorer le cadre fiscal dans lequel ont été inscrites les cotisations versées tant par l'employeur que par le salarié (contrats *"obligatoi-*

res', contrats en sursalaire, dépassement de la limite dite des 19 % ...), le fait que le paiement soit assuré matériellement par l'employeur ne permettant pas d'en préjuger.

Aussi, si l'ensemble des assureurs n'a pu rédiger correctement la déclaration 2466 pour 1986 – le changement susvisé n'ayant été connu qu'à la réception des imprimés, soit courant janvier 1987 – il est à craindre qu'au cours des prochaines années une majorité d'entre eux connaissent quelques difficultés à distinguer d'une part les rentes viagères à titre onéreux et d'autre part les pensions ou rentes viagères à titre gratuit, alors même que, conformément à l'article 1726 du CGI, chaque omission ou inexactitude dans la déclaration susvisée donne lieu à l'application d'une amende fiscale de 25 F, avec un minimum de 200 F pour chaque document omis, incomplet ou inexact.

2. LES MAJORATIONS LÉGALES DE RENTES VIAGÈRES

Après avoir institué une majoration pour les rentes viagères souscrites auprès de la Caisse nationale des retraites pour la vieillesse – actuelle Caisse Nationale de Prévoyance – (loi du 4 mai 1948) , constituées auprès des caisses autonomes mutualistes d'anciens combattants (Loi du 9 juin 1948), ou entre particuliers (Loi du 25 mars 1949), le législateur a étendu ce mécanisme aux rentes constituées auprès de sociétés d'assurance sur la vie (1).

Ces lois, sans poser le principe d'une revalorisation périodique des rentes viagères visées, avaient pour objet de majorer les rentes viagères constituées avant une certaine date selon des pourcentages variant d'après l'exercice au cours duquel se situait cette constitution, ultérieurement d'autres lois (2) devaient fixer de nouveaux taux de majoration, tant pour les périodes de constitution déjà visées par les lois antérieures que pour les périodes postérieures.

L'étude du mécanisme de majoration légale des rentes viagères, visant à pallier les effets de l'inflation pour les crédirentiers, nécessite d'en préciser les conditions d'attribution (**2.1**), le mode de calcul (**2.2**), le montant (**2.3**) et les obligations en découlant pour les compagnies d'assurances (**2.4**).

2.1 - *LES CONDITIONS D'ATTRIBUTION*

L'analyse des conditions d'attribution des majorations légales nécessite d'une part de préciser les rentes pouvant donner lieu à majoration (**2.1.1**) et

(1) Loi n° 49.1098 du 2 août 1949 ; JO du 6 août 1949. Décret n° 49.1501 du 22 novembre 1949 ; JO du 27 novembre 1949.

(2) En dernier lieu : article 43 de la loi de finances pour 1989 n° 88.1149 (JO du 23 décembre 1988).

d'autre part de rappeler les conditions de ressources posées à leur bénéfice par la loi de finances pour 1979 (**2.1.2**).

2.1.1 - Rentes pouvant donner lieu à majoration

S'agissant des rentes servies par les compagnies d'assurances, l'article 1er de la loi susvisée du 2 août 1949 précise que le droit à majoration est ouvert aux *"rentes viagères individuelles ou collectives constituées au bénéfice du souscripteur ou au bénéfice d'autrui, par des compagnies d'assurance vie, moyennant le versement à leur profit de capitaux en espèce"*.

A cet égard, le rapport de la Cour des comptes sur les majorations légales des rentes viagères (1) – rédigé à la demande de la Commission des finances, de l'Economie générale et du Plan de l'Assemblée Nationale – souligne que

> *"le critère (d'ouverture du droit à majoration) est donc la constitution d'une rente à titre onéreux par une compagnie d'assurances sur la vie. Ce qui exclut (d'une part) les rentes constituées par une compagnie d'assurances contre les accidents (et d'autre part), bien que les textes ne le précisent pas les rentes indexées".*

En définitive, les contrats suivants ouvrent droit au service des majorations:

1° "Les contrats de rentes moyennant le versement d'un capital (rentes immédiates).

2° Les contrats prévoyant le versement d'une rente (ou une option entre un capital et une rente), moyennant le versement d'une succession de primes (rentes différées).

3° Les contrats d'assurance en cas de décès prévoyant le versement d'une rente de veuve ou d'orphelin.

4° Les contrats d'assurance en cas d'invalidité, à condition qu'ils soient souscrits auprès de la Caisse nationale de prévoyance ou auprès d'une compagnie d'assurances sur la vie.

Il importe peu, par ailleurs, que ces contrats soient des contrats individuels ou des contrats collectifs" (2).

Quant aux *"contrats d'entreprises"* la Cour observe qu'ils "posent un problème juridique délicat, surtout lorsqu'ils sont à adhésion obligatoire

---

(1) AN première session ordinaire de 1979-1980, document n° 1396, p. 30.
(2) Rapport de la Cour des Comptes, opus cite, p. 31.

(l'obligation résultant du contrat de travail ou d'une convention collective). Les arrérages versées en application de ces contrats constituent-ils des rentes viagères constituées à titre onéreux ?

Le Conseil d'Etat s'est prononcé de façon fort nette à ce sujet, statuant il est vrai, en matière fiscale (21 juillet 1972, n° 84.984).

Les arrérages versés par une caisse de retraite ayant pour origine des versements effectués par un salarié et par son employeur, il s'ensuit que la pension n'est plus la contrepartie de l'aliénation volontaire d'un capital, mais celle des allocations versées en contrepartie de l'exécution d'un contrat de travail, sous la forme d'une pension de retraite. Dès lors, ces pensions complémentaires n'ont, pas plus d'ailleurs que les pensions de retraite versées par les Caisses régionales d'assurance vieillesse, le caractère d'une rente viagère constituée à titre onéreux.

Or, cette situation est exactement celle d'un très grand nombre de contrats d'entreprises à adhésion obligatoire" (1) même si "*dans l'état actuel des choses, ce point de droit n'a jamais été soulevé par la Direction des assurances et les contrats d'entreprise donnent lieu à majoration*" (2).

Cette affirmation de la Cour de Comptes n'apparaît pas parfaitement fondée sur le plan juridique. En effet, les rentes versées par des compagnies d'assurances en application de "*contrats d'entreprises*" *le sont en échange du* "*versement à leur profit de capitaux en espèces*" (loi susvisée du 2 août 1949) et revêtent donc, à leur niveau, le caractère de rentes viagères à titre onéreux au sens de l'article 1968 du code civil (3), les modalités de financement – et l'éventuelle déductibilité des primes – restant indifférentes à la qualification en droit civil des versements opérés.

Dès lors, la Direction des assurances et les compagnies d'assurances apparaissent parfaitement justifiées à majorer les rentes versées au titre de "*contrats d'entreprises*".

2.1.2 - Les conditions de ressources

Si la législation ne prévoit aucune condition quant au montant des ressources du crédirentier pour l'attribution des majorations légales afférentes aux contrats souscrits avant le 1er janvier 1979, il en va différemment pour les contrats postérieurs à cette date.

---

(1) Rapport, opus cite, p. 36.

(2) Idem, p. 37.

(3) Cf : "*Les fascicules au Juris-classeur civil*", sous les articles 1968 à 1983 par pierre Godé et Alain Benabent.

En effet, en application du paragraphe VI de l'article 45 de la loi de finances pour 1979, l'attribution d'éventuelles majorations aux rentes constituées à compter du 1er janvier 1979 est soumise à certaines conditions de ressources du rentier et, le cas échéant, de son conjoint et de ses enfants à charge.

Ces conditions de ressources mises à l'octroi de majorations légales après 1979 – déjà posées en 1949 mais supprimées par le législateur de 1953 – découlent directement du rapport rédigé au début de 1976 par un groupe de travail réuni à la diligence de la Direction des assurances (1) visant à définir les mesures propres à diminuer la charge des majorations légales. Il reste à observer que "l'efficacité de (cette) mesure paraît très faible" (2).

Ces conditions de ressources s'appliquent aux titulaires :

- de rentes immédiates ou différées versées en exécution d'un contrat individuel souscrit à compter du 1er janvier 1979 ;
- de rentes versées en exécution d'une adhésion intervenue à compter de cette date à un contrat d'assurances de groupe ou à un régime de prévoyance collective.

L'Administration a précisé à cet égard (3) que la modification, postérieure au 1er janvier 1979, d'un contrat individuel ou des conditions d'adhésion à un contrat d'assurance de groupe ou à un régime de prévoyance collective, lorsqu'elle n'a pas été expressément prévue lors de la souscription initiale de ce contrat, est assimilée à une nouvelle souscription si elle a pour effet d'augmenter le montant de la rente prévue audit contrat.

Ainsi, une revalorisation automatique, prévue par le contrat de rente, ne constituerait pas une nouvelle souscription. Inversement, un avenant consacrant un nouvel accord entre les parties, postérieur au 1er janvier 1979, du contrat de rente dont l'objet serait de majorer celle-ci, ne pourrait qu'être assimilé à une nouvelle rente (réponse De Hautecloque, AN, 1980, JO p. 5464).

En effet, il est clair que les dispositions susvisées de la loi de finances pour 1979 ont pour objet de restreindre le droit des crédirentiers aux majorations légales. Il est donc à craindre que, dans les hypothèses donnant lieu à une interprétation difficile ou incertaine, l'Administration ne tende à donner aux textes le champ d'application le plus large possible.

Il semble donc (*infra* cependant p. 395) que les assurés n'aient plus intérêt à modifier leur police par augmentation des garanties, mais, au contraire, à souscrire à cette fin une police nouvelle et indépendante afin que l'ancienne

---

(1) Cf Annexe 6 au rapport, opus cite, de la Cour des comptes.
(2) Rapport, opus cite, de la Cour des comptes, p. 69.
(3) A 31.2 du décret du 31 juillet 1980, n° 80.624 ; RGAT 1980 p. 570s.

continue de bénéficier des majorations légales sans considération du montant de leurs revenus.

Les titulaires de rentes viagères, souscrites à compter du 1er janvier 1979, ne pourraient donc prétendre aux majorations éventuellement applicables à ces rentes que si le montant des ressources et le cas échéant, celles de leur conjoint et de leurs enfants à charge, dont ils ont disposé durant l'année civile précédant de deux ans celle au cours de laquelle le droit est ouvert ou maintenu, est inférieur à un plafond évoluant comme le minimum garanti institué par la loi du 2 janvier 1970 (fixé, pour l'année 1987, par un arrêté du 1er décembre 1988 (JO 3 décembre 1988) à 76 034 F pour une personne seule et à 142 562 F pour un ménage) (a 31.3 du décret du 31 juillet 1980).

Ces ressources sont constituées de l'ensemble des revenus bruts imposables, professionnels ou non, y compris les diverses retraites et pensions dont ont bénéficié les intéressés au cours de l'année de référence, diminué du montant des rentes viagères et des majorations y afférentes et du montant des pensions alimentaires éventuellement à la charge des intéressés (a 31.8 D du décret du 31 juillet 1980).

Dans un seul cas, cette condition peut être écartée (a 31.9 D du décret du 31 juillet 1980), lorsque, en raison d'une circonstance particulière et imprévue (par exemple le chômage), les ressources du crédirentier auront subi, au cours de l'année "*n – 1*", une diminution sensible. Dans cette hypothèse, l'Administration accepte de maintenir le bénéfice des majorations, bien que les revenus de "*n – 2*" soient supérieurs au plafond sous réserve que :

- d'une part, les revenus de "*n – 1*" soient inférieurs au plafond fixé pour l'année "*n*" ;
- d'autre part, le crédirentier fasse une déclaration sur l'honneur faisant apparaître ses ressources brutes pour l'année "*n – 1*" et la justification des circonstances qui le conduisent à utiliser cette procédure.

Indépendamment de son faible impact budgétaire quant à la charge induite par la majoration légale des rentes viagères, la condition de ressources posée par le législateur de 1979 n'apparaît pas satisfaisante par suite, d'une part de l'effet de seuil qu'elle introduit et d'autre part des difficultés de gestion qui peuvent en découler.

En effet, selon un effet de seuil toujours criticable – du fait de la prime à la fraude qui en découle – le dépassement du plafond de ressources susvisé, ne serait-ce que de 1 F, supprime le droit de majoration, même pour la fraction des rentes qui, dans le total des ressources, reste au dessous dudit seuil.

Par ailleurs, dans l'hypothèse où les revenus du crédirentier se trouvent être selon les années, soit inférieurs, soit supérieurs au seuil considéré, le calcul du montant des droits à majoration légale de ce dernier s'avère excessivement complexe – et donc coûteux – surtout au regard des sommes en jeu.

2.2 - *LE MODE DE CALCUL*

Le mode de calcul des majorations légales d'une rente viagère variera selon que le contrat aura été souscrit antérieurement ou postérieurement au 1er janvier 1977.

Afin de limiter la croissance du coût budgétaire des majorations légales, le groupe de travail (opus cite) réuni à la diligence de la Direction des assurances au début de l'année 1976 avait, en effet, suggéré: "*une limitation de l'attribution des majorations à la seule période de service de la rente – sans qu'il soit tenu compte, pour les rentes différées, des dates auxquelles les primes ont été payées pendant la période de la constitution de la rente...*".

Le Parlement devait cependant limiter l'application de cette suggestion aux seules rentes constituées, à compter du 1er janvier 1977, avec possibilité de rachat ou option en capital.

Pour les contrats souscrits avant le 1er janvier 1977, le point de départ des majorations légales reste, en toute hypothèse, la date de constitution des différents éléments de la rente, c'est-à-dire la date de paiement des primes correspondantes. Les revalorisations jouent donc dès la souscription du contrat et s'appliquent également pendant le service de la rente. Le principe est donc fort simple (même si son application pourra s'avérer complexe) (1) : lorsqu'une rente est due en contrepartie de versements successifs, chaque versement doit être considéré comme ayant donné lieu à une rente différée, et la majoration sera calculée sur la base de cette fraction de la rente totale et du taux applicable à l'année où le versement a eu lieu.

Quant aux contrats souscrits après le 1er janvier 1977 et pour les adhésions à des régimes de prévoyance collective ou à des contrats de rentes collectifs effectués à compter du 1er janvier 1977, l'article 22 VII de la loi de finances pour 1977 (2) dispose à leur égard que

> "*la rente, si elle est constituée avec possibilité de rachat ou option en capital, sera considérée comme ayant pris naissance à la date de sa mise en service*". *Le législateur les assimile ainsi à des rentes viagères immédiates constituées par une prime unique le jour de leur mise en service.*

---

(1) Cf décret n° 70.104 du 30 janvier 1970 (JO, 5 février 1970) modifié par le décret n° 79.239 du 13 mars 1979 (JO 27 mars 1979).

(2) Loi n° 76.1232 du 29 décembre 1976, JO 30 décembre 1976.

Pour les contrats souscrits postérieurement au 1er janvier 1977, pendant la phase d'épargne, les majorations bénéficient donc aux seuls contrats prévoyant exclusivement le règlement des prestations sous la forme d'une rente, les majorations ne jouant pour les autres qu'à compter du service de la rente. Il est intéressant d'observer à cet égard, que la Direction des assurances dans une lettre (inédite) à un assuré, en date du 29 juillet 1987, exprime à ce sujet une doctrine très libérale, également applicable en matière de condition de ressources (*supra* p. 392). En effet, aux termes de ce courrier, en cas de transformation d'un contrat réalisé au cours de l'année 1987,

> *"sous réserve de l'appréciation souveraine des tribunaux, seule la fraction de rente, correspondant à une augmentation de la rente originelle prévue au contrat (souscrit en l'espèce en 1967), paraît soumise aux dispositions évoquées ci-dessus : majorations subordonnées à conditions de ressources et applicables pendant la seule période de service de la rente et non pendant sa période de constitution.*
>
> *Il apparaît par contre que la fraction de rente issue du contrat initial demeure majorable sans condition de ressources et ouvre droit à majoration pendant sa période de constitution"* (1).

2.3 - *LE MONTANT DES MAJORATIONS LÉGALES*

Les taux de majoration légale des rentes viagères constituées auprès de compagnies d'assurances, résultant de contrats souscrits ou adhésions reçues avant le 1er janvier 1987, ont été fixés par l'article 43 de la loi de finances pour 1989 (tableau page suivante).

La moindre revalorisation prévue pour les rentes constituées, dans la période récente, auprès des compagnies d'assurances se justifie (2) par le fait que les contrats souscrits depuis une quinzaine d'années donnent lieu au versement par les compagnies de participation aux bénéfices. En outre, depuis 1974, une rémunération minimum du capital investi est assurée, ces deux facteurs cumulés compensant pour l'essentiel les effets de l'érosion monétaire.

2.4 - *LES OBLIGATIONS DES COMPAGNIES D'ASSURANCES*

Les compagnies d'assurances ont d'une part une obligation d'information de leurs crédirentiers à assurer (**2.4.1**) et d'autre part supportent une part toujours croissante du coût financier de la majoration légale des rentes viagères (**2.4.2**).

---

(1) Dans le même sens : lettre du Directeur des Assurances au Président de la Réunion vie en date du 28 juillet 1981 *(non publiée)*.

(2) Cf : Exposé des motifs de l'article 29 du projet de loi de finances pour 1988.

PÉRIODE AU COURS DE LAQUELLE EST NÉE LA RENTE ORIGINAIRE	TAUX DE LA MAJORATION EN %
Avant le 1er août 1914	69 364,1
du 1er août 1914 au 31 décembre 1918	39 595,2
du 1er janvier 1919 au 31 décembre 1925	16 616,9
du 1er janvier 1926 au 31 décembre 1938	10 153,2
du 1er janvier 1939 au 31 août 1940	7 300,7
du 1er septembre 1940 au 31 aout 1944	4 405,6
du 1er septembre 1944 au 31 décembre 1945	2 124,3
Années 1946, 1947 et 1948	974,9
Années 1949, 1950 et 1951	513,4
Années 1952 à 1958 incluse	364,3
Années 1959 à 1963 incluse	287,3
Années 1964 et 1965	266,4
Années 1966, 1967 et 1968	249,6
Années 1969 et 1970	214,2
Années 1971, 1972 et 1973	180,4
Année 1974	113,7
Année 1975	102,8
Années 1976 et 1977	85,3
Année 1978	71,9
Année 1979	56,9
Année 1980	39
Année 1981	23,6
Année 1982	14,4
Année 1983	8,9
Année 1984	5,6
Année 1985	3,8
Année 1986	2,8
Année 1987	1,3

2.4.1 - L'information des crédirentiers

Dans l'hypothèse où le droit à majoration est ouvert au titre d'une rente arrivée à échéance ou déjà en service et souscrite après le 1er janvier 1979, l'organisme débiteur de la rente doit informer le rentier de ses droits éventuels à majoration et lui indiquer les plafonds de ressources pris en compte pour la détermination du droit à majoration de l'année en compte (a 31.6 D du 31 juillet 1980).

Ledit rentier doit alors adresser à l'organisme débiteur de la rente, l'avis d'imposition ou l'avis de non imposition, correspondant aux revenus de l'année de référence, délivré par l'administration fiscale (a 31.6 D du décret du 31 juillet 1980).

Les conditions d'attribution étant supposées remplies, l'organisme débiteur doit alors procéder à la liquidation de la majoration qui sera versée à la date d'échéance de la rente, en même temps que celle-ci, le titre de paiement devant faire apparaître distinctement le montant de la majoration et la part de cette majoration prise en charge par l'Etat (a 31.9 D du 31 juillet 1980).

2.4.2 - La répartition de la charge financière des majorations légales

La présente étude se limitera à l'analyse des dispositions juridiques afférentes à la répartition de la charge financière consécutive aux versements de majorations légales entre l'Etat et les compagnies d'assurances. Il ne sera donc pas traité du montant réel de cette charge, de sa justification au regard d'une politique globale de l'épargne en France, ou encore de son efficacité quant à la préservation du pouvoir d'achat des crédirentiers, ces dernières problématiques relevant d'une étude économique et non juridique desdites majorations légales (1).

Sur le seul plan juridique et s'agissant des compagnies d'assurances, l'article 6 de la loi du 2 août 1949 (opus cite) disposait que les majorations considérées seraient financées par un fonds commun alimenté, partie par les compagnies, partie par l'Etat et partie au moyen d'une surprime, appliquée aux contrats de rentes viagères.

Ce régime devait être modifié par un décret du 30 décembre 1957 (2). Depuis lors, les dépenses découlant des majorations légales incombent aux compagnies, une part leur étant remboursée par le fonds commun susvisé.

---

(1) Cf sur tous ces sujets, rapport de la Cour des comptes, opus cite, sur les majorations légales des rentes viagères.

(2) N° 57.1356, JO 31 décembre 1957.

Cette part devait être fixée à 90 % par un décret du 12 janvier 1960 (1) et ramenée à 80 % par un décret du 12 juin 1984 (2).

L'article 3 du décret n° 87.1168 du 31 décembre 1987 (JO 7 janvier 1988, p. 273) marque l'aboutissement de cette évolution. Désormais, le fonds commun susvisé rembourse aux sociétés d'assurances sur la vie 80 % du montant des majorations légales afférentes aux rentes résultant de contrats souscrits avant le 1er janvier 1977 et 10 % seulement du montant des majorations légales afférentes aux rentes résultant de contrats souscrits ou d'adhésions reçues postérieurement à cette date étant observé que :

> *"dans un contexte de réduction de l'inflation, les mécanismes de participation aux bénéfices des organismes débirentiers, actuellement en vigueur, suffisent à garantir le maintien du pouvoir d'achat des rentiers viagers. C'est pourquoi, ainsi que (le Ministre du Budget l'a indiqué lors du débat budgétaire à l'Assemblée Nationale le 16 septembre 1986) le Gouvernement ne proposera pas au parlement l'ouverture de nouvelles tranches de majoration au titre des rentes souscrites à compter du 1er janvier 1987.*
>
> *Seules les rentes constituées avant cette date pourront continuer à faire l'objet de majorations périodiques, dont le taux sera déterminé après concertation avec la profession, en tenant compte de l'ensemble des éléments nécessaires, dont notamment l'évolution du rendement des placements effectués par les organismes débirentiers"* (3).

Au cas où la nécessité apparaitrait cependant de fixer pour ces rentes des majorations à un taux supérieur aux produits engendrés par leur gestion, il devrait alors, à l'évidence, être procédé à un réexamen de la répartition entre l'Etat et les assureurs de la charge des majorations, afin *"d'éviter que la participation aux bénéfices attribuée aux autres catégories d'assurés en soit affectée"* (4).

---

(1) N° 60.81, JO 23 janvier 1960.
(2) N° 84.437, JO 14 juin 1984.
(3) Lettre de M. Juppé au Président de la FFSA du 30 décembre 1987 *(inédit)*.
(4) Idem.

PRINCIPAUX ARTICLES DU CODE GÉNÉRAL DES IMPOTS CITÉS

Bénéfices industriels et commerciaux

Article 38...

2...

Le bénéfice net est constitué par la différence entre les valeurs de l'actif net à la clôture et à l'ouverture de la période dont les résultats doivent servir de base à l'impôt diminuée des suppléments d'apport et augmentée des prélèvements effectués au cours de cette période par l'exploitant ou par les associés. L'actif net s'entend de l'excédent des valeurs d'actif sur le total formé au passif par les créances des tiers, les amortissements et les provisions justifiés.

...

Article 39

I - Le bénéfice net est établi sous déduction de toutes charges, celles-ci comprenant, sous réserve des dispositions du 5, notamment :

1° Les frais généraux de toute nature, les dépenses de personnel et de main-d'œuvre, le loyer des immeubles dont l'entreprise est locataire. Toutefois les rémunérations ne sont admises en déduction des résultats que dans la mesure où elles correspondent à un travail effectif et ne sont pas excessives eu égard à l'importance du service rendu. Cette disposition s'applique à toutes les rémunérations directes ou indirectes, y compris les indemnités, allocations, avantages en nature et remboursements de frais.

Traitement, Salaires, Pensions et Rentes viagères

Détermination du revenu imposable

Article 82

Pour la détermination des bases d'imposition, il est tenu compte du montant net des traitements, indemnités et émoluments, salaires, pensions et rentes viagères, ainsi que tous les avantages en argent ou en nature accordés aux intéressés en sus des traitements, indemnités, émoluments, salaires, pensions et rentes viagères proprement dits.

Articles 83

Le montant net du revenu imposable est déterminé en déduisant du montant brut des sommes payées et des avantages en argent ou en nature accordés :

1. Les cotisations de Sécurité sociale ;

   1° bis - Les cotisations afférentes au régime de retraite complémentaire institué par la caisse nationale de prévoyance de la fonction publique. Des décrets peuvent étendre le bénéfice de cette disposition aux régimes de retraites complémentaires constitués au profit des fonctionnaires et agents de l'État, des collectivités locales et des établissements publics, soit auprès d'organismes relevant du Code de la mutualité, soit auprès d'entreprises d'assurances régies par le livre III du Code des assurances ou de la Caisse Nationale de Prévoyance ;

2. Les cotisations ou les primes versées aux organismes de retraite et de prévoyance complémentaires auxquels le salarié est affilié à titre obligatoire.

   Lorsque le total des versements du salarié et de l'employeur tant aux caisses de sécurité sociale au titre de l'assurance vieillesse qu'aux organismes de retraite et de prévoyance complémentaires excède 19 % d'une somme égale à douze fois le plafond annuel moyen retenu pour la calcul des cotisations de sécurité sociale ou lorsqu'à l'intérieur de cette limite, les versements aux seuls organismes de prévoyance dépassent 3 % de la même somme, l'excédent est ajouté à la rémunération ;

Revenus des capitaux mobiliers

Prélèvement sur les produits de bons ou contrats de Capitalisation

Article 125-0 A

I - Les produits attachés aux bons ou contrats de Capitalisation ainsi qu'aux placements de même nature sont, lors du dénouement du contrat, soumis à l'impôt sur le revenu.

Les produits en cause sont constitués par la différence entre les sommes remboursées au bénéficiaire et le montant des primes versées.

II - Les dispositions de l'article 125 A, à l'exception du IV de cet article, sont applicables aux produits prévus au I. Le taux du prélèvement est fixé :

1° Lorsque le bénéficiaire des produits révèle son identité et son domicile fiscal dans les conditions prévues au 4° du III bis de l'article 125 A :

a) à 45 % lorsque la durée du contrat a été inférieure à deux ans ;

b) à 25 % lorsque cette durée a été égale ou supérieure à deux ans et inférieure à quatre ans ;

c) à 15 % lorsque cette durée a été égale ou supérieure à quatre ans ;

Ces produits sont exonérés lorsque la durée du contrat est égale ou supérieure à six ans.

Ces durées s'entendent, pour les contrats à prime unique et les contrats comportant le versement de primes périodiques régulièrement échelonnées, de la durée effective du contrat et, dans les autres cas, de la durée moyenne pondérée.

Toutefois, les produits en cause sont exonérés, quelle que soit la durée du contrat, lorsque celui-ci se dénoue par le versement d'une rente viagère ou que ce dénouement résulte du licenciement du bénéficiaire des produits ou de la mise à la retraite anticipée ou de son invalidité ou de celle de son conjoint correspondant au classement dans la deuxième ou troisième catégorie prévue à l'article L 134.4 du Code de la Sécurité sociale ;

2. Dans le cas contraire, à 50 %

III - Le prélèvement est établi, liquidé et recouvré sous les mêmes garanties et sanctions que celui mentionné à l'article 125 A. Les dispositions du 1 de l'article 242 ter et des articles 1768 bis sont applicables.

Prélèvement sur les produits de placements à revenu fixe

Article 125 A

I - Sous réserve des dispositions du 1 de l'article 119 bis et de l'article 125 B, les personnes physiques qui bénéficient d'intérets, arrérages et produits de toute nature de fonds d'État, obligations, titres participatifs, bon et autres titres de créances, dépôts, cautionnements et comptes courants, dont le débiteur est domicilié ou établi en France, peuvent opter pour leur assujettissement à un prélèvement qui libère les revenus auxquels il s'applique de l'impôt sur le revenu.

La retenue à la source éventuellement opérée sur ces revenus est imputée sur le prélèvement.

Celui-ci est effectué par le débiteur ou par la personne qui assure le paiement des revenus.

III - Le prélèvement est obligatoirement applicable aux revenus visés ci-dessus qui sont encaissés par des personnes n'ayant pas en France leur domicile fiscal ; la même disposition s'applique aux revenus qui sont payés hors de France ou qui sont encaissés par des personnes morales n'ayant pas leur siège social en France.

V - Le caractère libératoire du prélèvement ne peut être invoqué pour les produits qui sont pris en compte pour la détermination du bénéfice imposable d'une entreprise industrielle, commerciale, artisanale ou agricole, ou d'une profession non commerciale.

Impôt sur le revenu

Réduction d'impôt accordée au titre de certaines primes d'assurances

Article 199 *septies*

Lorsqu'elles n'entrent pas en compte pour l'évaluation des revenus des différentes catégories, les dépenses suivantes effectuées par un contribuable ouvrent droit à une réduction d'impôt sur le revenu :

1°. Primes afférentes aux contrats d'assurances dont l'exécution dépend de la durée de la vie humaine, lorsque ces contrats comportent la garantie d'un capital en cas de vie et sont d'une durée effective au moins égale à six ans, ou bien comportent la garantie d'une rente viagère avec jouissance effectivement différée d'au moins six ans, quelle que soit la date de la souscription. Ces primes ouvrent droit à réduction d'impôt dans la limite de 4 000 F, majorée de 1 000 F par enfant à charge ; ces limites s'appliquent à l'ensemble des contrats souscrits par les membres d'un même foyer fiscal.

A compter de l'impositions de 1984, la réduction d'impôt est calculée sur la fraction de la prime représentative de l'opération d'épargne. Un décret fixe les modalités de détermination de cette fraction de prime ;

2°. Primes afférentes à des contrats d'assurances en cas de décès, lorsque ces contrats garantissent le versement d'un capital ou d'une rente viagère à un enfant de l'assuré atteint d'une infirmité qui l'empêche, soit de se livrer, dans des conditions normales de rentabilité, à une activité professionnelle, soit s'il est âgé de moins de dix-huit ans, d'acquérir une instruction ou une formation professionnelle d'un niveau normal et primes définies au 1°, lorsqu'elles sont afférentes à des contrats destinés à garantir le versement d'un capital ou d'une rente viagère à l'assuré atteint, lors de la conclusion du contrat, d'une infirmité qui l'empêche de se livrer, dans des conditions normales de rentabilité, à une activité professionnelle ; les conditions d'application de cette disposition sont, en tant que de besoin, fixées par décret. Ces primes ouvrent droit à réduction d'impôt dans la limite de 7 000 F, majorée de 1 500 F par enfant à charge ; ces limites s'appliquent à l'ensemble des contrats souscrits par les membres d'un même foyer fiscal.

Mutation à titre gratuit

Articles 757 B

I - Pour leur montant qui excède 100.000 F en capital, les sommes, rentes ou valeurs quelconques dues directement ou indirectement par un assureur, à raison du décès de l'assuré donnent ouverture aux droits de mutation par décès suivant le degré de parenté existant entre le bénéficiaire à titre gratuit et l'assuré lorsque les conditions suivantes se trouvent simultanément réunies :

1° Le montant total des primes prévues pour une période maximum de quatre ans à compter de la conclusion du contrat, donnant ouverture aux droits de mutation par décès en application du présent article, représente les trois quarts au moins du capital assuré au titre dudit contrat ;

2° L'assuré est âgé de soixante-six ans au moins au jour de la conclusion du contrat.

II - Lorsque plusieurs contrats sont exclus par un même assuré âgé de soixante-six ans au moins ou lorsque la garantie en cas de vie et la garantie en cas de décès résultent de contrats distincts, ces contrats sont considérés comme constituant un seul contrat pour l'application du présent article.

III - Les conditions d'application du présent article et notamment les obligations concernant les informations à fournir par les contribuables et les assureurs sont déterminées par décrets en Conseil d'État.

Taxe sur les conventions d'assurance

Article 995

Sont exonérés de la taxe spéciale sur les conventions d'assurances :

5° Les contrats d'assurances en cas de décès qui garantissent le versement d'un capital ou d'une rente viagère à une enfant de l'assuré atteint d'une infirmité qui l'empêche, soit de se livrer dans les conditions normales de rentabilité à une activité professionnelle, soit, s'il est âgé de moins de dix-huit ans, d'acquérir une instruction ou une formation professionnelle d'un niveau normal ;

5° bis - Les contrats d'assurances en cas de vie qui garantissent le versement d'un capital ou d'une rente viagère à l'assuré atteint d'une infirmité qui l'empêche de se livrer, dans des conditions normales de rentabilité, à une activité professionnelle ;

Article 998

Par dérogation aux articles 991, 992 et 993, sont exonérés de la taxe spéciale :

1° Les assurances de groupe souscrites par une entreprise ou un groupe d'entreprises au profit de leurs salariés ou par un groupement professionnel représentatif d'entreprises au profit des salariés de celles-ci ou par une organisation représentative d'une profession non salariée ou d'agents des collectivités publiques au profit de ses membres ou dans le cadre de régimes collectifs de retraite organisé conformément aux dispositions des articles R * 140.1 et R ** 441.1 à R ** 441.34 du Code des assurances et gérés paritairement par les assurés et les assureurs, et dont 80 % au moins de la prime ou de la cotisation globale sont affectés à des garanties liées à la durée de la vie humaine, à l'invalidité, à l'incapacité de travail ou au décès par accident, à l'exclusion des remboursements des frais médicaux, chirurgicaux, pharmaceutiques ou dentaires. Dans le cas des assurances souscrites par une entreprise ou pour son compte, l'exonération n'est applicable qu'aux assurances constituant un moyen de satisfaire à une disposition prévue par une convention collective ou un accord d'entreprise ou résultant du contrat de travail de l'ensemble ou d'un nombre significatif de salariés de l'entreprise ;

BIBLIOGRAPHIE

Ouvrages

ARDANT Gabriel : *Histoire de l'impôt (du XVIIIème siècle au XXIème siècle)*, (Fayard), 1972.

BABEAU A. : *La fin des retraites* (Collection pluriel) 1985.

BARRE Raymond : *Économie Politique* (PUF), 10ème édition 1975.

BERTRAND M., BARZIC M., COURTIEU G. et MELLY A. : *L'annuaire vie et capitalisation* (L'Assurance française) 1985.

BOBE ET LLAU : *Fiscalité et choix économique* (Calmann Lévy) 1978.

CAMERLYNCK G.H., LYON-CAEN G. : *Droit du travail* (chez Dalloz) 8ème éditions 1976.

CHARPY C. et de JOUVENEL H. : *Protection sociale (trois scénarios contrastés à l'horizon 2000)*, CAPA Futuribles1986.

COLIN Philippe : *La vérification fiscale* (Économica) 1979.

COLLIGNON Daniel et Corinne : *L'assurance-vie, contrats individuels* (Éditions de l'Argus) 1989.

COURT J.F. et ENTRAYGUES G. : *Gestion fiscale et internationale des entreprises* (Montchrestien) 1983.

COZIAN Maurice : *Les grands principes de la fiscalité des entreprises* (LITEC) 1983.

COZIAN Maurice : *Précis de fiscalité des entreprises* (Librairies techniques), 8ème édition 1984.

COZIAN Maurice : *Vingt études de cas de fiscalité* (LITEC), 1984.

DAVID Cyrille : *Droit de l'enregistrement et taxe de publicité foncière* (collection Dalloz), 1984.

DELMAS René : *Les taxes sur les polices d'assurances* (Éditions administratives Allain), 1939.

DUMAINE Charles : *Du contrat d'assurance sur la vie en droit civil et en droit fiscal* (Delamotte, éditeur), 1892.

DUPUICH P. : *L'assurance vie* (librairie Dalloz), 1922.

EWALD François : *L'État providence* (Grasset), 1986.

GALLIX Lucien : *Il était une fois l'assurance* (Éditions de l'Argus), 1985.

GAMBIER Claude : *Les impôts en France* (Édition Francis Lefèbvre), 18ème édition,1986.

GAUDEMET Paul-Marie : *Finances publiques* (Montchrestien), 1981.

GOLDFINGER Charles : *La géofinance (pour comprendre la mutation financière)* (Seuil), 1986.

GOUR Claude, MOLINIER Joël, TOURNIE Gérard : *Procédure fiscale* (PUF), 1982.

GRUN et LOLIAT : *Traité des assurances terrestres*

HAMON Georges : *Aperçu sur la nature juridique du contrat de capitalisation* (Librairie des assurances), 1936.

HAMON Georges : *Histoire générale de l'assurance en France et à l'étranger* (Journal de l'Assurance moderne), 1896.

De JOUVENCEL François : *Nature juridique des Sociétés et du contrat de capitalisation* (Éditions modernes), 1933.

KESSLER D. et STRAUSS-KAHN D. : *L'épargne et la retraite (l'avenir des retraites préfinancées)* (chez Economica), 1982.

LAMBERT-FAIVRE Yvonne : *Droit des assurances* (Dalloz), 1985.

LAURE Maurice : *Introduction à la réforme fiscale* (Éditions de l'Institut du commerce et de la consommation), 1987.

LEFEBVRE Roger et Jacques : *Traité fiscal des Assurances* (Éditions Francis Lefebvre), 1929.

LEFEBVRE Francis : *Retraites (obligations opportunités et choix de l'entreprise),* Dossiers comptables et financiers, Francis Lefebvre 1987.

LOUBERGE Henri : *Économie et finance de l'assurance et de la réassurance* (Dalloz), 1981.

MAGUERO Édouard : *Traité alphabétique des droits d'enregistrement de timbre et d'hypothèques 1928-1930.*

MAZEAUD Henri, Léon et Jean : *Cours de droit civil* (Montchrestien), 1982.

MEHL Lucien et BELTRAME Pierre : *Science et technique fiscales* (PUF) ,1984.

OUTREVILLE Jean-François : *L'assurance en France : essais d'analyses macroéconomiques* (in Études et dossiers de l'association internationale pour l'étude de l'économie de l'assurance), 1987.

PERCEVOIS M. : *Fiscalité et croissance* (Économica), 1977.

PERROUX François : *Cours d'économie politique* (Centre de Documentation Universitaire).

PICARD et BESSON : *Les assurances terrestres* (LGDJ), 1982.

PICARD et BESSON : *Traité général des assurances terrestres* (LGDJ), 1938-1945.

PLANIOL et RIPERT : *Traité pratique de droit civil français* (LGDJ), 2ème édition.

POL de CORBIER : *Entreprises et contrats de capitalisation et d'épargne* (revue de l'épargne), 1920.

RICHARD P.J. : *Histoire des institutions d'assurances en France* (Éditions de l'Argus), 1956.

ROBLOT René : *Traité élémentaire de droit commercial* (LGDJ), 1981.

SAILLY Patrick : *Guide fiscal des assurances-vie* (Éditions de l'Argus), 1988.

SALIN Pascal : *L'arbitraire fiscal* (Robert Laffont), 1985.

SCHMIDT Jean : *Fiscalité immobilière* (LITEC), 2ème édition 1982.

SUMIEN Paul : *Traité technique et pratique des assurances terrestres et des opérations de capitalisation et d'épargne* (Librairie Dalloz), 1937.

URI Pierre : *Changer l'impôt* (Ramsay), 1981.

Weber Anatole : *Traité des Sociétés de capitalisation* (Marcel Rivière, éditeur), 1932.

Documents

– Rapport ACHARD sur *le Marché unique de 1992 : perspectives pour les Banques, les Assurances et le système financier français* (inédit), 1988.

– Rapport AICARDI sur *L'amélioration des rapports entre les citoyens et les administrations fiscales et douanières* (La Documentation française) 1986.

– Rapport AICARDI d'*étude et de simplification de la fiscalité du patrimoine* (La Documentation française) 1988.

– Rapport BOITEUX (Commission de réflexion économique pour la préparation de l'échéance de 1992). Rapport d'étape : *Fiscalité et marché unique européen* (Ministère de l'Économie, des Finances et de la Privatisation), février 1988.

– Rapport du Conseil national du crédit (Commission Lebegue) sur *La Fiscalité de l'Épargne dans le cadre du marché intérieur européen*, juin 1988.

– Rapport CORTESSE : Rapport sur la *distribution de l'assurance en France* (1984).

– Rapport DAUTRESME : *Le développement et la protection de l'épargne* (La Documentation française), 1981.

– Rapport ESCANDE sur *L'harmonisation monétaire et financière au sein de la CEE* présenté au Conseil Économique et Social (JO) 1987.

– Rapport GISSEROT : Groupe de travail interministériel sur la *protection sociale complémentaire* (janvier 1985).

– Rapport MORISOT : Rapport du groupe de réflexion chargé de la *réforme du code de la mutualité* (avril 1984).

– Raport SERMAIN : *La maîtrise du coût de l'assurance* (juillet 1985).

– Rapport VENTEJOL-BLOT-MERAUD : Commission d'étude d'un *prélèvement sur la fortune* (La Documentation française) 1979.

– Rapport du comité des Sages : *États généraux de la Sécurité sociale* 1987.

– Colloque sur la fiscalité et l'assurance dans le CEE (Centre Universitaire de Recherches Européennes et Internationales de Grenoble) 1978.

– Rapports du Conseil des Impôts.

– Rapports de la Cour des Comptes.

– Rapports du Ministère de l'Économie sur les *Entreprises d'assurance et de capitalisation.*

– Rapports sur l'évolution économique de l'assurance française de la Fédération Française des Sociétés d'Assurance.

– Études publiées par le comité Européen des Assurances.

– *Les consommateurs et l'assurance-vie*, édition de l'OCDE 1987.

– Avis du Conseil Économique et Social sur *La transmission de l'entreprise en cas de succession* (1984) n°20 présenté par M. LE BAUD.

– *La transmission d'entreprise* (LILLE 26 octobre 1982) colloque organisé par la Chambre régionale du commerce Nord-Pas de Calais publié par la Direction Générale pour les relations avec le public du Ministère des Finances

– *Guide de l'assurance de groupe* par le Bureau commun des Assurances Collectives.

– Livre blanc sur *La réforme du financement de l'économie* (Documentation Française) 1986.

– Livre blanc de la Chambre de commerce et d'Industrie de Paris: *Pour une réduction des prélèvements obligatoires* (1985).

– *Annuaire 1986-1987 Vie et Capitalisation* de la réunion des Sociétés d'assurance sur la vie.

Thèses

BREVAL Jacques : *Les assurances en cas de décès au regard des droits de mutation par décès* (Paris) 1950.

COSTES Lionel : *Déduction du revenu global et réduction d' impôts* (Lille) 1985.

DEMAY de GOUSTINE Patrick : *Les problèmes juridiques de l'assurance de groupe* (Paris I) 1977.

LAVERSANNE Pierre : *Existe-t-il une équivalence entre le «capital et une rente viagère»* Thèse d'agrégation (Institut des actuaires français) 1988.

Articles de doctrine

BARTHELEMY Jacques : *L'évolution des systèmes de protection sociale complémentaire de l'entreprise* in Droit social n° 4, avril 1986.

BERDOT François : *L'assurance de groupe*, in RGAT 1980, p. 9.

BESSON : *La réforme du régime des droits de mutation applicable aux assurances en cas de décès* in RGAT 1944, p. 209.

BOY Laurence : *La nature juridique de la retraite allouée par la Société anonyme à son ancien président* in Droit social, juillet 1980

CICUREL Michel *La révolution de 1989. Pour l'industrie des placements collectifs 1992 est en 1989* in Bulletin mensuel n° 99 d'octobre 1987 du Centre d'information sur l'épargne et le crédit

COUTIERE Antoine : *Augmenter l'impôt sur le revenu des mesures de portée inégale* in Économie et statistiques, septembre 1983, n° 158 p. 21.

FLOUR Jacques : *La mise en gage des polices d'assurances sur la vie* in RGAT 1933, p. 705

FOUQUET O. : *La distinction entre les différents régimes de protection sociale et les risques qu'ils couvrent a-t-elle encore un sens* in Droit social n° 3 mars 1984, p. 208.

FREYRIA Charles : *Les accords d'entreprise atypiques*, in Droit social 1988, p. 54 et s.

GAEREMYNCK Jean : *Cotisation aux régimes sur complémentaires de retraite et de prévoyance,* RJF janvier 1985, p. 3.

GAUDET Michel : *Le rôle de l'assurance dans l'économie* in problèmes économiques n° 1493 du 20 octobre 1976, p. 24.

GAUDET Michel : *L'assurance devant les défis européens* in RGAT 1980, p. 132.

GILARDI Jean : *Régime fiscal des cotisations de retraite,* RJF avril 1981, p. 158.

GROUNIN Micheline : *Le régime de retraite des cadres demain et l'assurance par capitalisation* in Droit social n° 11, novembre 1986, p. 807.

GUMBEL Edouard : *Le marché commun dans l'assurance idéaux et réalités,* in RGAT, p. 469.

KERLAN Pierre : *le domicile fiscal au regard du droit français* in Revue de droit des affaires internationales n° 1, 1987, p. 9.

LALLEMENT Jacques : *Pour une réponse de la fiscalité des prix de l'assurance,* in RGAT 1986, p. 179.

LAVERSANNE Pierre : *La règle des 19 % va-t-elle devenir légale ?* in l'Assurance française, juillet 1987, p. 379.

LE CONTE A : *Le nouveau régime fiscal des contrats d'assurance,* in RGAT 1944, p. 23.

MASSON Philippe et JANIN Meil : *Banquiers et assureurs ne vous laissez pas surprendre* in revue Banque n° 443, octobre 1984, p. 1018.

MEEUS Albert : *De la notion et des limites de l'aléa susceptible d'être garanti dans les assurances de choses, de personnes et de responsabilité professionnelle* in RGAT 1981, p. 246.

MILCAMPS Marcel : *L'assurance groupe et l'évolution de la législation sociale»* in RGAT 1950, p. 5 .

MILCAMPS T. et BERDOT F : *Attribution à titre gratuit du bénéfice de l'assurance sur la vie et le droit des libéralités* in Etudes offertes au professeur Besson ,1976, LGDJ p. 237.

MONTAGNIER G : *Chroniques* in Revue trimestrielle de Droit Européen.

MOREAU Jean-Pierre : *Évolution récente de la fiscalité de la retraite*in Gazette du Palais 13 et 14 août 1986, p. 14.

De PARDIEU A : *contrats individuels de rente viagère différée* L'Argus1985, p. 1019.

PICARD PIERRE : «*Retraite par répartition ou par capitalisation : la fin de la guerre deréligion*» in Droit social n°4, avril 1986.

PLANET Bernard : *Le marché à terme d'instruments financiers* in Bulletin fiscal 10/86, p. 480.

REMY C. et SERGENT B. : *La banque en Europe, les dix prochaines années* in revue Banque, janvier 1986, n°457, p. 37.

RIGAUDIAT J : *Deux cents ans d'histoire* in «La Protection sociale» des dossiers de l'IRES n° 1, novembre 1983, p. 19.

ROUSSELLE Pierre : *Réflexion sur l'application de la liberté de prestation des services aux activités d'assurance dans le marché commun et sur l'attitude des assureurs communautaires* in RGAT 1984, p. 603.

SAUVE J.M : *Le statut fiscal des avantages sociaux accordés en application d'accords collectifs,* RJF décembre 1980, p. 483.

SCHMIDT Jean : *Problèmes fiscaux* (relatifs à la protection complémentaire) in Droit social, n° 4, avril 1986.

SILLAND Suzanne et BUCHETON Daniel : *La prévoyance collective des salariés : les incertitudes du droit* inDroit social n° 4, avril 1986.

TABLE DES MATIÈRES

IIÈME PARTIE
LE DÉNOUEMENT DU CONTRAT

La Sécuritas, éditeur
2, rue de Châteaudun, 75009 Paris
Mars 1989
Dépôt légal : mars 1989 : 704
Imprimé par JOUVE, 18, rue Saint-Denis, 75001 Paris